철학의 시선으로 본
갈등과 소통
1

철학적 소통학 총서 01

철학의 시선으로 본 갈등과 소통 1

2023년 2월 23일 초판 인쇄
2023년 2월 28일 초판 발행

엮은이 | 경북대 철학과 4단계 BK21 사업팀
교정교열 | 정난진
펴낸이 | 이찬규
펴낸곳 | 북코리아
등록번호 | 제03-01240호
전화 | 02-704-7840
팩스 | 02-704-7848
이메일 | ibookorea@naver.com
홈페이지 | www.북코리아.kr
주소 | 13209 경기도 성남시 중원구 사기막골로 45번길 14
우림2차 A동 1007호
ISBN | 978-89-6324-380-1 (93100)

값 22,000원

* 이 저서는 2020년도 정부(교육과학기술부)의 재원으로 한국연구재단(BK21 FOUR 사업)의 지원을 받아 연구되었음
(관리번호: 4299990214673, 사업팀명: 경북대학교 철학과 갈등해결 철학 전문인력 양성 교육연구팀)

01
철학적 소통학 총서

철학의 시선으로 본 갈등과 소통 1

경북대 철학과 4단계 BK21 사업팀 엮음

북코리아

서문

2021년 6월 영국의 킹스컬리지가 여론조사기관인 입소스에 의뢰해 조사한 보고서에 따르면, 한국 사회의 갈등 수준은 '세계 1위'로 나타났다. 한국은 빈부격차, 지지 정당, 정치이념 등의 영역에서 압도적으로 1위를 차지했다. 또한 2018년 같은 여론조사기관이 영국 BBC의 의뢰로 조사한 결과에서도 한국은 빈부갈등에서 4위, 세대갈등에서 2위, 남녀갈등에서 1위를 차지했다. 유사한 결과는 국내 조사에서도 비슷하게 나타났다. 2021년 전경련 자료에 따르면 한국의 정치 · 경제 · 사회 갈등지수는 OECD 소속 30개 나라 가운데 최상위권으로 나타났지만, 갈등에 대한 관리능력은 27위로 분석되었다. 한국 사회의 갈등 상황은 매우 심각하며, 현재의 상태를 타개하기 위한 다각도의 대처 방안이 모색되어야 한다. '갈등해결을 위한 철학 전문인력 양성교육팀'이라는 명칭으로 경북대학교 철학과에서 4단계 BK 사업팀을 운영해 나가는 당위성을 여기에서 찾을 수 있다.

갈등의 문제는 소통(communication)과 긴밀한 관계에 있다. 흔히 소통은 관계 개선이나 갈등 해소를 위한 것으로만 인식되는 경향이 있다. 그러나 모든 유형의 갈등은 갈등으로 구체화되는 과정을 거치며, 거기에는 다름 아닌 소통행위가 중요 요인으로 자리하고 있다. 첨단 커뮤니케이션 테크놀로지의 발달은 갈등과 불만을 고속으로 전파하여 확산시키는 역기능을 수행한다. 인터넷 검색 서비스의 알고리즘은 특정 구독자의 개인적 기호에 부합하는 내용만 제공하면서 편향된 시각을 부추긴다. 수많은 단체가 소셜 미디어 영역에 뛰어들어 상대 세력을 적대적으로 만들고 사회적 분열을 가속화하고 있다. 몸집 부풀리기에 매몰된 상당수 정치인은 마치 독버섯처럼 갈등과 혐오의 분위기를 자양분으로 삼아 증식해나가고 있다. 그럼에도 건전한 사회를 만들어가기 위한 노력을 포기할 수는 없다. 그 어느 때보다 협력적 삶으로 나아가기 위한 소통 담론의 활성화가 절실히 요구된다고 할 수 있다.

이번에 출간하는 철학적 소통학 총서는 현대사회에서 다양하게 표출되는 갈등 현상을 철학적 관점에서 심도 깊게 이해하는 데 목적을 두었다. 나아가 갈등을 넘어서는 방안으로서 소통의 길을 모색하는 데도 적지 않은 공력을 들였다. 이렇게 해서 『철학의 시선으로 본 갈등과 소통』 1권과 2권을 엮게 되었다. 이 두 권의 총서는 고대부터 현대에 이르기까지 갈등과 소통의 문제를 다룬 동서양의 철학적 시선들을 소개한다. 갈등이란 칡덩굴[葛]과 등나무[藤]의 뒤엉킴에서 유래된 말로, 그 자체로는 인간사회의 자연스러운 현상일 수 있다. 바로 그것이 불필요한 사회비용을 유발하고 우리의 삶을 피폐하게 만들 때 해결이나 해소의 대상으로 바뀌게 된다. 소통 역시 양날을 지닌 칼에 비유할 수 있다. 협력적이고 개방적인 소통이 있는가 하면, 경쟁적이고 폐쇄적인 소통이 있다. 이번 총서는 철학이라는 학문 특유의 반성적 고찰을 통해 그러한 갈등의 본성(nature)을 탐구하고, 그것에 대한 장기적인 대처

방안으로서의 소통 가능성을 다각적으로 탐구해보고자 했다.

이번 총서의 주목할 만한 특징 중 하나는 철학 각 분야의 중진 연구자들과 학문 후속 세대의 연구를 함께 담아내고 있다는 점이다. 『철학의 시선으로 본 갈등과 소통』 1권에서는 총 8명의 중진 연구자들이 동서양의 다양한 철학적 입장을 바탕으로 어떻게 갈등을 이해하고 소통을 추구할 것인지를 논의했다. 구체적으로 서양 고대철학에서부터 현대철학까지, 그리고 한국이나 중국 및 인도의 대표적 인물들을 중심으로 이 문제에 대한 통찰을 소개했다. 특히 1권 I부의 "갈등 이해를 위한 철학적 여정"에서는 갈등 개념에 대한 철학적 정립을 시도했다. II부의 "소통을 위한 철학적 토대"에서는 갈등과 소통의 상관관계를 살피면서 갈등 문제에 대처해나갈 수 있는 이론적 토대를 마련해보고자 했다.

2권은 본 사업팀 소속 신진 연구인력과 대학원생들이 각자 자신의 전공 분야에서 갈등과 소통이라는 주제로 연구한 성과를 담고 있다. 특히 대학원생들의 글은 "갈등해결을 위한 철학 전문인력 양성교육"이라는 본 사업팀의 성과가 어떠한 방식으로 결실을 맺어가는지를 보여준다는 점에서 의의가 크다. 2권 I부의 "갈등에 대한 철학적 탐구"는 동서양의 주요 전통에서 논의되었던 갈등 자체에 대한 이해에 초점을 모았다. II부의 "소통을 위한 철학적 모색"에서는 철학 실천의 관점에서 소통에 관한 논의들을 살펴보고자 했다. 전체적으로 1권이 사업팀의 연구 방향을 잡아주는 역할을 한다면, 2권은 그 방향으로 나아가는 더디고 힘든 여정을 보여준다고 할 수 있다. 1권과 2권을 통틀어 이번 작업은 한국의 철학 연구자들이 각자 자신의 분야에 천착해 들어가면서 갈등과 소통의 문제를 철학적으로 함께 고민해본 첫걸음에 해당한다. 갈등의 넝쿨에 얽히지 않으면서 갈등을 다루어나가기란 절대 쉽지 않다. 그래서 철학적 혜안(慧眼)이 필요하다.

2023년 2월

경북대학교 철학과 4단계 BK21 사업 교육연구팀장
임승택

목차

I

갈등 이해를 위한 철학적 여정

01

아리스토텔레스의 '변증술적 아포리아'를 통해 본 '갈등'의 의미

이재현(경북대학교 철학과)

1. 도입: 갈등(葛藤), conflict, 아포리아(ἀπορία)

1) 뜻과 비유

'갈등'이란 '칡 갈(葛)'과 '등나무 등(藤)'이 합쳐진 한자어인데, 두 나무는 덩굴식물로서 근처에 버팀목이 있으면 이를 줄기가 둘둘 감아 타고 오르는 성질을 가지고 있다. 그런데 흥미롭게도 칡 줄기와 등나무 줄기가 꼬면서 감싸는 방향이 서로 반대다. 칡 줄기는 물체를 왼쪽, 즉 시계 반대 방향으로 감는다. 그런데 등나무 줄기는 그 반대로 오른쪽, 즉 시계 방향으로 감는다. 만약 칡과 등나무가 같은 버팀목을 감고 오른다면, 감는 방향이 각자 반대여서 줄기가 서로 부딪칠 수밖에 없고, 줄기가 얽히고 서로 뒤엉켜버려 각자의 생육에 악영향을 준다. 그래서 두 나무가 같은 버팀목을 함께 타고 올라가면, 늦게 타고 오르는 나무의 줄기가 먼저 자리를 잡고 오르는 나무의 줄기를 누르면서 감고 올라갈 텐데, 그렇게 되면 밑에 눌린 줄기는 서서히 죽게 된다. 하지만 줄기가 죽은 나무라도 뿌리가 죽은 것은 아니므로 새 줄기가 올라와 다시 버팀목을 타고 오르면서 이미 자리를 잡은 다른 나무의 줄기를 누르게 되고, 그래서 이번에는 자신을 죽인 다른 나무의 줄기를 다시 죽게 만든다. 결국 이러한 악순환이 계속되면서 칡나무와 등나무가 모두 함께 건강히 생존하기가 어렵게 되며, 설령 어느 한쪽이 우세하게 성장하여 버팀목 전체를 장악할 수도 있겠지만, 결국에는 버팀목이 생육에 방해받아 고사하기도 한다.

칡과 등나무의 이러한 생태적 특징을 비유하는 '갈등(葛藤)'이라는 단어를 통해 우리는 무엇을 표현하려는 것일까? '갈등'이라는 단어의 문헌적 출처는 아마도 진나라 고승 축불념(竺佛念)이 398~399년 한문으로 번역한 경전인 『출요경(出曜經)』 3권인 것으로 보인다. 여기에 "애욕이 얽어매면 떨어져나갈 수 없게 된다. 중생 중에 애착의 그물에 떨어진 자는 반드시 정도(正道)가 무너져 궁극의 경지에 이르지 못한다. (…) 마치 칡과 등나무가 나무를 칭칭 얽어 끝내 전체를 감는 데 이르면 나무는 말라죽으니(葛藤纏樹 至末遍則樹枯) 이는 마치 애욕과도 같으니라"라고 기록된 곳이 있다.[1] 즉, 칡과 등나무 모두 덩굴식물로서 버팀

---

1 박대종, 「박대종의 어원 이야기」 — '葛藤(갈등)'(《주간한국》 2015년 1월 17일자 온라인 기사) 참고. 그리고 『출요경(出曜經)』은 12분교로 구분하는 불교 경전 중 하나인 '아바다나(avadāna)'에 해당하며, 산스크리트어인 '아바다나'는 '비유'라는 뜻을 가지고 있어서 '비유경(譬喩經)'이라고 번역하기도 했다. 그리고 옛날에는 '출요'를 '비유'와 같은 의미로 사용했다고 하는데, 그래서 짐작건대 『출요경』은 '아바다나'에 속하는 경전인 것으로 보인다. 현대불교-동국역경원 공동캠페인, 『출요경(出曜經)』의 기원에 관해 「한글대장경의 세계 — 출요경」(《현대불교》 2001년 8월 29일자 온라인 기사) 참고.

목을 칭칭 감아 얽는 모양새가 '애욕'에 따른 '애착'을 비유하고, 이러한 애욕이 너무 강하면 욕구의 대상을 결국 파멸시킨다는 경고를 '갈등'을 통해 하고 있다. 그리고 앞서 설명했듯이 '갈등'이란 칡 줄기와 등나무 줄기가 서로 반대 방향으로 부딪히며 얽히는 모습을 통해 개인이나 집단 사이에 이해관계나 목표, 요구나 욕구가 서로 충돌하거나 적대시하면서 모순과 대립에 이르게 하는 상태 및 그 상태에서 제대로 된 판단과 선택이 이뤄지지 못하는 상황 등을 일컫는다.[2] 그런데 생각해보면, 인간사(人間事 혹은 人間史)에서 갈등은 늘 존재한다. 그리고 갈등이 발생하고 심각해지면, 우리는 늘 그랬듯 해결책을 모색해왔다. 그래서 갈등의 이해와 해결이라는 주제는 여러 학문 분야에서 늘 관심거리이고, 여기서 철학도 예외가 아니다.

이 글에서 나는 '갈등'의 의미를 고대 희랍철학의 전통,[3] 특히 아리스토텔레스의 '변증술'이 보여주는 학문 방법론의 맥락과 관련된

---

2 국립국어원 온라인 표준국어대사전(https://stdict.korean.go.kr/main/main.do) 참고.

3 요즘에는 '희랍'이라는 단어를 잘 사용하지 않지만, 나는 통용되는 '그리스'보다 '희랍'이라는 단어를 더 선호한다. 그 이유는 다음과 같다. 소위 그리스 반도와 소아시아 연안에 위치한 이오니아 지역에는 에게 문명이 발달하기 전부터 다양한 민족이 살고 있었다. 우리가 '희랍(希臘)'이라고 부르는 것은 '헬라스(Ἑλλάς)'의 한자 음역이다. 그리고 '그리스(Greece)'라는 영어 명칭은 본래 라틴어 '그라에키아(Græcia)'에서 유래됐는데, 이는 로마인이 처음 알게 된 서북부 헬라스의 어느 부족 명칭이 '그라이코이(Γραικοί)'였고, 그들이 살던 곳을 '그라에키아(Græcia)'라고 불렀다. 혹은 유래에 대한 다른 설명에 따르면 에피루스 지역의 도도나강과 아켈로오스강 사이에 '셀로이(Σελλοί)'로 불리는 주민들이 살았는데, 이 지역을 아리스토텔레스가 '헬라스'라는 명칭의 어원으로 칭했다는 보고도 있다. 그래서 우리가 지금 부르는 '그리스'는 우리가 알고 있는 전체 '그리스'의 일부 이름에 불과하다. 예나 지금이나 '그리스인'은 자신들을 '헬레네스(Ἕλληνες)' 혹은 '[현대어] 엘리네스(Έλληνες)'로, 그리고 그들의 국가를 '헬라스(Ἑλλάς)' 혹은 '[현대어] 엘라스('Ελλάς)'로 불리기를 원한다. 현재 '그리스'의 정식 국가 명칭은 '엘리니키 디모크라티아(Ελληνική Δημοκρατία)', 그리고 영어식 명칭은 'The Hellenic Republic'이다. 이러한 이유로 '고대 그리스철학'이라고 부르기보다 '고대 헬라스철학' 혹은 '고대 희랍철학'이라고 부르는 편이 더 나아 보인다.

'아포리아(ἀπορία)'[4]라는 개념을 통해 살펴보고자 한다. 본격적인 전개에 앞서 '아포리아'라는 단어가 '갈등'이라는 단어와 의미상 어떻게 연결될 수 있는지부터 살펴보자. '갈등'에 대한 주된 영어 번역어는 'conflict'인 것 같다. 그런데 'conflict'라는 단어는 '갈등'의 유래가 되는 '칡과 등나무 줄기의 얽힘'이라는 비유를 직접적으로 표현하고 있지 않다. 'conflict'는 라틴어인 'conflictus'에 그 어원을 가지며, 이 단어는 동사 'confligere'의 과거분사에서 명사화된 것이다. 동사 'confligere'는 '서로' 혹은 '함께'라는 의미를 가진 접두사 'com-'과 '반대하다', '대립하다', '싸우다' 등의 뜻을 가진 'fligere'의 합성어로서 '서로 다투다', '서로 대립하다', '함께 싸우다', '충돌하다' 등의 뜻을 가진다. 이러한 어원으로부터 'conflict'는 '충돌', '대립', '부조화', '불일치', '분쟁', '투쟁', '싸움', '전쟁' 등의 의미를 표현한다. 따라서 '칡과 등나무 줄기가 각각 다른 방향으로 대립하여 하나의 버팀목을 감으면서 서로 충돌하고 뒤엉키는 모양새'를 표현하는 '갈등'의 의미 중에서 특별히 '대립'과 '충돌'을 강조하여 의미를 파악한다면, 'conflict'가 '갈등'의 번역어가 될 수 있겠다는 생각이 든다.

'갈등'이 보여주는 대립과 충돌의 양상을 중점으로 표현한 것으로 이해할 수 있는 'conflict'에 상응하는 고전 희랍어는 무엇일까? 우선 싸움과 불화를 뜻하는 '에리스(ἔρις)', 혹은 겨루기나 시합, 전투를 뜻하는 '아곤(ἀγών)'이 '갈등'이라는 의미와 연관된 단어일 수 있을 것이다.

---

4 고전 희랍어 단어를 라틴문자로 변환하지 않고 그대로 표기하는 대신, 낯선 희랍어 글자를 한글로 음역하여 먼저 표기하고 원어를 함께 적는다. 다만, 이 글에서 매우 빈번히 사용될 ἀπορία는 한글 음역한 단어로 대부분 표기할 것이다. 그리고 한글 번역어에 해당하는 희랍어 단어는 괄호에 원어 그대로 표기하고, 자주 등장하는 희랍어 단어도 원어 그대로 표기할 것이다.

라틴어 'conflictus'와 어원적 의미에서 직결되는 단어로 '쉉크루시스(σύγκρουσις)', 혹은 '쉬라그마(σύρραγμα)'나 '쉬락시스(σύρραξις)' 등이 언급될 수 있으며, 이 단어들이 쓰인 다양한 의미 영역에서의 용례를 살펴볼 수 있는데, 그중 철학적으로 상당한 의미를 두고 작업이 요구되는 그런 용례는 찾기 어렵다.[5] 그래서 나는 '갈등'이 비유하는 대립과 충돌의 양상과 이것으로부터 요구되는 해결책의 모색을 철학적으로 의미 있게 탐구할 수 있는 영역으로서 '변증술(διαλεκτική)'에 주목하고자 한다.

고대 희랍철학의 전통에서 변증술이란 대화 상황에 기반하여 어떤 주제에 대한 의견들을 서로 대립시키고 충돌시키는, 그리고 이러한 대립과 충돌에서 의견 간 조화와 화해를 위한 방법과 기술을 의미한다. 그리고 이러한 대립과 충돌, 그리고 조화와 화해의 양상과 방법은 자연의 운행 원리에 관한 이해와도 연관성을 가진다. 따라서 변증술은 대립과 충돌의 논리에 바탕을 두고 그것을 이해하고 다루는 기술이라고 할 수 있는데, 이런 식으로 설명할 수 있는 대립과 충돌의 양상이 바로 '갈등'의 이해와 잘 연결될 수 있을 것이다. 그리고 이러한 대립과 충돌의 양상 구조가 은유적으로 잘 표현되는 용어가 있는데, 그것이 바로 '아포리아'다.

5 H. G. Liddell & R. Scott, *A Greek-English Lexicon*(Oxford, Clarendon Press, 1940), p. 1667에서 σύγκρουσις는 'collision' 혹은 'conflict', 그리고 같은 곳 p. 1732에서 σύρραγμα는 'conflict', σύρραξις는 'dashing together'라는 뜻을 가지는 것으로 풀이되고, 이 단어들의 용례로서 물체들의 직접적인 충돌이나 물리적 대립 현상, 혹은 의견의 대립 상황 등이 제시되어 있다.

2) 아포리아의 언어적 의미와 기본 용법

'길'이라는 단어가 가진 다양한 은유적 의미는 동서양을 막론하고 철학에서 즐겨 사용하는 상징이다. 예를 들면, '길'이라는 1차적 의미를 가진 '道'가 동양철학에서 뜻하는 것은 '길'이 가진 형상적 의미가 확대되어 해석되면서 근원과 이치, 방법과 술책, 그리고 가르침 등의 중요한 철학적 의미를 가진다. 서양철학에서도 길은 인생을 의미하기도 하고, 사유의 과정, 이치, 방법 혹은 절차 등을 비유적으로 표현하기 위한 중요한 상징으로 애용된다. 이러한 '길'의 상징적 의미는 대체로 '어떤 것이 막힘없이 잘 통하는 상태'를 전제한다.

고대 희랍어에서 '길'을 의미하는 가장 일반적이면서 빈번히 사용되는 단어는 '호도스(ὁδός)'다. 그래서 ὁδός가 쓰인 예들을 문헌으로 확인하면, 그 의미는 매우 다양하게 나타난다. '길'을 의미하는 또 다른 단어가 있는데, 바로 '포로스(πόρος)'다. πόρος는 일상적으로 '걸어서 건너갈 수 있는 얕은 여울', '강이나 바다를 건널 수 있는 어떤 통로나 다리 혹은 항로' 등을 뜻하는데, 이러한 의미는 '어느 곳에서 어느 곳까지 꿰뚫다 혹은 통과해 가다'라는 뜻의 동사 '페이레인(πείρειν)'에서 파생된 것이다. 또한 πόρος가 은유적으로 쓰이면서, '위급상황에서의 탈출구' 혹은 '어떤 곳을 향하는 삶의 길' 혹은 '어떤 것을 이루기 위한 도움 혹은 도구' 등의 의미를 가진다. 이처럼 πόρος는 당시 일반적으로 '길'을 의미하는 ὁδός와 달리 1차적으로 '어떤 곳에서 어떤 곳으로 지나가는 통로로서의 길'을 의미하며, 이 의미가 은유적으로 '어려움이나 결핍 없이 목적하는 바를 충족하거나 달성하는 방법 혹은 상태'를 뜻한다. 따라서 πόρος의 의미에는 어떤 목적성이 근본적으로 내포되어 있다고 할 수 있다. 이처럼 ὁδός나 πόρος가 가진 풍부한 은유로부터 '좋은 길', 즉 '가고자 하는 곳으로 잘 인도하는 길' 혹은 '하고자 하는 행위를 성공적으로 이끄는 방도' 등과 같은 의미가 파생되어 고대 희랍 문헌들에서 애용되었고, 이와는 상반된 의미로서 '나쁜 길' 혹은 '좋은 길이 없음'이 가진 은유적 의미 또한 애용되었음은 문헌학적으로 그리 어렵지 않게 확인된다. 그런데 여기서 '나쁜 길' 혹은 '좋은 길이 없음' 혹은 '통로가 가로막혀 있음' 등을 뜻하는 단어로 많이 사용된 것이 바로 '아포리아(ἀπορία)'다.

ἀπορία의 어원은 이 단어 속에 앞서 말한 πόρος가 들어 있음을 본다면 쉽게 추측할 수 있을 것이다. 어원을 고려한 명사 ἀπορία의 사전적 의미를 이해하기 위해 파악해야 할 기본 단어는 형용사 '아포로스(ἄπορος)'와 동사 '아포레인(ἀπορεῖν)'이다. 따라서 아래에 3개의 기본 단어를 순차적으로 풀이해보겠다.

① 형용사 ἄπορος

이 단어는 πόρος에 '부정사 α-(Alpha Privation)'가 결합하여 '지나갈 수 없는', '통과할 수 없는'이라는 뜻을 기본으로 가지며, 은유적으로 파생되어 사용되면서 '어려운', '의심되는', '난처한' 혹은 '곤란한', '가난한', '부족한' 등의 뜻을 가진다. 이 의미들을 통해 알 수 있는 것은 πόρος가 가진 긍정적 의미가 부정사 α-와 결합하면서 부정적 의미로 바뀌며, 이를 통해 '어떤 사물이나 사람이 목적하는 바가 이루어지지 않음' 혹은 '정상적인 것으로부터 결핍된 상태'를 은유적으로 표현한다는 점이다.

② 동사 ἀπορεῖν

이 단어는 ἄπορος라는 뜻을 동사로 표현한 것으로 '지나갈 수 없다', '통과할 수 없다'라는 기본 뜻을 가진다. 그리고 이 의미가 은유적으로 사용되어 '어렵다', '의심하다', '난처하다' 혹은 '가난하다', '부족하다' 등의 뜻을 가진다. 특히 간접의문문과 결합하여 '알 수 없다'라는 의미도 가진다.

③ 명사 ἀπορία

이 단어는 형용사 ἄπορος를 명사화한 것이다. 따라서 어떤 사물이나 사람이 가진 본질(본성) 혹은 목적성에서 벗어난 물질적 혹은 정신적 상태를 기본적으로 지칭하며, 이를 통해 '곤란', '난처', '의심', '무지' 혹은 '결핍', '불성취' 등과 같은 다양한 은유적 뜻을 가진다.[6]

2. 아리스토텔레스 이전에 나타나는 아포리아의 철학적 의미[7]

고대 희랍어의 일상적 용법으로부터 철학적 개념으로 발전하는 과정에서 아포리아의 의미는 크게 두 가지 해석 방향을 가진다. 첫 번

---

6 아포리아의 3개의 기본 단어 외에 다양한 파생어가 있는데, 몇 가지 예를 들면 다음과 같다.
명사: 아포레마(ἀπόρημα), 디아포레마(διαπόρημα) 등
동사: 디아포레인(διαπορεῖν), 엑사포레인(ἐξαπορεῖν), 프로아포레인(προαπορεῖν), 프로사포레인(προσαπορεῖν) 등

7 2절의 내용은 이재현, 「아리스토텔레스의 아포리아적 변증술에 대한 이해」(『중세철학』 16, 한국중세철학회, 2010), 6-13쪽 내용을 이 글의 성격에 맞게 편집하여 수록한다.

째, 아포리아는 신적인 존재들과 본질적으로 다른 인간 실존의 상황과 이로 인한 인간 존재의 불확실성을 뜻한다.[8] 두 번째, 아포리아는 신적 존재에 대한 인간의 실존적 결핍 상태로부터 인식론적 관점에서 진리에 대한 인간적 앎의 결핍 상태로 해석된다. 이러한 해석의 중심에는 소크라테스와 플라톤의 변증술이 중요한 역할을 한다.

1) 소크라테스의 아포리아

소크라테스의 인간적 면모와 사상에 관한 다양한 보고가 있지만, 철학적 관점에서 우리의 관심을 끄는 가장 가치 있는 보고는 플라톤의

8 이 해석을 위해 중요하게 살펴봐야 할 대표적인 철학적 텍스트로 헤라클레이토스와 파르메니데스의 이름으로 전해지는 단편들이 있다. 간단히 소개하자면, 헤라클레이토스와 파르메니데스는 세계원리와 이 원리에 적합하도록 형성되고 질서 지워진 세계를 '길'의 비유적 표상을 통해 철학적으로 설명하려고 시도한다. 그러나 세계원리를 찾는 가능성의 차원에서 이 두 철학자는 매우 다른 관점을 가지고 있다. 파르메니데스에 따르면 세계원리로서 존재의 원리는 숨겨져 있지 않다. 그래서 인간은 능동적인 의지와 진리의 길을 찾으려는 고된 탐색을 통해 이 길의 목표로 제시되는 존재에 관한 확실하고 참된 앎의 획득을 기대할 수 있다. 이때 죽음을 피할 수 없는 존재자들의 세계에서 존재에 관한 진정한 앎을 획득하지 못한 채 헤매고 있는 이들의 상태가 바로 무능한 상태, 즉 아포리아로 비유된다. 반면 헤라클레이토스에 따르면 세계원리로서 '로고스'는 근본적으로 감춰져 있으며, 이 원리로 접근하는 통로가 없다. 즉, 길이 없다(=아포리아). 따라서 전체 우주(세계) 안에서 동물과 신들의 중간에 위치 지워진 인간에게 본래 세계원리를 완전히 이해하고 인식하는 것은 불가능하다. 즉, 유한한 존재로서 무한한 진리인 '로고스'에 관한 완전한 앎의 길은 없다(=아포리아). 헤라클레이토스와 파르메니데스의 이러한 철학적 통찰과 함께 중요하게 살펴봐야 할 텍스트가 있는데, 바로 고대 희랍의 비극 작품들이다. 이 작품들에서 당시 작가들은 신들 사이의 불화와 갈등 속에서 우월한 힘과 열등한 힘의 대비를 통해 신들이 처한 곤란과 고난을 아포리아적인 것으로 그려내거나(아이스퀼로스의 『결박된 프로메테우스』), 완전성의 상징인 신적 존재의 권능과 대비시켜 인간의 불완전한 존재성으로부터 기인하는 오만과 오해, 질투와 다툼, 그리고 나약함을 아포리아적 상태와 상황으로 그려내면서 인간이 겪는 운명적 갈등과 고난이 비극적으로 표현된다(소포클레스의 『필록테테스』, 에우리피데스의 『힙폴뤼토스』 등). 이상의 내용에 관해 이 글의 분량적 제한으로 인해 여기서 자세히 설명할 수 없으나, J. H. Lee, *Der philosophische Sinn der Aporie bei Aristoteles*(Hamburg: Verlag Dr. Kovač, 2010), pp. 21-57 참고.

『소크라테스의 변론』(이하 『변론』)에 등장하는 소크라테스의 모습이다.[9] 『변론』에서 소크라테스는 좋음과 옳음, 그리고 경건함 등과 같은 것에 대한 완전한 앎은 인간에게 근본적으로 허용되지 않음을 주장하고 있다.[10] 이와 관련해 플라톤이 자신의 초기 대화편들에서 공통으로 묘사하는 소크라테스는 역설적이고 논박적인, 그리고 아포리아적인 인물이다.[11] 따라서 인간에게 완전한 앎이 불가능하다는 생각과 소크라테스의 철학적 면모를 특징짓는 역설과 논박, 그리고 아포리아를 함께 고려한다면, 소크라테스의 철학적 태도는 분명히 일정한 회의주의적 성격을 보인다. 소크라테스적 회의주의를 대표하는 개념이 바로 '아포

---

9 역사적 · 철학적 소크라테스의 이해와 관련해 연구자들이 소위 '소크라테스의 문제'라고 일컫는 것이 있다. 소크라테스 스스로 어떤 저작을 남기지 않았고, 그래서 그에 대한 역사적 · 철학적 면모를 다른 이들의 기록에 의존할 수밖에 없으나, 어떤 기록이 소크라테스의 철학을 제대로 전달하고 있는지 판단하는 데 큰 어려움이 있다는 것이 이 문제의 요지다. 그렇지만 그동안의 연구를 종합해볼 때, 소크라테스의 철학적 면모는 그의 제자 플라톤이 자신의 초기 저작들에서 묘사한 스승의 모습을 통해 가장 잘 드러나고 있다고 평가된다. 물론 플라톤이 전하는 철학자 소크라테스의 면모가 플라톤에 의해 재해석된 소크라테스와 완벽히 구별되긴 어렵다. 왜냐하면 플라톤은 역사적 인물인 소크라테스를 마치 역사가로서의 소명을 가지고 사실에만 근거해 전달하려는 의도를 가졌던 것이 아니라, 자신을 철학의 길로 인도한 철학자 소크라테스에 대한 존경과 그리움을 자신의 문학적 · 철학적 능력을 동원해 재창조 및 재해석하려고 했기 때문이다. 이러한 플라톤의 의도가 가장 잘 표현된 작품이 『변론』이며, 플라톤의 다른 초기 저작들과 비교했을 때 소크라테스의 철학적 모습을 가장 원형에 가깝게 표현하고 있다는 것이 나의 판단이다.

10 『변론』 20d6-23b4. 완전한 앎으로의 도달 불가능성과 관련된 소크라테스의 주장은 소크라테스를 추종한 키니코스학파의 수장인 안티스테네스나 키레네학파의 창시자인 아리스티포스 등에게 유사한 형태로 전승되고 있다. 이와 관련해 K. Döring, *Die Philosophie der Antike Band2/1, Sophistik–Sokrates–Sokratik–Mathematik–Medizin*(Grundriss der Geschichte der Philosophie, Basel: Schwabe Verlag, 1998), pp. 155-156 참고.

11 소크라테스의 아포리아적 인물 묘사가 가진 특징은 아카데미아의 회의론자들, 특히 아르케실라오스가 자신의 회의주의적 태도의 근거를 소크라테스적 회의주의에서 찾는 것과 유사하다. 초기 아카데미아에서 행해진 플라톤 변증술의 진수는 아포리아적 특징에 있고, 아포리아적 변증술은 다시 소크라테스적 정신에서 기원한다고 아르케실라오스는 파악한다. 그가 이해한 소크라테스적 정신은 다름 아닌 '무지의 상태', 즉 '아포리아'의 고백이다. 이와 관련해서는 H. J. Krämer, *Platonismus und hellenistische Philosophie*(Berlin/New York: Walter de Gruyter, 1971), pp. 47-58 참고.

리아'인데, 그 의미는 우선 신적인 지혜에 대한 궁극적인 접근 불가능성을 뜻하며, 이 의미가 인식론적으로 연장되어 무지로 인해 잠정적으로 앎의 과정이 차단된 상태를 뜻한다. 그러나 이러한 아포리아가 소크라테스에게서 앎을 추구하는 과정에 대한 일정한 비판적 시각을 넘어 극단적인 불가지론으로 발전하고 있다고 보기는 어렵다. 그 이유는 소크라테스가 무지의 상태를 넘어서 인간에게 적합한 어떤 지혜를 찾아야 한다는 것과 이를 통해 가능한 한 인간적 지혜에 적합한 앎을 습득하기 위해 영혼의 끊임없는 단련을 주장하고 있기 때문이다.[12] 또한 소크라테스에게서 아포리아가 신적인 지혜로의 궁극적인 접근 불가능성을 의미한다는 것은 신적 존재와의 관계에서 인간 지성이 가지는 어떤 실존적 상황을 표현한 것이라고 이해할 수 있다.[13] 그렇다면 소크라테스가 제시하는 무지의 상태에 이르는 방법은 무엇인가?

소크라테스의 철학적 면모를 특징짓는 것으로 대표적인 것은 바로 그의 문답식 대화술(혹은 대화법, ἡ διαλεκτική)이다.[14] 이 대화술은 기본적으

---

12 『변론』 29d2-30b4 & 38a1-b1.

13 이는 소크라테스 이전 몇몇 사상가에게서 공통으로 발견되는 신과 인간의 근본적인 존재론적 차이에 대한 성찰, 그리고 이 성찰로 말미암아 완전한 신에 대한 인간의 불완전한 실존적 운명을 아포리아로 표현한 전통과 관련된다. 여기서 말하는 전통이란 당시의 일상언어에서 은유적 의미로 사용된 아포리아의 일반적 용어 사용을 가리킨다. 앞서 각주 8에서 언급했듯이, 고대 희랍의 비극 작품에서 아포리아가 등장인물이 난처한 상황에 빠지는 것을 비극적으로 표현하는 효과적인 언어적 수단이 된 점, 그리고 파르메니데스가 신적인 진리에 대한 인간의 어리석은 의견의 상황을, 그리고 헤라클레이토스가 신적인 로고스에 대한 인간적 가변적 지성과 경험의 상황을 아포리아적으로 표현한 점 등은 아포리아의 은유적 의미를 통해 인간의 실존적 상황을 문학적 · 철학적으로 표현하려는 일반적 용어 사용의 전통 속에서 이해될 수 있다. 그리고 이러한 전통적 용어 사용을 나는 소크라테스의 아포리아와 관련짓는 것이다.

14 ἡ διαλεκτική를 '문답식 대화술(혹은 대화법)'로 칭했는데, 전문적 학술용어로는 보통 '변증술(혹은 변증법)'을 뜻한다. 통상적으로 τέχνη(기술) 혹은 μέθοδος(방법)가 생략된 채 ἡ διαλεκτική만 표기된다. 변증술이 본래 질문자와 답변자 간에 오가는 논증적 대화 상황에 기초하고 있으므로 원리적으로 '문답식 대화술'(혹은 축약해서 '문답술')로 이해하는 것은

로 ① 대화 상대자에게 질문하고(ἐρεῖσθαι), ② 대화 주제에 대해 탐구하고(ἐξετάζειν), ③ 상대방의 논증을 논박하고(ἐλέγχειν), ④ 오류를 비판하는(ὀνειδίζειν) 절차로 진행된다.[15] 이 중 아포리아와 관련해 주목해야 할 절차가 논박(ἔλεγχος)인데, 이는 소크라테스가 철학적 대화를 통해 상대방의 주장이 가진 그릇된 논지와 논거를 조리 있게 공격하여 반증 혹은 반론하는 기술을 말한다. 따라서 소크라테스는 논박술을 통해 대화 상대자가 주장하는 바에서 오류와 모순을 찾아내어 그것을 아포리아로 규정하고, 이를 다시 대화 상대자가 스스로 인정하게 만듦으로써 결국 자신이 주장하던 앎의 상태가 부정되고 파괴되는 무지의 상태를 드러낸다. 그러나 이러한 상태는 대화 상황 전체를 난처함과 당혹감에 빠뜨리는 결과를 초래한다. 그렇다면 소크라테스가 자신의 대화술을 통해 궁극적으로 의도한 것이 바로 이러한 부정적이며 파괴적인 아포리아일까?

실제로 소크라테스의 아포리아적 대화술은 대화자들이 대화 주제에 대해 부분적으로 혹은 전적으로 무지한 점을 드러내는 데 목적이 있다. 그러나 무지가 드러나는 순간, 그 무지는 역설적으로 새로운 앎을 추구하는 출발점이 되기도 한다. 소크라테스는 무지에 빠진 대화 상대자가 무지의 상태에서 느끼는 난처함과 당혹감, 혹은 분노의 감정

문제가 없을 것이다. 그리고 방법이란 어떤 목적을 달성하기 위한 방식이나 수단을 뜻하며, 기술은 방법과 관련된 수단으로 이해할 수 있으므로 개념적으로 방법이 기술을 포괄하고 있는 것으로 이해할 수 있다. 이러한 이해를 바탕으로 ἡ διαλεκτική μέθοδος는 '변증법' 혹은 '문답식 대화법'으로, ἡ διαλεκτική τέχνη는 '변증술' 혹은 '문답식 대화술'로 번역할 수 있겠다. 결국 이것이 의미하는 바 '변증술', '문답식 대화술', 혹은 '문답술' 등의 용어는 모두 ἡ διαλεκτική (τέχνη)의 다양한 번역어라는 것이다. 따라서 아래에서는 '문답식 대화술(법)' 혹은 '변증술(법)'을 맥락에 따라 같은 뜻으로 혼용해서 사용한다.

15 『변론』 29d-30b. 여기서 소크라테스는 신적인 앎에 대한 인간의 무지를 아포리아로 표현하면서, 자신의 독특한 논박적 대화법을 통해 이를 드러내는 것을 일생일대의 과업으로 선포하는 모습이 그려진다.

이 대화를 주도한 자신에게로 향하던 것을 전환해 오히려 무지한 상태에 빠진 대화 상대자에게 향하도록 함으로써 무지한 자아의 상태를 대화 상대자가 제대로 반성하길 요구한다. 그리고 반성의 결실로 자신의 무지함이 자신의 억견과 오해, 그리고 지적 자만에 근본적 원인이 있음을 통찰할 때 비로소 진정한 의미에서 '무지를 아는 자'가 된다. 여기서 '무지'는 '신적 지혜를 유한하고 불완전한 인간이 완전하고 절대적인 방식으로 결코 알 수 없음'을 뜻한다. 바로 이 앎은 종전의 그릇된 앎, 즉 신적인 지혜를 인간이 완전하고 절대적으로 소유할 수 있다는 믿음으로서의 앎이 아포리아로 인해 파괴되고 정화된 후 비로소 그 정화된 자리에서 시작되는 새로운 방식의 앎, 즉 인간은 단지 인간적 지혜를 끊임없이 갱신하여 탐구함으로써 획득할 수 있음을 아는 것이다. 이러한 의미에서 특정한 대상에 대한 구체적인 내용이 채워지지 않은 앎이지만, 올바른 앎을 앞으로 계속 추구하기 위해 꼭 필요한 긍정적 출발점이자 방법이 바로 아포리아의 탈출구로서 '무지의 지'다.

2) 플라톤의 아포리아

아포리아는 플라톤의 대화편들, 특히 초기 대화편들의 성격을 특징짓는 중요한 개념이다. 대화 상대자에게 현상 세계의 다양하고 다변적인 사물과 사태들의 보편적 본질을 집요하게 캐묻고 반박하는 소크라테스의 모습은 플라톤이 그려내는 자신의 위대한 스승 소크라테스의 이상적 모습이었다. 그러나 흥미롭게도 플라톤이 초기 대화편을 통해 그려내는 소크라테스의 철학적 탐구는 그 결말에서 아포리아적으로 마무리되는 특징을 보여줌으로써 초기 대화편을 '아포리아적 대화편'이라고 불리게 했다. 이는 플라톤에 의해 이해된 소크라테스의 근본적인 철학적 태도가 바로 '무지(ἄγνοια)의 상태'이기 때문이다. 그리고 이를 은유적으로 아포리아를 통해 표현하면서, 인식론적 관점에서 이해할 수 있는 소크라테스의 무지를 변증술적 탐구법의 특정한 위치로 계승 · 발전시킨 것은 플라톤의 업적이다.

플라톤은 소크라테스의 아포리아가 가진 부정적 성격을 학문적이고 방법론적으로 정초하여 진리 추구와 탐구 과정에서 중요한 계기로 파악하고, 그 기능을 긍정적이며 유용하게 발전시키려 한다. 앞서 밝힌 바와 같이, 소크라테스의 아포리아는 항상 확실하고 참된 앎의 추구 가능성이라는 관점에서 볼 때 분명히 회의주의적 측면을 가지고 있다. 그러나 이 측면이 극단적 · 불가지론적 회의주의로의 전개를 직접적으로 내포하진 않는다. 다만 아포리아를 극복하는 적극적인 방법이 명시되지 않는 한, 아포리아의 부정적 성격으로 인해 근본적인 불가지론적 입장이 대두될 가능성을 완전히 배제할 수 없다는 것이 플라톤의 입장이다. 또한 진리를 향한 긍정적 탐구, 그리고 이를 통한 보편적 학문의 가능성을 확보하기 위해 이 탐구를 가로막는 아포리아의 해결은 필연적이다. 또한 소크라테스의 아포리아와 비교했을 때, 플라톤의 아포리아는 인식론적 의미와 함께 더욱 체계적인 방법론적 의미를 보여주는데, 이 의미는 플라톤의 변증술과 관련해 이해할 때 더욱 분명해질 수 있다.

플라톤은 자신의 대화편을 통해 소크라테스의 논박적이면서도 아포리아적인 대화술을 자신의 철학적 방법으로 계승 · 발전시키고 있다. 자기 작품에서 철학을 대화체 형식으로 기술하는 방식을 플라톤이 채택한 것은 분명히 철학에 대한 그의 확신과 태도에서 기인하는데,

그는 '대화의 방식으로 철학함'이 궁극적인 진리, 즉 이데아에 대한 앎을 추구하는 최고의 학문적 길이라고 믿었고,[16] 이 길을 특별히 '변증술'이라고 불렀다.[17] 플라톤의 변증술은 1차적으로 논증적 대화의 진행을 위한 기술이다. 이 기술은 기본적으로 일정한 규칙을 따르는데, 질문자와 답변자가 서로의 주장을 적절한 근거 제시를 통해 공격하고 방어해야 한다.[18] 그리고 이러한 논증 과정을 통해 궁극적으로 추구하는 목적은 진리에 따라 어떤 논증이 참이며 거짓인지 판단하는 것이므로 올바른 변증가는 가변적인 의견(δόξα)이 아닌 보편적이며 영원한 진리에서 논의 근거를 찾아야 한다.[19] 그렇다면 플라톤에게서 변증술적 논증의 목적과 관련해 아포리아가 갖는 의미는 무엇일까? 왜 플라톤은 자신의 많은 대화편을 아포리아적으로 마무리할까?[20]

---

16 문자 비판과 대화로 철학함의 우월성과 절차에 대해서는 『편지들』 VII 341a7 이하, 그리고 『파이드로스』 274b-278b 참고. 그리고 플라톤은 『국가』 7권에서 변증술을 이데아 인식의 유일무이한 방법으로 평가한다.

17 플라톤은 '변증술'이라는 용어를 다음과 같이 다양한 용어로 표현한다. ἡ διαλεκτική(『국가』 534e3) 혹은 ἡ διαλεκτική(『파이드로스』 276e5-6) 혹은 ἡ διαλεκτικὴ μέθοδος(『국가』 Rep. 533c7) 혹은 ἡ διαλεκτικὴ ἐπιστήμη(『소피스테스』 253d2-3). 플라톤의 변증술에 대한 더 자세한 내용은 P. Stemmer, *Platons Dialektik – Die frühen und mittleren Dialoge*(Berlin · New York: De Gruyter, 1992) 참조. 송영진, 『플라톤의 변증법』(서울: 철학과현실사, 2000), 13-21쪽을 참고해보면, 플라톤의 변증술은 자신의 사상사적 발전과정에서 다양한 의미와 기능을 가지는 것이 분명하다. 내가 여기서 설명하는 변증술은 기본적으로 플라톤 초기 사상에 등장하는 논박적이고 아포리아적인 변증술에 기초한다. 그러나 논박적이고 아포리아적인 변증술적 성격은 플라톤의 변증술이 그의 사상사적 발전과정에서 다양한 의미와 기능을 가진다고 할지라도 근본적인 특성으로 유지되고 있으며, 초기 대화편들 중 전형적인 아포리아적 대화편들뿐만 아니라 중기와 후기 대화편들, 예를 들면 『크라튈로스』, 『파르메니데스』, 『테아이테토스』 등에도 논박적이고 아포리아적인 변증술이 등장한다고 나는 생각한다. 여기서 내가 주목하는 바는 앞서 말한 것처럼 플라톤의 변증술이 기본적으로 보여주는 논박적이며 아포리아적인 성격과 플라톤에게서 아포리아가 갖는 변증술적 의미의 밀접한 관련성이다.

18 『메논』 75d2-4; 『카르미데스』 163e1-7; 『크라튈로스』 390c10-11.

19 『국가』 534b-e.

20 플라톤의 대화편이 아포리아적 결말을 가지고 있는 이유에 대해 많은 연구자가 다양한 해

플라톤은 변증술에 의해 도달한 앎의 상태가 최종적으로 아포리아적이라고 간주하지 않는다. 이는 소크라테스적 아포리아가 인간 지성의 운명적 한계를 드러내는 실존적 의미와 차이가 있다. 플라톤이 이해한 아포리아는 변증술적 진리 탐구 과정에서 발생하는 어떤 문제이며, 변증술적 진리 탐구의 모든 과정에서 볼 때 아포리아에는 방법론적으로 어떤 긍정적인 의미가 있다.[21] 플라톤에 따르면, 아포리아는 억견과 편견을 변증술로 제거하기 위한 필수적 요소다. 그러나 최종적으로 이 상태에 머문다면 변증술이 추구하는 진리적 앎은 결코 획득하지 못한다. 따라서 아포리아는 지속적인 진리 추구의 길을 위해 반드시 제거되어야 할 방해물이다. 그렇다면 어떻게 아포리아가 제거될 수 있을까?

플라톤은 우선 왜 인간이 아포리아에 빠지는가에 대해 자신의 철학적 신념에 근거해 신화적으로 대답한다. 인간 영혼은 윤회를 통해 불멸하며, 수없이 반복된 윤회를 통해 영혼은 본래 진리를 알고 있었

석의 입장을 제시한다. 예를 들면 플라톤의 사상적 발전 단계에서 초기 대화편을 저술하던 단계에서는 아포리아를 제시할 수 있었으나 아직 해결책을 찾지 못했다는 입장, 아포리아적 변증술은 소크라테스적이지 본래는 플라톤적이지 않다는 입장, 혹은 진리 추구와 탐구의 원천적 불가능성을 아포리아를 통해 표현했다는 실존주의적 입장, 대화편에 제시된 아포리아는 마치 퀴즈와 같아서 독자들이 스스로 그 해결책을 발견하게끔 동기부여를 한다는 교육적 입장, 혹은 아포리아적 결론을 통해 학문적 · 윤리적 삶에 대한 반성적 · 비판적 정신을 일깨우려는 계몽주의적 의도로 이해하는 입장 등이 있다. 이와 관련해서는 M. Erler, *Der Sinn der Aporien in den Dialogen Platons*(Berlin · New York: De Gruyter, 1987), pp. 2-18; 김종갑, 「아포리아와 변증법: 플라톤의 파르메니데스를 중심으로」(『비평과 이론』 3, 한국비평이론학회, 1998), 204쪽 참조.

21 아포리아에 빠짐, 그리고 그 아포리아에서 벗어남에 대한 플라톤의 사상을 논함에 있어 가장 중요한 대화편으로 평가되는 것은 『메논』이며, 초기 아포리아적 대화편에서 중기 대화편으로 넘어가는 과도기적 시기의 저술로 평가받고 있다. 『메논』에서 플라톤의 아포리아가 가지는 의미와 기능이 부정적인 것에서 긍정적인 것으로 전환되는 것을 볼 수 있다. 이것과 관련해서 J. H. Lee, *Der philosophische Sinn der Aporie bei Aristoteles*(Hamburg: Verlag Dr. Kovač, 2010), pp. 83-113 참조.

으나, 저승의 삶에서 현세의 삶으로 전환하는 과정에서 그 진리를 망각했다는 것이다. 바로 인간 영혼이 이미 알고 있는 진리를 망각한 상태를 플라톤은 아포리아로 이해한다. 따라서 이러한 상태의 진리를 다시 기억하는 것, 즉 상기(ἀνάμνησις)는 아포리아의 해결책이며, 이 해결책이 지속적인 진리 탐구에 유용하기 위해서는 방법론적으로 아포리아를 제대로 인식하는 것이 필수적으로 선행되어야 한다.[22] 따라서 아포리아는 지속적인 진리 탐구 과정에서 일종의 과도기적 역할로서 기능한다. 그리고 이러한 역할은 부정적이며 파괴적인 아포리아가 방법론적으로 긍정적이며 유용하게 기능하는 것으로 인식하게끔 한다.

이상의 이해를 바탕으로 플라톤의 변증술이 진리 탐구 과정에서 어떻게 진행되는지 다음과 같은 세 가지 단계로 요약해보자. ① 변증술적 진리 탐구를 위한 주제가 설정되고, 대화자들 사이의 상호 논박을 통해 대화 주제가 가진 아포리아를 분명하고 완전히 드러내는 단계, ② 아포리아의 상태와 원인에 관한 진지한 이해를 위해 비판적 · 반성적 탐구를 하는 단계, ③ 아포리아를 온전히 이해했다면, 이제 원래의 대화 주제가 지향하는 진리를 다시 변증적으로 상기하고자 하는 긍정적 동기가 부여되고, 이를 통해 새로운 변증술적 진리 탐구로 다시 이행하는 단계. 이러한 단계들을 통해 드러나는 플라톤적 아포리아의 가장 큰 특징은 부정적이며 파괴적인 아포리아가 지속적인 변증술적 진리 탐구의 가능성을 위해 긍정적이며 유용한 아포리아로 규정된다는 점이다.[23]

---

22 플라톤의 영혼불멸설과 상기설에 대한 신화적 설명은 『메논』 81a10-e2 참조.

23 플라톤의 중기 사상에서 변증술은 아포리아의 인식과 극복 과정을 통해 궁극적으로 이데아의 인식을 이끄는 핵심적 방법으로 규정된다. 그리고 후기 사상에서 변증술은 개념의 모

3) 정리

소크라테스의 아포리아가 인식론적 의미에서 '무지의 상태'를 표현하고, 플라톤이 이를 계승하여 자신의 변증술을 위해 유용한 과도기적 상태로 파악한 것은 방법론적인 의미에서 중요한 변화다. 소크라테스의 아포리아가 인식론적 측면에서 인간 지성의 실존적 상태를 표현한다면, 플라톤은 아포리아가 자칫 불가지론적 회의주의로 이해될 수 있는 위험성을 방법론적으로 재해석함으로써 아포리아에 긍정적이고 유용한 변증술적 기능을 부여한다. 이를 통해 알 수 있는 중요한 점은 아포리아의 극복이란 단지 아포리아의 제거에만 있는 것이 아니라, 아포리아 본래의 성격을 달리 인식함으로써 그 가능성을 찾을 수 있다는 것이다.

이처럼 소크라테스와 플라톤을 거치면서 아포리아의 인식론적 의미가 방법론적 의미로 전개되는 점은 아리스토텔레스가 사용한 아포리아를 변증술과 관련해 개념적으로 이해하는 데 매우 중요한 계기가 된다. 아리스토텔레스가 아포리아를 사용하는 언어적 용법은 전통적인 의미 범주를 따른다. 그리고 소크라테스와 플라톤으로부터 유래된 아포리아의 인식론적 · 방법론적 의미는 플라톤의 변증술을 비판적으로 수용한 아리스토텔레스의 변증술과 밀접한 관련을 맺으며 더욱더 개념적이며 기능적으로 계승 · 발전된다.

음(συναγωγή)과 나눔(διαίρεσις)이라는 일정한 절차를 통해 철학적 난제(아포리아)들을 해결하는 중요한 방법으로도 소개된다. 이와 관련해서 『파이드로스』 265c 이하, 『소피스테스』 253a 이하 참조.

3. 아리스토텔레스의 변증술적 아포리아[24]

플라톤의 변증술이 아리스토텔레스가 자신의 변증술을 발전시키는 데 모태였음은 의심의 여지가 없다. 특히 플라톤에게서 아포리아가 변증술적으로 중요한 의미와 기능한다는 사실은 많은 연구자에 의해 강조되었다.[25] 그렇다면 아리스토텔레스에게서도 변증술적 의미와 기능을 가진 아포리아가 발견되는가? 만약 발견된다면, 플라톤의 변증술과 차별성을 가진 아리스토텔레스의 변증술에서 어느 정도의 중요성이 있을까?

아리스토텔레스에게서 아포리아의 변증술적 의미와 그 기능에 관한 연구와 논의가 플라톤의 그것에 비해 절대 과소평가되지 않는다는 점은 그동안 많은 연구자에 의해 입증되었다.[26] 그러나 종래의 연구

---

24 이재현, 「아리스토텔레스의 아포리아적 변증술에 대한 이해」(『중세철학』 16, 한국중세철학회, 2010), 14-31쪽 및 이재현, 「아리스토텔레스에게서 아포리아의 변증적 탐구술과 그 방법론적 기능」(『철학연구』 126, 대한철학회, 2013), 264-291쪽의 내용을 이 글의 성격에 맞게 편집하여 수록한다.

25 플라톤에게서 아포리아의 변증술적 의미와 기능에 대한 상세한 연구사는 M. Erler, *Der Sinn der Aporien in den Dialogen Platons*(Berlin · New York: De Gruyter, 1987), pp. 2-18 참고.

26 주요한 연구들은 다음과 같다. N. Hartmann, "Systematische Selbstdarstellung"(*Kleinere Schriften I*, Berlin, 1955); N. Hartmann, "Aristoteles und Hegel"(*Kleinere Schriften II*, Berlin, 1957); N. Hartmann, *Grundzüge einer Metaphysik der Erkenntnis*(Berlin, 51965); P. Aubenque, "Sur la notion aristotélicienne d'aporie"(*Aristote et Les problèmes de méthode*, Communications présentées au Symposium Aristotelicum, Louvain, 24.08~01.09.1960, ed. Suzanne Mansion, Louvain-Paris, 1960); T. Irwin, *Aristotle's First Principles*(Oxford, 1988); O. Höffe, Aristoteles(München, 21999); A. Motte et Chr. Rutten, *Aporia dans la philosophie grecque des origines à Aristote*(Louvain, 2001); R. Eisler, "Aporie"(*Wörterbuch der philosophischen Begriffe*, Band 1, Berlin. 41927); B. Waldenfels, "Aporie, Aporetik"(*Historisches Wörterbuch der Philosophie*, Band 1, Darmstadt, 1971); K.-H. Ilting, "APORIE"(*Handbuch philosophischer Grundbegriffe*, Band 1, München, 1972); M. Gatzemeier, "Aporem", "Aporetik", "Aporie"(*Enzyklopädie Philosophie und Wissenschaftstheorie* , Band 1, Stuttgart · Weimar, 22005); P. Kotátko,

들은 아리스토텔레스의 아포리아가 갖는 변증술적 의미를 그의 저작 『형이상학』 3권을 중심으로 논의하고 있고, 정작 그의 변증술이 본격적으로 논의되는 『토피카』를 중심으로 아포리아의 변증술적 의미를 찾으려는 해명은 상대적으로 부족했다. 이에 아포리아가 아리스토텔레스의 변증술에 중요한 방법론적 개념으로 이해될 수 있으며, 더 나아가 변증술적 아포리아에 관한 탐구를 보여주는 방법론적 기능에 착안하여 그의 변증술을 크게 세 가지 모델로 재구성하여 소개하려고 한다. 이를 통해 나는 다양한 학문적 주제로부터 발생하는 아포리아에 대한 아리스토텔레스의 비판적 문제의식을 드러내고, 그의 작품 속에서 알 수 있는 그의 학문 활동에서 아포리아가 변증술적으로 분석되고 해결되는 철학적 기술을 '변증술에 따른 아포리아-탐구술(ἡ διαλεκτικὴ ἀπορητική; 변증술적 아포레틱)'이라고 부르고자 한다.[27]

"APORIE"(Europäische Enzyklopädie zu Philosophie und Wissenschaften, Band 1, 1990); J. P. Beckmann, "Aporie, Aporetik"(*Lexikon für Theologie und Kirche*, Band 1, Freiburg i. Br., 1993); R. Geiger, "aporia / Schwierigkeit"(*Aristoteles-Lexikon*, Stuttgart, 2005). 이상에서 열거한 선행연구들에 대한 논평은 J. H. Lee, *Der philosophische Sinn der Aporie bei Aristoteles*(Hamburg: Verlag Dr. Kovač, 2010), pp. 175-201 참조. 그 외 국내 연구로 김재홍, 『아리스토텔레스의 학문방법론에서의 변증술의 역할에 관한 연구』(숭실대학교 박사학위논문, 1994); 최수, 「철학적 담론에 나타난 아포리아: 플라톤, 아리스토텔레스 그리고 데리다를 중심으로」(건국대학교 석사학위논문, 1999); 김윤애, 『플라톤과 아리스토텔레스의 변증론』(이화여자대학교 박사학위논문, 2001); 한석환, 「아리스토텔레스의 『토피카』에서 토포스가 하는 일」(『철학논총』 58, 새한철학회, 2009); 이재현, 「아리스토텔레스의 아포리아적 변증술에 대한 이해」(『중세철학』 16, 한국중세철학회, 2010); 이재현, 「아리스토텔레스에게서 아포리아의 변증적 탐구술과 그 방법론적 기능」(『철학연구』 126, 대한철학회, 2013); 이재현, 「변증술적 토론 훈련의 규칙과 비판적 사고 교육을 위한 응용 가능성: 아리스토텔레스 『토피카』 8권을 중심으로」(『범한철학』 83, 범한철학회, 2016); 안상욱, 『아리스토텔레스의 논증 중심적 토포스 연구: 아리스토텔레스의 『변증술』과 『수사학』을 중심으로』(숭실대학교 박사학위논문, 2021); 김재홍, 「해제: 토포스를 마련하기 위한 시도와 탐구 방법의 모색 - 철학 방법론으로서의 변증술의 학문적 기능」(『토피카-토포스에 관한 연구』, 아리스토텔레스, 김재홍 옮김 · 해설, 파주: 서광사, 2021) 등 참고.

27 '아포리아-탐구술'이라고 번역한 '아포레티케(ἀπορητική)'는 원어를 그대로 살려 영어로 'Aporetic' 혹은 독일어로 'Aporetik'이라 부른다. 국내에서는 이를 간혹 "문제학"이라고 번

1) 아리스토텔레스 변증술에 대한 개요

초기 저작인 『토피카』는 아리스토텔레스가 당시 아카데미아에서 실제로 배우고 사용했을 변증적 토론술을 체계적으로 이론화시키려는 목적에서 저술된 작품이다. 그런데 여기서 아리스토텔레스가 이론적으로 소개하는 변증술은 그의 스승 플라톤이 변증술에 대해 가졌던 이념과는 분명한 차이를 가지는데, 플라톤은 변증술이 그 자체로 학적 가치를 가진 철학의 궁극적인 방법으로서 참된 이데아의 앎으로 인도하는 좋은 길이라고 생각한 것과 달리 아리스토텔레스는 변증술을 대화적 상황에 기초해 통념(ἔνδοξον)들로부터 추론(συλλογισμὸς)을 이끌어낼 수 있으며, 이를 통해 어떤 주장을 모순적으로 하지 않을 수 있는 논증의 기술 혹은 방법으로 파악하여 변증술이 가진 도구적 기능에 주목한다.[28] 또한 그는 이러한 도구적 기능이 가진 유용성을 적용할 수 있는 세 가지 분야를 통해 다음과 같이 제시한다. ① 개인의 논리적-논증적 능력을 기르는 훈련(γυμνασία)을 위해, 혹은 ② 다른 의견을 가진 이들과의 만남을 통한 대화를 할 때 자신의 주장을 설득력 있게 논증하기 위해, 혹은 ③ 어떤 철학적 앎을 추구하는 과정에서 주어진 주제에 대한

역하는데, 문제에 해당하는 고대 희랍어 '프로블레마(πρόβλημα)'가 있고, 이 단어는 아포리아와 상응하는 의미를 보이지만, 같은 의미로 대체할 수 있는 개념은 아니라고 생각된다. 이하에서는 ἡ διαλεκτικὴ ἀπορητική를 '변증술에 따른 아포리아-탐구술' 혹은 '변증술적 아포레틱'이라고 칭할 것이다.

28 『토피카』 1권 1장, 100a 18-21. "이 논구의 과제는 어떤 방법을 찾는 것인데, 이 방법에 따라 우리는 제기된 각각의 문제에 대해 이미 인정된 통념들로부터 추론을 끌어낼 수 있고, 만약 우리 스스로 어떤 주장을 하려고 할 때, 어떤 모순적인 것을 말하지 않을 수 있을 것이다(Ἡ μὲν πρόθεσις τῆς πραγματείας μέθοδον εὑρεῖν ἀφ᾽ ἧς δυνησόμεθα συλλογίζεσθαι περὶ παντὸς τοῦ προτεθέντος προ βλήματος ἐξ ἐνδόξων, καὶ αὐτοὶ λόγον ὑπέχοντες μηθὲν ἐροῦμεν ὑπεναντίον)."

문제를 제대로 파악하고 그 문제를 해결하기 위해, 그리고 이런 과정을 통해 그 어떤 궁극적인 원리를 철학적 · 비판적으로 검토하고 탐구하기 위해 변증술이 유용하다는 것이다.[29] 이와 같은 세 가지 유용성은 아리스토텔레스 변증술이 가진 실용적 목적을 잘 드러낸다. 왜냐하면 변증술은 그 자체로 추구되는 어떤 목적을 가진 것이 아니라, 다른 활동과의 연계 속에서 유용한 도구적 기능을 수행할 때 가치 있는 것으로 아리스토텔레스는 판단하고 있기 때문이다.

이론적 차원에서 아리스토텔레스의 변증술은 일정하게 정형화된 절차와 방식으로 진행된다. 기본적으로 대화적 상황에서 펼쳐지는 변증술은 질문자와 답변자가 제시된 문제에 대해 논박을 통한 공격, 그리고 반증을 통한 방어를 펼치면서 문제의 참과 거짓을 비판적으로 검토하여 가려내는 방식으로 진행된다. 모든 논증이 전제의 참으로부터 결론의 참이 보증되는 것처럼, 변증적 논증에서도 적절한 전제를 구하고 결론의 정당성을 입증하기 위한 타당한 형식의 구조를 가져야 한다. 그런데 여기에 중요한 특징이 있다. 전제가 가진 내용적 정당성이 통념 혹은 통념에 준하는 의견이나 이론에 근거한다는 점이다. 다시 말하면, 학문적으로 엄밀하게 연역적으로 진행되는 명증적 추론(ἀπόδειξις)은 이미 참임이 입증되었고 그 자체로 자명한 제일원리인 근본적인 공리들을 그 전제로 삼는 데 반해, 변증적 추론은 통념에 그 전제의 내용적 근거를 가진다.[30] 또한 변증적 추론이 가진 특징은 일반적

---

29 『토피카』 1권 2장, 101a 25-b 4.

30 『토피카』 1권 1장, 100a 27-30. 통념에 근거한 전제의 확보와 관련해서는 같은 곳 1권 14장, 그리고 통념의 철학적 의미에 대해서는 김재홍, 「해제: 토포스를 마련하기 위한 시도와 탐구 방법의 모색 - 철학 방법론으로서의 변증술의 학문적 기능」(『토피카-토포스에 관한 연구』, 아리스토텔레스, 김재홍 옮김 · 해설, 파주: 서광사, 2021), 562-570쪽 참조.

추론의 전제가 명제이므로 평서문의 정언적 형식을 가지는 것이 기본이지만, 변증적 추론의 전제는 '예' 혹은 '아니오'로 대답할 수 있는 질문의 형식으로 제시된다.[31] 이처럼 질문의 형식으로 전제가 제시되는 이유는 변증적 추론의 전개 과정이 대화적 상황에 맞춰져 있기 때문이다. 그래서 질문자는 답변자에게 질문을 던지고, 이 질문에 대해 답변자가 통념에 근거해 긍정적으로 승인한 질문(ἐρώτησις ἔν δοξος)[32]의 답변만을 나중에 질문자가 답변자의 입장을 논박하기 위한 추론을 구성할 때 필연적 전제로 삼아 답변자의 입장과 모순된 결론을 추론하게 된다.[33]

간략하게 소개한 변증술의 절차와 방식에 관한 이해를 바탕으로 아포리아가 변증술과 가지는 관계를 설명하기 위해 핵심이 되는 사항인 변증적 문제(διαλεκτικὸν πρόβλημα)에 주목해보자. 변증적 문제에 대한

---

31 『토피카』 1권 4장, 101b 28-36. 예를 들면, '인간은 육지를 두 발로 걷는 동물이다'라는 형식은 정언적이지만, 이를 질문의 형식으로 바꾸면, '육지를 두 발로 걷는 동물은 인간의 정의인가?'가 되고, 이 형식으로 변증적 추론의 전제가 제시된다.

32 『토피카』 1권 10장, 104a 8-9.

33 좀 더 자세히 설명하면 다음과 같다. 변증술을 통해 다뤄질 토론 주제에 대해 찬성과 반대가 구분되는 선언적 질문의 형태로 어떤 문제가 제시되면, 질문자와 답변자는 그 질문에서 각자의 입장을 정해 서로 대립적 위치에 서게 된다. 이제 질문자와 답변자는 통념에 근거해 질문과 답변을 하게 된다. 그리고 질문자는 본인의 여러 질문 중 답변자가 통념에 근거해 긍정적으로 답변한 질문만 선택한 뒤, 이를 필연적 전제처럼 간주하여 답변자의 입장을 부정할 수 있는 최종 결론을 추론한다. 이는 변증적 추론이 명증적 추론과 달리 통념에 근거한 전제들로부터 추론이 진행된다는 정의와 부합한다. 그리고 대화에 기초한 변증술의 진행을 고려할 때, 질문자는 성공적인 변증적 추론을 위해 답변자가 승인한 질문을 통념에 근거한 전제로 확보해야 한다. 그러므로 연역적 형식으로 진행하는 변증적 추론의 전제가 답변자의 응답 없이 질문자가 던진 질문 그 자체로 인정된다고 이해해서는 안 된다. 질문이 추론의 전제가 되기 위해서는 반드시 답변자의 응답이 꼭 필요하며, 이 응답은 통념에 근거할 필요가 있다. 이에 대해서는 『분석론 전서』 1권 1장, 24a 23-35 그리고 24b 10-12 참조. 이와 관련된 논의는 O. Primavesi, *Die Aristotelische Topik*(München, 1996), pp. 34-35; T. Wagner und Ch. Rapp, *Aristoteles – Topik. Übersetzung und Kommentar*(Stuttgart: Reclam, 2004), p. 285 참조.

이해는 아리스토텔레스 변증술의 특징을 밝히는 데 중요한 요소다. 또한 이것은 아포리아의 변증술적 의미를 이해하기 위한 핵심이다. 보통의 논쟁적 토론이 일정한 주제와 그 주제와 얽힌 문제가 제기되면서 시작되는 것처럼, 변증적 문제는 변증적 토론의 대상이자 출발점이다.[34] 변증적 문제는 우선 '…인지(πότερον) …아닌지(ἤ/)'의 선언적 질문의 형식으로 제기되며, 이를 통해 논의 주제에 대한 찬성과 반대의 입장이 구분된다. 이렇게 구분된 찬반 입장에서 답변자가 선택한 입장에 대해 질문자가 그 입장으로부터 모순을 끌어내기 위한 논박을 시작한다. 그러나 모든 문제가 변증술의 논의 대상은 아니다. 어떤 문제가 변증술을 통해 다뤄지기 위해서는 제기된 문제에 대한 논의와 해결 과정에서 논박과 설득을 위한 논증이 요구되어야 한다. 그리고 이 논증은 궁극적으로 문제가 표현하는 선언적이며 상호배제적인 대립 관계의 해소를 지향하는데, 이 관계를 아리스토텔레스는 바로 아포리아를 통해 개념적으로 규정한다. 즉, 어떤 문제가 변증적이려면 일정 수준의 아포리아를 가져야 한다.

2) 아포리아의 변증술적 의미와 기능

앞서 나는 개념적으로 어떤 문제가 변증적이기 위해서는 일정한 아포리아를 가져야 함을 이야기했다. 이를 달리 말하면, 아포리아는 변증적 문제의 본질을 규정하는 핵심적 개념이라는 것이다.[35] 이로

34 『토피카』 1권 11장, 104b 1 이하 참조.

35 『토피카』 1권 10장, 104a 3-8. "우선 지금 변증적 명제와 변증적 문제가 무엇인지 규정해 보자. 모든 명제와 모든 문제가 변증적인 것으로 내세워지지 않을 테니깐. 왜냐하면 지성을

부터 아포리아를 가진 문제란 도대체 어떤 문제를 의미하는지, 그리고 아포리아가 변증술에서 어떤 기능적 역할을 하는지에 대한 해석이 요구된다. 제시된 문제로부터 논쟁자들이 너무나 쉽게 그리고 즉각적으로 문제를 해결한다면, 이 문제는 변증술에서 논의할 가치가 없다고 할 수 있다. 따라서 문제로부터 논쟁자들이 심사숙고하여 논증하도록 동기를 부여하고, 이로부터 적절한 해답이 구해졌을 때 논쟁적 토론은 변증술적 가치를 가진다. 이처럼 어떤 문제로부터 제시되는 입장에 대해 곧바로 참과 거짓이 가려지지 않고, **서로의 입장이 다양한 이유로 인해 대등하게 대립하면서, 각각의 입장에 대해 논쟁자들이 서로 참을 주장하는 모순된 상황이 발생하고, 따라서 문제의 해결책이 즉각적으로 모색되지 않는 미결정의 난해한 상태**가 되는 문제가 변증술에서 다룰 가치가 있는 문제다. 그리고 이런 난해한 상태를 지칭하는 개념이 바로 아포리아다.

변증적 문제와 관련해 아포리아의 변증술적 의미가 해석될 수 있다면 또 다른 관점, 즉 변증술이 구체적으로 실행되는 절차 및 방식과 관련해 아포리아의 변증술적 기능이 이야기될 수 있다. 앞서 말한 것처럼, 변증술은 기본적으로 대화적 상황에서 펼쳐진다. 질문자와 답변자는 특정한 토론 주제에 관한 각자의 입장이 참임을 논증해야 할 과제를 가진다. 각자의 입장은 변증적 문제를 통해 형식화되어 제시되지

가지고 있는 사람이라면 아무도 참이라고 간주하지 않을 명제를 제기하지 않을 것이며, 누구에게나 혹은 대부분의 사람에게 명백한 것을 문제로 제시하지는 않을 것이기 때문이다. 후자(즉, 문제)는 아포리아를 가지고 있지 않으며, 전자(즉, 명제)는 아무도 내세우지 않을 테니깐(Πρῶτον τοίνυν διωρίσθω τί έστι πρότασις διαλεκτικὴ καὶ τί πρόβλημα διαλεκτικόν. ού γὰρ πᾶσαν πρότασιν ούδὲ πᾶν πρόβλημα διαλεκτικὸν θετέον· ούδεὶς γὰρ ἂν προτείνειε νοῦν ἔχων τὸ μηδενὶ δοκοῦν ούδὲ προβάλοι τὸ πᾶσι φα νερὸν ἢ τοῖς πλείστοις· τὰ μὲν γὰρ ούκ ἔχει άπορίαν, τὰ δ′ ούδεὶς ἂν θείη)."

만, 이 문제에 관해 모두는 자신의 입장이 참임을 주장하므로 두 입장은 일단 모순적으로 대립하는데, 이러한 상황이 바로 아포리아적이다. 그렇다면 변증적 문제가 가진 아포리아는 문제 해결을 위해 해소되어야 할 대상이며, 그 방법은 궁극적으로 아포리아의 원인을 제거하는 것이다. 만약 변증적 문제가 배타적 선언지의 형식으로 제기되었다면, 비모순율에 따라 양쪽 모두 참이 될 수 없으므로 어느 한쪽이 참이라면 다른 한쪽은 거짓이어야 한다. 따라서 표면적으로 보면, 대립하는 두 입장 중에서 참이 아닌 입장이 참임을 주장하는 거짓된 입장이 있다는 것이며, 거짓된 입장이 가진 오류와 비합리성은 문제를 아포리아적으로 만드는 원인이 된다. 결국 본래 참인 입장에서 볼 때 거짓된 입장이 가진 **오류와 비합리성**은 문제 해결을 가로막았던 아포리아로 이해될 수 있다. 이런 관점에서 아포리아는 개념적으로 문제가 변증적으로 논의되기 위한 조건으로서 이해되는 측면과 거짓 입장이 가진 오류와 비합리성을 지칭하는 측면을 함께 가지고 있다. 이처럼 아포리아가 가진 개념적 다의성에 따라 변증술적 논쟁의 절차와 대상, 그리고 목적을 다음과 같이 표현할 수 있다. **변증술적 논쟁에서 논박은 변증적 문제가 가진 아포리아로부터 시작되며, 각각의 논쟁자는 상대방의 거짓된 입장이 가진 아포리아를 논박을 통해 드러내서 상대방 논쟁자를 아포리아에 빠뜨리려고 한다.** 첫 번째 표현된 아포리아는 변증적 문제가 가진 모순적 상황으로 인해 적절한 결론이 즉각적으로 도출되지 않는 미결정의 난해함을 뜻하며, 두 번째 표현된 아포리아는 변증술적 논박의 대상으로서 거짓된 입장이 가진 오류 혹은 비합리성을 뜻한다. 그리고 마지막 세 번째 표현된 아포리아는 거짓된 입장에서 논쟁을 펼친 상대방이 처한 난처함을 의미하므로 논박의 목적과 관련된다.

이상의 논의를 통해 나는 아포리아가 아리스토텔레스의 변증술을 이해하는 중요한 기능적 개념이라는 점을 강조하고 싶다. 그 이유는 아포리아가 인식론적 입장에서 단지 부정적이고 회의적인 의미만을 가진 것이 아니라 변증적 문제와 모순, 그리고 오류와 비합리성을 상징하는 기능적 개념으로서 변증술이 진행되는 절차와 방식을 아포리아를 통해 방법론적으로 규정할 수 있게 하는 역할도 한다고 판단되기 때문이다. 그러므로 아리스토텔레스의 변증술이 방법론적 관점에서 고려했을 때 아포리아적이라고 해석할 가능성은 충분하다. 또한, 변증술적 상황을 서로 다른 입장들이 부딪히는 갈등의 상태로 이해할 수 있다면, 이러한 변증술적 갈등은 변증술적 아포리아를 통해 표현될 수 있을 것이다.

3) 대화적 상황에서 펼쳐지는 아포리아적 변증술의 세 가지 모델

이제 본격적으로 아리스토텔레스가 설정한 이상적인 변증술적 논쟁 상황에서 아포리아가 구체적으로 기능하는 것을 살펴보고자 한다.[36] 이를 위해 나는 질문자와 답변자 간의 논쟁적 토론으로 진행되는 이 변증술을 각자의 입장에 따라 토론의 주도권을 가질 수 있다는 점에서 세 가지 모델로 재구성하여 제시할 것이다. 그리고 각 모델에서 아포리아가 변증술적으로 어떤 의미와 기능을 가지는지도 제시될 것

36 아래에 제시되는 대화 상황은 하나의 이상적 상황으로서, 아리스토텔레스가 『토피카』 8권에서 질문자와 답변자의 변증술적 역할과 규칙에 대한 논의를 재구성한 것이다. 이에 관해서는 이재현, 「변증술적 토론 훈련의 규칙과 비판적 사고 교육을 위한 응용 가능성: 아리스토텔레스 『토피카』 8권을 중심으로」(『범한철학』 83, 범한철학회), 2016 참고.

이다.

대화적 상황에서 벌어지는 변증술은 질문자와 답변자가 논박을 통해 각자의 입장을 정당화하려는 것이므로 논쟁적이다. 변증술적 논쟁의 이상적 모델은 아리스토텔레스가 말한 변증술의 세 가지 유용한 적용 분야 중 첫 번째, 즉 대화를 통한 연습이나 훈련과 연관 지어 구성해볼 수 있다. 왜냐하면, 변증술의 연습과 훈련이 변증술 실행에 따른 직접적 유용성을 가장 잘 보여주며, 이를 통해 변증술의 이론적 규칙이 구체적이고 엄밀하게 설명됨은 물론이거니와 실행될 수도 있기 때문이다. 원칙적으로 대화를 통해 실행되는 변증술에서 엄격한 규칙에 따라 규정된 질문과 답변이 마치 정해진 경기 규칙에 따라 행해지는 놀이와 같이 진행된다.

구체적으로 아포리아적 변증술의 세 가지 모델을 구분하기 전에 변증술적 토론의 초기 준비단계에 대한 간략한 설명이 필요하다. 변증술적 토론을 위해 최소한 두 명의 대화자가 참가해야 한다. 이들은 대화가 시작되기 전에 미리 각각의 대화자가 맡을 역할을 결정한다. 즉, 한 사람은 질문자가 되고 다른 한 사람은 답변자가 된다. 각자의 역할이 정해지면 대화 참가자들은 대화 주제를 결정한다. 그다음 질문자는 이 주제로부터 변증적 문제를 'S가 P인지, P가 아닌지'의 선언적 질문 형태로 답변자에게 제시한다. 질문자가 제시한 문제에서 답변자는 하나의 입장을 선택한다. 이렇게 선택된 답변자의 입장을 '입론(θέσις)'이라고 부른다. 그렇다면 자연스럽게 답변자가 선택하지 않은 쪽의 입장이 질문자의 입장이 된다. 이제 변증술적 토론이 시작될 준비는 끝났으며, 질문자와 답변자는 모두 각자의 입장을 논증적으로 입증해야 할 과제를 가진다. 이 과제의 수행과 달성은 각자가 변증적 대화를 위해

맡았던 역할의 규칙에 따라 이루어져야 한다. 즉, 질문자는 답변자의 입론을 공격하여 논박하는 것이 자신의 역할이다. 이에 반해 답변자는 질문자의 공격적인 논박을 방어하는 것이 자신의 역할이다.

(1) [모델 1] 질문자의 입장에서 행해지는 아포리아적 변증술

질문자는 답변자의 입론을 공격(ἐπιχειρεῖν)하고 그 입론을 논박하는 것이 자신의 역할이다. 따라서 질문자가 답변자의 입론을 공격하는 방법은 답변자에게 질문을 던지고, 답변자가 그 질문에 대해 긍정적으로 승인한 답변을 논증의 전제(πρότασις)로 삼아 궁극적으로 답변자의 입론과 대립하는 결론을 도출하는 것이다.[37] 이를 위해 질문자는 답변자가 '예' 혹은 '아니오'로 답변할 수 있는 질문을 던져야 한다. 그리고 질문은 통념이거나 통념과 유사한 의견들을 그 내용으로 해야 한다. 질문자는 이러한 방법으로 답변자로부터 모은 대답들을 자신이 행할 추론의 필연적 전제들(ἀναγκαίας προτάσεις)로 삼아야 한다.[38] 이 때문에 질문자가 자신의 질문을 통해 의도하는 것은 궁극적으로 답변자가 자신의 최초 입론으로부터 받아들여질 수 없는 전제들을 스스로 승인하게 하여 질문자가 자연스럽게 답변자의 입론을 논박할 수 있게끔 만드는 것이다.[39]

이러한 의도의 목적은 결국 질문자가 자신의 질문들을 통해 답변자의 최초 입론과 모순되는 결론을 귀류법(redutio ad absurdum)적으로 도

37 질문자의 역할에 대해서는 『토피카』 8권 1~3장 참조.

38 필연적 전제에 대한 논의는 『토피카』 8권 1장, 155b 17 이하 참조.

39 '받아들여질 수 없는 전제들(τὰ ἀδοξότατα)'에 대해서는 『토피카』 8권 4장, 159a 18-20 참조.

출함으로써 답변자를 자기모순의 오류, 즉 아포리아에 빠뜨리는 것이다.[40] 그리고 질문자가 행하는 추론이 답변자의 입론에 대한 논박이라면, 성공적인 논박은 다름 아닌 답변자가 긍정적으로 승인한 전제들로부터 답변자의 입론과 모순되는 결론에 대한 증명이다.[41] 만약 질문자가 답변자의 입론에 대해 모순되는 결론을 성공적으로 도출했다면, 최종적으로 그는 자신이 도출한 모순적 결론을 답변자가 받아들이도록 요구할 수 있으며, 이를 답변자가 승인한다면 질문자의 공격은 마무리된다.

이처럼 질문자의 입장에서 행해진 변증술이 추구하는 궁극적 목적은 답변자의 입론이 아포리아를 가지고 있음을 증명하려는 것이다. 이는 답변자의 입론이 가진 오류와 불합리성을 아포리아의 원인으로 밝혀내는 것이므로 질문자의 논박적 공격을 통해 답변자의 입론이 가진 아포리아가 드러났다는 것은 결론적으로 질문자의 관점에서 변증적 문제의 해결이자 그 문제에 내재한 아포리아의 해소를 의미한다.

(2) [모델 2] 답변자의 입장에서 행해지는 아포리아적 변증술

질문자의 역할이 '공격'으로 특징된다면, 답변자의 역할은 질문자의 공격에 대한 '방어(φυλάττειν)'로 규정된다.[42] 답변자는 최초에 자신이 세운 입론을 질문자의 공격으로부터 방어해야 한다. 답변자가 선택한 입론은 통념적이거나 통념적이지 않거나, 통념적이지 않은 것도 아니

40 『토피카』 8권 5장, 159b 5-6.

41 『에우데모스 윤리학』 1권 3장, 1215a 6-7.

42 답변자의 역할에 대해서는 『토피카』 8권 4~10장 참조.

고 통념적인 것도 아닌 내용을 가지고 있다.[43] 따라서 답변자가 입론을 방어하기 위해서는 통념과의 연관성을 잘 고려하여 맞춤형 전략과 논거를 준비해야 한다.

변증술적 토론에서 질문자는 공격자의 위치에서 논의를 적극적이며 능동적으로 이끌어갈 수 있다는 이유로 인해 어쩌면 유리하다고 할 수 있겠다. 그러나 답변자는 변증적 문제가 제시된 후 상호 대립하는 입론 중에서 자신에게 유리한 입론을 우선 선택할 수 있고, 이때 통념 그 자체를 내용으로 하거나 다른 입론에 비해 더 통념적인 것을 선택하여 자기 입장을 변호할 수 있으므로 답변자의 입장이 변증술적 토론에서 반드시 불리하다고 할 수는 없다.

답변자가 하나의 입론을 선택했으면 질문자의 질문에 대해 '예' 혹은 '아니오'로 답변한다. 물론 답변자는 질문자의 질문이 분명하고 명확할 때 대답하면 된다.[44] 그러나 질문자가 참되거나 충분히 받아들여질 수 있는 질문 혹은 당연히 승인해야 할 질문을 했음에도 답변자가 그 질문에 대답하지 않거나, 질문자의 질문 혹은 추론을 의도적으로 방해한다면, 답변자는 규칙을 위반한 것이다. 만약 질문자의 질문이 불분명하거나 다의적인 경우, 혹은 질문자가 행한 추론의 결과가 잘못되었거나 거짓되거나 비통념적일 경우, 혹은 질문자가 의도적으로 오류 추론을 해서 억지로 답변자의 입론에 대한 모순을 끌어내려는 경우에는 답변자가 질문자에게 역으로 질문을 던질 수 있다. 이러한 역질문을 통해 답변자는 올바르지 않은 질문자의 질문과 추론에 대한

---

43 『토피카』 8권 5장, 159a 38-b 1.

44 『토피카』 8권 7장, 160a 33-34.

해명을 요구할 수 있고,[45] 반대의 예를 들면서 반증(ἔνστασις)을 펼치거나 역공(ἀντεπιχειρεῖν)할 수도 있다.[46] 만약 답변자가 자신의 반증을 규칙에 어긋나지 않게 그리고 내용에 있어서 합당하게 제시했고, 이에 대해 질문자가 제대로 해명하지 못한다면, 질문자는 자신의 질문 혹은 추론의 결론을 변형하거나 취소해야 한다. 왜냐하면 답변자의 반증으로 인해 질문자는 아포리아에 빠졌기 때문이다. 그러므로 답변자는 질문자에 의해 의도된 혹은 의도되지 않은 잘못된 질문과 추론을 잘 감시해야 하는데, 이러한 것이 자칫 용인되거나 발견되지 못하면, 토론 전체가 변증술적 목적에 어긋나게 진행되기 때문이다. 따라서 답변자는 단지 올바르지 못한 질문자의 결론을 자신의 반증을 통해 저지하는 것뿐만 아니라, 오류의 원인을 밝히고 제거함으로써 질문자의 오류 논증도 함께 해소해야 한다.[47]

이처럼 수비자의 입장에서 행해진 변증술은 궁극적으로 수비자의 입장이 아포리아임을 입증하려는 공격자의 논박을 적절한 반증을 통해 방어하려는 목적을 가진다. 이때 수비자는 아포리아의 원인이 수비자에게 없음을 증명하거나, 공격자의 변증술 진행에 오히려 아포리아가 있음을 증명하거나, 질문자에 의해 제시된 답변자의 아포리아가 실제로는 아포리아가 아님을 증명한다면 답변자의 입장에서 성공적인

---

45 『토피카』 8권 7장 참조.

46 『토피카』 8권 8장, 160b 3-6 그리고 10-13 혹은 『소피스테스적 논박』 17장, 181a 21. 질문자의 입장에서도 반증을 자신의 논박을 위한 도구로 볼 수 있다. 질문자는 답변자의 입장에서 제시할 수 있는 반증을 예상한다면, 이렇게 예상된 반증을 통해 답변자의 입론을 공격할 수 있다. 이와 관련해 『토피카』 2권 2장, 110a 10-13; O. Primavesi, *Die Aristotelische Topik*(München, 1996), pp. 129-130 참조.

47 『토피카』 8권 10장, 160b 23-25 그리고 161a 1-2.

변증술을 수행한 것이 된다. 또한 질문자의 아포리아를 드러내는 데 성공했다는 의미는 결론적으로 답변자의 입장에서 변증적 문제의 해결이자 그 문제에 내재한 아포리아의 해소를 의미한다.

(3) [모델 3] 질문자와 답변자가 모두 아포리아에 빠지는 아포리아적 변증술

질문자와 답변자가 변증술을 통해 각자의 입장이 참임을 증명하는 것은 결국 어느 한쪽의 입장이 아포리아임을 입증하는 것이다. 그러나 만약 질문자와 답변자의 입장이 제시된 변증적 문제에 의해 모순적으로 대립하고, 이로부터 펼쳐지는 각자의 논증이 모두 설득력을 가지고 있어서 서로 논박하거나, 모두 설득력이 없어 서로 논박하는 데 실패하여 최종적으로 서로 부정하거나 혹은 서로 인정해야 하는 모순되어 보이는 결론이 도출된다면, 질문자와 답변자 모두 아포리아에 빠지는 결과가 초래된다. 이 경우 질문자와 답변자는 모두 각자 논쟁을 통해 얻고자 한 결론에 함께 도달하지 못하게 되며, 변증술적 토론에서 제시된 문제는 모순이 제거되지 못한 미결정적 상태로 남게 된다. 이때 이러한 아포리아적 결론에 대해 다양한 원인을 생각해볼 수 있겠으나, 논쟁자들이 각자의 역할과 임무에 충실했음에도 질문자는 답변자의 입장을 논박했지만, 답변자도 반증을 통해 공격자를 논박했을 때 이러한 상황이 발생할 수 있다. 이러한 상황을 아리스토텔레스는 특별히 전문용어로 '아포레마(ἀπόρημα)'라고 부른다.[48]

---

48 『토피카』 8권 11장, 162a 17-18: "아포레마는 모순으로 귀결되는 변증적 추론이다(ἀπόρημα δὲ συλλογισμὸς διαλεκτικὸς ἀντιφάσεως)."; 『분석론 후서』 I. 1, 71a 29-30: "만

그런데 변증술이 아포레마의 상황에 빠졌을 때, 질문자와 답변자는 섣불리 최초의 변증적 문제가 근원적인 모순을 가지고 있어서 해결할 수 없는 것으로 판단해서는 안 된다. 오히려 아포레마적 결론은 그들이 진행한 변증술적 토론에 대한 전반적인 재고와 반성으로 이끈다. 왜냐하면 토론자들의 대화 과정과 내용이 변증적 문제의 해결을 위해 고려해야 할 다양한 배경과 관점을 총망라하면서 진행한 것이 아니라면, 최종적으로 드러난 아포레마가 해당 문제에 대한 최종 결론이라고 단정하기에는 상당히 성급한 면이 있다. 혹은 논쟁의 준비단계에서부터 아포레마적 결론이 도출되기까지의 과정 중에 그 어떤 논증적 실수나 오류가 완벽히 배제되지 못한다면, 토론의 과정과 내용을 전면적으로 재검토할 필요가 있다. 이처럼 결론에서 제시된 아포레마가 궁극적으로 해결할 수 없는 문제를 의미한다고 단정하기까지는 진행된 논쟁에 대한 비판적 재검토는 필수이며, 그 판단은 매우 신중해야 한다. 따라서 아포레마는 논의해야 할 문제와 더불어 또 다른 차원과 관점에서 그 문제를 다루어야 할 새로운 문제를 인식하게끔 하는 긍정적이며 발전적인 변증술적 의미와 기능을 가진다고 볼 수 있으며, 때에 따라 애초에 제시된 문제로부터 획득할 수 있었을 앎보다 더 풍부하고 가치 있는 앎으로 인도하는 어떤 다른 문제를 만날 수도 있다.[49]

약 그렇지 않다면, 『메논』에서의 아포레마가 도출된다. 왜냐하면 누구도 어떤 것을 배울 수도 없고, 어떤 것을 알 수도 없기 때문이다(εί δὲ μή, τὸ έν τῷ Μένωνι άπόρημα συμβήσεται· ἢ γὰρ ούδὲν μαθήσεται ἢ ἃ οἶδεν)."

49 『토피카』 1권 11장, 104b 1-6 그리고 8-12 참조.

4) 비대화적 상황에서 아포리아적 변증술의 응용

변증술적 논의 과정을 통해 구분한 세 가지 유형의 아포리아적 변증술은 변증술의 직접적인 적용이 가능한 대화적 상황 속에서 이뤄지는 연습과 훈련에 기초하고 있다. 그렇다면 어떤 근거를 통해 아리스토텔레스는 아포리아적 변증술을 자신의 학문 활동에 응용하고 있을까? 플라톤의 대화편과 달리 우리에게 전해진 아리스토텔레스의 저작들은 대화(dialog)적이지 않고 독백(monolog)적이다. 이런 까닭에 아리스토텔레스는 대화적 상황에 기초한 아포리아적 변증술이 독백적 상황에도 적용될 수 있는 이론적 근거를 과연 제시하고 있을까? 또한 아포리아적 변증술을 아리스토텔레스가 그의 학문적 이론 형성을 위해 실제로 응용했다면, 이 변증술은 어떤 방법론적 기능을 수행할까?

(1) 디아포레인(διαπορεῖν): '아포리아를 자세히 조사하다'

아리스토텔레스는 『토피카』 1권 2장에서 변증술의 세 번째 유용성으로서 철학적 탐구를 위한 변증술의 유용성을 아래와 같이 말한다.

> "철학적 학문들을 위해 [변증술은 유용한데], 우리가 [서로 대립하는] 양측에 대해 아포리아를 자세히 조사한 후, 각각의 [문제]에서 참과 거짓을 쉽게 탐지할 수 있기 때문이다."[50]

---

50 『토피카』 1권 2장, 101a 34-36: πρὸς δὲ τὰς κατὰ φιλοσοφίαν ἐπιστήμας, ὅτι δυνάμενοι πρὸς ἀμφότερα διαπορῆσαι ῥᾷον ἐν ἑκάστοις κατ οψόμεθα τἀληθές τε καὶ τὸ ψεῦδος·.

우리의 논의와 관련해 위의 인용문에서 주목할 것은 '아포리아를 자세히 조사(탐구)하다'라고 번역한 'διαπορεῖν'이라는 단어다. 이 단어는 동사 ἀπορεῖν의 기본 의미에 전치사 '디아(διά)'의 뜻이 부가되어 '전체적으로 아포리아를 가지다', '매우 중대한 아포리아에 빠지다'라는 1차적 의미와 이로부터 파생된 '아포리아를 처음부터 끝까지 자세히 조사하다' 혹은 '아포리아에 대해 심사숙고하다' 등의 뜻을 가진다. 따라서 어떤 철학적 문제로부터 상호 대립하는 입장들이 제기될 수 있고, 이에 따라 발생하거나 발생할 수 있는 아포리아를 완전히 드러내고, 각각의 입장을 자세히 분석하고 탐구함으로써 어떤 입장이 참이며 거짓인지 판단할 수 있다는 점에서 변증술은 철학적 학문 활동에 유용하다. 그러므로 διαπορεῖν을 통해 표현되는 아포리아의 탐구는 변증술적이며, 철학적 탐구 과정에서 다양한 구실을 할 수 있다.

이와 관련해 아리스토텔레스가 아포리아의 변증술적 탐구를 자신의 이론 형성을 위해 기획한 연구에서 하나의 보조적 연구로 간주하고 있음을 드러내는 언급들이 있는 예를 하나 들자면 다음과 같다.

> "어떤 좋은 길을 찾기 원하는 사람들을 위해 아포리아들을 근본적으로 잘 탐구해야 하는 것은 유익하다."[51]

위의 예에서 '좋은 길을 찾다'라는 뜻을 가진 에우포레인(εὐπορεῖν)은 ἀπορεῖν의 반대말이다. 즉, 아포리아에 빠진 상태에서 벗어나기 위해서는 어떤 탈출구가 필요하고, 이 탈출구는 현재의 아포리아적 상황

---

51 『형이상학』 3권 1장, 995a 27-28: ἔστι δὲ τοῖς εὐπορῆσαι βου λομένοις προὔργου τὸ διαπορῆσαι καλῶς.

과 비교할 때 좋은 길임에 틀림없다. 따라서 εύπορεῖν은 άπορεῖν의 해결이라고 볼 수 있다. 따라서 동사 διαπορεῖν을 통해 표현된 것처럼, 학문 연구는 일반적으로 진리의 기준에 부합하는 결과를 추구하며, 이를 위해 진리를 찾기 위한 적절하고 좋은 길을 찾는 것은 당연하다. 그러나 이러한 길을 찾기 위해 우선 알아야 할 일은 이 길로 가는 과정에서 어디에 어떤 아포리아가 이미 혹은 현재 있는지, 또는 있을 수 있는지를 제대로 파악하는 것이다. 만약 아포리아가 발견된다면, 이것을 제대로 파악하는 것은 진리를 향한 여정에서 반드시 요구되는 과정이다.[52] 또한 본격적인 연구를 위한 보조적 과정으로서 아포리아 탐구가 학문적으로 반드시 요구된다는 점을 아리스토텔레스는 다음과 같이 분명히 표현한다.

> "앞서 이야기한 것들에 대해 우선 제대로 아포리아를 온전히 탐구해야 한다."[53]

이상에서 본 것처럼 διαπορεῖν이라는 단어의 학술적 의미로부터 아포리아의 탐구가 아리스토텔레스에게서 변증술적으로 이루어진다고 이해될 수 있으며, 변증술이 가진 논박(ἔλεγχος)적이며 탐색(εὑρίσκειν)적이고 검토(πεῖρα)적인 방법적 특징을 고려할 때 '변증술적 아포레틱(ἡ διαλεκτικὴ ἀπορητική)'은 우선 ① 아포리아의 발견, 그리고 ② 아포리아

52 이와 관련해 『형이상학』 3권 1장, 996a 15-17 참조.

53 『자연학』 8권 10장, 266b 27-28: περὶ δὲ τῶν φερομένων ἔχει καλῶς διαπορῆσαί τινα ἀπορίαν πρῶτον. 변증술적 아포레틱을 본격적 연구의 예비적 연구로 간주하고 있음을 보여주는 또 다른 예들: 『범주론』 7장, 8b 21-24; 『분석론 후서』 2권 3장, 90a 35-38.

의 비판적 분석과 해석, ③ 아포리아의 원인에 대한 인식, 마지막으로 ④ 아포리아의 해결이라는 기본적인 절차를 통해 전략적으로 진행된다고 볼 수 있다.

(2) 비대화적 상황에 아포리아적 변증술이 적용되는 근거

대화적 상황에 기초해 진행되는 아포리아적 변증술이 비대화적 상황에 적용될 수 있는 근거로서 아리스토텔레스는 그의 『천체론』 2권 13장에서 다음과 같은 말을 한다.

> "그러나 [앞서 이 주제에 대해 말한 이들은] 단지 어느 정도까지 연구를 진행한 것으로 보인다. 그러나 [이 주제와 관련된] 아포리아로부터 가능한 [해결책이라고 여길 수 있는] 것까지 연구한 것은 아닌 것 같다. 왜냐하면 우리 모두에게는 사태의 관점이 아니라, 대립하는 것을 주장하는 이의 관점에서 연구를 수행하는 것이 익숙하다. 또한 그 자신을 위해 혼자 연구하는 이는 그가 마치 더 이상 스스로 모순된 것을 말하지 않을 수 있을 만큼 연구한다. 따라서 어떤 반증에 해당하는 것을 잘 찾길 원하는 이는 반드시 각각의 연구 대상에게 고유한 반증들을 통해 연구해야 한다. 그러나 이 [연구는] 모든 차이점을 고찰했을 때 도출된다."[54]

---

54 『천체론』 2권 13장, 294b 6-13: Ἀλλ᾽ ἐοίκασι μέχρι τινὸς ζητεῖν, ἀλλ᾽ οὐ μέχρι περ οὗ δυνατὸν τῆς ἀπορίας. Πᾶσι γὰρ ἡμῖν τοῦτο σύνηθες, μὴ πρὸς τὸ πρᾶγμα ποιεῖσθαι τὴν ζήτησιν ἀλλὰ πρὸς τὸν τἀναντία λέγοντα· καὶ γὰρ αὐτὸς ἐν αὑτῷ ζητεῖ μέχρι περ ἂν οὗ μηκέτι ἔχῃ ἀντιλέγειν αὐτὸς αὑτῷ. Διὸ δεῖ τὸν μέλλοντα καλῶς ζητήσειν ἐνστατικὸν εἶναι διὰ τῶν οἰ κείων ἐνστάσεων τῷ γένει, τοῦτο δ᾽ ἐστὶν ἐκ τοῦ πάσας τεθεω ρηκέναι τὰς διαφοράς.

『천체론』 2권 13장에서 다뤄지는 주제는 "지구"다. 아리스토텔레스는 지구와 관련된 자신의 이론을 본격적으로 정립하기에 앞서 우선 당대에 알려진 지구에 관한 여러 학설을 소개하고, 기존의 학설들이 가지는 아포리아와 연구주제와 관련해서 발생할 수 있는 아포리아들을 소개한다. 이를 통해 그는 이전 학설이 지구와 관련된 아포리아들과 일정 부분 관련을 맺거나, 혹은 일정 부분 아포리아의 해결책으로 제시될 수 있겠지만 아포리아의 완전한 해소를 위한 궁극적인 해결책은 못 된다는 점을 분명히 한다. 그러면서 연구주제와 관련된 아포리아를 자세히 탐구하고 이것의 해결책을 제시하려는 목적은 해당 주제와 관련해 대립적 주장을 하는 이론의 모순점을 드러내고, 그 주장을 변증술로 반박하는 과정을 통해 달성될 수 있다. 그러나 이러한 과정을 비대화적 상황에서 혼자 연구하는 이가 수행할 경우, 그는 자신의 연구주제와 이론에 대해 스스로 더 이상 모순된 것을 말하지 않을 수 있는 만큼 연구를 진행해야 하며, 이를 위해 대립적 주장에 대한 고유하고 적절한 반증을 연구해야 한다.

변증술의 중요 방법으로서 반증은 질문자와 답변자가 공통으로 논박 시 취할 수 있는 도구다. 따라서 대화적 상황에서 벌어지는 반증을 통한 논박을 비대화적 상황에서 단독으로 연구하는 이에게 적용할 때 우리는 다음과 같은 두 가지 경우를 생각해볼 수 있다. ① 단독 연구자는 자신의 입론을 연구사적으로 이미 제시된, 혹은 가설적으로 생각해볼 수 있는 반론들에 대해 방어할 수 있어야 한다. 이를 위해 연구자는 반론을 질문자의 논박처럼 간주하면서, 마치 답변자가 질문자의 논박을 역으로 반증하여 해소할 수 있는 것처럼 적절한 논증을 찾아 자신의 입론을 방어해야 한다. ② 단독 연구자는 자신의 연구주제와 관련해 연구사적으로 이미 제시된, 혹은 가설적으로 생각해볼 수 있는 다양한 입론을 자신의 반증들을 통해 공격적으로 검토할 수 있다. 이때 연구자는 마치 변증술에서 답변자의 입론을 공격하는 질문자처럼 논의를 진행한다.

이처럼 단독 연구자가 비대화적 상황에서 질문자와 답변자의 역할을 동시에 수행할 수 있는 능력은 실제 대화적 상황에서 벌어지는 변증술적 훈련에서 대화 상대자끼리 서로 질문자와 답변자의 역할을 서로 바꿔가며 논증하는 훈련을 통해 길러질 수 있다.[55] 따라서 변증술을 단독 연구자가 실제 응용하려고 할 때는 어떤 가상의 상대자를 설정하여 자신과 논쟁하는 형식의 논의를 전개할 수 있다. 그리고 이 가상의 상대자는 연구자 자신의 비판적 의식의 반영이라고 할 수 있을 것이다.[56]

(3) 단독 연구에서 응용되는 변증술적 아포레틱의 세 가지 모델

앞서 나는 질문자와 답변자의 임무와 역할에 따라 대화적 상황에서 진행되는 변증술을 세 가지 모델로 구분했고, 각 모델에서 변증적 아포리아가 어떻게 방법론적으로 기능하는지 소개했다. 이 세 가지 아

55 『토피카』 8권 11장, 161a 24-37 참조. 변증술적 훈련을 통해 대화 참가자들은 참된 입론으로부터 참된 결론에 이르는 길뿐만 아니라 거짓된 입론으로부터 거짓된 결론에 이르는 길도 함께 탐구해야 한다. 왜냐하면 이를 통해 대화자들은 단지 변증술적으로 참된 논증만 익히는 것이 아니라 어떤 경우에 논증 혹은 논의가 아포리아에 빠지게 되는지 알 수 있기 때문이다. 따라서 변증술적 훈련은 대화자들의 변증술적 논증 능력을 향상시키려는 데 목적이 있으므로 하나의 문제에 대해 서로 입장을 바꿔가며 논증을 연습할 수 있어야 한다.

56 W. Wieland, *Die aristotelische Physik*(Göttingen, 1992), p. 228: “es ist gewissermaßen sein eigenes kritisches Bewußtsein”.

포리아적 변증술의 모델들은 아리스토텔레스가 그의 저작들에서 실제 행한 변증술을 발견하고, 특히 그의 변증술적 아포레틱(ἡ διαλεκτικὴ ἀπορητική)이 어떻게 진행되는지 방법론적으로 이해하는 데 많은 도움을 줄 수 있다고 생각한다.[57] 이런 관점에서 나는 각각의 모델이 비대화적인 단독 연구를 수행하는 과정에서 어떻게 응용될 수 있는지를 대략 소개하면서 이 글을 마무리하고자 한다.

아포리아적 변증술의 세 가지 모델에서 논쟁의 주체인 질문자와 답변자의 입장은 단독 연구자가 제기된 아포리아를 어떤 입장에서 탐구할 것인지에 따라 달라지며, 각 모델에서 아포리아가 변증술적으로 탐구되는 고유한 전략도 달라진다. 따라서 이 형식에 따라 아리스토텔레스가 실제 자신의 저작들에서 보여주는 변증술적 아포레틱이 가진 방법론적 기능과 목적은 다음과 같이 세 가지 모델로 응용되어 구분될 수 있다.

① 모델 1: 연구자가 다른 연구자가 가진 아포리아를 공격적으로 논박하기 위해 행해지는 변증술적 아포레틱

대화적 상황에서 이 모델은 질문자가 논쟁주제에 대한 아포리아가 답변자에게 있음을 입증하고, 이를 논박하는 형식을 취한다. 이때 답변자의 입론과 모순되는 결론을 답변자가 인정한 질문을 통해 추론하여 결국 그를 모순에 빠뜨리고, 이 모순을 답변자가 인정함으로써

57 이를 확정하기 위한 연구는 J. H. Lee, *Der philosophische Sinn der Aporie bei Aristoteles* (Hamburg: Verlag Dr. Kovač, 2010) 9장에서 시도되었다. 이 연구를 위해 각각의 모델이 어떤 절차로 진행되는지, 또한 각각의 모델이 가지는 방법론적 기능과 특징이 아포리아의 탐구와 해결과 관련해 어떻게 규정되는지 등에 관한 이론적 연구와 실제 아리스토텔레스의 변증술에서 어떻게 드러나는지에 대한 실례 연구를 병행했다.

질문자는 성공적인 변증술을 수행하게 된다. 이 모델을 아리스토텔레스가 자신의 이론을 정립하는 과정에서 사용하는 일반적인 경우는 연구주제와 관련된 다양한 학문적 의견들을 모아 소개하고, 이를 비판적으로 검토할 때다. 이때 아리스토텔레스가 이 모델을 통해 드러내는 방법론적 특징은 연구주제와 관련된 자신의 이론이나 입장을 드러내지 않은 채 문제가 되는 의견들을 비판한다는 것이다. 이를 통해 그가 의도하는 바는 자신의 이론을 본격적으로 전개하기에 앞서 기존의 학설을 비판적으로 검토해 아포리아적 요소들을 제거하기 위함이다. 따라서 이 모델은 많은 경우 본격적 연구를 위한 예비적 연구로서 기능한다.[58]

② 모델 2: 연구자의 입장과 대립하는 입장에서 아포리아가 제기되는 것을 방어하기 위해 행해지는 변증술적 아포레틱

대화적 상황에서 이 모델은 답변자가 답변자의 입장이 아포리아임을 입증하려는 질문자의 논박을 적절한 반증하는 형식으로 진행된다. 이때 답변자는 아포리아의 원인이 자신에게 없음을 증명하거나, 질문자의 입장이 오히려 아포리아임을 증명하거나, 제시된 아포리아가 실제로는 아포리아가 아님을 증명한다면 성공적인 변증술을 수행하게 된다. 이 모델을 아리스토텔레스가 사용하는 일반적인 경우는 자신의 이론을 형성하는 과정에서, 혹은 이론 형성이 완료된 후 자신이 정당화하려는 입장에 상반되는 현상이나 이론을 제시하고, 이로부터

---

58 모델 1과 관련해서 아리스토텔레스가 실제 행한 변증술적 아포레틱 논증으로서 『자연학』 1권 2장; 『기상학』 1권 6장, 『정치학』 2권 8장, 1267b 22-1268a 29; 『시학』 26장 등에 그 예가 있다.

자신의 이론을 방어하려는 의도가 있을 때다. 이 방법이 가지는 특징은 아리스토텔레스 자신의 입장이 이미 분명하게 제시된 상태에서 이에 대해 시도되는 혹은 시도될 수 있는 반론과 반증 사례를 비판적으로 논박할 수 있음을 보여줌으로써 자신의 입장을 더욱 견고하게 만들고 정당화하려는 데 있다. 따라서 이 모델의 일반적인 방법론적 기능은 아리스토텔레스 자신의 이론에 대해 제기되는 아포리아를 반증으로 제거하여 결국 자신의 이론의 정당성을 검증하려는 데 있다.[59]

③ 모델 3: 연구 과정에서 제시된 입장들이 모두 아포리아에 빠지는 상황을 제시하기 위해 행해지는 변증술적 아포레틱

대화적 상황에서 이 모델이 보여주는 것은 질문자와 답변자의 논박과 반증이 모두 원래 추구하던 결론을 함께 달성하지 못한 경우다. 따라서 변증술적 토론에서 제시된 문제는 미결정적 상태로 남게 되고, 모순은 제거되지 못한 채 논의 전체가 아포리아에 빠지게 된다. 아리스토텔레스가 이 모델을 사용하는 경우는 크게 두 가지가 있다. ① 연구주제와 관련된 특정 문제에 대해 아리스토텔레스는 제삼자적 입장에서 문제를 통해 제시될 수 있는 대립적 의견들을 모두 제시하고, 이들을 검토한 뒤 이 의견들이 모두 아포리아임을 증명한다. 이때 아리스토텔레스가 의도하는 바는 해당 문제에 대해 제시된 의견들에서 하나의 입장을 선택하는 식으로 문제를 해결할 수 없음을 보여주고자 함이

---

59 모델 2와 관련해서 아리스토텔레스가 실제 행한 변증술적 아포레틱 논증으로서 『범주론』 14장, 15a 13-33; 『니코마코스 윤리학』 8권 9장, 1158b 29-1159a 12; 『동물 이동론』 19장, 714b 8-19; 『자연학』 1권 6장, 189a 11-34; 『형이상학』 12권 9장 등에 그 예가 있다.

다. 이는 일종의 양비론적 태도를 보여주는 경우라고 할 수 있다. ② 특정 연구주제에 대해 아리스토텔레스는 자기 입장을 변증적 문제의 한 입론으로 세우고, 이 입론에 상반되는 유력한 반론을 대립시킨 후 양쪽의 입장이 모두 검토되었을 때 결국 모두 아포리아임을 밝힌다. 이 방법은 아리스토텔레스의 자기비판적 성격을 잘 드러낸다. 그리고 이를 통해 아리스토텔레스가 의도하는 바는 해당 연구주제와 관련해 자신의 이론이 가지는 한계를 드러내기 위함이다. 그러나 이러한 의도가 근본적으로 해결할 수 없는 아포리아를 최종적으로 인정하는 것을 의미한다기보다 오히려 문제설정과 분석을 위해 취했던 기존의 관점과는 다른 새로운 관점의 도입이 요구되며, 이를 통해 문제가 재설정되고 분석됨으로써 문제 해결의 새로운 해법이 발견될 가능성을 제시하려는 목적을 가졌다고 볼 수 있다. 이런 경우 아포레마의 상태에 빠진 문제는 그 결과가 1차적으로 보여주는 부정적 의미를 넘어서 새로운 연구를 위한 출발점과 기회를 가능하게 하는 긍정적 의미를 보여준다.[60]

4. 맺음말

지금까지 나는 아리스토텔레스의 변증술이 가지는 아포리아적 특징과 이로부터 아포리아적 변증술의 세 가지 모델, 그리고 이를 근거

---

60 모델 3과 관련해서 아리스토텔레스가 실제 행한 변증술적 아포레틱 논증으로서 『형이상학』 3권 2~6장; 『분석론 후서』 2권 9장; 『에우데모스 윤리학』 7권 2장, 1235b 13-1236a 32 등에 그 예가 있다.

로 응용된 변증술적 아포레틱의 탐구 방법을 소개했다. 아리스토텔레스의 변증술을 아포리아를 통해 이해하려는 동기는 아리스토텔레스의 변증술이 소크라테스와 플라톤으로 이어지는 변증술의 발전사적 연속성 속에 있다. 하지만 플라톤이 궁극적이고 보편적인 최고의 이데아를 인식하는 유일한 방법이자 학문으로 그 위치를 절대적으로 이해한 것과 달리 아리스토텔레스는 변증술을 통념에 근거해 다양한 학문적 이론과 원리를 비판적으로 검토하는 도구로 이해하고 있다는 점이 두 사람의 변증술이 보여주는 방법론적 관점의 차이다. 그런데 플라톤 변증술의 뿌리에 해당하는 소크라테스의 철학 방법인 문답술(=변증술)이 피상적이고 비본질적인 앎이 가진 아포리아를 발견해 이를 폭로한 후 논박하여 제거하려는 비판 정신에 기초하고 있다면, 이에 잘 어울리는 방법론적 성격은 변증술이 진리 발견의 목적보다 진리 검토의 도구적 목적에 따라 사용할 때 그 본래의 기능이 잘 드러난다고 생각한다.

이런 점에서 판단컨대 아리스토텔레스의 변증술은 소크라테스적 비판 정신의 맥을 충실히 이어받아 그가 보여주는 방대한 학문적 관심과 성과 속에서 드러나는 특유의 비판적 문제의식을 반영하고 있다. 그리고 이러한 아리스토텔레스의 비판적 문제의식은 변증술적 아포리아의 방법론적 역할에 대한 이해를 통해 더욱 분명히 파악될 수 있다. 또한 아리스토텔레스가 자신의 학문 활동에서 빈번히 사용하는 변증술적 아포레틱은 아포리아적 변증술의 세 가지 모델을 통해 체계적으로 이해될 수 있으며, 이러한 탐구의 내용을 아리스토텔레스의 저작에서 발견하여 분석하는 데 유용한 형식적 틀로써 제시될 수 있을 것이다.

마지막으로 서두에서 했던 말을 다시 확인하는 수준에서 이 글을 마무리해보려고 한다. 고대 희랍철학에서 변증술은 어떤 주제에 대한 대화자들의 의견이 서로 대립하고 충돌하는, 그리고 이러한 대립과 충돌 속에서 대화자들 간의 의견을 조화시키고 화해시키려는 방법에 관한 기술을 의미한다. 특히 아리스토텔레스가 남긴 『토피카』를 통해 변증술에 관한 체계적인 이론과 실제적 활용 방안에 관한 방안과 지침을 알 수 있다. 그리고 이 저작을 통해 알 수 있듯이 아리스토텔레스에게서 변증술의 방법론적 의미는 그가 사용하는 아포리아의 개념을 통해 더욱 잘 이해될 수 있다. 변증술이 대립과 충돌의 갈등 양상과 양태에 대한 심도 있는 철학적 이해를 추구함으로써 이러한 갈등의 조화와 화해의 방법을 탐구하는 데 방법론적 의의가 있다면, 변증술에서 갈등에 관한 문제는 고대 희랍철학의 전통에서 '아포리아'라는 개념의 이해와 맞닿아 있으며, 이러한 아포리아에 관한 변증술적 탐구가 갈등의 변증술적 이해와 해소에 관한 학문적 탐구와 그 맥을 같이하고 있다고 주장해도 과언은 아닐 것이다.

참고문헌

국립국어원 온라인 표준국어대사전(https://stdict.korean.go.kr/main/main.do).

김윤애, 『플라톤과 아리스토텔레스의 변증론』, 이화여자대학교 박사학위논문, 2001.

김종갑, 「아포리아와 변증법: 플라톤의 파르메니데스를 중심으로」, 『비평과 이론』 3, 한국비평이론학회, 1998, 193-208쪽.

김재홍, 『아리스토텔레스의 학문방법론에서의 변증술의 역할에 관한 연구』, 숭실대학교 박사학위논문, 1994.

______, 「해제: 토포스를 마련하기 위한 시도와 탐구 방법의 모색 ― 철학 방법론으로서의 변증술의 학문적 기능」(『토피카-토포스에 관한 연구』, 아리스토텔레스, 김재홍 옮김 · 해설, 파주: 서광사, 2021), 487-602쪽.

박대종, 「박대종의 어원 이야기」 ― '葛藤(갈등)', 《주간한국》 2015년 1월 17일자 온라인 기사.

송영진, 『플라톤의 변증법』, 서울: 철학과현실사, 2000.

아리스토텔레스(김재홍 옮김 · 해설), 『토피카-토포스에 관한 연구』, 파주: 서광사, 2021.

안상욱, 『아리스토텔레스의 논증 중심적 토포스 연구: 아리스토텔레스의 『변증술』과 『수사학』을 중심으로』, 숭실대학교 박사학위논문, 2021.

이재현, 「아리스토텔레스의 아포리아적 변증술에 대한 이해」, 『중세철학』 16, 한국중세철학회, 2010, 1-36쪽.

______, 「아리스토텔레스에게서 아포리아의 변증적 탐구술과 그 방법론적 기능」, 『철학연구』 126, 대한철학회, 2013, 263-293쪽.

______, 「변증술적 토론 훈련의 규칙과 비판적 사고 교육을 위한 응용 가능성: 아리스토텔레스 『토피카』 8권을 중심으로」, 『범한철학』 83, 범한철학회, 2016, 49-74쪽.

최수, 「철학적 담론에 나타난 아포리아: 플라톤, 아리스토텔레스 그리고 데리다를 중심으로」, 건국대학교 석사학위논문, 1999.

한석환, 「아리스토텔레스의 『토피카』에서 토포스가 하는 일」, 『철학논총』 58, 새한철학회, 2009, 427-452쪽.

현대불교-동국역경원 공동캠페인, 『출요경(出曜經)』의 기원에 관해 「한글대장경의 세계 ― 출요경」, 《현대불교》 2001년 8월 29일자 온라인 기사.

Aristoteles, *Aristotelis topica et sophistici elenchi*, ed. W. D. Ross, Oxford, 1970.

Aubenque, P., "Sur la notion aristotélicienne d'aporie," in: *Aristote et Les problèmes de méthode*, Communications présentées au Symposium Aristotelicum, Louvain, 24.08~01.09.1960, ed. Suzanne Mansion, Louvain-Paris, 1960, pp. 3-19.

Beckmann, J. P., "Aporie, Aporetik", in: *Lexikon für Theologie und Kirche, Band 1*, Neu hg. von W. Kasper u.a., Freiburg i. Br., 1993, pp. 849-850.

Döring, K., *Die Philosophie der Antike Band2/1, Sophistik–Sokrates–Sokratik–Mathematik–Medizin*, Grundriss der Geschichte der Philosophie, Begründet von F. Ueberweg, Hg. von H.Flashar, Basel: Schwabe Verlag, 1998.

Eisler, R., "Aporie", in: *Wörterbuch der philosophischen Begriffe, Band 1*, Berlin. 41927, p. 77.

Erler, M., *Der Sinn der Aporien in den Dialogen Platons*, Berlin · New York: De Gruyter, 1987.

Gatzemeier, M., "Aporem", "Aporetik", "Aporie", alle in: *Enzyklopädie Philosophie und Wissenschaftstheorie, Band 1*, Hg. von J. Mittelstraß, Stuttgart · Weimar, 22005, pp. 179-180.

Geiger, R., "aporia / Schwierigkeit", in: *Aristoteles-Lexikon*, Hg. von Otfried Höffe, Stuttgart, 2005, pp. 66-68.

Hartmann, N., "Systematische Selbstdarstellung", *Kleinere Schriften I*, Berlin, 1955.

______, "Aristoteles und Hegel", *Kleinere Schriften II*, Berlin, 1957.

______, *Grundzüge einer Metaphysik der Erkenntnis*, Berlin, 51965.

Höffe, O., Aristoteles, München, 21999.

Irwin, T., *Aristotle's First Principles*, Oxford, 1988.

Ilting, K.-H., "APORIE", in: *Handbuch philosophischer Grundbegriffe, Band 1*, Hg. von H. Krings und M. Baumgartner und Ch. Wild, München, 1972, pp. 110-118.

Krämer, H. J., *Platonismus und hellenistische Philosophie*, Berlin/New York: Walter de Gruyter, 1971.

Kotátko, P., "APORIE", in: Europäische Enzyklopädie zu Philosophie und Wissenschaften, Band 1, Hg. von H. -J. Sandkühler u. a., Hamburg, 1990, p. 156.

Lee, J. H., *Der philosophische Sinn der Aporie bei Aristoteles*, Hamburg: Verlag Dr.

Kovač, 2010.

Liddell, H. G. & Scott, R., *A Greek-English Lexicon*, revised and augmented throughout by. Sir Henry Stuart Jones, with the assistance of Roderick McKenzie, Oxford: Clarendon Press, 1968.

Motte, A. et Rutten, Chr., *Aporia dans la philosophie grecque des origines à Aristote*, Louvain, 2001.

Primavesi, O., *Die Aristotelische Topik*, München, 1996.

Stemmer, P., *Platons Dialektik – Die frühen und mittleren Dialoge*, Berlin · New York: De Gruyter, 1992.

Wagner, T. und Rapp, Ch., *Aristoteles – Topik. Übersetzung und Kommentar*, Stuttgart: Reclam, 2004.

Waldenfels, B., "Aporie, Aporetik," in: *Historisches Wörterbuch der Philosophie, Band 1*, Darmstadt, 1971, pp. 447-448.

Wieland, W., *Die aristotelische Physik*, Göttingen, 1992.

02
공자와 묵자의 갈등관

이승율(경북대학교 철학과)

1. 머리말

지금 우리는 '갈등'이라는 말이 일상화된 사회에서 살고 있다. 세대갈등, 진영갈등, 빈부갈등, 일터갈등, 젠더갈등, 종교갈등, 남북갈등, 신냉전갈등 등 종류도 다양하다. 그로 인해 한국은 '갈등공화국'이라는 말도 생겼다. 여러 기관 · 단체에서 조사 · 분석한 다양한 통계자료도 이를 뒷받침한다. 굳이 그런 자료들에 나열돼 있는 수치를 거론하지 않더라도 우리는 늘 갈등을 피부로 느끼고 있다. 그로 인해 갈등의 원인을 찾고 그것을 조정하거나 해결하는 것이 현대사회 문제를 해결하는 데 매우 긴요한 과제로 떠오르고 있다. 물론 갈등이 분출하는 것은 비단 현대사회만의 현상은 아니다. 인류가 군집 생활을 한 이래 갈

* 이 글은 사단법인 율곡학회에서 발행하는 『율곡학연구』 제50집(2022)에 게재된 논문을 수정 · 보완한 것이다.

등은 상존해왔다.

필자가 주로 연구하고 있는 중국 고대는 분열에서 통일로 이행하는 시기였던 만큼 갈등이 다양한 형태로 분출했던 시기다. 물론 현재 우리가 쓰고 있는 의미에서 '갈등'이라는 표현은 이 시기 어느 문헌에서도 사용된 예가 없다. '갈등'과 치환할 수 있는 개념도 관견에 의한 한 찾기 어렵다. 갈등이 칡과 등나무가 서로 얽혀 있듯이 대립 · 모순 · 충돌을 일으키는 것을 의미하므로 다툼 · 분쟁 · 쟁탈 · 경쟁 등을 뜻하는 '쟁(爭)', 송사 · 소송 · 쟁론 등을 뜻하는 '송(訟)', 어지럽힘 · 혼란 · 반란 · 동란 등을 뜻하는 '난(亂)', 미움 · 증오를 뜻하는 '오(惡)', 해침 · 상해 · 죽임을 뜻하는 '적(賊)', 공격 · 침공을 뜻하는 '공(攻)', 빼앗음 · 찬탈을 뜻하는 '찬(簒)' 등이 유사한 것처럼 보인다. 하지만 갈등을 이 개념들로 곧바로 치환할 수는 없다. '쟁 · 송 · 난 · 오 · 적 · 공 · 찬' 등은 갈등 그 자체라기보다는 갈등으로 인해 발생하는 것으로 보는 게 더 적절해 보이기 때문이다. 이처럼 중국 고대 문헌에서 갈등과 동일하거나 유사한 개념을 찾기는 쉽지 않다. 하지만 '쟁 · 송 · 난 · 오 · 적 · 공 · 찬' 등을 갈등으로 인해 발생하는 것으로 해석한다면, 제자백가가 이 문제와 관련해 어떤 논의를 했는지 고찰할 수 있게 됨은 물론, 그에 대한 연구가 의미를 가질 수 있게 된다.

그렇다면 제자백가는 과연 갈등의 원인을 어떻게 진단하고 어떤 해법을 제시하려고 했는가? 그것이 오늘날 우리에게 주는 의의나 한계는 무엇인가? 이것을 밝히는 작업은 오늘날 크고 작은 수많은 갈등과 마주하고 있는 우리에게 분명히 시사점을 줄 수 있을 것이다. 갈등이라는 관점에서 중국 고대 제자백가의 철학을 고찰해야 할 필요성이 여기에 있다. 하지만 제자백가가 갈등에 대해 과연 어떤 고민을 하고 논쟁을 벌였는지 이에 대해 구체적으로 수행한 연구는 관견에 의한 한 찾아보기 어렵다.

본고에서 고찰하고자 하는 것은 공자와 묵자의 갈등관이다.[1] 여기서 이 두 인물의 갈등관을 고찰하는 이유는 한비자가 "세상에서 널리 알려진 학파는 유가와 묵가다"라고 했듯이,[2] 이 두 학파야말로 선진시대에 가장 두드러진 학파이자 라이벌 관계에 있었고, 공자와 묵자는 그 시조이기 때문이다. 그들이 활약했던 때는 춘추전국시대다. 이 시대를 한마디로 표현하면 '갈등과 분쟁으로 점철된 천하 대란(大亂)의 시대'다. 당시 사람들의 표현을 빌리자면 "**천하에 '도'가 없어진 지 오래됐다**"는 말에 단적으로 나타나 있듯이 '무도'한 시대, '도가 상실된 시대'다.[3] 이런 무도한 상태를 '유도(有道)'한 상태로 바꾸는 것, 공자와 묵자는 이것이야말로 현재화(顯在化)된 갈등과 분쟁을 근본적으로 해결하는 길이라고 생각하고 있었다[이하 논의에서는 갈등 · 분쟁 등을 합쳐 '갈등'이라고 한다].

'도'는 공자나 묵자가 지향하는 '공적 합리성'[public reason]이라고 할 수 있다.[4] 문제는 이 두 사람이 생각하는 '도'의 내용이 다르다는 것

---

1 『論語』나 『墨子』에 보이는 '子曰' · '孔子曰'이나 '子墨子曰' 등은 모두 공자나 묵자 본인의 철학을 가리키는 것이 아니라는 점, 그들 후학의 철학이 혼재돼 있다는 점은 상식에 속하는 사항이다. 따라서 공자나 묵자 본인의 철학을 논하는 것이라면 그들 본인과 후학의 철학을 가려내는 작업이 필요하다. 하지만 여기서는 그런 작업을 하는 것이 목적이 아니므로 공자 · 묵자 및 그 학단의 철학을 가리키는 것임을 밝혀둔다.

2 『韓非子』, 「顯學」, "世之顯學, 儒墨也."

3 『論語』, 「八佾」, "儀封人請見. … 出曰, … **天下之無道也久矣**. 天將以夫子爲木鐸."

4 '도'와 '공적 합리성'에 관해서는 이상익 · 강정인, 「동서양 사상에 있어서 政治的 正當性의 비교: 儒家의 공론론과 루소의 일반의지론을 중심으로」(『정치사상연구』 9, 한국정치사상학회, 2004); 이승환, 「동양에서 '공적 합리성'의 특성과 근대적 변용: 성리학적 公論觀을 통해 본 '진리의 정치'와 '관용의 정치'」(『철학연구』 29, 고려대학교 철학연구소, 2005) 참조.

이다. 따라서 갈등의 원인이 무엇인지에 대한 진단과 그것을 해결하기 위해 제시하는 해법 역시 다를 수밖에 없다.

또 하나 염두에 둬야 하는 것은 주지하듯이 이 시대는 개인보다 공동체를 더 중요하게 여기고 있었다는 것이다. 이는 중국 고대가 종법제를 기반으로 하면서 마을 단위의 씨족공동체의 봉쇄성을 바탕으로 형성된 사회였다는 데 기인한다. 씨족공동체에서는 서열상 씨족의 장이 의사결정권을 갖는다. 씨족집단 내에서 갈등이 발생했을 경우 독립된 개인보다는 씨족공동체의 안녕 · 이익 · 번영이 우선시된다. 이런 상황에서 당시 사람들이 공동체 내에서 갈등이 일어나는 것을 가장 경계했던 것은 자연스러운 일이었을 것이다. 다시 말하면 종법제의 봉쇄성 · 폐쇄성에서 벗어난 독립된 존재로서의 개인에 관한 관심보다는 그런 봉쇄성 · 폐쇄성 속에서 공동체의 질서를 유지하는 데 더 큰 관심을 갖고 있었다는 것이다. 그렇기 때문에 공동체 내에서 갈등이 일어나지 않도록 하기 위해서는 어떻게 해야 하는지, 갈등이 발생했을 때는 어떻게 해야 하는지, 모든 공동체의 정점에서 군림하는 군주가 공동체의 안녕 · 이익 · 번영을 도모하기 위해서는 어떻게 해야 하는지, 이런 문제들 또한 풀어야 할 중요한 과제였다.

본고에서는 갈등의 원인이나 해법과 관련해 공자의 경우는 '도'의 내용을 '인도(人道)'로 보고 도덕성 회복과 예적(禮的) 질서 확립을 통한 갈등의 '예방'에 주안점을 두고 있는 점, 묵자의 경우는 개인과 집단의 여러 관계 속에서 '겸애(兼愛)'와 '상동(尙同)'의 실행을 '도'의 핵심으로 주창하고 있는 점에 주목하고자 한다. 이를 통해 오늘날 우리가 갈등 문제를 조정하거나 해결하고자 할 때 어떤 가치나 의의가 있고 시사점을 줄 수 있는지, 또 한계는 무엇인지에 관해 살펴보고자 한다.

2. 공자: 소송 없는 사회, 갈등의 예방

1) '인'과 '예악': 갈등 예방의 전제조건

공자는 "'**도'가 행해지고 있지 않음은** 이미 알고 있다"라고 했듯이, 자신이 살던 당시 사회를 '도'가 상실된 사회로 규정한다.[5] 그가 "천하에 '도'가 행해지고 있다면 나도 굳이 개혁하려 들지 않았을 것이다"라고 한 것도 그가 살고 있던 당시 사회가 '도'가 상실된 사회이기 때문에 자신이 나서서 개혁하려고 하는 것임을 말하려는 데 의도가 있을 것이다.[6] '도'가 상실된 사회란 어떤 원인에 의해 질서가 붕괴된 사회, 그로 인해 갈등이 분출하고 있는 사회라는 것을 의미할 것이다.

여기서 먼저 문제가 되는 것은 '도'가 상실됐다고 할 때의 '도'가 무엇인가다. 잘 알려진 사항이기는 하지만, 『논어』를 보면 공자가 '도'에 대해 명확하게 규정하고 있는 예를 찾기는 쉽지 않다. 다만 자공이 "선생님의 여러 가르침을 들을 수 있었지만, 선생님께서 '성'과 '천도'에 관해 말씀하시는 것은 들을 수 없었다"고 증언하고 있는 것에 의하면, 공자는 아마도 평소에 형이상학적인 '천도'와 관련된 주제에 대해 논의하거나 하지는 않았던 것 같다.[7] 실제로 『논어』에는 '천도'라는 말이 이 문장 외에는 보이지 않는다. 그런 의미에서 공자는 '도'를 말할 때 '인도', 즉 인간 사회에서 지켜야 할 '도'라는 한정된 의미에서 이 개

---

5 『論語』, 「微子」, "**道之不行**, 已知之矣." 이 문장은 子路가 한 말이다. 다만 여기서는 朱熹가 『論語集注』에서 "子路述夫子之意如此."라고 해석한 것을 따랐다.

6 『論語』, 「微子」, "天下有道, 丘不與易也."

7 『論語』, 「公冶長」, "子貢曰, 夫子之文章, 可得而聞也. 夫子之言性與天道, 不可得而聞也."

념을 사용하고 있다고 할 수 있다.

'도'의 내용이 무엇인가도 문제다. 이것도 잘 알려진 사항이기는 하지만, 논의의 편의상 여기서 간단히 정리해보면, 다음의 세 가지를 상정해볼 수 있다. 첫째는 '충(忠)·서(恕)', 둘째는 '공(恭)·경(敬)·혜(惠)·의(義)', 셋째는 '인(仁)·지(知)·용(勇)'이다.[8] 먼저 첫 번째의 경우는 공자가 증삼에게 자신의 '도'는 하나로 관통된다고 말하고 문인들이 그 내용에 관해 물었을 때 증삼이 대답한 대목에 나오는 덕목이다. 따라서 이것은 증삼이 이해한 '도'라고 하는 것이 타당할 것이다. 두 번째의 경우는 자신이 군자의 '도' 네 가지를 갖추고 있었다는 것이지, 군자의 '도'가 곧 그 네 가지만을 지칭한다고 할 수는 없다. 따라서 이 경우를 일반화시켜 이것이 공자가 생각하는 '도' 내용의 전부라고 할 수는 없다. 세 번째의 경우도 '도'의 내용이 이 세 가지만 가리킨다고 할 수는 없다. 왜냐하면 『논어』를 보면 논증할 것도 없이 첫 번째와 두 번째에서 열거하고 있는 덕목들도 공자가 중시하는 것이기 때문이다. '도'와 직접적으로 연결시키는 예는 없지만, '효'와 '제(弟)'도 실질적으로는 '도'의 내용에 포함된다고 해야 할 것이다.[9] 그렇다면 공자의 '도'란 결국 이 덕목들을 모두 포함하는 의미에서 모든 인간관계에서 지켜야 할 도리, 인간다움을 구성하는 모든 도덕적 요소라고 하는 것이 가장 적합할 것이다. 이렇게 보면 『논어』에는 '인도'라는 말은 없지만, 사실상 '인도'에 국한되는 '도'임에는 틀림없을 것이다.

---

8 『論語』,「里仁」, "子曰, 參乎, 吾道一以貫之. … 曾子曰, 夫子之道, **忠恕**而已矣."; 同,「公冶長」, "子謂子産有君子之道四焉. 其行己也**恭**, 其事上也**敬**, 其養民也**惠**, 其使民也**義**."; 同,「憲問」, "子曰, 君子道者三, 我無能焉. **仁**者不憂, **知**者不惑, **勇**者不懼."

9 『論語』,「學而」, "子曰, **弟子入則孝, 出則弟**, 謹而信."

하지만 공자가 이들 덕목 중에서 최상의 덕으로 생각하고 있는 것은 물론 '인(仁)'이다.

> **번지가 '인'에 관해 물었다.** 공자가 대답했다. "일상생활에서는 **공손하고**, 일할 때는 **신중히 하며**, 다른 사람과 어울릴 때는 **충실하게 하는 것**이다."[10]

> **자장이 공자에게 '인'에 관해 물었다.** 공자가 대답했다. "다섯 가지를 천하에서 실천할 수 있다면 어질다고 할 것이다." … "**공손하고 관대하고 신의가 있고 민첩하고 은혜로운 것이다.**"[11]

이 두 문장에 의하면 '공(恭)·경(敬)·충(忠)·관(寬)·신(信)·민(敏)·혜(惠)' 등은 모두 '인'을 설명하기 위한 개념으로 사용되고 있다. 또 「안연」 편에서 중궁이 '인'에 관해 물었을 때 공자는 "자기가 원하지 않는 일은 남에게 하지 말아야 한다"고 하는데, 「위령공」 편에서는 이것을 '서(恕)'라고 한다.[12] 그 외에 '사람을 사랑하는 것'[愛]이나 위에서 든 '효제' 등도 모두 '인'을 설명하거나 그 아래에 종속되는 개념이다.[13]

이상을 종합해보면 이들 덕목은 모두 '인'에 종속되는 것, 따라서 공자는 '인'이야말로 모든 덕목의 으뜸으로 생각하고 있다고 할 수 있

---

10 『論語』, 「子路」, "**樊遲問仁**. 子曰, 居處**恭**, 執事**敬**, 與人**忠**."

11 『論語』, 「陽貨」, "**子張問仁於孔子**. 孔子曰, 能行五者於天下爲仁矣. … 曰, **恭寬信敏惠**."

12 『論語』, 「顔淵」, "仲弓問仁. 子曰, … **己所不欲, 勿施於人. 在邦無怨, 在家無怨.**"; 同, 「衛靈公」, "子曰, **其恕乎. 己所不欲, 勿施於人.**"

13 '愛'와 관련해서는 『論語』, 「顔淵」, "樊遲問仁. 子曰, **愛人**." 참조.

다.[14] 몸의 생명보다 '인'이 더 중요하다는 '살신성인(殺身成仁)'은 이런 정황을 단적으로 보여준다. 더욱 중요한 것은 중궁과 공자의 대화에서 '인'을 실천하면 "나라 안에도 원망하는 이가 없고 집안에도 원망하는 이가 없을 것이다"[「顔淵」]라고 하는 점이다. 원망하는 이가 없게 되는 이유는 '인'을 실천하는 사람은 불필요한 갈등을 일으키지 않거나, 그런 일이 일어났을 때 잘 처리할 수 있는 능력이 있기 때문일 것이다. 그런데 공자는 '인'과 관련해 다음과 같이 말한다.

> **안연이 '인'에 관해 물었다.** 공자가 말했다. "**자신을 이기고 '예'로 돌아가는 것이 '인'이다. 어느 날 자신을 이기고 '예'로 돌아간다면 천하가 '인'으로 귀착하게 될 것이다. '인'을 실천하는 것은 자기에게 달렸지 남에게 달렸겠느냐?**" 안연이 말했다. "자세한 내용이 궁금합니다." 공자가 말했다. "'**예'가 아니면 보지도 않고, '예'가 아니면 듣지도 않고, '예'가 아니면 말하지도 않고, '예'가 아니면 움직이지도 않는 것이다.**"[15]

자신을 이기는 것이 '인'의 실천이라면 그것은 결국 자신에게 달린 것이니, '인'의 1차적인 의미는 개인적 차원의 도덕성이다. 그러나 그것은 그런 차원에만 머무는 것이 아니다. '예'에서 벗어나려고 하는

---

14 馮友蘭, 『中國哲學史』 上冊(北京: 中華書局, 1947), 100-101쪽; 이승율, 「유가의 효치 철학과 '효' 일원주의」(『율곡학연구』 45, 율곡학회, 2021), 403쪽. 『論語』 「里仁」 편의 "**君子去仁, 惡乎成名. 君子無終食之間違仁. 造次必於是, 顚沛必於是.**"에서 이런 정황을 엿볼 수 있다. 특히 '仁' 외에 어떤 덕목에 대해서도 "造次必於是, 顚沛必於是."라는 표현을 쓴 예가 없는 점에 주의할 필요가 있다.

15 『論語』, 「顔淵」, "**顔淵問仁.** 子曰, **克己復禮爲仁. 一日克己復禮, 天下歸仁焉. 爲仁由己, 而由人乎哉.** 顔淵曰, 請問其目. 子曰, **非禮勿視, 非禮勿聽. 非禮勿言, 非禮勿動.**"

'자신'을 규제하고[자기규제] '예'로 돌아가 '예'를 이행하는 것,[16] 다시 말하면 인간관계 전반을 규율하는 질서 원리인 '예'라는 준칙에 따라 행위를 하는 것 또한 '인'으로 규정한다. 그와 함께 극기복례를 실천하면 천하가 '인'에 귀착하는 최대의 효과를 얻을 수 있다는 인식과 함께 보면, '인'은 '예'를 그 안에 포섭함으로써 공동체 생활에 필수적인 질서의 확립 · 유지라는 사회적 차원으로까지 의미를 확대한 개념임을 알 수 있다. 그렇다면 '예'에 어떤 본질적 속성과 기능이 있기에 '인' 안에 '예'를 포섭시켰을까?

> 공자가 말했다. "군자가 널리 문화적인 교양을 배우고 **'예'로 단속한다면 어기는 일이 없게 될 것이다.**"[17]

이 문장에 의하면 '문'을 배우는 것에서 그치지 않고 '예'로 단속하면 어기는 행위를 하지 않게 된다고 한다. 여기에는 목적어가 생략돼 있는데, 정현(鄭玄)은 '도'를 어기지 않는 것으로 해석한다. 그러나 꼭 그렇게 한정 지을 필요는 없다. 목적어를 명기하고 있지 않다는 것은 '도'든 질서든 명령이든 어겨서는 안 되는 모든 것을 포괄하려는 의도로 보이기 때문이다. '예'로 단속하면 어겨서는 안 되는 것을 어기지 않으리라 생각하는 이유는 '예'의 본질적인 속성이 어기는 행위를 했을 때 '부끄러움'을 느끼게 함으로써 사람들이 그런 행위를 하지 않도록 하는 데 있다고 보았기 때문이다.

---

16 板野長八, 『中國古代における人間観の展開』(東京: 岩波書店, 1972), 15쪽.

17 『論語』, 「雍也」, "子曰, 君子博學於文, **約之以禮, 亦可以弗畔矣夫.**"

공자가 말했다. "백성들을 '정령'으로 이끌고 '형벌'로 다스리면 백성들은 형벌은 면하려 들되 부끄러움을 모르게 된다. **'덕'으로 이끌고 '예'로 다스리면 부끄러움을 알고 올바르게 된다.**"[18]

그런 단속은 '형벌'처럼 강제성을 띤 것이 아니다. 어디까지나 자율적 · 자발적으로 부끄러움을 느끼는 '자기규제'라는 의미에서 단속이다. 이렇게 보면 유자(有子)가 '예'의 핵심으로 공동체 내에서 구성원 상호 간의 조화나 화합, 인륜적 질서의 확립을 든 것은 공자의 이런 의도를 잘 설명한 것이라고 할 수 있다.[19] 이것을 갈등이라는 관점에서 보면, 공자는 개개인이 '인'의 실천을 통해 윤리적 주체 의식을 함양하고 타인이나 공동체와의 관계에서 갈등이 일어나지 않게 하여 자율적으로 사회질서를 유지할 수 있게 하는 것을 '예'의 본질적인 기능으로 생각하고 있었다고 할 수 있다.

이처럼 공자는 '도'의 내용 중 최고의 덕목을 '인'[도덕성]으로 보고 그런 '인' 속에 '예'가 내포된 것으로 규정한다. '도'를 이렇게 규정한 이상, 갈등이 일어나는 원인을 '인'의 상실과 '예'의 붕괴에서 찾는 것은 자연스러운 귀결일 것이다. 먼저 '인'의 상실과 관련해서는 다음의 문장을 통해 그 일단을 엿볼 수 있다.

---

18 『論語』, 「爲政」, "子曰, 道之以政, 齊之以刑, 民免而無恥. **道之以德, 齊之以禮, 有恥且格.**"

19 『論語』, 「學而」, "有子曰, **禮之用, 和爲貴.** … **知和而和, 不以禮節之, 亦不可行也.**" 이승환, 『유가사상의 사회철학적 재조명』(고려대학교출판부, 1998), 142쪽.

공자가 말했다. "**나는 아직 '인'을 좋아하는 사람과 '불인'을 미워하는 사람을 보지 못했다.**"[20]

이 문장에서 공자는 '인'을 실천하는 사람은 물론이거니와 '인'을 실천하지는 못하더라도 '불인'을 미워하는 사람조차 보지 못했다고 말한다. '인'의 상실이란 구체적으로는 위에서 검토한 '인'의 내용들이 실현되고 있지 않은 것을 의미할 것이다. 구체적으로는 타인을 사랑하는 것[愛], 효도와 공손을 실천하는 것[孝悌], 서로가 서로에게 공손히 대하고 공경하고 충실하고 배려하고 신뢰를 주는 것[恭·敬·忠·恕·信], 통치자가 피치자에게 관대하고 은혜를 베푸는 것[寬·惠] 등이 실현되고 있지 않은 것을 가리킬 것이다. 이들 덕목은 타자에 대한 관심과 애정, 존중과 신뢰, 이타심['立人達人'(「雍也」)]이 바탕이 돼야 실현할 수 있는데, 그렇지 못한 현실을 비판한 것이라고 해석할 수 있다. 타자에 대해 무관심하거나 무시하는 태도를 보인다면 어떤 덕목도 실현 불가능하기 때문이다. 그렇다고 상황을 절망적으로만 보고 있지는 않다. 그것은 개인의 능력이 부족해서가 아니라며 미래에 희망을 걸고자 하는 심정도 피력한다. 아울러 후술할 '예'와 관련해 노나라 정공이 공자에게 임금이 신하를 부리고 신하가 임금을 섬기는 방법에 관해 물었을 때 "**임금은 신하를 부릴 때 '예'를 지켜야 하고, 신하는 임금을 섬길 때 충실해야 한다**"고 말한 것도 군신관계에서 '상호 존중'이 중요함을 강조한 것이라고 할 수 있다.[21]

---

20 『論語』, 「里仁」, "子曰, **我未見好仁者, 惡不仁者.**"

21 『論語』, 「八佾」, "定公問, 君使臣, 臣事君, 如之何. 孔子對曰, **君使臣以禮, 臣事君以忠.**"

다음으로 '예'의 붕괴와 관련해서는 당시 노나라에서 대부 신분에 불과한 계손씨가 천자만이 거행할 수 있는 팔일무를 추게 한 일, 태산에 여(旅) 제사를 지내려고 한 일, 대대로 노나라의 보호를 받고 있는 부용국(附庸國)인 전유(顓臾)를 제멋대로 정벌하려고 한 일 등 여러 사태가 발생했다. 공자가 이에 대해 울분과 분노를 터뜨린 것은 유명하다.[22] 공자는 '예'를 단독으로 말할 때도 있지만, '예악(禮樂)'이라 하여 '악'과 함께 말하는 경우도 많다. 따라서 '예'뿐만 아니라 '악'의 붕괴도 갈등의 원인으로 여기고 있었다. '악'의 붕괴 또한 제사 때 천자만이 연주할 수 있는 '옹(雍)'을 노나라 대부들이 쓰고 있는 것을 비판하는 대목에서 엿볼 수 있다.[23] 이상의 사례들은 천자나 제후만이 행할 수 있는 '예악'이나 '정벌'[전쟁]을 대부가 참월(僭越)한 경우다. 공자가 '예악 · 정벌'의 참월 행위를 분개하고 개탄한 이유는 무엇인가?

> 공자가 말했다. "천하에 '도'가 실현되고 있으면 예악과 정벌은 천자로부터 나오게 된다. 천하에 '도'가 실현되고 있지 않으면 예악과 정벌은 제후로부터 나오게 된다. 제후로부터 나오면 대개 열 세대 안에 실패하지 않는 일은 드물다. 대부로부터 나오면 다섯 세대 안에 실패하지 않는 일은 드물다. 대부의 가신이 나라의 정령을 장악하면 삼대 안에 실패하지 않는 일은 드물다. 천하에 '도'가 실현되고 있으면 대부가 정치를 좌지우지하지 않게 된다. 천하에

---

22 『論語』, 「八佾」, "孔子謂季氏. 八佾舞於庭, 是可忍也, 孰不可忍也."; 同, "季氏旅於泰山. 子謂冉有曰, 女弗能救與. 對曰, 不能. 子曰, 嗚呼. 曾謂泰山不如林放乎."; 同, 「季氏」, "季氏將伐顓臾. 冉有 · 季路見於孔子曰, 季氏將有事於顓臾. 孔子曰, 求, 無乃爾是過與. 夫顓臾, 昔者先王以爲東蒙主. 且在邦域之中矣. 是社稷之臣也. 何以伐爲. …."

23 『論語』, 「八佾」, "三家者以雍徹. 子曰, …奚取於三家之堂."

'도'가 실현되고 있으면 서인이 정치를 논하지 않게 된다."[24]

이 문장에 의하면 공자가 이상으로 삼고 있는 사회체제는 천자[왕] → 제후 → 대부 → 배신[대부의 가신] → 서인이라는 다섯 신분으로 구성된 봉건제다. 이 봉건제에서 천자와 제후는 혈연에 기초한 종법 관계로 맺어져 있다. 그런 의미에서 혈연 본위의 종법제에 기반한 봉건제라고 할 수 있다. 이 질서 체계에서 세계의 중심이자 책임자는 천자다. 천자가 세계의 중심인 이유는 권력의 정당성의 원천인 '천'의 명령[天命]을 받아 천하를 다스리는 권한을 위임받은 것이 천자라고 관념되고 있었기 때문이다. 이것이 공자가 생각하는 천하적 세계관이자 질서관이다. 다시 말하면 종법제와 봉건제를 기반으로 하는 '예적 질서관'이다.

따라서 천하에 '도', 즉 질서가 있을 때는 문화의 법칙인 '예악'과 부정(不正)한 존재를 제거하는 '정벌'이 천자를 중심으로 발동된다. 공자의 예적 질서관에서는 이것이 곧 '유도(有道)'의 상태다. 그러나 봉건 질서 체계가 붕괴되기 시작해 중심축이 제후로 이동하게 되면, 예악과 정벌이 제후를 중심으로 발동하게 된다. 질서 체계의 붕괴가 더욱더 가속화되면 중심축은 제후에서 대부로, 대부에서 배신으로 이동하게 된다. 이것이 곧 천하의 질서가 파괴된 '무도'의 상태다. 질서가 파괴된 상태에서 정치사회적 갈등이 분출하는 것은 지극히 당연한 이치일 것이다. 하지만 이런 상태는 결코 오래갈 수 없다는 것이 공자의 진단이다. 왜냐하면 그것은 '도'가 상실된 무도한 상태, 정치적 정당성의 원천

24 『論語』, 「季氏」, "孔子曰, 天下有道, 則禮樂征伐自天子出. 天下無道, 則禮樂征伐自諸侯出. 自諸侯出, 蓋十世希不失矣. 自大夫出, 五世希不失矣. 陪臣執國命, 三世希不失矣. 天下有道, 則政不在大夫. 天下有道, 則庶人不議."

인 '천'으로부터 권한을 위임받지 않은 존재가 천하를 다스리는 올바르지 못한 상태이기 때문이다.[25]

이미 설명했듯이 공자가 '인'을 실현하는 방법으로 제시한 '극기복례'는 단순한 개인의 차원에서 그치는 것이 아니라 종법제와 봉건제를 기반으로 하는 예적 질서의 회복이라는 사회국가 차원까지 아우르는 것이다. 이것이 곧 '무도'의 상태를 '유도'의 상태로 바꾸는 것이며, 그것은 '인'의 실천을 통해 가능하다는 것이 공자의 주장이다. 이렇듯 공자에게서 '인'과 '예'의 관계는 '인' 속에 '예'가 포섭된 관계에 있다. 그래서 "사람이 어질지 못하다면 예가 무슨 소용 있겠는가? 사람이 어질지 못하다면 음악이 무슨 소용 있겠는가"라고 하여 '예'보다 '인'을 더 중시한다.[26] 이것은 나중에 순자와 차이를 보여주는 부분이다.

'인'으로 대표되는 도덕성과 예적 질서의 회복을 역설하는 공자는 "자신을 수양하고 공경스러워야 한다. … 자신을 수양하고 다른 사람을 편안하게 해줘야 한다. … **자신을 수양하고 백성을 편안하게 해줘야 한다**"라고 하듯이, 유교적인 수양을 통해 자율적으로 도덕을 실천할 수 있고 백성이 안정된 삶을 살 수 있게 할 수 있는 '군자'가 됨을 삶의 목표로 지향한다.[27] 이것을 보편화시킨다면, 그것은 곧 개인에게 최대 도덕을 요구하는 것이 될 것이다.

'군자' 됨을 지향하는 것과 갈등과의 관계를 법과 소송이라는 관점에서 보면 다음의 문장에 잘 나타나 있듯이, 갈등이 일어난 뒤에 소

---

25 吉川幸次郎, 『論語(下)』(東京: 朝日新聞社, 1996), 230-231쪽 참조.

26 『論語』, 「八佾」, "子曰, 人而不仁, 如禮何. 人而不仁, 如樂何."

27 『論語』, 「憲問」, "子路問君子. 子曰, 修己以敬. … 曰, 修己以安人. … 曰, **修己以安百姓.**" 「述而」 편의 "子曰, 文莫吾猶人也. **躬行君子, 則吾未之有得.**"에서도 그가 군자를 지향하고 있음을 엿볼 수 있다.

송을 통해 법으로 해결하는 것보다는 갈등을 미연에 방지한다는 '예방'에 주안점을 두고 있다고 할 수 있다.

> 공자가 말했다. "소송사건을 처리하는 일은 나도 남만큼은 하지만, **반드시 소송이 없도록 만들어야 할 것이다.**"[28]

"군자는 다투는 일이 없다"는 말에서도 이미 발생한 갈등을 조정하고 관리하는 측면보다 애초에 갈등을 일으키지 않는다는 측면이 더 부각된다.[29] "군자가 '인'을 버린다면 어떻게 명성을 이루겠는가? **군자는 식사하는 동안에도 '인'을 어기지 않고, 다급한 순간에도 반드시 '인'을 지키며, 넘어지는 순간에도 반드시 '인'을 지킨다**"[「里仁」], "**군자는 덕을 생각하지만**, 소인은 땅을 생각한다", "**군자는 의로움에 밝고** 소인은 이익에 밝다"고 말한 것, 위에서 인용했듯이 군자가 '예'로 단속한다면 어기는 일이 없게 될 것이라고 한 것 등도 도덕성과 예적 질서의 회복을 통해 갈등이 일어나는 것을 미연에 방지해야 한다는 기조와 맥을 같이하는 것이다.[30] 이미 일어난 갈등을 조정하거나 처리하는 것보다 '군자' 됨을 통해 갈등이 일어나는 것을 미연에 방지하는 것, 공자 갈등관의 가장 큰 특징은 바로 여기에 있다.

---

28 『論語』, 「顔淵」, "子曰, 聽訟, 吾猶人也. **必也使無訟乎.**" 『禮記』「大學」 편에도 동일한 문장이 있다.

29 『論語』, 「八佾」, "子曰, **君子無所爭**. 必也射乎."

30 『論語』, 「里仁」, "子曰, **君子懷德**, 小人懷土."; 同, "子曰, **君子喩於義**, 小人喩於利." 「泰伯」 편에서 "子曰, 恭而無**禮**則勞. 愼而無**禮**則葸. 勇而無**禮**則亂. 直而無**禮**則絞."라고 하는 것도 참조.

2) 개인과 공동체, 공동체와 공동체 사이에서 발생하는 갈등의 원인과 해법

그런데 공자가 관념하는 천하적 세계관에서 천하는 수많은 나라[제후의 國], 나라는 수많은 마을[鄕], 마을은 수많은 집[家], 집은 가족을 구성하는 몇몇 개인들의 몸[身]으로 구성돼 있다. 갈등은 개인과 개인 사이에서도 일어나지만, 개인과 집, 개인과 마을, 개인과 나라 사이에서도 일어난다. '집'과 '집 · 마을 · 나라 · 천하', '마을'과 '마을 · 나라 · 천하', '나라'와 '나라 · 천하' 사이에서도 일어날 수 있다. 이것을 좀 더 단순화시켜 개인과 공동체, 공동체와 공동체 사이의 갈등이라고 한다면, 공자는 이들 사이에 일어나는 갈등의 원인은 무엇이고, 어떻게 하면 미연에 방지할 수 있다고 보는가?

> 어떤 사람이 공자에게 물었다. "선생님께서는 왜 정치를 안 하십니까?" 공자가 말했다. "『서』에서 말하기를 '**효도하라! 오로지 효도하고 형제에게 우애를 다함으로써 그것을 정치에 반영시켜라**'라고 했지요. 이것도 정치를 하는 건데 어찌 따로 정치를 할 것이 있겠습니까?"[31]

내용은 두 가지로 요약할 수 있다. 첫째는 개인의 몸과 집안에서의 질서 윤리인 '효우(孝友)'가 모든 과제의 근본이고, 나라 · 천하를 다스리는 정치는 그다음이라는 것이다. 둘째는 혈연 내에서의 질서 윤리

---

31 『論語』, 「爲政」, "或謂孔子曰, 子奚不爲政. 子曰, 書云, **孝乎惟孝, 友于兄弟. 施於有政**, 是亦爲政也. 奚其爲爲政."

인 '효우'를 정치영역에도 동일하게 적용해야 한다는 것이다. 이것은 '몸'이라는 인간 유대의 혈연적 윤리를 모든 과제의 근본이자 모든 것에 우선하는 전제로 삼으면서, 그 확대 · 발전의 연장선상에서 천하의 정치 질서를 정립하고자 하는 프레임이다. 사실 종래의 이념적인 봉건제도에서는 몸 · 집 · 나라의 '다양성'을 어느 정도 인정하고 있었지만, 이 프레임에서는 천하 안에서의 몸 · 집 · 나라의 '통일성'을 지향하려는 성격이 강하다고 할 수 있다.[32] 이런 철학은 공자의 제자에게로 이어진다.

> 유자가 말했다. "그 사람됨이 부모에게 효도하고 형에게 공손하면서 윗사람을 거스르는 것을 좋아하는 사람은 드물다. 윗사람을 거스르는 것을 좋아하지 않으면서 (질서를) 어지럽히는 것을 좋아하는 사람은 아직 없었다. 군자는 근본에 힘쓴다. 근본이 바로 서야 '도'가 생긴다. 효도와 공손이야말로 '인'을 실천하는 근본일 것이다."[33]

이 문장에 의하면 '효제'라는 혈연적 윤리를 실천하는 것은 '윗사람을 거스르지 않는 것'으로 이어지고, '윗사람을 거스르지 않는 것'은 곧바로 '어지럽히는 것을 좋아하지 않는 것', 즉 질서의 안정으로 연결된다. 이때 말하는 질서는 가족공동체에 국한된 것이 아니다. 나라 · 천하로 확장된 것이다. '윗사람을 거스른다'는 것은 나이 · 신분 · 지위

---

32 池田知久, 『『老子』 その思想を讀み盡くす』(東京: 講談社, 2017), 469-471쪽.

33 『論語』, 「學而」, "有子曰, 其爲人也孝弟, 而好犯上者鮮矣. 不好犯上, 而好作亂者, 未之有也. 君子務本. 本立而道生. 孝弟也者, 其爲仁之本與."

등의 면에서 아랫사람이 윗사람에게 도덕적으로 '효제'를 다하지 않는 것, 다시 말하면 아랫사람이 윗사람에게 순종하지 않음으로써 갈등이 발생하는 것과 관련이 있다고 해석할 수 있다. 질서를 '어지럽힌다'는 것은 윗사람을 거슬러서 일으키게 되는 갈등을 원인으로 나타나는 결과를 가리킬 것이다. 이처럼 가족공동체에서 '효제'를 실천하지 않는 것을 갈등의 원인으로 보고 있다고 한다면, 그 원인에 대한 해법으로 '효제'를 실천할 것을 강조하는 것은 당연한 귀결일 것이다.

이렇게 보면 이것은 가족공동체의 질서 유지를 가능하게 하는 원리와 천하·국가공동체의 질서 유지를 가능하게 하는 원리가 동일하다는 인식에 기반을 둔 것이라고 할 수 있다. 그 윤리를 '효제'라고 한 것이고, 그래서 그것을 '인'을 실천하는 방법 중 핵심으로 규정한 것이다. 이런 인식이 가능한 이유는 이미 언급했듯이 당시 사회가 혈연을 기초로 하는 종법제에 의해 유지되고 있었고, 그런 종법제 하에서 천하·국가를 하나의 의제(擬制) 가족공동체로 간주하는 관념이 있었기 때문일 것이다. 거기에 더해 '효제'를 '가족애'와 윗사람에 대한 '순종'을 기반으로 하는 도덕관념이자 도덕적 의무로 생각하고 있기 때문에 혈연 내에서의 질서 윤리인 '효제'를 정치 영역에도 동일하게 적용시킬 수 있다는 주장을 할 수 있게 됐을 것이다.[34]

지금까지 논의한 바에 의하면 개인과 공동체, 공동체와 공동체의 갈등이라는 문제와 관련하여 가장 두드러진 특징은 공자학단은 개인과 공동체를 무관계한 것으로 보지 않는다는 것이다. 그것은 곧 개인의 몸과 집·마을·나라·천하공동체, 다시 말하면 가족을 구성하는

34 이와 관련해서는 板野長八, 같은 책, 12-13쪽도 함께 참조.

몇몇 개인의 몸과 집이라는 최소 단위의 공동체에서 천하라는 최대 단위의 공동체에 이르는 각 공동체를 하나의 유기체로 간주한다는 것이다. 그리하여 몸의 도덕적 수양이 가장 근본적인 것이고, 집안에서의 윤리인 '효우'나 '효제'를 유기체적 · 동심원적으로 천하로 확대하면 나라 · 천하의 갈등을 미연에 방지할 수 있다고 본다. 이것은 가족공동체라는 최소영역에서 구성원을 규율하는 윤리를 천하라는 최대영역으로 그대로 확대시킨 것이다. 또한 종법제에 의해 운용되는 가족공동체의 질서 윤리를 천하공동체로 확대 · 적용하고 있다는 점에서 봉건제를 지향하고 있는 것이다. 이 프레임을 이론적으로 체계화한 것이 『예기』「대학」 편의 '수신 · 제가 · 치국 · 평천하'다.[35]

몸에서 천하에 이르는 질서의 안정 문제를 '효우'나 '효제'의 실천 여부에 두고 있기 때문에 '효우'를 실천하는 것이 정치라고 하거나, '효제'가 '인'을 실천하는 근본이고 그런 근본에 힘쓰는 사람이 군자이고 그런 '인'이 성취돼야 '도'가 확립된다는 쪽으로 논의를 이끄는 것은 논리적으로는 큰 문제가 없다고 볼 수 있다. 그런데 여기에는 다른 문제가 있다. 위의 두 인용문에서 몸 · 집 · 마을 · 나라 · 천하 사이에서 발생할 수 있고, 실제로 발생하고 있는 수많은 갈등과 분쟁을 제거하고 있는 점이다. 위의 두 인용문에서 그것을 제거해도 자연스럽게 보이는 이유는 몸 · 집 · 마을 · 나라 · 천하의 질서 윤리를 모두 동일한 '도'[孝友 · 孝弟 · 仁]로 보고 있기 때문이다.[36]

그러나 '효우'나 '효제'가 아무리 '순종'을 원리로 하고 있다고 해

35 池田知久, 같은 책, 469-470쪽.

36 池田知久, 같은 책, 470쪽.

도 어느 경우에서나 거스르지 않을 수 있을까? 그럴 수 없다는 것을 우리는 현실적인 경험을 통해 충분히 알고 있다. 공자 시대라고 예외일 리 없다. 예를 들어 공자는 제나라 경공이 정치에 관해 물었을 때 “임금은 임금답고 신하는 신하다우며, 아버지는 아버지답고 자식은 자식다워야 합니다”라고 대답한다.[37] 그렇다면 윗사람인 임금과 아버지가 임금답지 않고 아버지답지 않을 때는 어떻게 해야 하는가? 신하와 자식은 이때도 거스르지 않아야 하는가? 유자는 이런 문제를 설정조차 하지 않는다. 하지만 공자는 다르다.

> 정공이 … 말했다. “말 한마디로 나라를 잃게 될 수 있는 그런 말이 있습니까?” 공자가 대답했다. “말이란 그처럼 효과를 기대할 수는 없는 것입니다. 어떤 사람이 말하기를 ‘나는 임금 노릇 하는데 다른 즐거움이란 없고, 다만 내가 말하기만 하면 아무도 어기지 않는 것이 있을 뿐’이라고 했습니다. 만약 임금의 말이 훌륭해 아무도 그의 말을 어기지 않는다면, 매우 좋은 일이 아니겠습니까? 만약 훌륭하지도 않은데 아무도 그의 말을 어기지 않는다면, 이것이 말 한마디로 나라를 잃게 되는 것이 아니겠습니까?”[38]

공자는 여기서 신하가 군주의 말을 어기지 않는 것에 대해 두 가지 문제를 설정한다. 하나는 군주의 말이 훌륭할 경우고, 다른 하나는

---

37 『論語』, 「顔淵」, “齊景公問政於孔子. 孔子對曰, 君君臣臣, 父父子子. 公曰, 善哉.”

38 『論語』, 「子路」, “定公 … 曰, 一言而喪邦, 有諸. 孔子對曰, 言不可以若是, 其幾也. 人之言曰, 予無樂乎爲君. 唯其言而莫予違也. 如其善而莫之違也, 不亦善乎. 如不善而莫之違也, 不幾乎一言而喪邦乎.”

군주의 말이 훌륭하지 않을 경우다. 전자의 경우는 문제가 없을뿐더러 매우 이상적인 상태다. 후자의 경우는 군주의 말이 훌륭하지 않음에도 신하가 군주의 말을 어기지 않는다면 종국에는 나라까지 잃게 된다고 한다. 이것은 분명히 군주의 부당한 명령에 대한 신하의 저항을 인정하는 것이다. 공자가 이 경우에 한해 신하의 저항을 인정하는 이유는 그가 '종도(從道)'의 입장에 있기 때문이다.[39]

그런데 신하가 군주에게 저항하게 되면 군신관계에 갈등이 발생하게 된다. 위의 경우는 군주가 군주답지 못한 상황이고 공자는 '종도'의 입장에 있기 때문에 당연히 '도'의 입장에서 군주의 말을 어기는 것이 해법이 된다. 그런데 만약 아버지가 아버지답지 못해 부자 사이에 갈등이 생긴다면 어떻게 해야 하는가? 이때에도 '종도'의 입장에서 아버지의 말을 어겨도 되는가? 아쉽게도 이에 대한 명쾌한 해답은 『논어』에서는 찾기 어렵다. 더 나아가 가정이나 사회에서 발생하는 다양한 갈등을 어떻게 조정하고 처리해야 하는지에 대한 실질적인 논의도 찾기 어렵다.

지금까지 분석한 공자 갈등관의 내용을 정리하면서 특징을 살펴보자. 공자는 당시 사회를 '무도'한 사회, '도가 상실된' 사회로 인식한다. 이런 '무도'한 상태를 '유도'한 상태로 바꾸는 것이야말로 갈등을 근본적으로 해결하는 길이라고 생각한다.

이때 공자가 생각한 '도'의 요체는 '인'과 '예악'이다. '인'은 타자에 대한 관심과 애정, 존중과 신뢰, 이타심을 바탕으로 한다. 군신관계에서도 상호 존중은 필수로 여긴다. '예악'은 '부끄러움'과 '조화'를 본

---

39 이승율, 「공자의 공치 철학과 다섯 가지 프레임」(『중국학보』 76, 한국중국학회, 2016), 447-448쪽.

질로 한다. 공자의 입장에서 볼 때 '도가 상실됐다'는 것은 이런 '인'과 '예악'이 상실됐다는 것을 의미한다. 그리고 이것이야말로 그가 생각하는 갈등의 원인이다. 그 해법으로 상실된 '인'[도덕성]을 회복하고 무너진 '예악'[사회규범]을 확립해야 한다고 주장하는 것은 갈등의 원인을 이렇게 진단하기 때문이다.

공자는 갈등이 애초에 일어나지 않는 사회의 실현을 이상으로 삼는다. 이것은 그의 학설이 갈등의 발생을 미연에 방지해야 한다는 '예방'에 초점이 맞춰져 있다는 것을 의미한다. 공자는 사람들이 '인'을 실천하면 그런 사회를 실현시킬 수 있을 것이라는 강한 신념을 갖고 있었다. "반드시 소송이 없도록 만들어야 할 것"이라는 의지 표명, "군자는 다투는 일이 없"고, '인'을 실천하면 "나라 안에도 원망하는 이가 없고 집안에도 원망하는 이가 없을 것"이라는 언표에서 그의 그런 신념의 일단을 엿볼 수 있다.

하지만 이 신념은 결코 개인적 · 주관적인 차원에 머무는 것이 아니다. '인'이 '극기복례'를 함의한다고 말하고 있듯이, 그것은 인간관계 전반을 규율하는 질서 원리인 '예'를 모든 행위의 준칙으로 삼는 것이다. 개인의 도덕적 수양 · 실천과 관련된 '인'과 행위의 준칙인 '예'가 결합됐을 때만이 이런 사회가 도래할 수 있다고 본 것이다. '예'가 인간 행위의 준칙이 될 수 있는 근거는 어겨서는 안 되는 것을 어기는 행위에 대해 '부끄러움'을 느끼게 함으로써 그런 행위를 하지 않도록 자신을 규제하는 힘이 '예'에 있다고 인식하고 있기 때문이다. 이것은 개인에게 '인'의 실천 및 '예'의 준수라는 최대도덕의 의무를 지우는 것이다.

물론 이런 실천은 개인 영역에 국한되는 것이 아니다. '수기 · 안백성(修己 · 安百姓)'이라고 하듯이 정치 영역으로 확대되는 것이다. 통치자는 먼저 도덕적 감화력과 사회규범을 통해 백성이 따라올 수 있도록 모범을 보여야 하는 것이 정치의 첫 번째 요건이다.[40] 그와 함께 교육을 통해 피치자도 윤리적 주체의식을 함양하게 하고, '예'라는 기준을 마련해 타인이나 공동체와의 관계에서 갈등을 일으키지 않으면서 자율적으로 질서를 유지할 수 있게 하는 것이 최종 목표다.

천하적 세계관에서 개인과 공동체, 공동체와 공동체 사이에서 발생하는 갈등과 관련해서는 가족공동체에서 아랫사람이 윗사람을 '거스르려고 하는 것'에 원인이 있다고 진단한다. 갈등의 원인을 이렇게 진단하기 때문에 그것을 미연에 방지할 수 있는 해법으로는 '효우'나 '효제'의 실천을 제시한다. '효우'나 '효제'를 실천하면 갈등을 예방할 수 있다고 보는 이유는 이 질서 윤리가 '가족애'와 '순종'을 기반으로 하는 도덕관념이자 도덕적 의무로 생각하고 있기 때문이다.

더욱 중요한 것은 이것을 가족공동체 내의 갈등 예방법으로만 제시하고 있는 것이 아니라는 점이다. 그것을 정치 영역으로도 확대해 나라 · 천하공동체에서의 갈등 예방에도 유효한 질서 윤리로 정립하려는 데 특징이 있다. 이것은 가족공동체의 질서 유지를 가능하게 하는 원리와 천하 · 국가공동체의 질서 유지를 가능하게 하는 원리가 동일하다는 인식에 기반을 둔 것이다. 다시 말하면 '몸'이라는 인간 유대의 혈연적 윤리를 모든 과제의 근본이자 모든 것에 우선하는 전제로 삼고, 그 확대 · 발전의 연장선상에서 천하의 정치 질서를 정립하고자 하는 것이다. 그런 의미에서 이것은 천하 안에서의 몸 · 집 · 나라의 다양성보다는 '통일성'을 지향하려는 성격이 강하다. 물론 그렇다고 해서

40 도덕적 감화력과 관련해서는 황경식, 『덕윤리의 현대적 의의』(파주: 아카넷, 2012), 325-326쪽 참조.

무조건 '거스르지 말라'는 것은 아니다. 그는 '종도'의 입장에 있기 때문에 윗사람의 말이라 해도 '도'에 맞지 않을 경우 반드시 순종해야 한다는 것은 아니다. 따라서 '도'에 맞지 않는 상황에서 갈등이 발생했을 때 저항을 인정하는 것도 공자 갈등관의 특징이다.

3. 묵자: 겸애와 상동

1) 쌍무적 사랑과 약자 본위의 사회 구현을 통한 갈등 해법

공자는 '인'으로 대표되는 도덕성의 상실과 예적 질서의 붕괴를 갈등의 원인으로 진단하고, 이 둘의 회복을 해법으로 제시했다. 그렇다면 묵자는 갈등의 원인을 무엇으로 보고, 해법으로 무엇을 제시하는가? 주지하듯이 묵자는 처음에는 유가에 경도해 영향을 받지만, 나중에는 유가와 결별한 이력을 갖고 있다. 이것은 묵자가 유가의 영향을 받으면서도 유가와 다른 관점에서 갈등의 원인과 해법을 제시하고 있다는 것을 말해주는 것이기도 하다. 다른 관점이란 이른바 '묵가 십론(十論)'으로 불리는 '상현(尚賢) · 상동(尚同) · 절용(節用) · 절장(節葬) · 비악(非樂) · 비명(非命) · 존천(尊天) · 사귀(事鬼) · 겸애(兼愛) · 비공(非攻)'을 가리킨다.[41] 이 중에서 갈등과 관련해 주목하고자 하는 것은 '겸애'와 '상동'이다.

---

41 『墨子』, 「魯問」, "子墨子曰, … 國家昏亂, 則語之尚賢 · 尚同. 國家貧, 則語之節用 · 節葬. 國家憙音湛湎, 則語之非樂 · 非命. 國家淫僻無禮, 則語之尊天 · 事鬼. 國家務奪侵凌, 卽語之兼愛 · 非〔攻〕."

앞서 공자는 자신의 시대를 '도'가 상실된 시대로 진단하고 있었다고 했다. 묵자도 동일하게 진단한다. 다만 공자와 달리 '성왕지도(聖王之道)'라는 말을 즐겨 사용한다. '성왕의 도'가 당대에 실현되고 있지 않기 때문에 다양한 갈등이 발생해 천하가 어지러워지고 있다는 것이다. 묵자는 자신의 철학을 개진할 때 공자 철학의 핵심인 '인(仁)·의(義)' 개념을 차용한다. 하지만 공자와 동일한 의미로 사용하고 있는 것은 물론 아니다. 이것을 갈등의 원인 분석과 해법 제시라는 관점에서 분석해보자.

이미 언급했듯이 공자는 '인'에 대해 설명하면서 '사람을 사랑하는 것'[愛人]이라고 했다. 이때의 '사랑'은 가족공동체의 질서 윤리인 '효제'에 바탕을 둔 사랑이다. 이것은 두 가지 특징이 있다. 하나는 '가족애'를 기반으로 하고 있다는 것이다. 가족애를 기반으로 한다는 것은 '친친주의(親親主義)'에 입각해 있다는 것이다. 그런 의미에서 혈연의 제약을 받는 사랑이다. 다른 하나는 자식·아랫사람에 대한 부모·윗사람의 사랑보다는 부모·윗사람에 대한 자식·아랫사람의 사랑을 더 강조하는 것이다. 그렇기 때문에 완전히는 아니지만 '편무적(片務的) 사랑'의 경향이 강하다.[42] 『논어』에 자식·아랫사람에 대한 부모·윗사람의 도덕적 의무에 관한 내용이 거의 보이지 않는 점이 이것을 말해준다.

제자백가 중 '사랑'의 문제와 관련해 유가와 가장 대척적인 관계에 있었던 것은 물론 묵자다. 그리고 그것은 「겸애」 3편에서 집약적으

42 渡邊卓, 『古代中國思想の研究: 〈孔子傳の形成〉と儒墨集團の思想と行動』(東京: 創文社, 1973), 593-594쪽; 戶川芳郎·蜂屋邦夫·溝口雄三, 『儒教史』(東京: 山川出版社, 1987), 28-29쪽.

로 논의하고 있지만, 3편의 논지에는 중요한 차이가 있다. 여기서는 그 차이에도 주의를 기울이면서 묵자가 갈등의 원인을 무엇이라고 진단하고, 그에 대한 해법으로 무엇을 제시하며, 그 논의를 통해 어떤 정치적 목표를 설정하고 달성하려고 하는지 고찰하기로 한다. 먼저 묵자는 갈등의 원인이 어디에 있다고 생각하는가?

> 성인이 하는 일은 천하를 다스리는 것이니, 혼란이 일어나는 원인을 잘 살펴야 한다. **혼란이 어디에서 일어나는지 살펴보면, 서로 사랑하지 않는 데서 일어난다.** 신하와 자식이 임금이나 아버지에게 효를 다하지 않는 것이 이른바 혼란이다. 자식은 자신만 사랑하고 아버지는 사랑하지 않는다. 그래서 아버지를 해치고 자신만 이롭게 한다. 동생은 자신만 사랑하고 형은 사랑하지 않는다. 그래서 형을 해치고 자신만 이롭게 한다. 신하는 자신만 사랑하고 임금은 사랑하지 않는다. 그래서 임금을 해치고 자신만 이롭게 한다. 이것이 이른바 혼란이다. 아버지가 자식에게 자애롭지 않고, 형이 동생에게 자애롭지 않고, 임금이 신하에게 자애롭지 않은 것도 천하의 이른바 혼란이다. 아버지는 자신만 사랑하고 자식은 사랑하지 않는다. 그래서 자식을 해치고 자신만 이롭게 한다. 형은 자신만 사랑하고 동생은 사랑하지 않는다. 그래서 동생을 해치고 자신만 이롭게 한다. 임금은 자신만 사랑하고 신하는 사랑하지 않는다. 그래서 신하를 해치고 자신만 이롭게 한다. **이것은 어째서인가? 모두가 서로 사랑하지 않는 데서 일어나는 것이다.**[43]

---

43 『墨子』, 「兼愛上」, "聖人以治天下爲事者也. 不可不察亂之所自起. **當察亂何自起, 起不相愛.** 臣子之不孝君父, 所謂亂也. 子自愛不愛父. 故虧父而自利. 弟自愛不愛兄. 故虧兄

이 문장에 의하면 혼란의 원인은 '서로 사랑하지 않는 것'[不相愛]에 있다. 서로 사랑하지 않는 것이란 구체적으로는 '임금과 신하', '아버지와 자식', '형과 동생'과 같이 설정한 관계에서 서로가 자신만 사랑하고 타자를 사랑하지 않는 것, 따라서 자신만 이롭게 하고 타자를 해치는 것을 가리킨다. 이런 논리를 더욱 확장해 '대부와 대부', '제후와 제후'의 관계에서도 대부 · 제후가 서로 남의 집안 · 나라를 어지럽히고 자기 집안 · 나라만 이롭게 하는 원인도 '서로 사랑하지 않는 것'에 있다고 한다.[44] 그렇다면 '서로 사랑하지 않는 것'은 이상의 모든 관계에서 서로가 자신만을 사랑하고 이롭게 하는 것, 다시 말하면 사랑의 대상이 자신에게만 향하는 '이기적인 사랑'을 가리킨다고 해야 할 것이다. 관점을 바꿔 자신만 이롭게 하고 타자를 해치는 데서 갈등이 발생한다고 한다면, 묵자는 갈등의 근본 원인 또한 이런 '이기적인 사랑'에 있는 것으로 진단하고 있다고 할 수 있다.

갈등의 원인을 이렇게 진단한다면 그 해법으로 '서로 사랑하는 것'[兼相愛]을 제시하는 것은 자연스럽고 당연한 수순이다.

> **만약 천하 사람들을 서로 사랑하게 하여** 남을 사랑하기를 자기 몸 사랑하듯 하게 한다면, 그래도 효를 다하지 않는 자가 있겠는가? 아버지와 형과 임금 보기를 자기 자신같이 한다면, 어떻게 효

而自利. 臣自愛不愛君. 故虧君而自利. 此所謂亂也. 雖父之不慈子, 兄之不慈弟, 君之不慈臣, 此亦天下之所謂亂也. 父自愛也, 不愛子. 故虧子而自利. 兄自愛也, 不愛弟. 故虧弟而自利. 君自愛也, 不愛臣. 故虧臣而自利. **是何也. 皆起不相愛.**"

44 『墨子』, 「兼愛上」, "雖至大夫之相亂家, 諸侯之相攻國者, 亦然. 大夫各愛〔其〕家, 不愛異家. 故亂異家, 以利〔其〕家. 諸侯各愛其國, 不愛異國. 故攻異國, 以利其國. 天下之亂物具此而已矣. **察此何自起, 皆起不相愛.**"

> 를 다하지 않겠는가? 그런데도 자애롭지 않은 사람이 있겠는가? 동생과 자식과 신하 보기를 자기 자신같이 한다면, 어떻게 자애롭지 않게 대하겠는가? 그러므로 효를 다하지 않거나 자애롭지 않은 자는 없게 될 것이다. … 그런데도 대부끼리 서로 남의 집안을 어지럽히고, 제후끼리 서로 남의 나라를 공격하는 일이 있겠는가? 남의 집안 보기를 자기 집안같이 한다면 누가 어지럽히겠는가? 남의 나라 보기를 자기 나라같이 한다면 누가 공격하겠는가? … **따라서 성인이 하는 일은 천하를 다스리는 것인데, 어떻게 악을 금하고 사랑을 권하지 않을 수 있겠는가? 그러므로 천하 사람들이 서로 사랑하면 잘 다스려지고, 서로 미워하면 어지러워진다.**[45]

여기서 핵심은 성인[이상적인 통치자]의 임무는 모든 사람이 '겸상애(兼相愛)'를 실천하는 것을 '권장'하는 데 있다고 규정하고 있는 점이다. 그렇다면 '겸(兼)'이란 무엇인가? 『설문해자』에서 "아우르는 것이다. 손으로 두 개의 벼를 잡고 있는 것을 따른다. **겸(兼)은 두 개의 벼를 잡고 있는 것이고**, 병(秉)은 하나의 벼를 잡고 있는 것이다"라고 하는 것에 의하면, '두 개'를 아울러 잡고 있는 것을 의미한다.[46] 이 의미를 「겸애」 상편에 적용해보면 '두 개'에 해당하는 것은 무엇인가? '아버지와 아들', '형과 동생', '임금과 신하', '대부와 대부', '제후와 제후'라는 '쌍방'이 그에 해당한다. 그렇다면 '겸상애'란 쌍방에게 평등하게 요구되

---

45 『墨子』, 「兼愛上」, "**若使天下兼相愛,** 〔愛〕人若愛其身, 猶有不孝者乎. 視父兄與君, 若其身, 惡施不孝. 猶有不慈者乎. 視弟子與臣, 若其身, 惡施不慈. 故不孝不慈亡〔有〕. … 猶有大夫之相亂家, 諸侯之相攻國者乎. 視人家, 若其家, 誰亂. 視人國, 若其國, 誰攻. …**故聖人以治天下爲事者, 惡得不禁惡而勸愛. 故天下兼相愛則治, 交相惡則亂.**"

46 『說文解字』, 「卷七 · 秝部」, "并也. 从又持秝. **兼持二禾,** 秉持一禾."

는 도덕적 의무, 다시 말하면 '쌍무적(雙務的) 사랑'을 의미한다고 해야 할 것이다.

「겸애」 상편에서 쌍무적 사랑을 주창할 때 직접적인 비판의 대상이 '이기적인 사랑'이라는 것은 말할 것도 없다. 하지만 비판의 대상은 이것만이 아닐 것이다. 직접적으로 언급하지는 않지만, 공자의 '편무적 사랑'에 대한 비판도 복선으로 깔려 있을 것이다. 왜냐하면 '아버지와 아들', '형과 동생', '임금과 신하'에게 쌍무적 사랑을 요구하는 것은 자식 · 아랫사람에 대한 부모 · 윗사람의 사랑보다 부모 · 윗사람에 대한 자식 · 아랫사람의 사랑을 더 강조하는 공자 윤리사상[편무적 사랑의 경향]의 문제점도 암묵적으로 비판한 것으로 볼 수 있기 때문이다.

「겸애」 중편에서는 '인인(仁人)'의 책무는 천하에 이익을 생기게 하고 천하의 폐해를 제거하는 것이라고 한다.[47] 여기서 말하는 천하의 폐해를 갈등으로 인해 발생하는 것으로 해석한다면, 이 편에서도 갈등의 원인은 '제후와 제후', '대부와 대부', '임금과 신하', '아버지와 아들', '형과 동생'이 '서로 사랑하지 않는 것', 서로가 자신만을 사랑하는 '이기적인 사랑'에 있다고 한다. 그 해법과 관련해서는 상편에서는 '겸상애'만 주창하는 데 비해, 중편에서는 "서로 사랑하고 서로 이롭게 한다는 원칙으로 (서로 사랑하지 않는 현 상황을) 바꿔야 한다"라고 하듯이, '쌍무적인 이익'[交相利]이 추가된다.[48] 이런 표현의 차이는 있지만, 전체적인 취지는 상편 · 중편 모두 변함이 없다.

「겸애」 하편에서는 갈등의 원인에 해당하는 말을 한마디로 축약

47 『墨子』, 「兼愛中」, "子墨子言曰, 仁人之所以爲事者, 必興天下之利, 除去天下之害, 以此爲事者也."

48 『墨子』, 「兼愛中」, "子墨子言曰, 以兼相愛交相利之法易之."

해 '별(別)'이라고 한다. 이것은 '사람을 미워하고 해치는 것'[惡人賊人]이다. 따라서 사람들이 '별'에 의거하는 것은 비판받아야 하고 부정돼야 할 관념이라고 한다. 하편에서는 그 대안 및 해법으로 '겸(兼)'을 제시한다. '겸'은 '별'과 반대로 '사람을 사랑하고 이롭게 하는 것'[愛人利人]이다.[49] 그 내용은 남의 나라[國] · 도읍[都] · 집[家]을 위하기를 자신의 나라 · 도읍 · 집을 위하는 것과 같아야 한다는 것이다. '사(士)'가 친구 몸 위하기를 자기 몸 위하듯이 하고 친구 부모 위하기를 자기 부모 위하듯이 하는 것, '군주'가 만민의 몸을 우선시하고 자기 몸은 뒤로 미루는 것, 남이 자기 부모를 사랑하고 이롭게 해주기를 원한다면 먼저 남의 부모를 사랑하고 이롭게 해야 하는 것 등도 포함된다.[50]

한편 갈등 해결을 위한 통치자의 정치적 책무는 무엇인가도 문제가 된다. 이 문제와 관련해 상편에서 이미 언급했듯이 성인[통치자]의 책무를 쌍무적인 사랑을 권장하는 데 있는 것으로 규정한다. 이것은 군권에 의존하는 방식으로서의 정치적 해결보다 군권의 개입을 최소화하는 방식을 통해 사람들이 갈등을 자율적으로 해결하게 하는 데 중점을 두고 있다고 할 수 있다. 그런 의미에서 상편의 경우는 '개인 · 공동체의 자율적 해결을 본위로 하는 갈등 해법'이라고 규정할 수 있다.

---

49 『墨子』, 「兼愛下」, "姑嘗本原若衆害之所自生, 此胡自生. 此自愛人利人生與. 旣必曰非然也. 必曰從惡人賊人生. 分名乎天下惡人而賊人者, 兼與, 別與. 卽必曰別也. 然卽之交別者, 果生天下之大害者與. 是故別非也. 子墨子曰, 非人者, 必有以易之. …. 是故子墨子曰, 兼以易別."

50 『墨子』, 「兼愛下」, "藉爲人之國, 若爲其國, 夫誰獨擧其國, 以攻人之國者哉. … 爲人之都, 若爲其都, 夫誰獨擧其都, 以伐人之都者哉. …爲人之家, 若爲其家, 夫誰獨擧其家, 以亂人之家者哉. … 兼士之言不然, 行亦不然. 曰, 吾聞爲高士於天下者, 必爲其友之身, 若爲其身, 爲其友之親, 若爲其親. 然後可以爲高士於天下. … 兼君之言不然, 行亦不然. 曰, 吾聞爲明君於天下者, 必先萬民之身, 後爲其身. 然後可以爲明君於天下. … 卽必吾先從事乎愛利人之親, 然後人報我以愛利吾親也."

그런데 개인 · 공동체의 자율적 해결을 본위로 하는 갈등 해법이 중편 단계에 이르게 되면 '군주 주체의 정치적 해결을 본위로 하는 갈등 해법'으로 논조가 바뀌게 된다. 그것은 '겸상애 · 교상리'의 비현실성, 실현 불가능성에 대한 비판을 상정하고 그에 대한 반론을 논급하는 부분에 보인다. 반론은 다음과 같이 문답 형식으로 이뤄져 있다. 전쟁에서 싸우다 죽는 것은 누구나 싫어하는 일인데 사(士)나 백성이 그것을 실행하는 이유는 무엇인가? 그것은 군주가 사(士)나 백성이 싸우다 명예롭게 전사하는 것을 좋아하기 때문이다. 옛날에 진(晉)나라 신하들이 허름한 옷을 입게 된 이유는 무엇인가? 그것은 문공이 허름한 옷을 입는 신하를 좋아했기 때문이다.[51] 이런 사례들을 들면서 '겸상애 · 교상리'의 비현실성, 실현 불가능성에 대한 비판을 향해 다음과 같이 반론한다.

> 다이어트를 하거나 허름한 옷을 입거나 목숨을 바쳐 명성을 얻거나 하는 일은 천하의 백성이 누구나 어려워하는 것이다. 하지만 임금이 좋아하면 백성은 기꺼이 실행한다. 하물며 서로 사랑하고 이롭게 해주는 일이 이와 다르겠는가? … 단지 통치자가 그것으로 정치를 하지 않고 사(士)도 그것을 실행에 옮기지 않기 때문이다.[52]

---

51 『墨子』, 「兼愛中」, "子墨子言曰, … 今若夫攻城野戰, 殺身爲名, 此天下百姓之所皆難也. 苟君說之, 則士衆能爲之. 況於兼相愛交相利, 則與此異. …昔者晉文公好士之惡衣. 故文公之臣, 皆牂羊之裘, 韋以帶錢〈劍〉, 練帛之冠, 入以見於君, 出以踐〔於〕朝. 是其故何也. 君說之, 故臣爲之也."

52 『墨子』, 「兼愛中」, "乃若夫少食惡衣殺身而爲名, 此天下百姓之所皆難也. 若苟君說之, 則衆能爲之. 況兼相愛交相利與此異矣. … 特上不以爲政, 而士不以爲行故也."

통치자가 좋아하면 다이어트를 하든 허름한 옷을 입든 전쟁에서 싸우다 죽든 아무리 어려운 일이라도 피치자가 실행에 옮긴다는 논리다. 마찬가지로 '겸상애 · 교상리'도 통치자가 좋아하고 솔선수범하여 실천한다면 피치자들도 반드시 실행에 옮기게 된다고 한다. 심지어 하편에서는 군주가 '상예(賞譽) · 형벌'이라는 정치 수단을 이용해 '겸상애 · 교상리'를 강력히 추진해야 한다고까지 말한다.[53] 이것은 개인이나 공동체가 갈등을 자율적으로 해결하는 데 초점을 맞추고 있던 상편과 달리, '겸상애 · 교상리'를 국정철학의 핵심으로 설정하고 군주의 지도력과 실천의지를 통해 그것을 강력히 추진해야 한다는 쪽으로 논조가 바뀐 것이라고 할 수 있다. 이렇게 바뀌게 된 이유는 '겸상애 · 교상리'의 실현, 다시 말하면 갈등의 해결을 개인이나 공동체의 자율에 맡기기보다는 군권에 의존해 추진하는 것이 훨씬 더 신속하고 광범위하고 효율적 · 효과적으로 실현시킬 수 있을 것이라는 희망을 품고 있었기 때문일 것이다.

그렇다면 겸애를 실천하면 어떤 사회적 · 정치적 효과를 거둘 수 있는가? 이 문제에 관한 논의는 상편과 중편에는 보이지 않고 하편에만 보인다.

> 만약 ('겸'을 따른다면) 사람들이 총명한 귀와 눈으로 서로 함께 보고 듣는 효과를 거두게 될 것이다. 만약 ('겸'을 따른다면) 사람들이 손과 발의 강한 힘을 모두 발휘해 서로가 서로를 위해 움직이고 일하게 되는 효과를 거두게 될 것이다. 거기에 더해 좋은 방법

---

53 『墨子』, 「兼愛下」, "苟有上說之者, 勸之以賞譽, 威之以刑罰, 我以爲人之於就兼相愛交相利也, 譬之猶火之就上, 水之就下也, 不可防止於天下."

> 을 알고 있는 사람은 온 힘을 다해 서로 가르치는 효과를 거두게 될 것이다. 그렇게 된다면 나이 들어 처자식이 없는 사람에게도 보살펴주고 부양해주는 이가 있어서 목숨이 다할 때까지 살 수 있게 될 것이다. 부모가 없는 유약한 고아도 의지할 곳이 있어서 성장할 수 있게 될 것이다. 지금 '겸'만이 옳다고 하는 것은 이것만이 이익을 가져다주기 때문이다.[54]

'총명한 귀와 눈으로 서로 함께 보고 듣는 효과를 거두게 된다'는 것은 '겸'을 실천하면 사람들에게 사회적 '연대 의식'이 형성된다는 것이다. '손과 발의 강한 힘을 모두 발휘해 서로가 서로를 위해 움직이고 일하게 되는 효과를 거두게 된다'는 것과 '좋은 방법을 알고 있는 사람은 온 힘을 다해 서로 가르치는 효과를 거두게 된다'는 것은 '겸'을 실천하면 사람들에게 노동과 교육 부문에서 '상호 협력'의 기운이 일어난다는 것이다. 처자식이 없는 사람이나 고아에 대해 언급한 부분은 '겸'을 실천하면 사람들이 약자에게도 관심을 보이고 도움을 주는 소박한 의미에서의 '사회안전망'이 구축된다는 것이다.

'겸'의 실천을 통해 이런 효과를 거둘 수 있다면, 예를 들어 누군가 전쟁에 참여하거나 사신으로 떠나는 등 생사를 보장할 수 없는 상황에 처하게 됐을 때, 사람들은 '겸'을 실천하는 '사(士)'에게 자기 집이나 가족의 뒷일을 안심하고 맡길 수 있게 될 것이라고 한다. 흉년이 들거나 전염병이 돌아 백성이 아사하거나 동사할 상황에 놓였을 때도 사

---

54 『墨子』, 「兼愛下」, "是以聰耳明目, 相與視聽乎. 是以股肱畢强, 相爲動宰乎. 而有道肆相教誨. 是以老而無妻子者, 有所侍養, 以終其壽. 幼弱孤童之無父母者, 有所放依, 以長其身. 令<今>唯毋以兼爲正. 卽若其利也."

람들은 '겸'을 실천하는 '군주'를 선택하고 따르게 될 것이라고 한다.[55] 이것이 '겸'을 통해 실현하고자 하는 갈등 없는 이상사회이며, 관건은 사실상 군주의 의지에 달려있다는 것이 하편의 요지다. '겸'을 실천한 고대 성왕의 사례로 우(禹) · 탕(湯) · 문(文) · 무(武)를 들고 있는 것이 그 근거다.

갈등의 해법만 제시하고 사회 · 정치가 지향해야 할 목표를 제시하지 않는다면 자칫 방향을 잃게 될 것이다. 그렇다면 「겸애」 편에서는 그 목표를 어떻게 설정하고 있는가? 이 문제와 관련된 논의는 상편에는 보이지 않고 중편과 하편에만 보인다. 중편에서는 천하의 이익과 폐해의 문제와 관련해 이기적인 사랑의 문제점에 대해 언급한 뒤, '약자 본위의 사회'를 구현해야 한다고 한다.

> 천하 사람들이 모두 서로 사랑하지 않는다면 강한 자는 반드시 약한 자를 위협하고, 부유한 자는 반드시 가난한 자를 업신여기고, 귀한 자는 반드시 천한 자에게 오만하고, 사기꾼은 반드시 어리석은 자를 속이게 될 것이다.[56]

여기서는 천하 사람들이 '불상애'를 자행하면 힘이 강하거나 경제적으로 부유하거나 신분이 높거나 사기꾼들이 힘이 약하거나 경제

---

55 『墨子』, 「兼愛下」, "今有平原廣野於此, 被甲嬰冑, 將往戰, 死生之權, 未可識也. 又有君大夫之遠使於巴越齊荊, 往來及否, 未可識也, 然卽敢問. 不識將惡〔擇之〕. 也〈它〉家室, 奉承親戚, 提挈妻子, 而寄託之, 不識於兼之有是乎, 於別之有是乎. 我以爲當其於此也, 天下無愚夫愚婦, 雖非兼之人, 必寄託之於兼之有是也. … 今歲有癘疫, 萬民多有勤苦凍餒, 轉死溝壑中者, 旣已衆矣. 不識將擇之二君者, 將何從也. 我以爲當其於此也, 天下無愚夫愚婦, 雖非兼君〈者〉, 必從兼君是也."

56 『墨子』, 「兼愛中」, "天下之人, 皆不相愛, 强必執弱, 富必侮貧, 貴必敖賤, 詐必欺愚."

적으로 빈곤하거나 신분이 낮거나 어리석은 자들을 지배하는 '강자 본위'의 세상이 도래하게 된다고 한다. 반면 천하 사람들이 '겸상애'를 실천하면 정반대의 상태가 된다고 한다.

> 천하 사람들이 모두 서로 사랑한다면 강한 자는 약한 자를 위협하지 않고, 다수는 소수를 위협하지 않고, 부유한 자는 가난한 자를 업신여기지 않고, 귀한 자는 천한 자에게 오만하게 굴지 않고, 사기꾼은 어리석은 자를 속이지 않게 될 것이다.[57]

이것을 축약해 '강자와 약자'의 관계로 본다면, 여기서의 초점은 '불상애'의 결과 강자가 약자를 지배하는 '강자 본위의 사회'가 도래하게 해서는 안 된다는 점, 그와는 반대로 '겸상애'의 실천을 통해 약자가 강자로부터 보호받을 수 있는 '약자 본위의 사회'가 구현되게 해야 한다는 점에 있다.[58] 이것은 갈등 해결은 약자를 위한 것임을 분명히 제시하고 있다는 점에서 의의가 크다.

'약자 본위의 사회 구현'을 갈등 해결의 목표로 설정하는 철학과 관련된 문장은 중편에서는 이기적 사랑에 대해 언급한 다음에 배치하고 있다. 하지만 하편에서는 그것을 맨 앞부분에 배치하고, 이기적 사랑 관련 부분은 오히려 그다음에 배치하고 있다. 이것은 중편에서 하편 단계로 넘어오면서 '약자 본위의 사회 구현'이라는 철학적 · 정치적 목표를 쌍무적 사랑의 실천보다 더 두드러지고 강조하게 하는 효과를

---

57 『墨子』, 「兼愛中」, "天下之人, 皆相愛, 强不執弱, 衆不劫寡, 富不侮貧, 貴不敖賤, 詐不欺愚."

58 渡邊卓, 같은 책(1973), 606쪽.

노린 것으로 볼 수 있다.

2) 상동 체제를 통한 겸애의 실행과 갈등 해소

천하적 규모에서 '겸애'를 실행하게 하여 갈등을 해결하는 것은 군주 한 사람의 의지와 상벌만으로는 어렵고 체제 구축이 필요하다. 그래서 묵자가 고안해낸 것이 '상동(尙同) 체제'다. 이것은 '의(義)'와 관련이 있다. 『묵자』에는 「귀의(貴義)」 편처럼 '올바름' · '정의'라는 의미에서 '의'의 문제를 다루고 있는 편도 있다. 하지만 여기서 고찰하고자 하는 것은 이런 의미의 '의'가 아니다. 앞에서 살펴본 공자의 천하적 세계관과의 비교라는 시각에서 개인과 공동체, 공동체와 공동체 사이의 갈등 원인을 어떻게 진단하고 해결하려고 하는지에 관한 것이다. 이 문제와 관련해서도 묵자는 공자와는 다른 해법을 제시한다. 그것은 「상동」 3편에 보인다.

「상동」 상편에서는 먼저 갈등의 원인에 대해 다음과 같이 진단한다. 우선 사람이 최초로 탄생하여 형벌과 정령이 아직 존재하지 않았던 태고 시대의 상황을 이렇게 상정한다. 그 당시에 사람들은 다른 사람들과 논의함에 서로의 '의', 즉 주의 · 주장이 달랐다.[59] 그래서 한 사람이 있으면 하나의 주의 · 주장이 있고, 두 사람이 있으면 두 가지 주의 · 주장이 있으며, 열 사람이 있으면 열 가지 주의 · 주장이 있었다. 같은 이치로 사람이 많으면 많을수록 주의 · 주장도 그 수만큼 증가했

59 渡邊卓, 『墨子』 上, 東京: 集英社, 1974, 168쪽과 같이 '義'를 '正義'라고 해석하는 주석서가 많지만 그래서는 의미가 잘 통하지 않는다. '주의 · 주장'이라고 해야 의미가 통한다. 板野長八가 '의견'이라고 해석한 것이 비교적 가깝다. 板野長八, 같은 책, 45쪽.

다. 이런 상황에서 사람들은 자신의 주의 · 주장만 옳다고 하면서 서로가 서로를 비난하게 됐다. 그러자 가정 안에서는 아버지와 자식과 형제가 서로 원망하고 미워하며 뿔뿔이 흩어져 화합하지 못하게 됐고, 가정 밖에서는 천하 사람들이 물이나 불이나 독약으로 서로를 해치게 됐다. 여력이 있어도 서로 도우려 하지 않고, 재물이 썩을 정도로 남아돌아도 서로 나눠 가지려고 하지 않으며, 좋은 방법이 있어도 숨겨놓고 서로 가르쳐주지 않는 상태가 됐다. 그리하여 천하는 마치 금수의 세계처럼 완전히 혼란에 빠지게 됐다고 한다.[60] 논의의 순서나 내용에 약간의 차이는 있지만, 갈등 원인에 대한 이런 진단은 중편과 하편도 거의 같다.

이를 통해 보면 「상동」 3편의 저자가 진단하는 갈등의 원인은 네 가지로 요약할 수 있다. 첫째는 '형정(刑政)'이나 '정장(正長)'이 존재하지 않는 상황이다. 둘째는 사람들이 개별적 · 주관적인 '주의 · 주장'을 갖고 있는 것이다. 셋째는 이런 상황에서 사람들이 개별적 · 주관적인 주의 · 주장만을 옳다고 여기면서 남의 주의 · 주장을 잘못됐다고 비난하고 투쟁하고 해치는 상황이 발생하는 것이다. 넷째는 상부상조나 연대 의식이 실종된 것이다. 상편과 중편에서는 이것을 '금수의 상태', 즉 '무질서 상태'로 규정한다. 무질서 상태이니 갈등이 만연하는 것은 말할 것도 없을 것이다.

'무질서 상태'가 된 원인은 어디에 있는가? 「상동」 3편 모두 '정

---

60 『墨子』, 「尙同上」, "子墨子言曰, 古者民始生, 未有刑政之時, 蓋其語人異義. 是以一人則一義, 二人則二義, 十人則十義. 其人茲衆, 其所謂義者, 亦茲衆. 是以人是其義, 以非人之義. 故交相非是〈也〉. 也〈是〉以內者, 父子兄弟作怨惡離散, 不能相和合. 天下之百姓, 皆以水火毒藥相虧害. 至有餘力, 不能以相勞, 腐死餘財, 不以相分, 隱慝良道, 不以相教. 天下之亂, 若禽獸然."

장'의 부재에 있다고 한다. '정장'이란 각 공동체의 정치 리더를 가리킨다. 그래서 먼저 천하의 현인(賢人) 중에서 가장 탁월한 사람을 선택하여 천자로 세웠다고 한다. 누가 세웠는가? 상편에는 이에 대한 언급이 없다. 중편에서는 "옛날에 상제와 귀신이 나라와 도읍을 건설하고 거기에 정장을 세웠던 것은 …"이라고 하여 '상제 · 귀신'이 세웠다고 하고, 하편에서는 '천'이 세웠다고 한다.[61] 이것은 말할 것도 없이 종교적인 색채를 띤 것이다. 하지만 천자의 힘만으로는 천하를 다스릴 수 없었다. 그래서 상편에서는 천하의 현인 중에서 가장 적합한 자를 선택해 삼공(三公), 국군(國君)[제후], 정장[향장(鄕長)과 이장(里長)]을 차례로 세워 정치체제를 확립했다고 한다.[62] 중편에서는 정장의 수가 더 늘어 삼공 · 국군 · 장군 · 대부 · 향장 · 이장을 세웠고, 이들에게 자신의 관할 구역의 주의 · 주장을 통일[一同]시키는 일을 책무로 맡겼다고 한다.[63] 하편에서는 삼공 · 제후 · 경(卿) · 재(宰) · 향장 · 가군(家君)을 세웠다고 하듯이 종류가 달라진다. '천'과 '천자'를 보좌하면서 '형정'을 적절하게 운용하게 하기 위함이 이들을 세운 목적이라고 한다.[64]

---

61 『墨子』, 「尙同中」, "古者上帝鬼神之建設國都, 立正長也, ….'; 同, 「尙同下」, "是故天下之欲同一天下之義也. 是故選擇賢者, 立爲天子." '是故天下'의 '下'는 衍字.(孫詒讓, 『墨子閒詁』 上(北京: 中華書局, 2001), 91쪽) 이 점에 관해서는 方授楚, 『墨學源流』(北京: 商務印書館, 2015, 91쪽)도 참조.

62 『墨子』, 「尙同上」, "夫明虖天下之所以亂者, 生於無政長. 是故選天下之賢, 可者立以爲天子. 天子立, 以其力爲未足. 又選擇天下之賢, 可者置立之, 以爲三公. … 立諸侯國君. … 可者置立之, 以爲正長."

63 『墨子』, 「尙同中」, "天子旣以立矣. 以爲唯其耳目之請, 不能獨一同天下之義. 是故選擇天下, 贊閱賢良聖知辯慧之人, 置以爲三公, … 設以爲萬諸侯國君, … 置以爲左右將軍大夫, 以遠至乎鄕里之長, 與從事乎一同其國之義."

64 『墨子』, 「尙同下」, "天子以其知力, 爲未足獨治天下. 是以選擇其次, 立爲三公. … 是以分國建諸侯. … 是以選擇其次, 立爲卿之宰. … 是以選擇其次, 立而爲鄕長家君."; 同, "是故古者天子之立三公 · 諸侯 · 卿之宰 · 鄕長 · 家君, … 將使助治亂刑政也. … 唯辯而使助

앞서 분석한 바에 의하면 갈등의 주원인은 사람들이 각자 자신들이 갖고 있는 개별적 · 주관적인 주의 · 주장만을 옳다고 하고, 남의 주의 · 주장은 잘못됐다고 비난하고 해치는 데 있었다. 그렇다면 갈등의 주원인인 개별적 · 주관적인 주의 · 주장은 어떻게 처리해야 하는가? 상편에서의 해법은 다음과 같다.

> 정장들이 갖춰지고 나서 천자는 천하의 백성에게 다음과 같은 정령을 내린다. "선한 일과 불선한 일을 듣는다면 모두 각각의 상급자에게 보고하라. 상급자가 옳다고 하는 것은 반드시 모두 옳다고 하고, 그르다고 하는 것은 반드시 모두 그르다고 하라. 상급자에게 잘못이 있으면 간언하고, 하급자 중에 선한 자가 있으면 널리 추천하라. (이상의 제반 사항 및 주의 · 주장을) 상급자에게 일치시키고 하급자끼리 패거리를 만들지 않는 것은 상급자가 상을 주고 하급자가 칭찬하는 일이다. …." (이와 같은 천자의 정령에 근거해) 상급자가 상벌을 운용할 때는 빈틈없이 살피고 주도면밀하며 믿을 만했다.[65]

천자의 정령은 네 가지로 정리할 수 있다. 첫째는 하급자는 선한 일이든 불선한 일이든 어떤 경우라도 각급 리더에게 빠짐없이 보고하라는 것이다. 둘째는 상급자가 옳다고 하거나 그르다고 하는 모든 주

治天助明也." 孫詒讓(같은 책, 91-92쪽)에 의하면 '亂'과 '治天助明'의 '助'는 衍字.

65 『墨子』, 「尙同上」, "正長旣已具. 天子發政於天下之百姓, 言曰, 聞善而不善, 皆以告其上. 上之所是, 必皆是之, 所非, 必皆非之. 上有過, 則規諫之, 下有善, 則傍薦之. 上同而不下比者, 此上之所賞, 而下之所譽也. …. 上以此爲賞罰, 甚明察以審信."

의 · 주장은 그대로 인정하고 따르라는 것이다. 셋째는 상급자에게 잘못이 있으면 간언하고, 하급자 중에 선한 자가 있으면 추천하라는 것이다. 넷째는 '상동(上同)'을 실행하고 '하비(下比)'는 절대 하지 말라는 것이다. 이 네 가지 정령을 실행하는 데 동력의 역할을 하는 것이 바로 '상벌'이다. 정령의 내용은 중편도 기본적으로 거의 같다. 다만 상동을 수행하지 않는 자는 주벌(誅罰)해야 한다는 등 처벌에 대한 수위나 강도가 상편보다 더 강하다.

하편의 경우는 상편과 중편에 없는 내용이 있다. 그것은 곧 '선 · 불선'과 함께 '애리(愛利)'와 '오적(惡賊)'을 말하고 있다. 전자는 가정 · 나라 · 천하를 '사랑하고 이익을 주는 행위'를 가리키고, 후자는 그것을 '미워하고 손해를 입히는 행위'를 가리킨다. 전자는 '선'에 해당하므로 상을 줘야 하는 행위이고, 후자는 '불선'에 해당하므로 벌을 내려야 하는 행위다. '선 · 불선'과 관련된 이런 행위들은 각급 리더에게 낱낱이 보고해야 한다.[66] '애리'라는 표현은 '겸상애 · 교상리'의 준말로 '겸애'를 의미한다. 이것은 하편에 이르러 '의 · 선'의 내용이 '겸애'라는 것을 분명히 드러낸 것이라고 할 수 있다.

'상동'이란 무엇인가? 상편에 의하면 하급 공동체의 구성원들은 자신의 개별적 · 주관적인 주의 · 주장을 내세우지 말고 모든 구성원의 주의 · 주장을 상급 공동체 정치 리더의 주의 · 주장에 일치시키라

---

66 '一家'의 경우만 원문을 들면 다음과 같다. 『墨子』, 「尙同下」, "故子墨子曰, … 試用家君, 發憲布令其家, 曰, 若見愛利家者, 必以告. 若見惡賊家者, 亦必以告. 若見愛利家以告, 亦猶愛利家者也. 上得且賞之, 衆聞則譽之. 若見惡賊家不以告, 亦猶惡賊家者也. 上得且罰之, 衆聞則非之. 是以徧若家之人, 皆欲得其長上之賞譽, 辟其毁罰. 是以善言之, 〔不善言之〕. 家君得善人而賞之, 得暴人而罰之. 善人之賞, 而暴人之罰, 則家必治矣. 然計若家之所以治者, 何也. 唯以尙同一義爲政故也."

는 것이다. 다시 말하면 최하위의 공동체인 '이(里)' 구성원들의 주의 · 주장은 '향장(鄕長)'에게 일치시키고, '향(鄕)' 구성원들의 주의 · 주장은 '국군(國君)'에게 일치시키고, '국(國)' 구성원들의 주의 · 주장은 '천자'에게 일치시키고, 천하 백성의 주의 · 주장은 '천'에 일치시켜야 한다는 것이다.[67]

더구나 자신의 주의 · 주장을 '천'에 일치시키지 않는 사람에게 '천'은 벌을 내린다고 한다. '천자'보다 상위 개념으로 '천'을 설정하고 '천벌'이라는 인격신적인 요소를 가미하고 있는 것은 왜인가? 그것은 이념적으로는 '천'의 의지를 보편화시킴과 동시에 '천자로의 상동'을 종교적으로 정당화시키려는 것이라고 할 수 있다. 이것이 「천지(天志)」편과 연동되는 것은 말할 것도 없다.

그와 동시에 '불하비(不下比)'라고 하듯이 하급자가 도당을 조직하지 않게 하는 것도 '상동'의 직접적인 내용이다. 여기에 더해 상급자가 하급자의 모든 정황[善 · 不善]을 파악하는 것, 하급자가 불선한 언행을 버리고 상급자의 선한 언행을 배우게 하는 것도 '상동'의 내용에 포함된다. 이것은 하급자에게 '상동'을 실행하게 하면서 도당을 조직하지 못하게 하는 방책에 해당할 것이다.

이런 내용은 중편 · 하편도 거의 같다. 다만 상편에는 '천'에 '상동'한다는 것이 무엇을 의미하는지 구체적인 내용이 없지만, 중편에는 그것과 관련된 상세한 내용이 있다. 요지만 간략히 정리하면 다음과

---

67 『墨子』, 「尚同上」, "鄕長唯能壹同鄕之義. 是以鄕治也. … 國君唯能壹同國之義. 是以國治也. … 天子唯能壹同天子之義. 是以天下治也. 天下之百姓, 皆上同於天一〈子〉, 而不上同於天, 則菑猶未去也. 今若天飄風苦雨, 溱溱而至者, 此天之所以罰百姓之不上同於天者也." 상편에는 '里之義'에 대한 언급이 없지만, 중편에는 "是故里長, 順天子政, 而一同其里之義. 里長旣同其里之義, 率其里之萬民, 以尚同乎鄕長." 같이 언급되어 있다.

갈다. 하늘과 귀신에 대해서는 정성을 다해 제사를 지내는 것, 재판에서는 공정을 기하는 것, 재화의 분배 면에서는 균등을 꾀하는 것, 정무에 태만하지 않고 노력하는 것 등이다.[68]

그렇다면 '천자'의 주의 · 주장은 무엇이고 '천'의 의지는 무엇인가? 이와 관련된 내용은 상편에는 없고 중편과 하편에 있다. 그것은 '선'의 기준과도 관련이 있다.

> 옛날에 성왕은 하늘과 귀신이 바라는 것을 분명히 하고, 하늘과 귀신이 미워하는 것을 피함으로써 〔천하에 이익이〕 생기게 하고 천하의 폐해를 없애려고 했다. … 그것은 오직 상급자에게 (주의 · 주장을) 일치시키는 것으로 정치를 실행했기 때문이다.[69]

> 하늘은 천하의 주의 · 주장을 동일하게 하기를 원했다(「상동」 하편, 위에서 인용).

> 무릇 백성을 상급자에게 일치시키려고 한다면, 백성을 사랑하는 데 힘쓰지 않고서는 그들을 부릴 수 없다.[70]

첫 번째 문장에 의하면 '성왕'[현실에서는 천자]의 주의 · 주장과 '천'[귀신도 포함]의 의지는 동일하다. 다름 아닌 '상동'이다. 두 번째 문

---

68 『墨子』, 「尙同中」, "是以率天下之萬民, 齊戒沐浴, 潔爲酒醴粢盛, 以祭祀天鬼. … 聽獄不敢不中, 分財不敢不均, 居處不敢怠慢."

69 『墨子』, 「尙同中」, "古者聖王明天鬼之所欲, 而避天鬼之所憎, 以求興〔天下之利, 除〕天下之害. … 曰, 唯以尙同爲政者也."

70 『墨子』, 「尙同下」, "凡使民尙同者, 愛民不疾, 民無可使."

장에서도 '천'의 의지가 '상동'임을 확인할 수 있다. 세 번째 문장과 위에서 고찰한 내용에 의하면, '겸애'도 각급 리더의 정령 및 주의 · 주장의 요체다. 그리하여 '상동'과 '겸애'라는 이념을 실현시키면 개별적 · 주관적인 '주의 · 주장'으로 생기는 갈등과 혼란이 사라지고 질서가 확립되리라는 것이 상동설의 핵심이다.

'상동 체제'는 어떻게 확립할 수 있는가? 천자가 천하의 백성에게 '상동'을 실행하라고 '정령'을 내리는 것과 마찬가지로, '이장 · 향장 · 국군' 같은 각급 단위의 장들 역시 각자의 관할 영역인 '이 · 향 · 국'의 구성원들에게 '정령'을 내리는 방식으로 체제를 확립해간다.[71] 하지만 이것만으로는 불충분하다. 정령을 준수하지 않을 수 있기 때문이다. 반드시 '상벌'과 결합된 형태여야 한다. '상벌'은 사람들이 '상동'을 자율적으로 실행하거나 강제적으로 수행하게 하는 역할을 한다고 인식하고 있었기 때문이다. 상편 마지막 부분에서 "옛날에 성왕은 다섯 가지 형벌을 제정해 백성을 잘 다스렸다. … 천하 사람들 중에 상급자에게 상동하지 않는 자를 모두 가둬 넣고 처벌하기 위한 것이었다"라고 매듭짓고 있는 것은 이것을 여실히 보여준다.[72] 이 점은 중편 · 하편도 궤를 같이한다.

이상 분석한 내용을 정리하면서 묵자 갈등관의 특징을 추출해보면 다음과 같다. 공자와 마찬가지로 묵자도 당시 사회를 '무도'한 사회로 인식하고, 그런 상태를 '유도'한 상태로 바꿔야 한다고 생각한다. 하

---

71 『墨子』, 「尙同上」, "里長發政里之百姓, 言曰, 聞善而不善, 必以告其鄕長. 鄕長之所是, 必皆是之, 鄕長之所非, 必皆非之. 去若不善言, 學鄕長之善言, 去若不善行, 學鄕長之善行, 則鄕何說以亂哉." '鄕長發政' · '國君發政'도 이와 거의 같은 내용이다.

72 『墨子』, 「尙同上」, "是故子墨子言曰, 古者聖王爲五刑, 請以治其民. … 所〔以〕連收天下之百姓不尙同其上者也."

지만 '도'의 요체에 대한 견해는 공자와 다르다. 그는 자신이 '성왕의 도'로 규정하는 열 가지를 철학의 요체로 삼는다. '도가 상실됐다'는 것은 기본적으로 이 열 가지가 실행되고 있지 않다는 것을 의미한다. 따라서 이 열 가지 요체의 상실이야말로 묵자가 생각한 갈등의 원인이다. 갈등의 원인을 이렇게 보기 때문에 그 해법도 다름 아닌 상실된 요체를 사회적 · 정치적으로 실행하는 것이다. 그중 본고에서 고찰한 것은 '겸애'와 '상동'이다.

'겸애'라는 관점에서 묵자는 갈등의 근본 원인은 '서로 사랑하지 않는 것'이나 '사람을 미워하고 해치는 것'에 있다고 진단한다. 구체적으로는 '임금과 신하', '아버지와 자식', '형과 동생', '대부와 대부', '제후와 제후'라는 관계에서 자신만을 이롭게 하고 타자를 해치는 '이기적인 사랑'에서 갈등이 일어난다고 한다. 묵자는 갈등의 원인을 이렇게 진단하기 때문에 이들 관계에서 도덕적 의무로서 '쌍무적 사랑'과 '쌍무적 이익' 또는 '사람을 사랑하고 이롭게 하는 것'만이 해법임을 주창한다. 이것은 부모 · 윗사람에 대한 자식 · 아랫사람의 '편무적 사랑'의 경향이 강한 공자의 경우와 대비되는 것이다.

통치자의 정치적 책무에 대해서는 「겸애」 3편의 내용이 다르다. 상편에서는 성인을 '쌍무적 사랑'을 권장하는 정도의 존재로 규정한다. 이것은 개인 · 공동체의 자율적 해결을 본위로 하는 갈등 해법이다. 그러던 것이 중편에서는 '군주 주체의 정치적 해결을 본위로 하는 갈등 해법'으로 논조가 바뀌게 된다. 통치자가 '겸애'를 좋아하고 솔선수범하여 실천한다면 피치자들도 반드시 실행에 옮기게 되리라는 것이 주된 내용이다. 이것이 하편 단계에 이르러서는 군주가 '상벌'이라는 정치 수단을 이용해 '겸애'를 강력히 추진해야 한다는 쪽으로 또 바꾀게 된다. 이것은 군주의 주체적인 역할과 정치 수단의 정당성을 더욱 강조하려는 데 목적이 있다. 그와 동시에 '겸애'를 통한 갈등 해결을 개인이나 공동체의 자율에 맡기기보다는 군권에 의존해 추진하는 것이 훨씬 더 신속하고 광범위하고 효율적 · 효과적일 것이라는 믿음에 근거하는 것이다.

묵자는 '겸애'를 실천하면 사람들 사이에 사회적 '연대 의식'이 형성되고, '상호 협력'의 기운이 일어나며, 약자를 위해 사회안전망이 구축되는 등의 효과를 거둘 수 있다고 한다. 이처럼 '겸애'를 통한 갈등 해결은 사회적 약자를 위한 것이며, 그것이 지향하는 목표는 힘없는 약자가 안심하고 살 수 있는 '약자 본위의 사회 구현'이다.

그런데 '겸애'를 천하적 규모로 실행하기 위해서는 천자가 아무리 막강한 권력이 있다 해도 한 사람의 힘만으로 추진해나가는 것은 불가능하다. 그것을 천하 사람들이 모두 실행하게 하기 위해서는 정치 시스템을 새롭게 구축하고 확립할 필요가 있다. 그래서 주창한 것이 '상동 체제'다. 이 체제를 구축하기 위해 갈등의 원인이 '정치 리더'의 부재로 인해 사람들이 개별적 · 주관적인 주의 · 주장만을 옳다고 주장하면서 만인의 만인에 대한 투쟁 상태[무질서 상태]에 빠지고 상부상조나 연대 의식이 실종된 데 있다고 설정한다.

상동 체제의 핵심은 하급 공동체의 구성원들이 자신의 개별적 · 주관적인 주의 · 주장을 내세우지 말고, 모든 구성원의 주의 · 주장을 상급 공동체의 정치 리더의 주의 · 주장[義 · 是非 · 善]에 일치시키라는 것이다. 일치시키는 방향은 상편의 경우는 이장 → 향장 → 국군 → 천자 → 천, 중편의 경우는 이장 → 향장 → 장군 · 대부 → 국군 → 천자 → 천, 하편의 경우는 가군 → 향장 → 재 · 경 → 제후 → 천자 → 천이다.

이때 '천'의 의지가 가리키는 내용은 다름 아닌 '상동'과 '겸애'다. 그와 동시에 상급자에게 잘못이 있으면 하급자가 간언하는 것, 상급자가 하급자의 선 · 불선과 관련된 모든 정황을 파악하는 것, 하급자가 불선한 언행을 버리고 상급자의 선한 언행을 배우는 것, 하급자가 도당을 조직하지 않는 것도 '상동'의 주요 내용이다. 이런 '상동'은 '정령'을 통해 모든 사람에게 공포되는 것이다.

상동 체제를 확립하고 추진하는 데는 강력한 정치 수단이 필요하다. 그래서 중요하게 생각하는 것이 바로 '형정', 즉 '정령'과 '상벌'이다. 특히 '상벌'은 사람들이 '상동'을 자율적으로 실행하게 하는 수단임과 동시에 강제적으로 수행하게 하는 수단이기도 하다. 더 나아가 '천벌' 개념을 사용하고 있듯이 '상동'의 실행을 위해 종교적인 힘까지 동원한다. 종교적인 힘을 동원하는 이유는 '상동'이라는 이념과 체제를 정당화 · 보편화시키려는 데 목적이 있을 것이다. 그리하여 '상동'과 '겸애'라는 정치철학을 '형정'을 통해 실행하면 개별적 · 주관적인 '주의 · 주장'으로 인해 생기는 갈등과 혼란이 사라지고 질서가 확립되리라는 것이 「상동」 편의 주장이다.

이를 통해 보면 '상동 체제' 구축을 통해 '겸애'를 천하적 규모로 실행하고, 약자 본위의 사회를 구현함으로써 갈등을 미연에 방지하고 해소하려는 데 묵자 갈등관의 특징이 있다고 할 수 있다.

4. 맺음말

지금까지는 공자와 묵자의 갈등관의 주요 내용과 특징을 드러내는 데 주력해왔다. 여기서는 양자의 갈등관의 가치와 의의 및 한계를 지적하면서 논의를 마무리하고자 한다.

먼저 공자 갈등관의 가치와 의의는 다음과 같은 점에 있다고 판단된다. 그것은 곧 예적 질서 속에서 '도'의 실천을 통해 개개인이 윤리의식을 함양하고 윤리 주체로서 행위 하게 하면 갈등을 예방할 수 있음은 물론, 갈등이 일어나더라도 '예'라는 기준에 따른다면 당사자들이 자율적으로 해결해나갈 수 있음을 주장하는 점이다. 이것은 개인에게 최대도덕을 요구하는 것이다.

그런데 개인이든 위정자든 '도'를 지키고 실천하라는 것은 말처럼 쉬운 일이 아니다. 특히 '도'의 핵심인 '인'에 대해 공자 자신도 "안회는 그 마음이 석 달 동안이나 '인'을 어기지 않는다. 나머지 사람들은 하루나 한 달 정도 '인'에 도달할 따름이다"라고 말했을 정도다.[73] 그러니 평범한 사람에게, 더구나 자율적이면서 지속적으로 그것을 지키고 실천하기를 바라는 것이 어렵다는 것은 직관적으로도 알 수 있다.

군자처럼 도덕적으로 성숙하고 '예'에 맞게 자신의 감정과 욕망을 절제하는 삶을 사는 것은 하나의 올바른 지향점이 될 수는 있다. 모두가 그런 삶을 살 수 있다면 공자의 바람대로 갈등을 예방할 수 있을 것이다. 하지만 그렇지 못할 경우 지속적으로 발생하는 갈등을 어떻게 처리할 것인가가 문제가 된다. 그뿐만 아니라 사람들이 도덕적으로 성

---

73 『論語』, 「雍也」, "子曰, 回也, 其心三月不違仁. 其餘則日月至焉而已矣."

숙한 사람이 된다 해도 갈등이 발생하지 않으리라 보장할 수 없는 점도 문제다.

여기에 공자 갈등관의 한계가 있다. 한계란 곧 갈등의 예방에 관심을 갖고 거기에 초점을 맞추고 있을 뿐, 갈등이 발생했을 때 그것을 어떻게 조정하고 처리해야 하는지에 대한 구체적인 논의가 거의 없거나 부족한 점이다. 갈등이 발생했을 때 조정하고 처리하는 문제는 역시 '법'을 제외하고는 논할 수 없다. 이것이 곧 공자 이후에 유가가 법가화하는 계기가 되는 것이기도 하다. 하지만 그 시기는 전국 후기부터 말기에 활동한 순자까지 기다려야 한다.

한편 우리는 현실에서 '나'만 이롭게 하자는 '이기심'이나 가족·친족 중심의 윤리관, '네 편'과 '내 편'을 구분하는 편가르기식 차별관[別], 강자 독식의 '힘의 논리' 등으로 인해 '낯선 타자'나 '약자'가 소외당하고, 그 때문에 갈등이 일어나거나 극단적으로는 전쟁까지 발발하는 상황을 늘 목도한다. 묵자의 '겸애'는 그런 '낯선 타자'나 '약자'를 포용하는 보편애·평등애를 본위로 하고 있다는 점에서 갈등을 미연에 방지하거나 해소할 수 있는 강점을 지니고 있다.

하지만 이 또한 매우 이상적이어서 이것을 현실에서 실천하기란 말처럼 쉽지 않다. 왜냐하면 '내 식구'를 먼저 챙기거나 '나' 또는 '내 편'의 이익을 우선시하거나 강자가 세상을 지배하려는 것은 인간이 지닌 일종의 태생적 속성이라고도 할 수 있기 때문이다. 그에 비해 '겸애'는 태생적 속성이라기보다는 도덕적 의무의 성격을 띤 것이다. 따라서 이 또한 최대도덕에 속한다. 최대도덕에 속하기 때문에 아무리 통치자의 강한 의지에 호소한다 해도 역시 실현하기 쉽지 않다. 묵자가 「겸애」 하편에서 '겸애'를 현실에서 실행하기 위해서는 '상별'이라는 정치 수단의 힘을 빌려야 한다는 쪽으로 방향 선회를 한 것은 이상주의에서 현실주의로 변모를 꾀한 것이라고 할 수 있다. 하지만 다른 각도에서 보면 묵자 또한 '상벌' 없이 '겸애'를 실행하는 것은 어렵다는 것을 자인한 것이라고 볼 수 있다.

이런 한계를 극복하면서 '겸애'의 현실적 실행을 추진하기 위해 나온 이론의 하나가 바로 '상동'이다. 묵자는 천자의 '의'[주의 · 주장]와 '선함'과 '옳음'의 구체적인 내용을 일관되게 '상동'과 '겸애'로 규정한다. 그러면서 천하 사람들의 개별적 · 주관적인 모든 주의 · 주장을 천자에게 일치시키는 '상동 체제'의 구축을 구상하게 된다. 상동 체제의 핵심은 '정장' · '정령' · '상벌' 세 가지다. 천자의 힘만으로는 천하 사람들의 주의 · 주장을 자신에게 일치시킬 수 없으니, '정장'[각급 리더]을 세워 단계적으로 일치시키게 만들려고 한다. 이때 '정장'의 자격은 '성인'이나 '현인'이나 '인인(仁人)'이어야 한다. 이것은 리더에게 전지전능에 가까운 능력을 요구하는 것이다. 리더가 이런 이상적인 사람이 아닐 수 있는 상황을 대비해 리더에게 잘못이 있으면 하급자가 반드시 간언해야 한다는 단서를 붙이기도 한다.

그렇다고 해도 이런 설정은 매우 이상적이며 사실상 비현실적이다. 정치 리더들이 실제로 모두, 또 언제나 전지전능에 가까운 사람일 것이라는 보장은 없기 때문이다. 또 리더가 그런 사람이라고 가정한다면, 하급자는 그런 사람에게 어떤 쓴소리도 할 수 없게 될 것이다. 그런 일이 실제 벌어진다면 그 또한 바람직한 모습이 아닐 것이다. 그런데 상동 체제에서 각급 리더들에게 주어진 역할은 자기 영역 구성원들의 주의 · 주장을 상위 영역 리더의 주의 · 주장에 '상동'하게 하는 것에 불과하다. 그들의 역할이 이렇다면 아무리 리더라 해도 결국에는 상동 체제 유지를 위해 이용되는 허수아비나 로봇 같은 존재 그 이상의 의미를 갖기는 어렵게 될 것이다. 이런 문제가 있음에도 묵자는 '상동' 또한 '형정'이라는 수단으로 강력히 추진해야 한다고 한다. '형정'도 모자라 '천벌'을 내리는 인격신적인 '천'까지 끌어들인다.

그뿐만이 아니다. 상급자는 하급자의 선 · 불선과 관련된 모든 정황을 파악하고 있어야 하며, 하급자는 도당을 조직해서는 안 된다고 한다. 도당은 정치 리더를 위협하는 두려운 존재로 인식하고 있었기 때문일 것이다. 「겸애」 편과 「상동」 편에서 상벌의 도입을 주장하거나 도당의 존재를 부정하는 것은 분명히 법가의 영향을 받은 것으로 보인다. 법가가 상벌을 중시하고 도당을 부정하는 이유는 그래야 군권을 강화하고 군주전제를 확립할 수 있다고 생각했기 때문이다.[74] 상동 체제도 결국에는 군주전제를 지향한다고밖에 볼 수 없다.[75]

이렇게 보면 묵자가 주창하는 상동 체제는 국론을 분열시키지 않고 천자 중심으로 통일시키는 데 분명히 효과가 있을 것이다. 설령 갈등이 발생할지라도 천자의 주의 · 주장에 따라 처리하거나 천자가 옳다고 판단하고 결정하는 것에 복종하게 하기만 하면 문제는 해소될 수 있을지 모른다. 그런 의미에서 상동 체제가 지향하는 것은 다양성의 존중이 아니라 통일성의 지향이라고 해야 할 것이다.

하지만 그것을 조정이라고 할 수는 없다. 왜냐하면 그것은 통치자의 주의 · 주장을 보편화시키려고 하는 것에 불과하기 때문이다. 그러

---

74 법가가 '상벌'을 정치 수단으로 매우 중시했던 것은 주지의 사실이다. 법가가 붕당을 부정하고 있었던 것과 관련해서는 이승율, 「야누스의 얼굴을 지닌 최초의 유가: 마왕퇴백서 『주역』 「목화」 편의 정치철학」(『철학연구』 163, 대한철학회, 2022), 76-78쪽 참조.

75 渡邊卓, 같은 책(1973), 607쪽; 板野長八, 같은 책, 45-46쪽.

나 통치자의 주의 · 주장을 보편화시킬 경우 그의 주관적인 의견이나 판단까지도 보편화되고 정당화되어 자칫 전제주의로 빠질 위험성이 있다. 그것은 곧 그로 인해 새로운 갈등이 초래될 가능성이 있다는 것을 의미한다. 갈등 조정이나 해결에 도움을 줄 수 있는 수많은 '타자'의 의견은 묵살될 가능성이 있기 때문이다. 이것이 상동 체제의 한계임은 말할 것도 없다.

이 한계를 개혁하고 보완하기 위해서는 객관적인 시스템이 우선적으로 필요하다. 순자가 "천하를 잘 다스리고 온 세상을 통일하는 일을 왜 반드시 (임금) 자신이 해야만 하겠는가? 그런 일을 하는 것은 일꾼들의 역할이며, 묵자의 이론이다"라고 지적한 것은 묵자의 상동 체제가 갖는 이 같은 한계를 비판한 것이라고 볼 수 있다.[76] 묵자 학설에서 드러난 이 같은 한계를 극복하면서 객관적인 규범 · 제도를 통한 갈등 조정을 이론화시키는 작업도 순자의 단계에 이르러서야 비로소 시도되기 시작한다.

---

76 『荀子』, 「王霸」, "縣天下一四海, 何故必自爲之. 爲之者役夫之道也, 墨子之說也."

참고문헌

吉川幸次郎, 『論語(下)』, 東京: 朝日新聞社, 1996.

渡邊卓, 『古代中國思想の研究: 〈孔子傳の形成〉と儒墨集團の思想と行動』, 東京: 創文社, 1973.

______, 『墨子』 上, 東京: 集英社, 1974.

方授楚, 『墨學源流』, 北京: 商務印書館, 2015.

孫詒讓, 『墨子閒詁』 上, 北京: 中華書局, 2001.

이상익 · 강정인, 「동서양 사상에 있어서 政治的 正當性의 비교: 儒家의 공론론과 루소의 일반의지론을 중심으로」, 『정치사상연구』 9, 한국정치사상학회, 2004.

이승율, 「공자의 공치 철학과 다섯 가지 프레임」, 『중국학보』 76, 한국중국학회, 2016.

______, 「유가의 효치 철학과 '효' 일원주의」, 『율곡학연구』 45, 율곡학회, 2021.

______, 「야누스의 얼굴을 지닌 최초의 유가: 마왕퇴백서 『주역』 「목화」편의 정치철학」, 『철학연구』 163, 대한철학회, 2022.

이승환, 『유가사상의 사회철학적 재조명』, 고려대학교출판부, 1998.

______, 「동양에서 '공적 합리성'의 특성과 근대적 변용: 성리학적 公論觀을 통해 본 '진리의 정치'와 '관용의 정치'」, 『철학연구』 29, 고려대학교 철학연구소, 2005.

池田知久, 『『老子』 その思想を讀み盡くす』, 東京: 講談社, 2017.

板野長八, 『中國古代における人間觀の展開』, 東京: 岩波書店, 1972.

馮友蘭, 『中國哲學史』 上冊, 北京: 中華書局, 1947.

戶川芳郎 · 蜂屋邦夫 · 溝口雄三, 『儒教史』, 東京: 山川出版社, 1987.

황경식, 『덕윤리의 현대적 의의』, 파주: 아카넷, 2012.

03

갈등에 대한 역사철학적 고찰의 문제: 비사회적 사회성과 이성의 간계를 중심으로

나종석(연세대학교 국학연구원)

1. 들어가는 말

갈등, 경쟁과 대립을 중요하게 생각하는 사유 방식은 동양 사유에는 찾아보기 어렵다. 그러나 우리가 접하는 서양 근대 사상을 보면 갈등, 경쟁 그리고 적대적 대립 등을 사회 발전의 동력으로 보고, 이를 매우 긍정적으로 보는 시각이 꽤 폭넓게 자리하고 있음을 알 수 있다. 적자생존이나 우승열패의 시각으로 사회와 역사를 바라보면서 제국주의의 침략전쟁을 자연의 순리로 이해하고, 유럽 제국주의의 비서구 사회

* 이 글은 2022년 11월 5일(토) 한국헤겔학회 2022년 추계학술대회(한국헤겔학회 & 서양근대철학회 공동학술대회)에서 발표한 글을 축약한 것이다. 이 축약한 글은 2022년 12월 1일 계명대학교 목요철학원 주최로 열린 "역사는 진보하는가"라는 제목의 강연에서 발표한 글을 수정한 것이다.

의 침략과 식민 지배를 정당화한 사회진화론은 19세기 말에서 20세기 전반을 유럽과 그 영향을 받은 세계의 여러 지역을 주도한 사유 방식이었음도 주지의 사실이다. 1990년대 초 이른바 구소비에트 연방의 해체와 냉전의 종식이 서구적 자유민주주의의 승리로 이어지면서 대중적이고 학문적 관심 밖으로 급속하게 사라져버린 마르크스주의의 역사발전관도 인류 역사를 계급투쟁의 역사로, 투쟁을 역사를 진보하게 하는 원동력으로 보았다. 그 외에도 근대적 정치철학의 시작을 알리고 자유주의의 먼 창시자라고 평가받는 토머스 홉스의 자연 상태를 전쟁 상태로 이해하는 사유도 우리에게 널리 알려져 있다.

그런데 이런 갈등과 투쟁의 비참함만이 아니라, 그것을 오히려 긍정적인 결과를 만들어내는 것이라 보는 사유 방식은 우리가 잘 느끼지 못하지만, 우리에게 공기처럼 자연스럽게 내면화되어 있다. 그런 예를 들어보면 다음과 같다. 각 개인이 자신의 이익만을 합리적으로 극대화하기 위해 활동하지만, 전체적으로 보면 '보이지 않는 손'에 의해 움직이는 것처럼 부가 증가하는 시장 제도를 자연스럽게 바라보는 관점이나 견제와 균형을 통해 정치적 권력의 독점이 초래하는 해악을 피할 수 있으리라는 권력 분립 이론과 파벌의 다양성에 관한 긍정은 우리에게 너무나 익숙하다. 특히 미국 헌법을 형성하는 데 지대한 영향을 주었고 당대 최고의 정치 이론가라 평가받을 만한 제임스 메디슨(James Madison)은 공동의 선을 추구하기보다는 자신이 속한 특정 집단의 이익이나 영광만을 추구하려는 열정으로 가득 차 있는 사람들의 모임인 파벌의 해악을 해결하는 대안으로 파벌 자체를 해체하여 그것을 절대로 허용하지 않는 플라톤적인 접근 방식에 반대했다. 그는 그런 방법이 파벌이 사회에 가져오는 질병보다 더 심각한 해악을 초래한다고 생각했다. 주지하듯이 그가 제안한 해법은 바로 다양한 이해관계를 지닌 파벌들 사이의 경쟁을 통해 파벌이 초래할 불이익이나 사회적 혼란 등의 문제를 해결하자는 것이었다. 여기에서 우리는 다수의 정당을 허용하고 주기적 선거 같은 일정한 규칙에 따라 다수 정당이 일반 대중의 지지를 통해 권력을 장악하도록 하는 이른바 대의제 민주주의의 핵심적 주장을 발견하게 된다.[1]

그러니까 우리는 갈등과 투쟁 등의 순기능에 대해 주목한 것이 서구 근대 유럽의 지성사나 사회경제적 질서 및 정치 제도 등 전 영역에 걸친 현상임을 알게 된다. 그러나 이런 갈등과 대립 그리고 경쟁의 순기능을 강조하는 사유 방식과 그것과 결합해 작동하는 사회적이고 정치적인 제도가 지니는 문제점도 만만치 않음을 알고 있다. 일례로 극심한 사회적 불평등과 양극화, 심지어 자연 및 인간의 문명 그 자체를 파멸로 몰고 갈 기후 위기나 핵전쟁으로 비화할 가능성을 안고 있는 국가 간 전쟁 등의 문제들은 갈등과 투쟁 그리고 경쟁의 순기능을 강조하는 것이 충분하지 못함을 보여주기에 부족함이 없을 것이다. 이런 점에 대한 전면적인 비판적 성찰은 이른바 서구 현대성(modernity)에 대한 대안 요구의 불가능성(신자유주의 이외의 대안은 없다)과 가능성(탈성장 사회주의)의 문제를 포함해 아주 다양한 층위를 분석할 때 비로소 내실 있게 진행될 것이다. 여기에서 이런 문제를 다룰 수는 없다. 아니, 필자가 아직 그런 역량을 갖추지 못했다는 점이 이런 문제를 성찰하는 데 우선적인 장애물일 것이다.

그러므로 우리는 여기에서 헤겔과 칸트의 역사철학적 사유에 등

---

1 알렉산더 해밀턴 · 제임스 매디슨 · 존 제이(김동영 옮김), 『페더랄리스트 페이퍼』(서울: 한울아카데미, 1995), 61-68쪽 참조.

장하는 투쟁이나 갈등의 순기능에 대한 사유, 이를테면 '비사회적 사회성'이나 '이성의 간지' 등으로 표현된 사유 방식에 초점을 두고 그런 사유 방식이 어떤 지성사적 맥락에서 등장했는지 그리고 그것이 안고 있는 문제점을 중심으로 서구 근대성의 어두운 면을 성찰해보는 실마리로 삼고자 한다.

2. 비사교적 사회성과 칸트의 변신론

칸트가 갈등의 순기능에 대해 비교적 상세하게 고찰하는 것은 그의 역사철학적 글들에서다. 그리고 그는 이런 고찰에서 갈등의 문제를 섭리 혹은 넓게 말하자면 변신론의 측면에서 고찰한다. 그리고 역사철학적 사유에서 갈등의 문제를 섭리와 연관해 고찰하는 데 결정적으로 이바지한 것은 장 자크 루소로 알려져 있다. 루소는 우리가 겪는 고통의 원천을 사회에서 구함으로써 사회의 변화를 통해 인간과 신 사이의 조화 가능성을 추구하는 데 새로운 빛을 던져주었다. 그러나 이성과 역사 혹은 자유와 역사 사이의 모순과 불일치의 화해 가능성을 어떻게 해결할 것인가 하는 물음을 루소가 해결했는지는 의문이다. 아니, 적어도 루소를 제대로 이해하고자 한 후대의 주목할 만한 철학자들, 요컨대 칸트나 헤겔은 그렇게 생각했다. 그래서 이런 문제를 해결하려는 시도를 통해 바로 칸트와 헤겔이 자신의 독특한 역사철학의 기획을 구체화할 수 있었다고 보아도 틀리지 않을 것이다. 이는 사실상 이 글의 주된 논지 중 하나다. 그래서 이 문제를 좀 더 살펴보고자 한다.

루소는 변신론을 역사철학의 맥락에서 새롭게 사유하는 데 결정적 영향을 준 사상가다. 변신론이란 기독교 세계에서 오랜 문제다. 주지하듯이 기독교 교리에 의하면 신은 전지전능하고 도덕적으로 선한 존재로 우리가 경험하는 세계를 무로부터 창조했다. 그런데 이런 무한한 존재에 의해 창조된 우주와 인간 세계에는 엄청난 불행이나 재난만이 아니라, 도덕적인 악덕 등이 늘 존재한다. 그러므로 악과 불행이 존재하는 세계와 도덕적으로 완전하고 전지전능한 신이 어떻게 양립할 수 있는지 하는 문제가 등장한다. 이런 문제를 해결하면서 우리가 세상에서 경험하는 악과 신의 도덕적 완전성 및 전지전능함 사이에 아무런 모순이 존재하지 않는다는 것을 입증하여 신을 옹호하려는 문제와 관련된 것이 요컨대 변신론이라 할 것이다. 그런데 루소의 새로운 인간관과 사회 이론은 서양 사상사에서 변신론에 대한 새로운 해결책을 제시한 것으로 평가받는다.[2]

루소의 새로운 변신론적 사유가 악의 근원을 사회와 역사 속에서 발견함으로써 이제 사회와 역사의 문제가 가장 결정적인 사유의 과제로 등장하게 되었다고 해도 지나친 말은 아닐 것이다. 그리고 이렇게 역사와 사회의 문제가 근대철학의 근본 과제로 전면에 등장하게 된 데는 이른바 에른스트 카시러가 명명한 '루소의 문제'를 해결하는 시도도 한몫을 차지한다. 달리 말하자면 자연 상태에서는 선하게 태어난 인간이 사회를 구성하면서 타락하기 시작해 당대 프랑스 구체제의 전제주의적 사회에서 그 정점에 달했지만, 루소가 반복해서 강조하듯

---

2 뒤에서 보듯이 이는 임마누엘 칸트의 입장이기도 했다. 이에 대해서는 에른스트 카시러(박완규 옮김), 『계몽주의 철학』(서울: 민음사, 1995), 208-213쪽 참조.

"인간의 본성은 뒤로 갈 수 없듯이"[3] 우리 인간에게는 자연 상태로의 귀환이 가능하지도 바람직하지도 않다면, 루소 스스로 『사회계약론』에서 보여주려고 한 이상적인 새롭고 자유로운 공화국 건설을 통해 자연적인 선함에 상응하는 변형된 형태의 도덕적 인간의 출현이 어떻게 가능한지가 결정적 물음으로 등장하게 된다.[4] 그리고 이런 문제를 해결하려는 시도 속에서 칸트나 헤겔의 역사철학이 등장한 것이라고 보아도 크게 틀리지 않을 것이다.

실제로 루소가 칸트에게 미친 영향은 매우 큰 것으로 알려져 있다. 칸트는 흄의 저작을 통해 자신이 '독단의 잠'에서 깨어날 수 있었다고 말했지만, 실천철학 영역에서 칸트에게 결정적인 영향을 준 사람은 루소였다. 루소는 이론철학에서 뉴턴이나 흄이 칸트에게 준 영향에 버금갈 정도로 그의 실천철학에 지울 수 없는 영향을 주었다. 칸트가 루소의 『에밀』을 읽다가 평생 지켰던 오후 산책 시간을 지키지 못했다는 일화나 칸트가 죽은 후 그의 방에서 발견한 유일한 장식품이 루소의 초상화였다는 소문은 그가 얼마나 루소로부터 영향을 받았는가를 잘 보여주는 예들이다.

실제로 칸트는 루소로부터 인간을 존중하는 법을 배웠다고 고백한다. 그는 다음과 같이 말한다. "나 자신은 성향상 진리를 탐구하는 사람이다. 나는 지식에 아주 목말라하며 지식에서 전진해가는 것을 탐내어 안절부절못하거나, 지식에서의 조그마한 진전에도 만족을 느낀다. 한때 나는 이런 것이 인간을 명예롭게 할 수 있다고 믿었고, 아무것

3 장 자크 루소(진인혜 옮김), 『루소, 장 자크를 심판한다: 대화』(서울: 책세상, 2012), 350쪽.

4 여기에서 필자는 과연 루소의 다양한 저서 내에서 일관되고 체계적인 사유가 발견될 수 있는지를 다룰 수 없다.

도 모르는 일반 사람을 경멸했다. 루소가 나를 바로잡아주었다. 이러한 맹목적인 편견이 사라졌고, 나는 인간을 존중하는 것을 배웠다. 만약 내가 이런 숙고가 인류의 권리를 수립하는 데 모든 나머지 사람에게 조금만이라도 도움이 될 것임을 믿지 않았다면, 나는 자신을 평범한 노동자보다 더 쓸모없는 존재로 간주해야 할 것이다."[5]

더 나아가 칸트는 루소가 신을 정당화하는 데 이바지했다고 평가한다.

> "뉴턴은 최초로 질서와 규칙성이 위대한 단순성과 결합하고 있음을 보았다. 뉴턴 이전에는 무질서와 잘 정리되지 않는 다수성이 발견되었다면 그 이후에는 행성들이 기하학적인 궤도를 돌게 되었다. 루소는 처음으로 인간적이리고 가정된 다양한 형태들에 깊이 파묻혀 있는 인간의 본성과 숨겨진 법칙을 발견했는데, 이런 법칙에 따라 섭리(Vorsehung)는 그의 관찰을 통해 정당화되었다. (…) 뉴턴과 루소 이후로 신은 정당화되었으며, 이제 포프(Pope)의 정리가 참이 되었다."[6]

이처럼 자연 세계에서 일정한 법칙을 발견한 뉴턴과 마찬가지로 루소가 인간의 심리적 동기와 그 법칙에 대한 인식을 통해 새롭게 신을 정당화할 수 있게 되었다고 칸트는 말한다. 변신론의 문제와 관련해서만이 아니라, 칸트 윤리학의 획기적 성취라고 할 자율성으로서의

---

5 Kant, I., *Kant's gesammelte Schriften*, hg. von der Preußischen Akademie der Wissenschaft (Berlin 1902ff, Band 20), S. 44.

6 *Ibid.*, 58-59쪽.

자유 개념이 이미 루소(『사회계약론』 1권 8장)에게서 기인한다는 점도 널리 알려져 있다. 그래서 예를 들어 회페는 "자기 입법성의 원리인 자율성의 이념이 루소에게서 기인했지만, 그것을 모든 윤리학의 근본 원리로 이해한 사람은 칸트"라고 말한다.[7] 또한 잘 알려져 있듯이 여러 칸트주의자, 가령 에른스트 카시러(E. Cassirer)는 루소의 일반의지에서 칸트의 실천이성의 규제적인 이상과 보편타당한 도덕법칙의 원리, 즉 정언명법을 도출해낼 수 있다고 믿는다.[8]

여하튼 칸트는 자신의 철학 전반에서 루소를 적극적으로 수용하면서 그가 바라본 루소의 한계를 넘어서고자 애쓴다. 특히 우리가 다루는 사회와 역사 속에서 인간이 겪는 타락과 불행, 온갖 악덕에 대한 루소의 진단과 그곳에서 벗어날 유일한 해결책으로서 자유로운 공화국의 형성이라는 희망 사이에서 동요하면서 진전을 보지 못하는 긴장을 해결하는 과정에서 칸트가 늘 루소와 대결한다는 점이다. 예를 들어 그는 「세계시민적 관점에서 본 보편사의 이념」이라는 글에서 인류 역사 전체를 철학적 사유의 대상으로 삼는데, 이런 기획 자체가 루소의 문제를 해결하려는 칸트의 시도다. 이에 대해서는 바로 뒤에 더 언급할 것이다. 여기서 우리가 주목하는 것은 칸트가 루소의 야만 상태와 사회 상태를 이원적으로 대비하면서 야만 상태, 즉 자연 상태를 후자와 비교해 "선호"하는 모습을 보여준다는 것을 비판하지 않는다는 점이다. 그에 따르면 인류를 자유로운 시민 체제로 나아가도록 하는 "최후의 단계"를 간과한다면, 루소가 야만 상태를 선호한 것은 "틀린

---

7 오트프리트 회페(이상헌 옮김), 『임마누엘 칸트』(서울: 문예출판사, 1997), 233쪽.

8 Cassirer, E., *Rousseau, Kant, Goethe*(Hamburg: Felix Meiner, 1991), S. 33f 참조.

것은 아니다." 설령 인류가 "예술과 학문을 매개로 고도로 개화"했고, "모든 종류의 사회적 예의범절에서 과도하게 문명화"했을지라도 인류는 여전히 "도덕적으로 되었다고 간주하기에는 아직 많은 것이 부족"한 상태에 있기 때문이다.[9]

칸트가 말하고 있듯이 문화와 문명이 매우 세련되고 발전했음에도 여전히 도덕적으로 충분히 전개되지 못한 인류 사회가 미래에 타락한 사회 상태를 극복할 실마리나 가능성을 보여주지 못한다면, 이런 상황은 그 "어떤 변신론[신정론(神正論)]에 의해서도 정당화될 수 없는 것"이다. 달리 말하자면 진보하는 문화와 나란히 커지는 타락과 악덕이 "결코 더 개선되지도, 개선될 수 없다면" 신을 정당화하려는 그 모든 시도는 실패하고 말 것이라고 칸트는 말한다.[10] 그러므로 칸트는 "루소가 다시금 자연 상태로, 숲으로 되돌아갈 것을 추천한 우울한(기분이 언짢은) 서술을 그의 진정한 의견으로 받아들여서는 안 된다." 그렇게 주장한 한 가지 이유는 "인류가 자기의 규정(사명)"인 자율성의 이념을 실현하는 데 "연속적으로 접근해가는 궤도에 진입하는 것이 어렵다"라고 루소가 보았다고 해석하는 것이 더 적절하기 때문이다.

더 나아가 칸트는 루소에게서 자연 상태와 역사 혹은 사회 상태 사이의 이원론에서 벗어날 "실마리"가 발견될 수 있음을 강조한다. 칸트에 따르면 루소가 "자연 상태를 마치 순결 무구한 상태로 그렸던" 여러 저술은 "우리 인류가 그 자신의 죄책에 의해 둘러싸였던 해악의 미망을 벗어나는 실마리로서만 기여한다." 달리 말하자면 루소가 진정

---

9 임마누엘 칸트(김미영 외 옮김), 「세계시민적 관점에서 본 보편사의 이념」, 한국칸트학회 기획, 『비판기 저작 I (1784-1794)』(파주: 한길사, 2019), 30-31쪽.

10 임마누엘 칸트(백종현 옮김), 『영원한 평화』(서울: 아카넷, 2013), 177쪽.

으로 원했던 것은 다시 자연 상태로 되돌아가는 것이 아니라, 타락한 사회 상태에 처해 있는 인간이 "자연 상태를 마땅히 되돌아볼 것"을 의도했다. 칸트는 루소를 이렇게 해석하면서 다음과 같이 매우 의미심장한 명제를 제공한다.

> "루소가 상정한 바, 인간은 자연 본성적으로는(유전된 대로는) 선하되, 소극적으로만 그러하다는 것, 곧 자의적으로 그리고 악하지는 않지만, 악한 또는 미숙한 안내자나 사례들에 의해 오염되고 타락하게 될 위험에 놓여 있다는 것이다."[11]

위 인용문은 칸트의 루소 해석이 얼마나 독창적인지를 잘 보여준다. 이에 따르면 루소가 파악한 인간의 타락 근원인 이기심(아무르 프로프르)은 루소가 생각하는 것과 달리 극복 불가능할 정도로 인간을 타락시키는 방식으로 작동하지 않는다는 점을 암시한다. 그래서 그는 자연 상태에서 인간은 선하지만, "악한 또는 미숙한 안내자나 사례들에 의해 오염되고 타락하게 될 위험에 놓여 있다"라는 식으로 이해한다. 이 인용문에서는 단지 암시적으로만 드러나지만, 칸트는 다른 곳에서 이기심이 결코 부정적인 면만 지닌 것이 아니라, 적극적이고 긍정적 역할을 할 수 있다고 말한다. 그는 『이성의 한계 안에서의 종교』에서 인간을 규정하는 세 가지 요소들, 즉 "① 생명체로서의 인간의 동물성의 소질, ② 생명체이면서 동시에 이성적 존재자로서의 인간성의 소질, ③ 이성적이면서도 동시에 귀책 능력이 있는 존재자로서의 인격성의

11 임마누엘 칸트(백종현 옮김), 『실용적 관점에서의 인간학』(서울: 아카넷, 2014), 420-421쪽.

소질"을 구별하면서 인격성과 인간성을 나눈다.[12] 그리고 인간성의 소질과 관련해 칸트는 루소가 말한 이기심(아무르 프로프르)에 대한 그 자신의 고유한 해석을 다음과 같이 서술한다.

"인간성의 소질들은 물리적이긴 하지만, 그럼에도 비교하는 — 이에는 이성이 필요하다 — 자기 사랑(이기심 — 필자)이라는 일반적 명칭 아래에 넣을 수 있다. 그것은 곧 타인과의 비교에서만 자신이 행복한지 불행한지를 판정하는 것이다. 이로부터 타인의 의견 중에서 가치를 얻으려 하는 경향이 생겨난다. 이것은 누구도 타인들이 그러한 우월성을 얻으려 애를 쓸까 봐 끊임없이 걱정하는 것과 결합되어, 자신의 위에 서는 우월성을 허락하지 않으려는 근원적으로 순전히 평등의 가치만을 추구하려는 욕망이다. 그러나 이러한 걱정으로부터 점차 자기가 타인 위에 서는 우월성을 획득하려는 부당한 요구가 생긴다. — 이 위에, 곧 질투심과 경쟁심에 우리가 남으로 간주하는 모든 이에 대한 숨겨진 그리고 공공연한 적대감이라는 최대의 패악들이 접목될 수 있다. 그럼에도 이러한 패악들은 본래 자연으로부터, 이를 뿌리로 해서, 저절로 발아하는 것이 아니라, 오히려 타인들이 걱정스럽게도 우리 위에 서는, 우리에게 혐오스러운 우월성을 얻으려 할 때 [자기] 안전을 위해 예방책으로서 타인들 위에 서는 우월성을 마련하려는 경향성들이다. (…) 그래서 이러한 경향성에 접목된 패악들은 문화의 패악들이라고도 일컬어질 수 있고, 최고로 악의적일 때에는 (…) 예컨대 시기, 배은

---

12 임마누엘 칸트(백종현 옮김), 『이성의 한계 안에서의 종교』(서울: 아카넷, 2011), 188-189쪽 번역 수정.

망덕, 남의 불행을 기뻐함[고소해함] 등에서 보는바 악마적[악마 같은] 패악들이라고 불린다."[13]

위 인용문에서 칸트는 "비교하는 자기 사랑"이 루소가 보듯이 대체로 혹은 본래 타인에게서 자신이 주목받아 마땅한 탁월하고 가치 있는 우월적 존재임을 인정받으려는 면에서 부정적으로만 볼 필요가 없음을 강조한다. 그는 이 "비교하는 자기 사랑"이 "타인과의 비교에서만 자신이 행복한지 불행한지를 판정"하려고 하기에 타인이 보기에 가치가 있는 것으로 여겨지는 것을 획득하려는 경향이 발생하는 인간성의 소질이라고 보면서도 그것은 타인과 비교해 "우월성을 획득하려는 부당한 요구"와 동일한 것이 아니라고 한다. 오히려 "비교하는 자기 사랑"은 다른 사람이 자신보다 더 우월한 지위를 차지하려는 욕망을 지니지나 않을까 걱정하면서 타인에게 그런 우월성을 허용하지 않으려고 하는, 그런 점에서 서로가 평등함을 확보하려는 욕망으로 이해되어야 한다. 물론 칸트도 이런 평등의 가치를 지향하는 비교하는 자기애도 자체 내에 타인에 대해 우월성을 추구하려는 부당한 욕망으로 나아갈 수 있음을 긍정한다. 이런 경향성은 극단적인 여러 패악, 즉 "문화적 패악"을 초래하는 동력이기도 하다. 달리 말하자면 비교하는 자기애가 문화적 패악의 경향성으로 타락하고 악화하는 것은 타인에 대한 불신에서 비롯된다. 그렇다면 비교하는 자기애는 상호성의 원리에 따라 서로의 동등한 가치를 존중하면서 서로 긍정적으로 상호 협력을 가능하게 하는 자유로운 공화국을 형성하는 작업과 연결될 수 있다는 것

---

13 위의 책, 190-191쪽.

이 칸트의 생각이다.

물론 루소에게 칸트가 새롭게 전개한 해석의 실마리가 전혀 없는 것은 아니었다. 예를 들어 루소는 매우 비관적인 문명 비판서로 알려진 『인간 불평등기원론』에서조차 "남보다 돋보이려는 열광 덕분에 인간 속에는 최선의 것과 최악의 것, 즉 미덕과 악덕"이 동시에 존재한다고 말한다.[14] 또한 『에밀』에서도 인간이 자연의 길에서 벗어나지 않도록 하는 여러 가능성을 모색한다. 특히 어린아이의 교육을 통해 인간이 가능한 한 자연 상태에서 지배욕이나 이기심이 만발하는 사회 상태로 나아가지 않도록 하고자 한다.[15] 또한 루소는 『에밀』에서 인간이 누릴 수 있는 최고의 행복은 더 많은 부나 권력이나 사치품 등이 아니라, "언제나 타인이 원하는 것"을 행하는 것에서 벗어나 "자유"로운 존재가 되는 것이라고 말한다. 그러면서 그는 타인에게 전적으로 의존해 있는 노예 상태로 만드는 사회질서의 모순을 해결하는 방법으로 일종의 주인과 노예의 변증법을 말한다.

루소에 따르면 사회 상태가 초래하는 문제를 해결하기 위해서는 주인과 노예의 의존 관계에서 벗어나 타인의 자유를 침해하지 않는 관계를 형성하는 길이 추구되어야 한다. 그런데 그런 해법이 바로 "일반의지"에 따른 시민적 관계를 형성하는 것이다. 일반의지를 통해 형성된 시민적 국가는 "자유를 침해하지도 않고 악덕도 유발하지 않는다." 그러므로 일반의지를 통해 구성된 공화국에서는 "자연 상태의 모든 이점과 사회생활의 모든 이점을 하나로 결합하게 될 것이며, 인간을 악

---

14 장 자크 루소, 『인간 불평등기원론』, 133쪽.

15 장 자크 루소(김중현 옮김), 『에밀』(파주: 한길사, 2003), 118-199쪽.

덕에 물들지 않게 유지시켜주는 자유는 인간을 미덕에 이르게 하는 도덕성과 결합하게 될 것이다."[16]

이처럼 루소도 사회 상태에서 발생하는 것이 오로지 악덕이라고만 보지 않고, 사회 속의 사람들이 자유로운 사회에서 꽃이 필 자유와 도덕성과 결합할 싹과 가능성을 지니고 있음을 강조하기도 한다. 그러나 루소에게 이기심이 전적으로 부정적 의미로만 사용되지 않는다고 해서 칸트의 이기심에 대한 견해가 지니는 탁월성에는 아무런 금이 가지 않는다. 하여간 칸트의 이기심에 대한 견해는 요즈음 여러 학자에 의해 루소의 아무르 프로프르를 새롭게 해석할 대안을 제시하는 것으로 받아들여지는 추세다. 예를 들어 존 롤스도 위에서 인용된 칸트의 자기애에 대한 해석을 받아들인다. 그에 따르면 위에서 나타난 칸트의 자기애 이론은 칸트가 "루소의 최고의 해석가"로 불리기에 손색이 없음을 증명할 정도로 매우 독창적이라고 평가받아 마땅하다. 존 롤스가 보기에 위에서 인용된 구절을 루소의 『인간 불평등기원론』과 함께 읽어야 하고, 이렇게 해야 우리는 칸트와 루소 둘 다 이해할 수 있다.[17] 칸트가 해석하는 것처럼 루소적 이기심이 사회문화적 조건이 유리하고 긍정적인 맥락에서 상호 동등 존중과 결합할 수 있으면서도 사회적 여건이 불리한 상황에서는 타락한 형태로 변질하는 것으로 구별될 수 있

---

16 위의 책, 146쪽 및 148쪽.

17 Rawls, J., *Lectures on the History of Political Philosophy*, ed. by S. Freeman(Cambridge, Massachusetts: Harvard University Press, 2008), p. 200. 존 롤스는 루소의 이기심을 두 형태, 즉 자연적(natural) 형태와 비자연적(unnatural) 혹은 도착된(perverted) 형태로 나눈다. 그리고 이런 두 형태의 이기심의 구별을 바탕으로 루소를 새롭게 이해하는 데 그에게 도움을 준 것은 N. J. H. 덴트(Dent)와 프레데릭 노이하우저(F. Neuhouser)의 루소 해석이다. 같은 책, 198-199쪽 및 198쪽 각주 9 참조. 물론 여전히 루소의 이기심은 주로 부정적인 의미에서 사용되는 것으로 보아야 한다는 반론도 존재한다. 이런 반론의 예로는 악셀 호네트(강병호 옮김), 『인정: 하나의 유럽 사상사』(파주: 나남, 2021), 특히 60-70쪽 참조.

다면, 이기심을 긍정적으로 활용할 가능성이 확보될 수 있을 것이다.

이제 루소의 문화적 패악들이 극복될 실마리가 역사 속에서 어떤 방식으로 구현될 수 있는가에 대한 칸트적 사유를 살펴보자. 간단하게 말하자면 칸트는 보편사의 철학적 기획이라는 맥락에서 루소적인 이기심의 부정적 효과를 극복할 수 있다고 본다. 칸트는 인류사의 궁극적 목적을 전 지구적 차원에서 자유로운 시민공화국의 형성에 있다고 보면서, 이런 인류사의 발전은 "자연의 계획" 혹은 "자연"에서 이해될 수 있다고 생각한다.[18] 그는 "자연"을 "섭리"라고도 말한다. 그러므로 칸트는 인류의 보편사에 대한 철학적 사유의 가능성을 다음과 같이 말한다.

> "인류의 완전한 시민적 통합을 목표로 하는 자연의 계획에 따라 보편적 세계사를 서술하려는 철학적 시도는 가능한 것으로서, 심지어 이러한 자연 의도를 후원하는 것으로서 간주되어야 한다."[19]

위 인용문이 보여주듯이 인류사가 지향하는 궁극적 목적은 인류 사회 모두가 단일한 공화국의 형태는 아니지만 — 그에게는 단일한 세계공화국은 바람직하지 않은 것으로 간주된다[20] — 다양한 나라로 분리된 상황에서라도 영원한 평화를 실현할 공화국을 실현하는 데 있다.

---

18 임마누엘 칸트, 「세계시민적 관점에서 본 보편사의 이념」, 앞의 책, 25쪽 및 34쪽; 임마누엘 칸트, 『영원한 평화』, 앞의 책, 139쪽.

19 *Ibid.*, 34쪽.

20 임마누엘 칸트, 『영원한 평화』, 앞의 책, 130-131쪽 및 151-152쪽.

왜냐하면 시민의 자유로운 공화국에서야 비로소 인간의 모든 잠재적 소질이 "완전히 전개할 수 있는 유일한 상태"가 확보될 수 있다고 보기 때문이다.[21]

그런데 자연이 세계사의 궁극적 목적을 실현하도록 하는 장치는 무엇인가? 달리 말하자면 우리는 세계사에서 어떻게 자유가 공화국을 통해 실현될 수 있는지를 확신하고 확인할 수 있는가? 어떤 방식으로 인류사는 인간의 자유를 보편적으로 실현하는 방향을 향해 나아가고 있는지를 확인할 수 있고 미래에도 역사는 더 나은 방향으로 진행할 것이라는 희망이나 전망을 지닐 수 있는가? 이런 물음에 대한 칸트의 대답은 이미 언급한 용어로 표현한다면 "자연"이다. 그러나 역사 속에서 인류사의 궁극적 목적을 실현하도록 하는 장치나 법칙이 무엇인가? 이에 대한 칸트의 대답은 그 유명한 "비사교적인 사회성"이다. 칸트는 말한다.

> "자연이 모든 자연 소질을 전개하기 위해 사용하는 수단은 그것이 최종적으로 소질들이 합법칙적으로 배열하는 원인이 되는 한 사회 안에서 일어나는 자연 소질들의 항쟁이다. 여기서 항쟁은 인간의 비사교적인 사교성, 즉 이 사회를 지속적으로 분할하려고 끝없이 위협하는 일반적 저항과 결합되어 있으면서도 사회에 들어가려는 인간의 성향을 의미한다. 게다가 이 소질은 명백히 인간 본성에 놓여 있다. 인간에게는 자신을 사회화하려는 경향이 있다. 인간은 그런 상황에서 자신을 인간 이상으로서, 즉 자신의 자연 소

---

21 임마누엘 칸트, 「세계시민적 관점에서 본 보편사의 이념」, 앞의 책, 31쪽.

질이 전개되는 것을 느끼기 때문이다. 그러나 인간은 자신을 개별화하려는(고립하는) 성향도 강하다. 인간은 자신 안에서 모든 것을 자기 의향에만 맞추려는 비사회적 특성을 동시에 마주하기 때문이다. 따라서 인간은 자기 측에서 다른 사람들에게 저항하는 경향이 있는 자기 자신을 아는 것과 마찬가지로 도처에서 저항을 예상한다. 이 저항은 인간의 모든 힘을 일깨우고, 나태에 빠지려는 성향을 극복하게 하며, 명예욕과 지배욕 그리고 소유욕에 내몰려 그가 좋아하지 않지만 벗어날 수도 없는 동시대인 사이에서 어떤 지위를 획득하게 된다. 여기서 이제 야만에서 문화로 가는 최초의 참된 진보가 일어난다."[22]

위 인용문에서 보듯이 칸트는 인간이 자연 상태에서 사회 상태로 이행하면서 인간의 모든 소질이 전개되어갈 수 있도록 자연이 의도하고 있다고 본다. 그리고 자연의 의도, 즉 섭리가 작동하는 가장 중요한 방식이자 수단은 인간의 "비사교적인 사교성"을 활용하는 것이다. 이런 비사교적 사교성은 "그 자체로는 사랑할 만한 속성"이라 할 수 없지만, 그것 없이 인간 사회는 야만의 상태를 벗어날 수 없을 뿐만 아니라, 인간의 참다운 본성이라 할 도덕적 인격성의 잠재성도 실현시킬 수 없다. 그러므로 칸트는 "명예욕과 지배욕 그리고 소유욕"과 같이 사회적 갈등과 적대를 초래할 욕망을 부정적으로 보지 않고, 그것이 오히려 더 좋은 것을 산출할 수 있는 수단이라고 이해한다. 아니, 자연 혹은 신적 섭리가 그렇게 작동하도록 만들어놓았다고 칸트는 이해한다.

---

22 *Ibid.*, 23-24쪽.

그래서 그는 "불화나 악의적인 경쟁심, 만족할 줄 모르는 소유욕이나 지배욕이 있게 한 자연에 감사"해야 한다고 말한다. 달리 말하자면 "자연은 불화를 원한다." 이런 불화를 통해 인간을 단련시켜 인간이 지니는 모든 잠재적 역량이 개발될 수 있기 때문이다. 그러니까 자연 혹은 섭리는 수많은 악덕을 낳는 명예욕이나 지배욕 그리고 소유욕 등을 매개로 해 오히려 인간에게 선한 결과를 낳게 만든다. 따라서 칸트는 자연의 의도가 관철되는 "비사교적인 사교성"을 통해 우리는 "심술궂은 악마의 손"을 보는 것이 아니라, "현명한 창조자의 질서"를 인식하게 된다고 본다.[23]

그리고 칸트가 말하는 섭리가 사회적 갈등과 대립을 매개로 한다고 할 때 그중 전쟁도 염두에 두고 있음은 주지의 사실이다. 전쟁을 통해 인류가 영원한 평화를 향하도록 자연과 섭리가 작동한다는 것은 칸트가 역설하는 주장 중 하나다.[24] 이처럼 칸트는 "비사교적 사교성"을 수단으로 해 자신의 의도, 즉 인류 사회가 가장 자유로운 정치사회로 이행해가고 있음을 확인하는 인류의 보편사에 대한 철학적 사유를 신의 정당화 작업으로 이해한다. 그러므로 "자연의 정당화 — 혹은 더 명확히 말해서 섭리의 정당화"는 사소한 작업이 아니다. 그것은 "비이성적인 자연의 왕국에서 창조의 성스러움과 현명함을 찬양하고 그런 고찰 방식을 추천"하는 매우 중요한 철학적 과제라고 보아야 한다.[25]

요약해보자면 칸트는 루소가 미해결의 상태로 남겨둔 자연과 문명의 이원론 문제를 인류의 보편사적 기획이라는 새로운 역사철학적

---

23 *Ibid.*, 24-25쪽.

24 임마누엘 칸트, 『영원한 평화』, 앞의 책, 143쪽 및 152쪽.

25 임마누엘 칸트, 「세계시민적 관점에서 본 보편사의 이념」, 앞의 책, 35쪽.

사유를 통해 해결하고자 한다. 이러는 과정에서 그는 자연 → 사회 → 공화국으로 구성된 세계 시민사회로의 점진적 이행의 가능성을 자연 혹은 섭리의 기획으로 설명하고자 한다. 이를 통해 칸트는 역사와 이성 혹은 역사와 자유의 내적 연관성을 해결할 수 있을 뿐만 아니라, 역사를 실천이성의 실현이라는 궁극적 목적을 지향하는 것으로 파악할 수 있다고 믿는다. 그러나 그는 도덕성이라는 인간의 잠재적 가능성의 실현을 세계사의 궁극적 목적으로 설정하면서도 역사와 실천이성의 결합을 여전히 모호한 상태로 남겨둔다.

칸트는 전쟁 같은 불화를 통해 인류 사회가 영원한 평화를 유지할 세계시민 상태로 나아가도록 자연이 기획한다고 여기지만, 이런 기획은 매우 어려운 점에 빠진다. 칸트에 따르면 인간이 사회 속에서 아무리 문명화된다고 해도 도덕은 충분히 발선하지 못하는 지체 현상에 있다. 그리고 그런 도덕화는 국가가 각고의 노력을 기울여 교육하지 않으면 이루어질 수 없는 먼 미래의 과제일 뿐이다. 그러므로 이런 도덕화가 이루어지려면 국제사회가 전쟁 상태를 넘어 영원한 평화의 상태로 나아가는 조건이 창출되어야 하지만, 상당히 도덕적으로 성숙한 사람들의 도움 없이 어떻게 인류가 세계시민 상태로 나아갈 동력을 마련할 수 있는지는 모호하다. 칸트도 강조하듯이 "도덕적으로 선한 마음씨에 접목되지 않는 선한 것은 가상이자 번쩍거리는 곤궁"[26]일 뿐이라면, 자유로운 공화국이 시민의 자발적인 도덕적 마음씨를 계발해야 한다. 그러나 이런 가능성은 존재하지 않는다. 도덕성의 발현은 인류가 세계시민 상태로 이행했을 때 실현 가능하리라는 희망을 지닐 수 있는

26 *Ibid.*, 31쪽.

것이기 때문이다.

그래서 칸트는 한편으로는 더욱 자연과 섭리의 작동에 신뢰를 보내야 하지만, 자연의 기획이란 결코 사람을 도덕화하는 데 관여할 수 없다. 그러나 자연이 사람을 도덕적으로 성숙하게 할 수 있도록 작동한다면, 아마 그의 자율성과 도덕적 사유의 공간인 존재와 당위의 구별은 설자리를 상실하게 될 것이다. 그리하여 영원한 평화가 달성될 방법으로 칸트가 반복해서 강조하는 것은 자연이 전쟁을 통해 인간이 서로 법적 관계를 맺도록 하는 "강요"다.[27] 물론 칸트는 인간이 지니는 "도덕적 원리"는 소멸되는 법이 없고 지속적으로 발전하는 "문화를 통해 성장"한다고 말하기도 한다.[28] 그러나 이런 주장은 앞에서 주장한 자연의 기획에 대한 설명에서 결정적인 도식, 즉 "비사교적 사교성"을 매개로 해 인류사가 진보한다는 사유 틀과 충돌한다. 그래서 인간은 자신의 "자연 본성의 개화에서 도덕성으로 진입"할 수 있을 뿐, "도덕성과 그 법칙들에서 시작해서 그 위에 세워진 합목적적 문화로 진입"할 수는 없다고 하는 칸트의 주장[29]이 오히려 그의 역사철학적 사유와 더 잘 어울린다.

더 나아가 설령 칸트가 설명하듯이 백 보 양보해서 인류 문명의 발전이 보여주는 온갖 해악과 잔인성에도 불구하고 그것이 인류의 도덕적 의식 전개에 긍정적으로 이바지한다는 점을 인정한다고 해도, 변신론이 정당화될 수 있을지는 의문이다. 그런 변신론은 무고한 희생자

---

27 임마누엘 칸트, 『영원한 평화』, 143쪽; 임마누엘 칸트, 「세계시민적 관점에서 본 보편사의 이념」, 같은 책, 29쪽.

28 *Ibid.*, 177쪽.

29 임마누엘 칸트, 『실용적 관점에서의 인간학』, 423쪽.

들이 왜 고통을 겪어야 하며 그런 무고한 희생양을 통해 획득되는 인간의 도덕성에서의 발전이라는 것이 어떤 의미를 지니는지에 대해 아무런 이해할 만한 설명을 주지 못하기 때문이다. 우리는 무고한 희생양을 수단으로 해서만 신의 이념이나 신의 선함이 관철될 수 있는 세계에서 살아가야 하는 것인지를 칸트가 믿는 신에게 되물을 수도 있을 것이다.

우리는 여기에서 러시아의 소설가 표도르 도스토옙스키가 『카라마조프가의 형제들』의 등장인물 중 하나인 이반 카라마조프의 입을 빌려 서술한 신의 존재에 관한 회의의 장면을 떠올려보는 것도 좋을 것이다. 이반 카라마조프는 수도사로 수련 중인 알료샤에게 자신이 접한 소식, 그러니까 어떤 부모에 의해 학대를 당한 어린아이의 이야기를 전해준다. 그 부분을 인용하면 다음과 같다.

> 골백번이나 되풀이하는데 — 문제는 많고도 많지만, 나는 아이들만을 예로 들었어. 거기엔 내가 말해야 할 것이 반박할 수 없을 정도로 명확하게 드러나 있으니까? 잘 들어줘. 모든 인간이 고통을 겪어야 하는 것은 그 고통으로써 조화를 사기 위해서라고 하더라도, 어째서 아이들까지 거기 껴야 한다는 거냐, 제발 말 좀 해줄래? 도무지 이해가 안 돼. 어째서 아이들마저 고통을 받아야 했고, 어째서 아이들마저 고통이란 대가를 치르고 조화를 사야 한다는 거냐? 어째서 아이들마저 재료로 전락해서, 누군가가 누릴 미래의 조화를 위해 밑거름이 되어야 한단 말이냐? (…) 오, 알료샤, 나는 신을 모독하는 게 아냐! (…) 개떼를 풀어 아들을 갈기갈기 찢어놓은 박해자와 아이의 어머니가 얼싸안고 셋이서 함께 눈물을 흘리

면서, '주님, 당신이 옳으시나이다'라고 소리 높여 외칠 때, 그때는 물론 인식의 영광스러운 승리가 이미 도래하여 모든 것이 분명하게 해명되겠지. 하지만 바로 여기에 또다시 난점이 있어. 나는 바로 이것을 도저히 받아들일 수 없으니까. (…) 아이의 박해자와 얼싸안은 어머니를 보면서 나 또한 모든 사람과 함께 '주님, 당신이 옳으시나이다!' 하고 외치게 되는 일이 실제로 일어날는지도 모르지. 하지만 나는 그때 가서 외치고 싶진 않다. 아직 시간이 있는 동안, 나는 서둘러 나 자신의 방어벽을 견고히 할 작정이고, 그러니 그 드높은 조화 따윈 완전히 포기하겠어. 그따위 조화는 구린내 나는 감옥에 갇혀 조그만 주먹으로 제 가슴을 치고 보상받을 길 없는 눈물을 흘리면서 '하느님 아버지'께 기도했던 그 학대받은 아이, 단 한 명의 눈물만 한 가치도 없어![30]

여기에서 이반 카라마조프는 무고한 어린아이의 고통이 인류의 조화나 화해 아니면 그 어떤 자유로운 시민 공동체 형성이나 도덕적 자각에 긍정적으로 이바지할 수 있기에 정당화될 수 있다고 보는 시각에 동의할 수 없다고 절규한다. 그런 시각은 무의미한 고통을 통해 더 나은 세상으로 나가도록 설계된 이른바 신적 섭리의 이상의 이름으로 그 고통에 의미를 부여하는 셈이다. 그럼에도 불구하고 이반 카라마조프는 그런 시각, 그러니까 어린아이의 고통을 재료나 수단으로 삼아 이성이나 자유나 인간성을 실현할 수 있으리라는 생각 자체의 폭력성에 전율한다. 그래서 그는 신에 의해 무고한 고통을 수단으로 삼아 낙

---

30 표도르 도스토옙스키(김희숙 옮김), 『카라마조프가의 형제들』 1(파주: 문학동네, 2018), 493-494쪽.

원이라는 미래의 이상적 세계로 나아갈 수 있도록 설계된 세계의 일원으로 남기를 거부한다. 달리 말하자면 어린아이의 고통을 대가로 이루어진 조화로운 미래의 지상 낙원은 "값을 너무 높이 매겨"놓은 것이고, "우리의 주머니 사정으론 그 비싼 입장료를 치를 수도 없기"에 자신은 그런 낙원에 들어갈 "입장권을 돌려주고"자 한다고 이반 카라마조프는 말한다.[31] 물론 바로 뒤에서 보듯이 이런 변신론의 폭력성과 불가능성에 대한 이의제기는 칸트의 역사철학 못지않게 헤겔의 변신론적 역사철학에도 해당된다.

앞에서 본 것처럼 칸트의 역사철학이 역사와 이성 사이의 화해 가능성을 통한 신의 정당화라는 과제를 수행하는 데 여러 한계가 있음도 부인할 수 없다. 여기에서 칸트의 역사철학 전반을 다룰 수 없지만, 칸트의 역사철학 난제를 강력한 이성의 목적론적 사유로 해결하고자 한 헤겔의 역사철학보다 칸트의 역사철학이 오히려 미래 역사의 개방성을 긍정하고 있으며, 과도한 진보적 낙관주의라는 유혹에서 상대적으로 벗어나 있다는 장점도 언급할 필요가 있을 것이다.[32]

3. 이성의 간계와 역사의 궁극 목적으로서의 화해

헤겔도 자유를 역사철학의 근본이념으로 삼고, 자유를 실현하는

---

31 *Ibid.*, 496쪽.

32 에밀 앙게른(유헌식 옮김), 『역사철학』(서울: 민음사, 1997), 122쪽.

궁극적 제도로서 국가를 상정한다. 그러므로 그에게도 자유로운 이성적 국가 형성이 인류의 보편사적 과제로 이해된다. 더 나아가 자유 및 자율성을 그 근본 규정으로 삼는 절대적 이념은 헤겔에 이르러 역사 세계의 기본적 원리로서 이해될 뿐 아니라, 우주의 전체 발전 과정과 연결되어 이해된다. 달리 말하자면 자유 이념이 실현되는 과정은 자연과 세계 역사 전체와 관련해 이해된다. 특히 역사 세계는 정신에 가장 잘 어울리는 영역에 해당하는 것이므로 자유가 역사 속에서 실현되는 고유한 영역인 한 역사철학은 하나의 철학 분과에 그치지 않고, 헤겔 철학 전체에서 결정적 지위를 차지한다고 보아야 한다.[33]

따라서 헤겔은 어떻게 역사 세계 속에서 신, 즉 절대자가 실현되는지를 이해하려 하지 않는 기존의 철학적 사유를 비판한다. "동물, 식물 또는 개개인의 운명 안에서 작동하는 신의 지혜에 대해 경탄하는 것은 한때 유행했다. 그러나 섭리가 이 같은 대상과 소재 안에 계시된다고 하는 것이 인정된다면, 왜 세계사 속에서는 그렇지 않은가? (…) 우리 인식이 목표하는 바는 영원의 지혜에 의해 기도된 것이 자연의 지반 위에서처럼 세계 안에서 현실적으로 활동하고 있는 정신의 기반 위에서도 드러나 있다는 통찰을 획득하는 것이다."[34]

더 나아가 헤겔도 역사철학을 신을 정당화하는 변신론으로 규정한다. 인류의 역사 속에서 이성의 실현 과정의 필연성을 철학적으로 통찰하는 것이 역사철학의 근본 과제인데, 이런 과제는 인류사에서 신

---

33 Hegel, G. W. F., *Vorlesungen über die Philosophie der Geschichte*, in: *G. W. F. Hegel Werke in zwanzig Bänden*, hg. v. E. Moldenhauer und K. M. Michel(Frankfurt a. M: Suhrkamp, 1989), Band 12, p. 92.

34 *Ibid.*, p. 28.

적인 절대적 이성이 자신을 관철하고 있다는 점을 입증하는 것으로 해결된다. 이렇게 세계사는 절대적 이성이 자신을 전개해나가면서 자신이 역사의 궁극적 목적임을 자각하는 데서 완성된다. 그런데 절대적 이성을 실현하는 과정의 내적 필연성을 파악함으로써 절대자가 자신이 절대자임을 자각하는 데 이르는 총체성 자체가 바로 신의 정당성을 옹호하는 작업이다. 따라서 헤겔은 세계사 속에서 이성의 필연적 실현에 대한 철학적 사유, 즉 역사철학을 고통과 악으로 점철되는 인간 세계에서도 여전히 신을 정당화하려는 작업, 즉 변신론으로 간주한다. 그래서 변신론으로서의 역사철학은 역사와 신적 이성의 화해 과정을 서술하는 것으로 이해된다.

> "세계사란 어지럽게 변천하는 역사의 무대 안에서 연출되는 이상과 같은 정신의 전개 과정이고, 정신의 현실적인 생성이라는 것 — 이것이야말로 변신론이며, 역사 안에서의 신의 정당화다. 과거에 일어났던 것과 매일매일 일어나는 것은 신 없이는 존재하지 않을 뿐 아니라, 본질적으로 신 자신의 작품이라는 통찰만이 정신을 세계사 및 현실과 화해시킬 수 있다."[35]

에밀 앙게른이 지적하듯이 "역사에서의 이성" 혹은 역사와 이성의 연관성에 대한 통찰은 "역사철학의 관심사 일반에 대한 모범적인 규정"이다. 그뿐 아니라 헤겔의 역사철학은 역사 속에서 이성의 전개 과정을 가장 체계적이고 포괄적으로 서술하고 있다는 점에서 "역사철

35 *Ibid.*, p. 540.

학의 전개 과정에서의 정점을 차지"한다는 평가를 받는다.[36]

그런데 헤겔에 따르면 역사철학이 전제하는 유일한 것은 세계사의 내적인 원리로서 이성 자체에 대한 믿음이자 인류사 전체가 이성적으로 진행한다는 점이다.

> "그런데 철학이 지니고 가는 유일한 사상은 이성이라고 하는 단순한 사상, 즉 이성이 세계를 지배하고 있다는 점, 따라서 세계사 역시 이성적으로 진행되고 있다는 점이다. 이 확신과 통찰은 역사 자체에 관해서는 일반적으로 하나의 전제이지만, 철학 자체에서는 이것은 결코 전제가 아니다. 이성 (…) 은 실체인 동시에 무한한 힘이며, 이성은 그 자신 모든 자연적 생활과 정신적 생활의 무한한 재료이며, 이 이성적 내용의 활동인 무한한 형상이라는 점은 사변적 인식을 통해 증명된다."[37]

헤겔이 역사의 진행이 이성적이고 이성이 인류사를 지배하고 있음을 전제한다는 점에서 그의 역사철학은 일종의 목적론적 이성 형이상학과 깊게 연결되어 있다. 따라서 세계사의 궁극 목적은 이성의 본질인 자유의 실현으로 이해되고, "세계사"란 "자유 의식에서의 진보"로 여겨진다.[38] 그렇지만 역사철학은 자유의 전개와 진보를 "필연성 속에서" 인식해야 한다.[39] 그리고 이런 역사 속에서 이성이 전개되는 과

---

36 에밀 앙게른, 『역사철학』, 83쪽.

37 Hegel, G. W. F., *Vorlesungen über die Philosophie der Geschichte*, p. 20.

38 *Ibid.*, p. 30.

39 *Ibid.*, p. 32.

정의 필연성을 파악할 때 우리가 주목해야 하는 것은 역사의 궁극적 목적을 실현하는 데 도움을 주는 계기다. 헤겔에 따르면 역사철학에서 우리가 주목해야 하는 것은 "원리, 궁극 목적, 규정 혹은 정신의 본성이자 개념"이라고 불리는 것이 "단지 보편적인 것, 추상적인 것"이라는 점이다. 이런 궁극 목적이나 원리만으로는 이성이 역사 속에서 충분하게 실현될 수 없다. 이성이 현실적인 것으로 실현되려면 이런 궁극 목적 혹은 원리를 현실화시키는 다른 계기가 필요하다. 이 계기가 바로 가능성으로만 머무르고 있는 이성의 원리를 역사 속에 실현하는 "의지, 즉 인간의 활동성 일반"이다.[40]

이처럼 헤겔은 역사 속에서 자유의 자기의식이라는 궁극적 목적의 실현 과정이 필연적임을 입증한다고 하면서 인간의 활동성을 이성의 실현에 이바지하는 결정적 계기라고 말한다. 그는 인간의 욕구와 열정 없이는 그 어떤 것도 이루어질 수 없다고 생각하기 때문이다. 그러므로 헤겔은 이성이라는 보편적 이념이자 원리와 이를 구체적 현실에 실현하는 인간의 활동성이라는 두 측면의 종합이라는 관점에서 역사에 대한 철학적 사유의 과제를 해명하고자 한다. 헤겔에 따르면 "이념"과 "인간의 열정"이 세계사를 이루는 두 가지 중요한 요소다.[41]

이제 헤겔은 인간의 활동과 세계사의 궁극 목적인 이성 사이의 관계를 해명하면서 "그의 철학의 가장 도발적이고 논쟁적인 이념들 가운데 하나"[42]인 "이성의 간지"(List der Vernunft)라는 개념을 사용한다. 이

---

40 *Ibid.*, p. 36.

41 Hegel, G. W. F., *Vorlesungen über die Philosophie der Weltgeschichte. Die Vernunft in der Geschichte*(Hamburg: Felix Meiner, 1994), S. 83 이하.

42 프레더릭 바이저(이신철 옮김), 『헤겔: 그의 철학적 주제들』(서울: 도서출판b, 2012), 340쪽.

성의 간계란 세계의 궁극 목적이 실현되는 방식에 대한 고찰에서 나온 헤겔의 개념이다. 헤겔에 따르면 이성 혹은 세계를 지배하고 세계 속에서 자신을 실현하는 궁극적 목적이자 근원으로서 이성은 역사 세계 속에 자신을 실현할 매개나 수단으로서 인간을 활용하는데, 이때 인간은 자신의 열정과 특수한 관심을 행동의 추동력으로 삼는다. 달리 말하자면 이성은 열정과 특수한 관심을 지니고 자신이 뜻하는 목적을 실현하고자 행동하는 인간을 자신의 실현을 위한 매개 혹은 수단으로 삼는다. 그래서 인간은 자신들의 특수한 이익이나 관심, 이를테면 명예욕이나 권력욕 등을 달성하기 위해 활동하는데, 이런 인간의 열정적인 활동을 수단으로 하여 이성은 자신의 목적을 달성한다는 것이다. 이처럼 인간은 역사 속에서 진행되는 이념의 구체적 내용이나 단계에 대해 명확한 인식을 갖추고 있지 않은 상태에서 자신의 욕망이나 특정한 주관적 목적을 달성하려고 행동할 뿐이다. 달리 말하자면 인간은 자신의 욕구나 특별한 목적을 달성하기 위해 활동하면서도 무의식적으로 세계사의 객관적 목적인 이성의 실현에 이바지한다. 이런 맥락에서 헤겔은 인간을 "세계정신의 도구이며 수단"이라고 규정한다.[43] 헤겔은 이성의 간지라는 개념을 다음과 같이 설명한다.

> "열정의 특수한 관심은 보편자의 활동과 뗄 수 없다. 왜냐하면 보편자는 특수한 것, 규정된 것 그리고 그런 것의 부정으로부터 출현하는 것이기 때문이다. 특수자는 세계사에서 그 고유한 관심을 지닌다. 그것은 어떤 유한한 것이고 그런 존재로 몰락하지 않을 수

---

43 Hegel, G. W. F., *Vorlesungen über die Philosophie der Weltgeschichte. Die Vernunft in der Geschichte*, p. 87.

없다. 서로 투쟁하고 그 한 부분이 파괴되는 것은 특수자다. 그러나 바로 특수한 것의 투쟁과 몰락 속에서 보편자가 출현한다. 보편자는 방해받지 않는다. 대립과 투쟁 속에 휘말려 자신을 위험에 직면하게 하는 것은 보편적 이념이 아니다. 보편적 이념은 침범당하지 않고 손상되지 않은 채 배후에서 자신을 유지한다. (…) 우리는 이성이 자신을 위해 열정을 작동시킬 때 이성을 현존하게 하는 것이 대가를 치르고 피해를 겪도록 하는 것을 이성의 간계라고 부를 수 있다. (…) 특수한 것은 대개 보편자에 비해 아주 사소하고, 개인들은 희생되고 버려진다. 이념은 자신으로부터 현존재와 무상함이라는 공물을 지불하는 것이 아니라, 개인들의 열정들로부터 그렇게 한다."[44]

물론 헤겔도 이성의 간지라는 개념이 함축하는 수단의 의미를 문제적인 것으로 보기도 한다. 개인들이 자신들의 특수한 목적이나 관심을 달성하려고 열정적으로 활동하는 것을 수단으로 삼아 절대적 이념을 실현시킨다는 의미에서 사용된 수단이라는 범주는 결코 인간이 한갓 사물처럼 특정 목적을 달성하기 위한 수단이라는 점을 포함하지 않는다는 것이다. 왜냐하면 인간은 자체 내에 영원하고 신적인 요소를 지니는 자기목적적 존재이기 때문이다.[45]

그러나 헤겔은 이성이라는 객관적이고 보편적인 인류사의 궁극적 목적은 개인의 열정이나 세계사적 개인들을 혹은 심지어 민족들을 수

44 *Ibid.*, p. 105.

45 *Ibid.*, p. 106.

단으로 삼아 배후에서 자신을 관철을 시킨다는 이성의 간계라는 설명틀을 포기하지 않는다. 물론 헤겔에 따르면 이른바 세계사적 인물들은 역사의 궁극적 목적인 이성의 근본 규정을 자신이 구체적으로 자각한 상태에서 자신의 행동을 통해 구현하려는 상황에서 행동하지 못하지만, 무의식적 혹은 모호한 상태에서나마 그런 세계사적 이념을 실현하고자 한다. 헤겔은 이런 무의식적 인식의 현상을 표현하기 위해 "본능(Instinkt)"이라는 용어를 사용한다.[46] 여기에 일종의 논리적 긴장, 혹은 인간이 이성의 간계로 활용되는 방식을 설명하는 데 모호한 지점도 존재한다. 이를테면 어떤 경우에 개인은 자신이 실현하는 객관적인 세계사의 이념에 대해 아무런 인식을 지니지 못하는 방식으로 행동한다고 말하기도 하고, 어느 경우에는 세계사적 개인들의 경우에 한정해서라도 그들은 어느 정도 세계사의 전개 과정에 필수적인 이념의 내용을 인식하고 있다고 설명하는 부분도 존재한다.[47]

헤겔에 따르면 세계사적인 인물들은 적어도 무의식적 본능으로나마 자신에게 할당된 세계정신의 실질적 내용을 자신의 특수한 목적 내에 포함시킨다. 이를테면 시저는 세계정신의 수단으로 자신이 자각적으로 의식하지 못하면서 무의식적으로 "좀 더 고귀한 것"을 실현하는 데 이바지한다.[48] 좀 더 자세히 말하자면, 시저는 그의 정치적 경쟁자에 의해 자신의 정치적 지위가 위험에 빠졌을 때, 자신의 명예와 안전을 보장하려는 관심으로 그의 적들과 투쟁해 승리를 거두었다. 그 결

---

46 Hegel, G. W. F., *Vorlesungen über die Philosophie der Geschichte*, p. 45.

47 이런 문제점과 그 해결 방법에 대해서는 찰스 테일러(정대성 옮김), 『헤겔』(서울: 그린비, 2014), 728-729쪽 및 729쪽 각주 16 참조.

48 Hegel, G. W. F., *Vorlesungen über die Philosophie der Weltgeschichte. Die Vernunft in der Geschichte*, p. 87.

과 로마의 공화정은 몰락하지 않을 수 없었고, 로마는 제정 시대로 이행하게 되었다. 그런데 헤겔이 볼 때 공화정에서 제정으로의 이행은 역사적인 발전 단계에서 이념을 한층 더 높은 단계로 끌어올리는 데 필수적인 것이었다. 이렇게 시저는 자신이 의도하지 않았지만, 자신의 열정과 이해 관심을 지키기 위해 온 힘을 다해 자신의 특수한 목적을 달성했으면서도 무의식적이자 본능적으로 이념을 구현했다.[49] 이처럼 세계사적 개인이 설령 "실체적인 것을 실현하는 주체성으로서 개인"일지라도 그런 인물에게 그의 행위를 통해 관철되는 더 높은 의미는 여전히 감추어져 있다.[50]

4. 변신론적 화해 이념의 한계

이성의 간계라는 개념이 인간을 한갓 수단이나 도구로 만들어버리는 것으로 오해될 수도 있기에 헤겔 자신도 그 개념이 함축하는 목적-수단 관계를 탐탁지 않게 보았다. 그러나 세계를 지배하는 이성의 객관적 목적과 인간 행위 사이의 내적 연관성을 탐색하는 작업에서 이런 수단이라는 범주가 안고 있는 문제점과 별도로 변신론으로서 이해된 헤겔의 이성적 사변철학이 그런 난관을 초래하지 않을 수 없는 궁

49 *Ibid.*, pp. 89-90.

50 Hegel, G. W. F., *Grundlinien der Philosophie des Rechts oder Naturrecht und Staatswissenschafl im Grundrisse*, in: *G. W. F. Hegel Werke in zwanzig Bänden*, hg. v. E. Moldenhauer und K. M. Michel(Frankfurt a. M: Suhrkamp, 1986), Band 7, p. 506.

극적 이유가 아닌지 검토해볼 필요가 있다. 달리 말하자면, 헤겔의 역사철학은 악의 문제와 이성 사이의 양립 가능성을 해결하기 위해 이성의 간계 같은 사유 틀을 요구할 수밖에 없는 것은 아닌지 검토해볼 필요가 있다는 말이다. 그러므로 이성의 간계가 지니는 문제점의 근저에는 이성이 세계를 지배하는 궁극적 원리이며 이런 이성이 무한한 힘을 지니는 기독교적 신학에서 말하는 신과 동일한 것을 자신의 철학의 근본 전제로 삼고 있다는 점이 놓여 있다.

주지하듯이 "이성적인 것은 현실적인 것이고 현실적인 것은 이성적인 것이다"[51]라는 헤겔의 『법철학』 서문에 등장하는 그 악명 높은 혹은 유명한 명제는 엄청난 반감을 초래했다. 그래서 그는 『철학대계(Enzyklopädie)』에서 이에 대해 변론하지 않을 수 없었다. 그는 "이성적인 것은 현실적인 것이고 현실적인 것은 이성적인 것이다"라는 이른바 동일성 명제가 우선 "신이 세계를 지배한다"라는 종교, 즉 헤겔이 종종 정신의 종교라 규정하기를 좋아하는 기독교의 교리와 연관이 있음을 분명하게 밝힌다. 달리 말해 그에 따르면, 기독교적 교리는 바로 헤겔이 강조한 동일성 명제를 "명백하게 표현하고 있다." 그런데 헤겔이 보기에 이런 교리의 참다운 의미를 이해하기 위해서는 철학적으로 접근해야 한다. 그리고 이 명제를 철학적으로 해명하려면 우선 "신이 가장 현실적인 존재이며 신만이 참으로 현실적으로 존재한다는 점을 알아야 할 뿐만 아니라, 형식적인 면과 관련해 모든 현존재(Dasein)는 부분적으로 현상(Erscheinung)이고 단지 부분적으로만 현실성(Wirklichkeit)이라는 점"을 인식할 정도의 "교양"이 있어야 한다.

---

51 *Ibid.*, p. 24.

그러니까 헤겔이 보기에 "이성적인 것은 현실적인 것이고 현실적인 것은 이성적인 것이다"라는 명제를 우려스러운 것으로 보는 사람은 이런 교양을 갖추지 못한 사람이다. 그런데 연이어서 헤겔이 강조하는 것이 결정적으로 중요하다. 일상적으로 사람들이 "오류나 악"이라고 하는 것과 마찬가지로 "시들어버리고 무상한 실존(verkümmerte und vergängliche Existenz)"을 "현실성(Wirklichkeit)"이라고 그는 말한다. 그러니까 그는 현실성으로서의 참다운 존재와 일시적이고 무상한 현존재를 구별하고 자신이 말하는 참다운 존재인 현실성을 "우연적인 실존"과 혼동해서는 안 된다고 말한다. 왜냐하면 우연적인 실존은 자신의 본성인 참다운 존재를 제대로 구현하지 못할 가능성을 지니고 있기 때문이다. 간단하게 말해 현실성과 이념은 본래 동일한 것인데, 사람들은 이념을 한갓 현실에 대립하는 당위 같은 것으로 착각하기에 자신의 동일성 명제에 대한 오해가 발생했다는 것이다.[52] 그러면서 헤겔은 우연적인 실존 혹은 "현존재(das Dasein)"를 "유한자의 총체(den Inbegriff des Endlichen)"로 이해하면서 이런 유한성의 영역에서만 "자유와 필연성, 행복과 고통, 그리고 선과 악" 같은 "절대적 대립"이 발생한다고 말한다. 여기에서는 악의 근원이 전적으로 유한한 이성적 존재자인 인간에게만 책임이 있는 것으로 이해된다.[53]

여기에서 일단 악과 타락이 온전히 개인에게 책임이 있다는 주장이 과연 신의 전지전능함 및 도덕적 완전성, 즉 섭리와 양립할 수 있는

52 Hegel, G. W. F., *Enzyklopädie der philosophischen Wissenschaften im Grundrisse*, in: *G. W. F. Hegel Werke in zwanzig Bänden*, hg. v. E. Moldenhauer und K. M. Michel(Frankfurt a. M: Suhrkamp, 1986), Band 8, pp. 47-48.

53 *Ibid.*, p. 101.

지의 문제를 도외시하자. 다만 역사 세계 내에서 등장하는 무시무시한 악행들이나 그로 인해 생긴 엄청난 희생이 전적으로 유한한 인간인 개인이 온전히 책임져야 할 것이라고 한다면, 이런 주장은 정신의 자신과의 대립 및 부정성과의 진정한 대면을 통해서만 정신이 참다운 정신일 수 있다는 헤겔의 주장과 충돌을 일으킨다. 달리 말하자면 부정성을 매개로 하는 동일성이란 절대 이성의 근본 원리이기에 유한한 세계에서 발생하는 온갖 악과 타락을 온전히 개인의 자유로운 선택이 의지에서 기인하는 것으로 보고, 개인이 그런 악에 대한 책임을 져야 한다는 태도는 절대정신이란 특별히 역사를 매개로 해서만 온전히 자신을 드러내고 완성에 도달할 수 있기에 절대적 이념의 실현에 필연적인 자기 구별 속에 이미 악의 가능성이 내재하고 있음을 긍정하는 그의 철학의 제일원리와 어긋난다. 역사가 절대적 이성이 자신을 드러내는 고유한 장소라고 한다면, 왜 악한 행동들이나 고통스러운 희생이 신적 이성의 자기실현에 필연적 현상으로 이해되어서는 안 되는지 이해하기 어렵다.

헤겔이 자신의 철학 내에 존재하는 이런 논리적 긴장을 의식하고 있는지는 모르겠다. 이런 문제와 별개로 헤겔 철학의 성공 여부는 절대적 이념, 즉 신의 절대적 무한성과 절대적 선함에 대한 확고한 신념이 정당화될 수 있는지에 달려 있다. 그런데 헤겔 자신은 이성의 간계라는 개념을 통해 역사 세계에서 등장하는 투쟁과 갈등의 심각성과 그 현실성, 그러니까 악의 현실성을 진지하게 받아들이면서도 동시에 그것을 매개로 해 이성이 더 나은 단계 혹은 궁극적 자기실현으로 극복될 수 있음을 보여주는 데 성공했다고 본다. 이런 점에서 그가 자신의 역사철학을 참다운 변신론이라고 규정함은 이미 언급했다. 그러나 이런 믿음은 사실상 악을 개인에게만 떠넘기거나 아니면 악을 전적으로 극복 가능한 것으로 본다는 점에서 심각한 난점에 직면한다. 헤겔에 따르면 철학이 우리에게 제공하는 통찰이란 "현실적인 세계가 그것이 존재해야 하는 바와 같이 존재한다는 것, 즉 참다운 선, 보편적인 신적인 이성은 자기 자신을 실현하는 힘이라는 것이다." 그런데 이런 신적인 이성의 실현 자체만이 진정한 철학적 사유의 대상이라고 헤겔은 말한다.

> "신이 세계를 지배한다. 신의 통치의 내용, 즉 그의 계획의 실행이 세계사다. 철학은 이러한 계획을 파악하고자 한다. 왜냐하면 이런 계획으로부터 실행으로 옮겨진 것만이 오로지 현실성(Wirklichkeit)을 지니고, 그 계획에 어울리지 않는 것은 단지 썩은 실존(faule Existenz)일 뿐이다. 결코 단순한 이상이 아닌, 이러한 신적인 이념의 순수한 빛 앞에서 세계가 마치 미친, 어리석은 사건인 것처럼 보이는 가상은 사라진다. 철학은 신적 이념의 현실성인 내용을 인식하고자 하고 부끄러운 현실성(die verschmähte Wirklichkeit)을 정당화하고자 한다. 왜냐하면 이성은 신적 작품의 이해이기 때문이다."[54]

위 인용문에서 악의 문제를 해결하는 헤겔의 방법이 드러나는데, 이는 앞에서 본 이성적인 것과 현실적인 것의 동일성 철학의 또 다른 표현에 지나지 않는다. 이제 우리는 왜 헤겔이 역사에서 나타나는 극

---

54 Hegel, G. W. F., *Vorlesungen über die Philosophie der Geschichte*, p. 53.

단적인 악의 현상과 신적인 이념이 아무런 문제 없이 화해할 수 있다고 보는지 더 잘 이해할 수 있다. 그에게 세계사적 개인들이나 민족들을 수단으로 삼아 자신을 관철시키는 이성의 간계가 안고 있는 문제점은 이성에 대한 낙관적 믿음으로 인해 사라지게 된다. 그러므로 우리는 헤겔 역사철학의 궁극적 난점이 바로 그가 자신의 철학의 근본 원리로 삼고 있는 절대적 이성에 대한 믿음에서 기인한다고 보아야 할 것이다.

이제 헤겔의 동일성 철학이 어떻게 악의 문제를 진지하게 다루는 데 실패하는지를 더 상세하게 검토해보자. 가다머가 언어를 해석학의 중심으로 삼아 헤겔 변증법을 비판적으로 계승하면서도 독일 관념론 철학, 특히 헤겔의 "동일성 철학"의 단순한 반복을 거부하듯이[55] 아도르노는 헤겔의 유명한 이성과 현실의 동일성 테제에 대해 다음과 같이 비판한다.

> 내가 지금껏 헤겔의 구조 전반을 특징짓는 모델에서 여러분에게 보여준 것은 그의 철학의 총체성에도 역시 해당된다고 할 수 있습니다. 아주 엄격한 의미에서 그렇다는 것이지요. 이를테면, 어떻게 말해야 할까요. 이 철학의 비밀 혹은 요점은 그 속에 포함된 부정들의 총체가 — 단순한 총량으로서가 아니라 서로 결합하여 형성되는 과정이 — 저 유명하고 그리고 또 여러분 모두에게 친숙한 변증법 테제, 현실적인 것은 모두 이성적이라는 테제의 의미에서 실증성이 되어야 한다는 것에 있다고 할 수 있습니다. 바로 이

---

55 한스 게오르크 가다머(임홍배 옮김), 『진리와 방법 2』(파주: 문학동네, 2012), 408쪽.

> 지점, 전체로서 변증법의 이 실증성이라는 것 말입니다. 이는 사람들이 이성적인 것으로서 전체를 그 개별 계기들의 비이성까지도 속속들이 파고들어 알 수 있기 때문에 — 전체가 바로 그 때문에 의미 있다고 주장할 수 있다는 것인데, 사실 저로서는 이런 주장은 더 이상 유지될 수 없다는 입장입니다.[56]

아도르노는 헤겔의 변증법적 사유가 실증성, 그러니까 주어진 현실의 맹목적 긍정으로 귀결된다고 본다. 그리고 그는 이런 헤겔 변증법의 실증성이 폭력과 공모하고 있음을 비판한다. 헤겔의 정신철학을 "정신의 폭력"으로 인식하면서 "헤겔의 엄청난 폭력"은 오늘날에도 여전히 강력하게 영향력을 행사하고 있다고 본다. 달리 말해 아도르노도 포함하여 오늘날에도 대부분 사람은 헤겔 정신철학의 폭력의 영향을 아주 강하게 받고 있다.[57]

> 그러나 만일 여러분이 독일 정신사에 눈을 돌린다면, 그러면 여러분은 이 깊이에, 모든 철학적 깊이에 들어 있는 고통의 계기가 독특하게 정당화되고 그래서 매우 문제적인 방식으로 적용되어왔음을 발견하게 될 것입니다.[58]

아도르노가 강조하듯이 독일 정신사, 좁게는 헤겔의 정신철학 속에는 "고통의 계기"에 대한 위험한 사고가 들어 있다. 그것은 인간의

---

56 테오도르 W. 아도르노(이순예 옮김), 『부정 변증법 강의』(서울: 세창, 2012), 40쪽.

57 위의 책, 44-45쪽.

58 위의 책, 227-228쪽.

삶과 역사에 피할 수 없는 잔인성과 폭력적인 죽임과 살상 같은 고통의 계기를 "독특하게 정당화"하는 관념이다.

아도르노는 헤겔이 역사철학에서 사변적 사유의 최고 경지로 그토록 강조한 역사적 "신정론/변신론(Theodizee)"을 겉보기에는 매우 깊은 사유인 것처럼 보이지만 사실은 피상적인 것으로 비판한다. 주지하듯이 비극적인 것이라는 개념에서 보듯이 삶의 유한한 부정성 속에서 몰락해가는 존재 속에서 유한성 내에 깃들어 있는 무한성이 드러난다는 식의 이른바 깊이 있는 사유란 "고통의 신정론"에 지나지 않는다고 아도르노는 이해한다.

고통 속에서 늘 그 어떤 깊은 의미를 구해낼 수 있다고 보는 태도야말로 어쩌면 우리를 심연을 알 수 없는 고뇌에 빠뜨리는 무의미한 고통 혹은 무고한 희생자들의 고통 경험을 도외시하는 마약 같은 것일지도 모른다. 고통에서 늘 긍정적 의미를 찾아내려는 것을 심오하고 깊은 사유가 감당해야 하는 것으로 바라보는 태도는 "거부, 죽음, 억압을 사물의 피할 수 없는 본질로 여기면서 거기에 힘을 실어"주는 것이기 때문이다. 그러니까 아도르노에게는 고통의 신정론이란 "피할 수 있고 비판될 수 있는 것"인 부정성과 저항하는 것이 아니라, 그것을 숙명으로 받아들이면서 그런 고통에 늘 의미를 구하려는 사유의 피상성과 게으름으로 여겨지는 셈이다.[59]

실제로 헤겔의 정신철학이 고통을 가볍게 다루는 데는 절대적 이성 혹은 신적인 정신의 화해하는 힘에 대한 과도한 낙관적 믿음이 개입되어 있다. 달리 말하자면 헤겔 역사철학에서 문제시되는 이른바

59 위의 책, 227-229쪽.

'이성의 간계'라는 개념이 지니는 위험성, 그리고 그런 표현에 관한 불충분함을 어느 정도 인식하고 있었던 헤겔에게 우리가 물어야 할 더 중요한 것은 그가 그런 문제점에도 불구하고 '이성의 간계' 같은 개념을 통해서까지 이성과 현실의 동일성을 통해 역사 세계에서 수없이 반복되는 잔인무도하고도 끔찍스러운 사건에서 역사의 의미를 찾도록 추동한 사상적 토대가 무엇인가 하는 것이다. 그것은 바로 정신의 무한한 화해하는 힘에 대한 기독교적 교리에 대한 헤겔식의 낙관적 믿음이다. 그러니까 헤겔의 정신은 자신의 타자 혹은 타자의 형식으로 존재하는 자신으로 자연을 이해하면서 자연의 타자성을 정신으로 환원하는 동일성의 폭력을 보여준다. 동일성의 폭력은 정신의 폭력이라고도 할 수 있는데 이는 자연의 부정성, 즉 자연 생명의 죽음이라는 유한성의 극복을 정신의 부활이라는 시각에서 본다는 데 기인한다. 달리 말하자면 자연적 생명의 부정성을 상징하는 것으로서 죽음의 죽음을 부활, 즉 정신적 자유로움으로의 도약이자 실현이라는 기독교적 관점에서 이해하기에 그의 정신은 생명의 고통과 폭력에서 정신적 승화의 가능성과 이로 인한 악을 망각하는 힘만을 긍정적으로 보는 우를 범한다.

무한한 정신의 위력이자 힘이란 인간이나 생명체의 유한성과 결부된 모든 "악"을 "공허한 것"으로 만드는 힘으로 휘말려 들어간다. 그리하여 "정신의 참다운 의식과 관련해 그리스도의 죽음 속에서 인간의 유한성이 살해된다. 이처럼 자연적인 것의 이러한 죽음은 보편적 의미를 지닌다. 즉 유한한 것, 악 일반이 파괴된다. 그렇게 세계는 화해된다."[60] 그가 기독교를 정신 본성의 규정을 가장 참다운 방식으로 드러

60 Hegel, G. W. F., *Vorlesungen über die Philosophie der Religion II*, in: *G. W. F. Hegel Werke in zwanzig Bänden*, hg. v. E. Moldenhauer und K. M. Michel(Frankfurt a. M: Suhrkamp,

내고 있는 "정신의 종교"라고 부르는 것은 우연이 아니다.[61] 헤겔에 따르면 "'신이 죽었다'라는 것은 모든 영원한 것, 모든 참다운 것이 존재하지 않는다는 것, 즉 신 안에조차 부정이 존재한다는 가장 두려운 사상이다. 최고의 고통, 구원이 전적으로 부재하다는 감정, 더 고차적인 모든 것의 폐기(das Aufgeben)가 이와 결합되어 있다." 그러나 예수의 죽음의 의미는 여기서 끝나지 않는다. 그것은 극적인 전환을 초래한다. 신의 죽음은 "죽음의 죽음(der Tod des Todes)"이며, 신의 죽음은 다시 "부활"로 이어진다.[62]

예수의 죽음이 죽음의 죽음으로써 부활의 사건이라는 헤겔의 생각은 이제 신의 무한한 사랑으로 해석된다.

> "그러나 신에 반대되는 자신의 대자존재 속에 있는 이러한 유한성은 악이고, 신에게 낯선 것이다. 그러나 신은 악을 그의 죽음을 통해 죽이기 위해 악을 떠맡는다. 이러한 절대적 극단들의 엄청난 통일로서의 굴욕적인 죽음은 그런 죽음 속에서 동시에 무한한 사랑이다. 신이 자신에게 낯선 것을 죽이기 위해 그런 존재와 자신을 동일한 것으로 정립하는 것이 무한한 사랑이다. 이것이 그리스도의 죽음의 의미다."[63]

이처럼 헤겔의 사변적 종교철학에 따르면 기독교를 통한 악의 극

1986), p. 295.

61 *Ibid.*, p. 305.

62 *Ibid.*, p. 291.

63 *Ibid.*, p. 292.

복이 이미 원리적으로 완성되었다. 달리 말하자면 예수의 죽음은 무한한 사랑의 행위로서 세계, 특히 역사 세계 속에 등장하는 온갖 폭력과 살육으로 인해 발생한 희생이 말끔히 치유되고 용서받을 수 있음을 원리적으로 선포하고 있다고 해석한다.

> "그러나 이미 도덕성에서, 더욱이 종교의 영역에서 정신은 자유로운 것이자 자기 자신 내에서 긍정적인 것으로 의식되어 악으로까지 나아가는 정신에서의 이러한 한계는 정신의 무한성에 대해 무와 같은 것(ein Nichtiges)이다. 정신은 일어난 일을 일어나지 않은 것으로 만들 수 있다(der Geist kann das Geschehene ungeschehen machen). 물론 행동은 기억 속에 남겠지만, 정신은 그것을 제거한다. 그러므로 책임 전가는 이러한 영역에 다다르지 못한다. 예수의 죽음으로 정신의 참다운 의식에 대해 인간의 유한성은 살해되었다. 이러한 자연적인 것의 죽음은 이렇게 유한한 것과 악 일반이 무화된다는 의미를 지닌다. 따라서 세계는 화해된다."[64]

그러나 예수의 죽음이 선포한 신의 무한한 사랑이 "정신은 일어난 일을 일어나지 않은 것으로 만들 수 있음(der Geist kann das Geschehene ungeschehen machen)"을 뜻한다고 이해하는 헤겔의 해석에는 무언가 무시무시한 요소가 존재한다. "der Geist kann das Geschehene ungeschehen machen"은 "정신은 악을 선으로 복원하는 힘을 가지고 있다"라고 번

---

64 *Ibid.*, p. 295.

역되기도 한다.[65] 이 번역은 필자가 보기에 의역이다. 그러나 이 번역은 신학 전공자가 한 것으로 기독교적 신학의 맥락에서 그 뜻을 잘 풀이한 것으로 여겨지기도 한다. 하여간 예수의 죽음의 의미를 모든 악의 부정과 용서를 통한 무한한 신의 사랑의 표현으로 보는 것은 왜 헤겔이 역사철학에서 이성의 간계를 통해 신과 인간의 궁극적 화해, 즉 이성과 현실성의 동일성을 과감하게 선포할 수 있었는지를 이해할 결정적 실마리라는 점은 확실하다.

그러나 예수의 죽음에 대한 헤겔의 사변적 해석과 그것의 역사철학적 전유는 매우 큰 대가를 치른다. 그것은 악과 폭력을 정신의 실현에 봉사하는 그 어떤 긍정적인 것으로 전환하는 것에 그치지 않는다. 그것은 한편으로 악을 가상적인 것으로 만들어버린다. 앞에서 이성적인 것과 현실적인 것의 동일성 명제를 설명하면서 헤겔은 현실성과 다른 존재, 이를테면 이성에 어울리지 못하는 현존재를 악이 창궐하는 고유한 영역인 것으로 말하면서 그것을 "단지 썩은 실존(faule Existenz)"이라고 명명했다. 그러니까 이렇게 참다운 이성적 이념에 어울리는 형태를 띠지 못하는 종교나 도덕이나 개인의 행동 등 모든 것은 우연적인 것으로 쇠퇴할 수 있는 것이며, 타락하고 변질될 수 있지만, 이런 다양한 썩은 실존들을 통해 의연히 자신을 관철하는 절대적 이성은 아무런 영향도 받지 않는다는 것이다. 즉, 세계사의 온갖 소용돌이나 "시끄러운 소음"에도 절대적인 이성은 "아무런 해를 입지 않는다(beibt unangetastet)."[66] 이런 절대적 이성으로서의 신이 과연 자기 구별과 타

---

65 피터 하지슨(정진우 옮김), 『헤겔의 종교철학』(남양주: 누멘, 2017), 267쪽.

66 Hegel, G. W. F., *Vorlesungen über die Philosophie der Geschichte*, p. 54.

자화로 자신을 외화하는 부정성과 자신과의 대립과 갈등을 필연적인 계기로 삼고 있는지는 의문이다. 여기서 볼 때 세계에서 유한한 인간이 극심한 불행과 악으로 인해 고통을 겪는다고 해도 신적 이성은 그저 처음부터 끝까지 신적 이성으로 남아 있을 뿐이다. 이런 이성이 진정으로 사랑의 신이자 무한한 화해의 힘을 지닌 존재인지도 의문이다. 이는 사실상 스토아적 무정념(apatheia)으로서 이성의 역사철학적 변형이라고 볼 수 있으며, 이러한 무정념적 신적 이성은 결국 모든 유한한 생명이 겪는 악과 고통에 대해 그 어떤 감수성도 보여주지 못하는 태연과 초연한 이성의 이름 뒤에 숨은 잔인한 이성에 지나지 않는다. 자연과 비인간 생명체 그리고 타인의 고통에 대해 공감 능력을 보이기는커녕 그에 대해 아무런 동요를 느끼지 못하는 무정념적 이성이라는 극도의 잔인성마저 허용하고 그것을 방치하는 최악의 상황으로 치닫지 않을 수 없다.

다른 한편으로 예수의 죽음에 대한 헤겔적인 사변적 이해는 무고한 희생자의 목소리를 영원한 망각과 침묵으로 몰고 갈 수 있다는 위험이 있다. 이를테면 예수의 죽음을 정신의 승리로 파악하면서 화해와 사랑의 절대적 가치를 긍정하는 헤겔의 사변적 변신론이자 정신철학은 정신을 통한 화해의 힘이 지니는 폭력성에 대한 이의 제기 가능성을 절대적인 악으로 단정한다. 그에 의하면 "예수 그리스도는 모든 인간은 용서받을 수 있지만, 정신에 대항하는 죄만은 용서받을 수 없다고 말했다." 이 주장에 관한 헤겔의 해석에 따르면 이런 정신에 대항하는 죄가 용서받을 수 없는 까닭은 바로 그것이 "무한한 대립의 통일에 관한 이념인 절대적 진리의 훼손"이라는 점에서 "최고의 범죄"를 뜻하

기 때문이다.[67]

여기에서 바로 헤겔 정신철학의 극단적인 폭력성과 야만성이 드러난다. 가해자와 피해자가 화해하는 것이 원칙상 숭고하게 들린다는 점에서 언뜻 보면 나쁜 일이 아니겠으나, 정신의 화해하는 힘에 대한 헤겔의 낙관적 믿음은 무고하게 고통을 겪고 죽어간 사람들의 아픔을 기억하려는 노력이 오히려 마치 용서라는 가장 고귀한 정신의 이념과 진리를 거부하는, 그런 점에서 신에 대한 가장 극단적인 모욕인 것으로 이해하게 만들 위험을 안고 있다. 화해라는 이념의 폭력성에 저항하는 행위를 두고 화해의 타자에 대한 극단적 적의와 절멸 의지로까지 나가는 모습은 모든 비판적 사유와 이의 제기에 대한 적대성의 표출에 지나지 않는다. 삼위일체의 기독교적 교리의 신비 혹은 신앙과 계시의 신비나 수수께끼 같은 요소를 남김없이 변증법적으로 혹은 사변적으로 사유하는 이성에 의해 개념화할 수 있고, 또 그렇게 하는 것만이 최고의 철학적 사유라고 믿었던 헤겔의 이성에 대한 믿음 역시 신앙과 계시의 신비를 긍정하는 것보다 더 야만적인 광기로 나아갈 수 있음을 보여준다.

레비나스가 지적한 것처럼 예수를 통해 우리 인류가 이미 궁극적으로 죄로부터 용서를 받았고, 그러므로 궁극적 화해가 달성되었다고 한다면, 그것은 모든 죄악이 용서받을 수 있음을 허용하는 것처럼 보인다. 달리 말하자면 "무한한 용서의 가능성"을 진지하게 받아들이는 순간 우리는 역설적으로 "무한한 악"을 긍정하는 유혹에 빠지게 되지 않을 수 없다. 달리 말하자면 "모든 것을 용서하는 신이 있다면, 그 신

---

67 Hegel, G. W. F., *Vorlesungen über die Philosophie der Religion II*, pp. 305-306.

은 모든 죄악을 용서하는 셈이기에 인간 세상에 상상을 초월하는 잔인무도한 끔찍한 죄악을 개의치 않고 행하도록 부추길 수 있지 않을까?"라는 레비나스의 반문은 헤겔식의 이성의 간계와 정신의 무한한 용서와 화해의 힘이 어떤 위험성을 지니고 있는지를 근본적으로 성찰하도록 만든다.[68]

도저히 용서받을 수 없는 죄악에 대한 자각이 없다면, 어떻게 우리는 신이나 피해자에게 진정한 고백을 통해 용서를 구할 수 있을지 의문이다. 여기에서 필자는 신의 은총에 따른 구원과 모든 죄의 용서 가능성에 관한 기독교적 신앙의 신비를 파헤칠 수 없다. 그런 신앙의 신비 자체를 이성적 논증으로 반박하려거나 또 반박할 수 있다고 생각하지 않기 때문이다. 다만 여기에서 필자가 문제 삼고자 하는 것은 기독교적인 신앙의 신비를 사변적으로 새해석하여 이성과 현실의 궁극적 화해를 선언하는 헤겔의 정신철학이 극단적인 폭력과 공모할 가능성을 논리적으로 해명하는 것이다. 달리 말하자면 헤겔의 정신철학은 정신의 포식성과 과식성 때문에 그 생명성을 상실한다. 아우슈비츠 이후에 신의 화해와 용서의 힘을 앞세우는 것은 살아남은 자의 낯뜨거운 변명이자 죽임을 당한 피해자의 목소리를 잊지 않도록 알려야 하는 책임을 저버리는 행위라고 여겨진다. 무고하게 죽어간 사람의 목소리를 기억하는 행동이야말로 역사를 가능하게 하는 힘이라고 믿기에 헤겔적인 용서와 화해를 공감하기 어려운 것은 필자만의 곤혹스러움은 아

---

68 Levinas, Emmanuel., *Difficult Freedom: Essays on Judaism*, translated by Sean Hand (Baltimore: Johns Hopkins University Press, 1990), p. 139. 레비나스의 이 구절을 필자는 다카하시 데쓰야(고은미 옮김), 『기억의 에티카: 전쟁 · 철학 · 아우슈비츠』(서울: 소명, 2021), 153쪽에서 알게 되었다.

니리라 믿는다.

그러나 헤겔의 정신 형이상학에 대한 레비나스의 성찰도 서구 근대 세계의 식민주의적 폭력에 대한 성찰의 부족으로 그 한계를 보여준다. 필자는 이미 선행 연구에서 20세기 서구 사회가 보여준 나치즘의 폭력성이 서구 근대가 초기에서부터 저질러온 비유럽 사회의 식민주의적 폭력성에 대한 성찰의 결여와 긴밀하게 결합된 것으로 보아야 함을 역설했다.[69] 달리 말하자면 아우슈비츠의 폭력으로 상징되는 서구 근대의 극단적 폭력성은 서구 근대의 식민주의적 폭력성이 유럽 대륙 자신에게 되돌아온 사건으로 보아야 한다는 것이다. 그런데도 필자가 아는 한 레비나스에게는 여전히 식민주의적 폭력과 아우슈비츠 사이의 내적 연결성에 대한 성찰이 결여되어 있다. 타자의 고통에 대한 무한한 응답으로서의 책임 윤리를 강조하는 레비나스도 한 인터뷰에서 "팔레스타인 사람들은 얼굴이 없기" 때문에 그들의 인간적 취약성은 살인하지 말라는 의무를 불러일으키지 않는다고 말한다. 또한 그에 의하면 "아시아 유목민 무리"는 유대-기독교 문화의 윤리적 토대를 위협한다.[70]

다시 헤겔로 돌아가 보자. 고통받는 사람과의 연대 의식의 부재는 그가 역사 속에서 이성의 실현의 기본 단위로 설정한 국가의 발전과정에 관한 서술에서도 분명하게 드러난다. 여기에서 이를 상세하게 분석할 수 없지만, 그는 "세계정신의 발전 단계"를 대변한다고 여겨지는 민

---

69 나종석, 『대동민주 유학과 21세기 실학: 한국 민주주의론의 재정립』(서울: 도서출판b, 2017), 453-456쪽 참조.

70 주디스 버틀러(양효실 옮김), 『지상에서 함께 산다는 것: 이스라엘 팔레스타인 분쟁, 유대성과 시온주의 비판』(서울: 시대의창, 2016), 51쪽 및 431쪽에 나오는 각주 24 및 25 참조.

족의 활동 앞에 거칠 것이 없다. 그것은 제한 없는 정당성을 허용받는다. 따라서 헤겔은 선진 문명을 이룩한 민족의 권리 앞에 다른 민족은 아무런 "권리도 없는 것"이라고 단정한다.[71] 그리하여 그는 근대 유럽의 자본주의 세계체제 및 그와 연동해 움직이는 국민국가의 폭력성 — 식민지배 및 노예제와 노예무역 등 — 을 이성적으로 정당화하는 전형적인 유럽중심주의 철학자의 면모도 보여준다.[72] 이런 점 역시 아마 그의 낙관적인 정신철학과 무관하지 않을 것이다.

헤겔은 세계사를 "도살장(Schlachtbank)"에 비유하면서도[73] 동시에 그것을 "자유의 의식에서의 진보" 과정이라고 보았다. 세계사가 "도살장"이지만, 그런 살육과 무자비한 현실 속에서 아무런 동요 없이 자신을 실현하는 신적 이념인 이성의 무한한 힘에 대한 낙관적 믿음을 헤겔은 끝까지 견지했다. 그러므로 그는 세계사가 비록 무수한 어리석고 광기 어린 사건들로 점철되어 있음에도 철학의 과제는 "신적 이념의 현실성을 인식하는 것이고 경멸받아 마땅한 현실을 정당화하는 것"으로 규정한다.[74] 철학에 대한 그의 규정은 앞에서 본 화해의 철학과 다름없다. 화해란 다름 아니라 "이성을 현재라는 십자가 속의 장미로 인

---

71 Hegel, G. W. F., *Grundlinien der Philosophie des Rechts oder Naturrecht und Staatswissenschafl im Grundrisse*, p. 506.

72 헤겔의 유럽중심주의 및 비서구 사회에 대한 근대 유럽의 폭력성의 정당화와 관련해서 나종석, 『헤겔 정치철학의 통찰과 맹목』, 제3장 및 제5장 참조. 나종석, 「헤겔과 동아시아: 유럽 현대성의 정체성 형성과 동아시아의 타자와의 문제를 중심으로」(『헤겔연구』 40, 한국헤겔학회, 2016), 참조.

73 Hegel, G. W. F., *Vorlesungen über die Philosophie der Geschichte*, p. 35 및 p. 32.

74 Hegel, G. W. F., *Vorlesungen über die Philosophie der Weltgeschichte. Die Vernunft in der Geschichte*, p. 78.

식"하려는 헤겔 자신의 사변철학이기 때문이다.[75]

그러나 여기에서 우리는 헤겔의 화해 철학의 한계도 아울러 알게 된다. 그의 화해 철학은 세상이 어떻게 되어야 하는지와 같은 이른바 추상적인 도덕적 당위의 물음을 던지지 말고 세계의 이성적 성격을 파악하라고 권하면서, 실상 그런 주장을 통해 헤겔 자신의 철학이 철저하게 정치적이라는 점을 숨기고 있다. 더 나아가 헤겔의 화해 철학은 이성이 세계를 지배한다는 이성의 형이상학에서 우러나는 지나친 낙관주의를 보여준다. 그러나 이런 낙관주의 속에 은밀하게 스며들어 있는 도덕적 무감각과 현실적 지배권력의 폭력성을 승인하면서 이와 공모하는 위험한 태도를 간과해서는 안 된다. 앞에서 강조했듯이 "이성을 현재라는 십자가 속의 장미"로 파악하려는 헤겔의 정신철학이 실제로 '고통의 신정론'임을 보여주기에 부족함이 없다. 여기에서도 이성이란 세계 속에서 온갖 부정성에도 불구하고 그런 장애를 뛰어넘어 자신을 의연하게 관철하는 세계의 궁극적 원리로 이해되고 있기에 이런 이성의 승리란 결국 "십자가 속의 장미"라고 표현된다.

5. 나가는 말

헤겔의 이성의 간지는 신적 섭리 혹은 세계의 궁극적 원리인 이성 혹은 절대자의 무한한 힘과 뗄 수 없이 연관되어 있다. 그리고 그런 신

75 Hegel, G. W. F., *Grundlinien der Philosophie des Rechts oder Naturrecht und Staatswissenschaft im Grundrisse*, p. 27.

적 섭리를 이성적인 방식으로, 그러니까 헤겔의 용어를 사용해 표현한다면 사변적 방식으로 개념화하려는 노력으로서 역사철학은 신에 대한 참다운 옹호 혹은 정당화라는 변신론으로 이해된다. 그런데 적어도 헤겔의 주장에 따르면 이런 변신론(Theodizee)으로서의 역사철학, 넓게는 그의 정신철학 전반은 세상 내에서 우리가 늘 겪는 재앙들이나 불행들이나 도저히 눈 뜨고 볼 수 없는 잔인성으로 점철된 폭력을 부인하지 않는다. 아니, 그런 절대적인 근본악의 실재성을 인정하면서도 이를 단순히 도덕적인 비난의 대상으로 삼지 않는다. 그런 도덕적 비판과 단죄는 역사 속에서 관철되는 이성의 실현이라는 더 고차적인 차원을 제대로 파악하지 못한다는 점에서만이 아니라, 그런 도덕적 비판이 역사적인 구체적 행위 연관 속에서 도리어 역설적으로 부당하다고 기각된 현실의 전적인 부정과 파괴로 치닫을 수밖에 없다는 점에서 치명적 한계를 지닌다는 것이 헤겔의 생각이었다. 그렇다고 해도 헤겔은 현실 속에서 등장하는 냉정하고 엄혹한 권력 정치의 틀 내에서이기는 하지만 이성이나 그와 연관된, 요컨대 진정한 혹은 참다운 이성적인 것들, 이를테면 자유 같은 개념들의 궁극적 의미를 포기하지 않으면서도 도덕과 정치의 복잡한 작동 구조를 인식하여 이성과 현실 사이의 화해 가능성을 철학적으로 정당화할 수 있다고 믿었다.

그러나 헤겔에게는 화해의 가능성이 너무나 실질적이고 현실적으로 이미 완성된 것으로 다가왔다. 그가 그렇게 화해의 이념을 이미 본래 완성된 것으로 이해하게 된 까닭은 인간의 역사 속에서 등장한 신의 아들, 즉 신의 육화된 존재라 여겨지는 예수 그리스도의 탄생과 죽음을 통한 성령 공동체 내에서 부활의 역사에 대한 확고한 믿음이었다. 그리고 이런 예수의 죽음과 부활의 역사에는 인간의 죄가 예수를 통해 대속됨으로써 용서받고 구원받았다는 것이 그 핵심적 내용이다. 그리고 이러한 기독교의 가르침에는 참되게 사유해야 할 정신의 진리가 포함되어 있다고 헤겔은 생각했을 것이다. 물론 그는 이런 기독교적인 신앙의 신비나 계시의 신비로움을 결코 마냥 수용하지는 않았다. 그는 그 이전의 서구의 어떤 철학자나 신학자도 시도하지 않았던 작업을 과감하게 수행했다. 그리하여 그는 기독교의 교리 중에서 가장 신비로우며 도저히 이해될 수 없는 신비 중의 신비라 일컬어지던 삼위일체의 교리를 사변적인 방식으로 철학화할 수 있다고 믿었고, 실제로 그는 자신의 사변철학이야말로 인류 역사에 등장한 다양한 종교 중에서 최고이며 완성된 종교라고 스스로 생각한 기독교의 계시가 지니는 궁극적 진리를 개념적으로 파악하는 데 성공했다고 자부했다.

그러나 헤겔의 사변철학, 그러니까 기독교의 종교적 계시의 진리를 철저하게 철학적인 방식으로 사유하고 인식하는 것을 추구하는 철학은 세계 내에 존재하는 악의 문제와 신의 절대적인 완전성 및 전지전능함과는 서로 모순되지 않는다는 생각에 몰두하도록 부추겼다. 그에게는 이미 예수의 탄생과 죽음 그리고 그런 육체적인 죽음 이후에 예수의 부활이라는 '죽음의 죽음'의 사건이 인류 역사, 더 나아가 자연과 우주 전체의 모든 과정의 궁극적 의미를 해명할 결정적 실마리로 여겨졌기 때문이다. 이미 역사는 원리적으로 완성되었다. 달리 말하자면 역사 세계 내에서 등장하는 모든 물리적 및 도덕적 악은 예수의 탄생, 죽음 그리고 부활이라는 역사적 사건[신적 정신의 계시(Offenbarung), 즉 현현]으로 인해 정신, 즉 신적 이성의 타자화와 이런 타자화를 매개로 해 자신을 실현하여 자신에게로 귀환하는 운동 자체가 이미 신의 승리, 즉 신적 이성의 관철과 실현으로 귀결되지 않을 수 없는 내적 필연성을 증언하고 있다고 믿었다.

그러므로 이제 헤겔에게는 신적 이성과 절대자의 자기 승리의 필연성을 통해 우리가 겪는 모든 악함과 고통과 상처가 치유되고 지양되어 인간과 신의 화해가 달성되었다고 단언할 수 있었다. 이런 것이 프랜시스 후쿠야마에 의해 세속적으로 변형된 형태로 유행한 바 있었던 이른바 역사의 종언에 관한 이야기의 헤겔적 단초일 것이다. 그렇게 헤겔에 따르면 정신의 화해하는 힘은 기존에 인류사에서 일어난 모든 것, 모든 악과 잔인성과 폭력 등을 없었던 것으로 만들어버릴 수 있을 정도로 위력적이다. "상흔을 남기지 않고 정신의 상처를 치유한다(Die Wunden des Geistes heilen, ohne daß Narben bleiben)"[76]라는 명제가 보여주듯이 정신의 위력은 현실에서 일어난 모든 악행과 범죄 행위 등 모든 것을 "일어나지 않을 일로 만들 수 있다."[77]

달리 말하자면 이 세상에서 정신의 승리, 즉 악을 용서하고 현실과 화해하는 정신의 무한한 힘에 대한 긍정은 현실적인 것과 이성적인 것이 동일한 것이라는 사변적 인식으로 구현된다. 그럼에도 모든 것을 용서하고 이를 통해 정신의 상처를 아물게 할 수 있다는 정신의 화해하는 무한한 힘은 다만 한 가지만 여전히 단죄할 수밖에 없었는데, 그것은 용서와 화해 그 자체를 거부하는 몸짓이었다. 이런 용서와 화해를 거부하는 몸짓은 그 어떤 경우에도 용서받을 수 없는 대역죄이자 신에 대한 가장 극단적인 범죄로서 악 중의 악이라고 단죄되고 있다.

---

76 Hegel, G. W. F., *Phänomenologie des Geistes, in: G. W. F. Hegel Werke in zwanzig Bänden*, hg. v. E. Moldenhauer und K. M. Michel(Frankfurt a. M: Suhrkamp, 1986), p. 492; 헤겔(김준수 옮김), 『정신현상학 2』(파주: 한길사, 2022), 649쪽.

77 *Ibid.*, p. 491; 헤겔(김준수 옮김), 『정신현상학 2』, 648쪽.

그러나 우리는 여기에서 다시 묻지 않을 수 없다. 역사 세계 내에서 발생하는 악과 잔인성과 폭력이 헤겔이 주장하듯이 다 용서를 받아 망각되고 지양될 수 있는 것인가? 우리에게는 여전히 지양 불가능한, 극복 불가능한 폭력과 잔인성, 그러니까 결코 아무런 내재적 가치를 지니지 못하는 무의미한 고통의 역사가 존재하는 것은 아닌가? 우리가 겪은 고통이 신적 이념의 실현에 도움이 되었다는 이유로 고통받고 피해를 겪는 무고한 사람들과 생명체의 유린당한 존엄성이 다시 회복될 수 있는가? 누가 무슨 권한으로 무고한 피해자를 대신하여 잔인성을 가한 사람이나 국가나 집단에 대해 용서할 수 있는가? 설령 그런 용서가 신의 명령이라고 해도 말이다.

우리는 무한한 사랑으로서의 무조건적 용서와 화해를 실현하는 신에게도 물음과 회의를 표해서는 안 되는가? 심지어 모든 악이 예수 그리스도의 죽음을 통해 대속되었다고 한다면, 우리가 저지른 혹은 저지를지도 모르는 모든 극악한 범죄 행위로부터 근본적으로 용서받고 구원받은 것이라는 결론이 도출되는 것처럼 보인다. 적어도 헤겔이 주장하는 화해의 철학, 즉 변신론으로서의 역사철학이자 정신철학은 그런 주장을 하는 것으로 여겨진다. 그렇지만 우리에게 결코 말끔히 지워지지 않는 일말의 의구심을 신 앞에서도 말할 용기를 지녀야 하고, 그런 용기가 신에 대한 반역이라고 말할 수 있을까? 정신의 무한성은 예수 그리스도의 죽음으로 결정적으로 증언되었기에 이제 모든 악이 용서받을 수 있고 지양될 수 있고 그리하여 인간과 신의 화해가 이루어진다면, 그런 화해의 철학은 역설적으로 모든 악을 정당화하고 있는 것은 아닌가? 우리는 이와 관련해 앞에서 레비나스의 성찰을 다루면서 "무한한 용서의 가능성은 무한한 악"을 허용할 가능성을 품고 있음을 살펴보았다.

그러므로 우리는 헤겔이 이해한 사변적 신이 진정한 신이 아닐 가능성이 있다면 어떻게 되는지와 같은 물음을 제기하지 않을 수 없을 것이다. 아마도 그는 이런 물음 자체를 악마시할 것이다. 그는 이미 『법철학』에서 국가에 대한 사변적 인식 이외의 모든 견해를 잘못된 것이라고 규정하는 것을 넘어서 도저히 용서받을 수 없는 국가에 대한 최대의 반역으로 생각했다.[78] 그러나 우리는 오늘날에도 헤겔 스스로 예수 그리스도의 죽음과 관련해 언급했듯이, "신이 죽었다"라는 것, 그러니까 인간에게는 구원의 가능성이 사라져버렸다는 가장 고통스러운 감정을 지니지 않을 수 없다. 그러나 그는 예수 그리스도의 죽음이 가공할 만한 고통스러운 것으로 여겨지면서도, 동시에 사실상 그 죽음은 죽음의 죽음, 즉 자연적 유한성의 죽음을 통한 정신적 세계로의 도약이라는 부활의 사건으로 필연적으로 이어진다는 점에 대해 조금도 의심하지 않는다.

이런 믿음이 지니는 여러 한계를 이미 살펴보았기에 마무리에서 절대적 사변철학 내에서 어떤 새로운 사유의 실마리가 존재하지 않는지를 생각해보자. 헤겔 철학이 강조하듯이 신 혹은 절대자 혹은 이념이나 이성이 자연과 역사적 세계라는 형태로 자신을 타자화 또는 외화하는 모험을 감행했다면, 우리는 그런 모험의 실패 가능성도 염두에 두지 않으면 안 될 것이다. 아니 신 자체가 자신의 외화를 결단했을 때 자신의 모험 자체가 실패할 가능성도 염두에 두었다고 보아야 하지 않을까? 그런 모험의 실패 가능성이 없다면 사실 인류 역사가 겪는 고통

---

78 Hegel, G. W. F., *Grundlinien der Philosophie des Rechts oder Naturrecht und Staatswissenschafl im Grundrisse*, p. 452.

은 한갓 가상이나 불필요한 고통에 머무르고 말 것이다. 고통을 통해 늘 이성이나 신이 자신을 실현하는 필연성이 있다면 그런 고통이 진실로 고통이라는 무게나 의미를 견뎌낼 수 있을지 의문이기 때문이다.

그러므로 우리에게 헤겔과 마찬가지로 신에 대해 사변적으로 사유할 모험적 태도가 허용된다면, 우리가 걸어가야 할 길은 절대적 이성의 승리를 단언하는 것이 아니라, 절대자가 오히려 타자에게, 그러니까 자연과 우리에게 의존하고 있지 않은지도 진지하게 검토해보아야 할 것이다. 달리 말하자면 신은 세계 속에서 자신을 전적으로 방출하고 외화했기에 신의 성공 여부 자체는 우리 인간이 신의 모험에 어떻게 반응하는가에 달려 있을지도 모른다는 생각도 해보아야 한다는 말이다. 아메리카 원주민에 대한 대량 학살("아메리카 홀로코스트")과 비서구 사회에 대한 식민 지배를 거쳐 아우슈비츠에 이르기까지, 그리고 오늘날 인류와 지구 생명체의 절멸도 가능하게 만들 것이라는 생태 위기가 보여주듯이 서구 근대가 주도한 인류사는 이성 실현의 역사라고 보기보다는 오히려 "신성"을 "위험"에 빠뜨리고 있다고 보는 편이 더 나을 것이다. 이와 관련해 한스 요나스(H. Jonas)가 말했듯이 신은 전능하지 않을 수 있으며, 그렇지만 신의 지혜의 성공을 위해서라도 어쩌면 우리 인간의 도움이 필요한 존재일지도 모른다는 가능성도 새로운 사변적 사유가 진지하게 검토해볼 하나의 길이 아닌가 한다.[79]

물론 아우슈비츠 이후 요나스의 신학적 성찰과 사색의 핵심을 선취한 사람은 에티 힐레줌(Etty Hillesum)이다. 요나스가 스스로 주장하듯이 신은 인간을 도울 수 없고 인간이 신을 도와야 한다는 "이단적인 것

---

79 한스 요나스(김종국 옮김), 『물질 · 정신 · 창조: 우주의 기원과 진화에 관한 철학적 성찰』(서울: 철학과현실사, 2007), 94-103쪽.

으로 느껴질 수 있는 견해"를 갖게 된 것은 아우슈비츠 사건의 충격 때문이었다. 그런데 이런 요나스의 견해는 네덜란드에서 태어나 1942년 베스터보르크(Westerbork)에 있는 유대인 강제수용소에 자진 입소해 자신의 동포들을 돕다가 1943년 아우슈비츠에서 살해당한 여성인 에티 힐레숨의 사유와 깊게 공명한다. 요나스가 그녀의 일기 일부를 인용한 부분을 읽어보기로 하자.

> "신이시여, 당신이 저를 버리시지 않도록 제가 당신을 돕겠습니다. 하지만 저는 지금 당장에는 아무것도 보증할 수 없습니다. 저에게 점점 분명해지는 것은 오직 한 가지뿐이니, 당신은 저희를 도울 수 없고 오히려 저희가 당신을 도와야 하며 이를 통해 결국에는 저희가 저희 스스로를 도와야만 한다는 것이 그것입니다. 중대한 문제는 오직 하나뿐입니다. 그것은 바로 저희 안에 있는 당신의 한 도막을 구해내는 것입니다, 신이시여. … 아아, 정녕 이 상황을 당신이라고 해서 많이 바꿀 수 있을 것 같지는 않군요. … 당신께 책임지라고 요구하지는 않겠습니다. 오히려 당신께서 나중에 저희에게 책임을 추궁하시겠지요. 그리하여 심장이 고동치는 거의 모든 순간마다 저에게 더욱더 분명해지는 것은 당신은 저희를 도울 수 없고 오히려 저희가 당신을 도와야만 하며 저희 안에 있는 당신의 거처를 저희가 최후까지 지켜내야만 한다는 것입니다."[80]

요나스와 에티 힐레숨의 사유는 전지전능하고 전적으로 선하다고

---

80 위의 책, 105-106쪽에서 재인용.

믿어지는 절대적 신이 상상을 초월하는 극악무도한 폭력과 잔인성이 난무하는 인류 사회에 대해 아무런 조치를 취하지 않는 상황에서 신을 거부하는 것도 아니고 그렇다고 기존의 신에 대한 견해를 그대로 승인하지 않는 다른 길, 즉 도움이 필요한 신에 대한 사유와 인간의 무한한 책임에 대한 성찰을 준비하고 있다는 점에서 중요한 의미를 지닌다.

우리는 신에 대한 다른 사유를 통해 불가능한 용서와 화해의 가능성을 사유해볼 필요가 있는 것 같다. "용서와 화해의 불가능성의 가능성"이라는 역설적 표현은 아마 독자도 어렵지 않게 눈치챘을 것이지만, 데리다(J. Derrida)의 후기 사유에 등장하는 용어를 활용해본 것이다. 달리 말하자면 용서할 수 없는 악과 범죄가 있다는 점을 긍정하면서도 그런 악조차 무조건 용서할 가능성에 대한 추구를 포기될 수 없는 것으로 받아들이는 분열된 상황 속에서 살아가는 법을 배우려는 자세가 헤겔이 말하는 화해의 정신을 구가하는 사변철학보다 더 나은 길이라고까지 강하게 단언하고 싶지는 않다. 그러나 적어도 그런 길에 대한 개방성을 확보하려는 노력이 오늘날 우리에게 필요한 사유나 철학이 아닐까?

참고문헌

게오르크 빌헬름 프리드리히 헤겔(김준수 옮김), 『정신현상학 2』, 파주: 한길사, 2022.

나종석, 『대동민주 유학과 21세기 실학: 한국 민주주의론의 재정립』, 서울: 도서출판 b, 2017.

______, 「헤겔과 동아시아: 유럽 현대성의 정체성 형성과 동아시아의 타자와의 문제를 중심으로」, 『헤겔연구』 40, 한국헤겔학회, 2016.

다카하시 데쓰야(고은미 옮김), 『기억의 에티카: 전쟁 · 철학 · 아우슈비츠』, 서울: 소명, 2021.

악셀 호네트(강병호 옮김), 『인정: 하나의 유럽 사상사』, 파주: 나남, 2021.

알렉산더 해밀턴 · 제임스 매디슨 · 존 제이(김동영 옮김), 『페더랄리스트 페이퍼』, 서울: 한울아카데미, 1995.

에른스트 카시러(박완규 옮김), 『계몽주의 철학』, 서울: 민음사, 1995.

에밀 앙게른(유헌식 옮김), 『역사철학』, 서울: 민음사, 1997.

오트프리트 회페(이상헌 옮김), 『임마누엘 칸트』, 서울: 문예출판사, 1997.

임마누엘 칸트(김미영 외 옮김), 「세계시민적 관점에서 본 보편사의 이념」, 한국칸트학회 기획, 『비판기 저작 Ⅰ(1784-1794)』, 파주: 한길사, 2019.

______(백종현 옮김), 『실용적 관점에서의 인간학』, 서울: 아카넷, 2014.

______(백종현 옮김), 『영원한 평화』, 서울: 아카넷, 2013.

______(백종현 옮김), 『이성의 한계 안에서의 종교』, 서울: 아카넷, 2011.

장 자크 루소(진인혜 옮김), 『루소, 장 자크를 심판한다: 대화』, 서울: 책세상, 2012.

______(김중현 옮김), 『에밀』, 파주: 한길사, 2003.

주디스 버틀러(양효실 옮김), 『지상에서 함께 산다는 것: 이스라엘 팔레스타인 분쟁, 유대성과 시온주의 비판』, 서울: 시대의창, 2016.

찰스 테일러(정대성 옮김), 『헤겔』, 서울: 그린비, 2014.

테오도르 W. 아도르노(이순예 옮김), 『부정 변증법 강의』, 서울: 세창, 2012.

표도르 도스토옙스키(김희숙 옮김), 『카라마조프가의 형제들』 1, 파주: 문학동네,

2018.

프레더릭 바이저(이신철 옮김), 『헤겔: 그의 철학적 주제들』, 서울: 도서출판b, 2012.

피터 하지슨(정진우 옮김), 『헤겔의 종교철학』, 남양주: 누멘, 2017.

한스 게오르크 가다머(임홍배 옮김), 『진리와 방법 2』, 파주: 문학동네, 2012.

한스 요나스(김종국 옮김), 『물질 · 정신 · 창조: 우주의 기원과 진화에 관한 철학적 성찰』, 서울: 철학과현실사, 2007.

Cassirer, E., *Rousseau, Kant, Goethe*, Hamburg: Felix Meiner, 1991.

Hegel, G. W. F., *Vorlesungen über die Philosophie der Weltgeschichte, Die Vernunft in der Geschichte*, Hamburg: Felix Meiner, 1994.

Hegel, G. W. F., *G. W. F. Hegel Werke in zwanzig Bänden*, hg. v. E. Moldenhauer und K. M. Michel, Frankfurt a. M: Suhrkamp, Band 3/7/8/12/13/17, 1969-1971.

Kant, I., *Kant's gesammelte Schriften*, hg. von der Preußischen Akademie der Wissenschaft, Band 20, Berlin 1902ff.

Levinas, Emmanuel, *Difficult Freedom: Essays on Judaism*, translated by Sean Hand, Baltimore: Johns Hopkins University Press, 1990.

Rawls, J., *Lectures on the History of Political Philosophy*, ed. by S. Freeman, Cambridge, Massachusetts: Harvard University Press, 2008.

04

갈등과 경쟁: 니체의 아곤 개념을 중심으로

정낙림(경북대학교 철학과)

1. 들어가는 말

"아직도 다스리고자 하는 사람이 있는가? (…) 돌볼 목자는 없고 가축의 무리가 있을 뿐! 모두가 평등하기를 원하며 실제 그렇다. 어느 누구든 자기가 특별하다고 느끼는 사람은 제 발로 정신병원으로 가게 마련이다."[1] "'우리 가운데 어느 누구도 최강자가 되어서는 안 된다.' (…) 그렇게 되면 경쟁이 말라서 고갈되고, (…) 국가의 영원한 생명의

---

* 이 글은 한국문화융합학회의 학술지인 『문화와 융합』 40(8)(통권 58집), 2018. 12에 실린 필자의 「니체의 아곤과 인성교육」, 99-126쪽을 수정 · 보완한 것이다.

1 F. Nietzsche, *Also sprach Zarathustra*, in: *Sämtliche Werke*. Kritische Studienausgabe in 15 Bänden(앞으로 KSA로 축약), Bd.4, hrsg. von G. Colli u.a., München 1999, p. 20. 앞으로 니체 저서는 제목의 축약, 전집의 권수 그리고 페이지를, 유고 단편은 괄호와 꺾쇠로 명기한다. 예시: Z; KSA 4, 29. 유고 예시: N; KSA 12, 348(9[25]).

근거가 위험해지기 때문이다."[2] 첫 번째 인용문은 『차라투스트라는 이렇게 말했다(Also sprach Zarathustra)』(1883)의 머리말에서 따온 것이고, 두 번째 인용문의 출처는 니체의 바젤 시절 교육에 관한 일련의 강연록 중 하나인 「호머의 경쟁(Homer's Wettkampf)」(1872)이다.

만약 우리가 위의 인용이 니체의 것이라는 사실을 몰랐다면, 분명히 세계관이 다른 두 사람의 글로 추정할 것이다. 비록 10년 정도의 시간 간극이 있는 글이지만, 과연 니체의 태도에 모순이 있거나 아니면 사고에 전면적 변화가 있었던 것일까? 첫 번째 인용문은 분명히 자신의 시대 평등의 가치가 초래한 인간성의 타락을 질타하는 내용이다. '모든 인간은 평등하다'는 근대의 보편적 평등권은 계몽주의와 프랑스 혁명을 통해 자신의 위력을 유감없이 보여주었다. 니체가 평등의 가치를 비판할 때 주장의 초점은 평등권 자체에 있기보다 그것을 바라보는 근대인의 태도에 있다. 니체가 말하는 '가축의 무리'로서 근대인은 권리로서 평등을 가치들의 평등으로 잘못 이해하고 가치들 사이의 위계와 거리를 지워버렸다. 그 결과 근대인은 가치들의 균등과 취향의 균등을 마치 계몽의 성취로 믿게 되었다. 니체에게 '가치들이 똑같다는 것'은 생명의 질서, 즉 더욱 강력해지고, 타자를 지배하려는 '힘에의 의지'에 위배되는 '생리학적 모순'[3]이다.

두 번째 인용문에서 우리는 니체의 경쟁(Agon)의 가치에 대한 옹호를 읽을 수 있다. 힘에의 의지는 경쟁을 통해 발현되고, 개인이나 집단은 경쟁할 때 비로소 자신을 고양시키고 공동체를 건강하게 할 수 있

---

2 HW; KSA 1, 788.

3 GD; KSA6, 143 참조.

다. 그것에 대한 예시가 바로 그리스문화다. 그렇다면 평등을 기초로 한 근대문화와 그것의 종착지인 니힐리즘을 극복하기 위한 대안이 경쟁일까? 피상적 관점에서 본다면, 힘에의 의지를 찬양하는 니체가 제한 없는 경쟁을 옹호했으리라 생각할 수도 있다. 그래서 오늘날 전 지구적으로 진행되고 있는 약탈적 경쟁마저 니체의 철학에서 그 정당성을 얻을 수도 있을 것이라는 판단도 하게 된다. 그러나 이것은 니체 철학에 대한 명백한 오해다. 두 번째 인용에서 우리는 "우리 가운데 어느 누구도 최강자가 되어서는 안 된다"는 그리스인의 지혜를 니체가 언급하고 있다는 사실을 간과하지 말아야 한다. 니체는 결코 승자독식 혹은 약탈적 경쟁을 옹호하지 않았고, 오히려 그것을 야만으로 가는 첩경임을 자신의 저서 곳곳에서 경고하고 있다.

니체 철학의 목표는 니힐리즘의 극복으로 모아진다. 니힐리즘은 인간이 믿고 의지했던 '최고 가치'가 무의미해져 더 이상 믿고 따를 가치가 없어진 '의미의 진공상태'를 의미한다. 니체에 따르면 근대에 만연한 평등의 가치는 니힐리즘의 가장 직접적인 기호다. '최고 가치'의 무화(無化)는 곧 '모든 가치가 똑같다'는 가치의 평등선언의 다른 말이다. 그렇다면 니힐리즘 극복의 길은 평등의 가치를 대체할 새로운 가치를 찾는 것이다. 평등을 대체할 새로운 가치를 찾으려는 니체의 노력은 이미 1870년대 초 바젤 시대「우리 교육기관의 미래에 관하여(Ueber die Zukunft unserer Bilungsanstalten)」등 일련의 강연에서 등장한다. 그가 주목한 것은 그리스문화와 그것을 지탱한 가치다. 그리스문화는 경쟁의 산물이며, 경쟁은 또 다른 경쟁을 낳을 때 정당성을 갖는다. 만약 경쟁을 종식하는 경쟁이 있다면 그것은 제도적으로 엄격히 금해야 한다는 것이 그리스인의 지혜였다.

니체는 자기 시대의 문제를 해결하기 위한 실마리를 시간의 순방향이 아닌 역방향에서 찾는다. 문제의 출발점을 찾을 수 있다면 문제 해결의 가능성 또한 가시화되리라는 가정하에 니체는 유럽문화의 출발점으로 돌아간다. 그곳에서 그는 역사상 가장 건강한 민족인 그리스인과 그들의 문화를 재발견한다. 니체가 발견한 그리스문화의 정수는 바로 아곤(ἀγών, agon)이다. 아곤은 원래 회합 장소, 회합을 의미했는데, 그것이 싸움, 재판, 대결, 경쟁, 논쟁, 긴장 등의 의미로 확장된다. 아곤의 가치를 문화의 차원으로 승화시킨 사람은 호머(Homer)이며 호머에게 그것은 주로 경쟁, 경연의 의미를 가진다.[4] 아곤은 그리스인에게 정치, 사회, 문화 등 삶과 관련된 일체의 활동에서 최우선하는 가치다. 이것은 마치 근대인에게 평등권이 가진 지위와 비교할 수 있다. 니체는 아곤을 주로 '경쟁(Wettkampf)'으로 이해하고 근대의 '평등' 가치에 대한 대항 개념으로, 또 '힘에의 의지(Wille zur Macht)'의 모태로 삼는다.

이 글의 목표는 그리스문화를 아곤 개념을 통해 이해하고, 그것에 기초하여 인간의 왜소화와 가치 창조의 여력을 상실한 유럽 문명을 구하기 위한 니체의 시도를 살펴보는 것이다. 이 목표를 성취하기 위해 우선, 그리스 철학과 문화에서 아곤적 사유를 표본적으로 가장 잘 보여주는 니체의 「호머의 경쟁」을 살펴보고, 그리스문화의 정수라고 할 수 있는 비극이 어떻게 아곤적 사유에서 탄생했는지도 추적한다. 또한 아곤 가치의 부활을 꿈꾸는 니체의 주장을 그의 힘에의 의지에 기초한 '위대한 개인'의 훈육 프로그램을 통해 살펴본다.

---

4 아곤에 대한 개념적 이해는 Liddell & Scott, *Greek-English Lexicon*(Oxford: the Clarendon Press, 1975), p. 10 참조.

2. 아곤과 그리스문화

"그리스의 수호신은 '투쟁과 승리의 삶은 무엇을 원하는가?'라는 물음에 대해 (…) 대답을 이미 가지고 있었고, 그 대답을 그리스의 전 역사를 통해 제시하고 있다."[5] 니체에 따르면 아곤은 그리스 철학, 예술 그리고 문화를 관통하는 최고의 가치다. 아곤의 가치가 훼손되거나 쇠퇴할 때 그리스는 위기에 빠졌고, 몰락을 향해 가게 된다. 니체가 볼 때, 아곤에 대한 철학적 사유는 헤라클레이토스가 가장 잘 보여주고 있다. 아곤적 사유에 있어서 헤라클레이토스가 자신의 길잡이임을 니체 스스로 밝힌다.[6]

이미 약관의 교수 초년생 시절이던 바젤대학에서 행한 1869년부터 1876년 사이의 「플라톤 이전의 철학자들(Die vorplatonischen Philosophen)」 강의와 1873년 『그리스 비극 시대의 철학(Die Philosophie im tragischen Zeitalter der Griechen)』이라는 짧은 저서에서 니체가 가장 심혈을 기울여 연구한 철학자는 헤라클레이토스다. 일련의 강연과 저서에서 니체가 파악한 헤라클레이토스의 핵심 사상은 네 가지로 요약될 수 있다. 그것은 '생성(Werden)', '정의(dike)', '투쟁(polemos)' 그리고 '불'[7]이다. 이러한 헤라클레이토스의 사유는 '아곤'과 뗄 수 없는 관계에 있다. 생성은 세계의 본성이고, 생성은 투쟁의 형태로 표현되고, 정의는 바로

---

5 HW; KSA1, 785. 아곤이 니체 철학 전반에 가진 의미에 대해서는 C. D. Acampora, *Contesting Nietzsche*(Chicago: The Uninversity of Chicago Press, 2013) 참조.

6 "나는 (…) 헤라클레이토스를 나의 선조로 가진다."(N; KSA11, 201(26[193]))

7 니체의 바젤 시대 「플라톤 이전의 철학자들(Die vorplatonischen Philosophen)」에 대한 강의는 F. Nietzsche, *Kritische Gesamtausgabe*(앞으로 KGW로 축약), Colli u.a.(Hg), Berlin u.a. 1995 인용. KGW II-4, 278 참조.

생성을 위한 투쟁을 의미하고, 불이 이것을 상징한다.

특히 정의와 투쟁은 헤라클레이토스의 아곤적 사유를 잘 보여준다. "전쟁(polemos)은 공통된 것이고 투쟁(eris)이 정의이며, 모든 것은 투쟁과 필연(chreōn)에 따라 생겨난다는 것을 알아야 한다."[8] 헤라클레이토스에서 투쟁은 세계의 본성이고, 따라서 존재자들 간의 투쟁은 필연적인 것이며, 동시에 그것은 영속적이다. 그런데 존재자들 간의 투쟁은 타자를 지배하는 힘을 얻기 위한 필연적 과정인데, 헤라클레이토스에서 투쟁이 영속적이라는 것은 힘이 결코 특정 존재자에게 배타적으로 집중되지 않는다는 것을 의미한다. 비록 존재자들 간의 힘의 불균형이 일시적으로 있을 수 있으나 그것은 잠정적일 뿐이다. 즉, 하나의 존재자가 영원히 다른 존재자를 지배하는 경우는 없다. 이것에 대한 상징이 불인데, 헤라클레이토스에서 불은 타오르고 꺼지는 것이 영원히 반복된다.

헤라클레이토스에서 존재자들 간의 경쟁은 승자와 패자의 교체가 반복되는 힘들 간의 경쟁, 즉 놀이의 일종으로 간주된다. 힘을 향한 경쟁은 경쟁을 종식시키는 것을 목적으로 하지 않고, 또 다른 경쟁을 촉발하는 놀이다. 경쟁에 대한 헤라클레이토스의 이러한 사유가 가장 잘 표현된 단편이 B52다. "삶의 시간(영겁의 시간)[aion, Lebenszeit, Ewigkeit]이란 도대체 무엇인가?"라고 사람들이 헤라클레이토스에게 묻자, 그는 "장기 돌을 모았다 흩트렸다 하며 노는 아이[pais paizon, spielendes Kind (Knabe)], 왕국(basilēiē)은 아이의 것이니"[9]라고 대답한다. 아곤과 관련하

---

8 탈레스(김인곤 외 옮김), 『소크라테스 이전 철학자들의 단편 선집』(파주: 아카넷, 2010), 249쪽.

9 KGW II-4, 273. "삶의 시간(aion, Lebenszeit, Ewigkeit)은 장기를 두면서 노는 아이(aiōn

여 이 단편에서 주목할 점은 장기 놀이와 왕국의 관계다. 이 부분에 대한 다양한 해석이 가능하나,[10] 장기 놀이를 통해 왕을 결정했다는 페르시아 퀴로스(Kyros) 왕의 전설이 설득력이 있다. basilēiē는 Basilinda(왕놀이)와 같은 어원에서 출발한다. 소몰이꾼 퀴로스가 장기 놀이에서 승리해 왕이 되는 과정을 헤라클레이토스는 삶이 가진 우연성을 설명하기 위해 차용했을 것이다.[11] 헤라클레이토스는 왕좌를 향한 경쟁을 놀이로 이해함으로써 경쟁의 결과보다는 경쟁의 과정과 지속성에 경쟁의 본질이 있음을 말하고 있다. 결국 헤라클레이토스는 삶이 경쟁에 뿌리를 두고 있다는 것, 그리고 경쟁이 결과를 예단할 수 없는 우연의 놀이라는 점을 강조한다.

그리스인은 "아테네에서 최고로 유익할 수 있거나 아니면 적어도 해를 가져오지 않도록 **경쟁**을 통해 자기"[12]와 공동체의 발전을 조화시켰다. 그리스문화와 아곤에 대한 니체의 본격적 연구는 그가 바젤 시

---

pais esti paizon, pesseyōn paidos), 왕국(basilēiē)은 아이의 것이니."(탈레스 외, 『소크라테스 이전 철학자들의 단편 선집』, 249쪽) 니체는 헤라클레이토스의 단편 B52를 이렇게 해석한다. "생성과 소멸, 건축과 파괴는 아무런 도덕적 책임도 없이 영원히 동일한 무구의 상태에 있으며, 영겁의 시간 에온(Aeon)은 자기 자신과 이 놀이를 한다. 마치 아이가 바닷가에서 모래성을 쌓듯이 그는 물과 흙으로 변신하면서 높이 쌓았다가는 부수곤 한다."(PHG; KSA1, 830)

10 정낙림, 「헤라클레이토스 단편 B52에 대한 한 연구: 놀이 철학의 관점에서」(『니체연구』 17, 한국니체학회, 2010), 265-268쪽 참조.

11 G. Wohlfart, *Also sprach Herakleitos Fragment B52 und Nietzsches Heraklit-Rezeption*, Freiburg(Breisgau) u.a. 1991, p. 162 참조. 퀴로스 이야기는 헤로도토스의 『역사』 I권 p. 114에 등장한다. 여기에 대해서는 헤로도토스(천병희 옮김), 『역사』(고양: 숲, 2009), 87-157쪽 참조.

12 HW; KSA 1, 788. 그리스의 종교와 운동경기 그리고 축제가 근본적으로 '경쟁'에 뿌리를 두고 있으며, 그리스인은 경쟁을 통해 탁월성의 가치를 실현한다. 여기에 대해서는 장영란, 「그리스 종교 축제의 원형적 특성과 탁월성 훈련」(『철학논총』 73, 새한철학회, 2013), 281-301쪽 참조.

절 행한 일련의 강연을 통해 제시되는데, 그 대표적인 것이 「호머의 경쟁」이다. 니체는 호머의 세계관이 그리스인의 세계관을 요약하고 있다고 보는데, 그것은 바로 아곤에 대한 태도다.

니체에 따르면 그리스인에게 인간 본성은 자연적 본성으로부터 분리될 수 없다. 이것은 근대인이 인간성과 자연적 본성 혹은 본능을 구별하는 것과 차이가 있다. 자연적 본성에 부합하는 인간 본성은 "잔인함의 특성과 호랑이와 같은 파괴충동"[13]에 기초한다. "**그리스인의 영리함** — 승리하고 빼어나고자 하는 욕구는 극복할 수 없는 자연의 성향이며, 대등함에 대한 어떠한 존경과 기쁨보다 더 오래되고 근원적인 것이다."[14] 헤라클레이토스가 이미 보여주었듯이 타자와의 싸움과 경쟁은 피해야 할 것이 아니라 정의로운 것이다. 그러므로 사람들 사이에서 벌어지는 경쟁은 자연스러운 것이고 세계를 긍정하는 것이다. 근대인에게 이러한 그리스적 태도는 야만에 가까운 것으로 오해하기 쉽다.

"그리스 조각가는 왜 전쟁과 투쟁을 그토록 수없이 반복하여 형상화할 수밖에 없었으며, 또 증오나 승리의 자만심으로 긴장한 힘줄의 사지를 내뻗고 있는 인간의 육체들, 몸을 굽힌 부상자들, 마지막 숨을 그르렁거리며 죽어가는 자들을 조형할 수밖에 없었는가? 왜 일리아드의 전쟁상에서 전체 그리스 세계는 환호성을 지르고 있는가? 나는 (…) 우리가 이것들을 일단 그리스적으로 이해하면 전율하게 되지 않을까 우려한다."[15]

잔인함과 인간의 삶을 절멸시킬 수도 있는 전쟁에 대한 찬양과 그

---

13 HW; KSA 1, 783.

14 MA; KSA 2, 656.

15 HW; KSA 1, 784.

러한 본능을 자연스러운 것으로 받아들이는 그리스인의 태도를 우리는 원시적이고 반문명적인 야만성으로 이해하기 쉽다. 경쟁에는 승패가 따르고 승자가 모든 것을 얻고 패자는 모든 것을 잃는 것을 제도적으로 금지하려는 노력이 문명사회라는 사실을 인정한다면, 분명히 그리스인의 경쟁에 대한 찬양은 쉽게 이해할 수 없다. 그러나 그리스인은 우리가 생각하는 승자독식의 경쟁을 인정하지 않았다. 그들이 경쟁의 가치를 소중하게 생각한 것은 경쟁을 종식하는 승부에 있는 것이 아니라 경쟁이 또 다른 경쟁을 자극한다는 점이다.

그리스인이 말하는 경쟁의 의미는 헤시오도스의 『일과 날』에 등장하는 불화의 여신 에리스(Eris)가 잘 보여주고 있다. 헤시오도스에 따르면 불화의 신 에리스는 쌍둥이다. 하나는 칭찬을 받을 만하고 다른 쪽은 비난받아 마땅한 것이다. 우선 비난받을 에리스는 끔찍한 전쟁과 불화를 몰고 오는 잔혹한 복수의 여신이다. 이에 반해 좋은 에리스는 사람들 사이에 경쟁을 촉발하고 경쟁이 서로에게 이익이 되게 하는 선한 신이다.[16] 니체는 두 명의 완전히 다른 에리스에 대해 이렇게 기술한다.

> "우리는 다른 여신을 비난하는 것처럼 한 명의 여신을 찬양하고자 할 것이다. (…) 한 여신은 끔찍한 전쟁과 불화를 요구한다. 잔인한 여신! 어떤 사멸적 존재도 이 여신을 당해낼 수 없다. (…) 이

---

16 헤시오도스(천병희 옮김), 『신들의 계보』(서울: 숲, 2009), 101쪽 참조. "고대 그리스인은 **시기**에 대해 우리와는 다르게 느꼈다. 헤시오도스는 그것을 **선하고** 은혜를 베푸는 에리스 때문이라고 보았다. 그리고 신들에게 시기하는 성질이 있다고 인정하는 것은 아무런 불쾌감도 일으키지 않았다. 이러한 사실은 [그리스인에게] 경쟁이 세계의 본성이었고 경쟁이 좋은 것으로 규정되고 평가되었기 때문에 이해할 수 있는 일이다."(M; KSA 3, 45f.)

여신은 연장자로서 어두운 밤을 낳았다. 그러나 최고의 지배자 제우스는 다른 여신을 대지의 뿌리와 인간들 편에 훨씬 선한 신으로 세워놓았다. 이 여신은 미숙한 남자를 노동으로 내몬다. 재산이 없는 한 남자는 부유한 다른 남자를 주의 깊게 바라보고는 재빨리 같은 방식으로 씨를 뿌리고 재배하고 집을 손질한다. 이웃은 번영을 추구하는 이웃과 경쟁한다. 이 불화의 여신은 인간에게 선하다."[17]

첫 번째 에리스의 다툼은 증오와 시기 그리고 질투에 기초한 적대감으로 표현된다. 이 적대감은 적에게 치명타를 가해 파멸시키는 것을 목표로 한다. 이러한 태도는 우리가 흔히 생각하는 승자독식주의의 경쟁에 해당한다. 그러나 그리스인에게 경쟁은 두 번째 에리스의 본성으로 설명될 수 있다. 이 파멸의 여신은 인간에게 적을 공격하도록 자극하지만, "파괴적 투쟁이 아니라 **경쟁**의 행동을 하도록 자극"[18]한다. 경쟁의 당사자들은 상호 격렬하게 경멸하거나 증오하여 파멸될 것을 원하지 않는다. 적에 대한 존중과 승리와 패배의 교차가 나와 적 모두에게 자기 성장에 도움이 된다는 것을 알 정도로 그리스인은 지혜로웠다.

그리스인은 경쟁이 개인의 삶에 유익할 뿐만 아니라 공동체를 건강하게 하는 토양이 된다고 본다. 그리스문화의 전성기에서 경쟁의 가치는 더욱 빛을 발한다. 올림픽에서 펼쳐진 시합, 비극을 비롯한 문화

---

17 HW; KSA 1, 786.

18 HW; KSA 1, 787. "고귀한 인간은 이미 자신의 적에게 얼마나 큰 경외심을 가지고 있는 것일까! — 그리고 그러한 경외심은 이미 사랑에 이르는 다리다. … 그는 자신을 두드러지게 하기 위해 스스로 자신의 적을 요구한다."(GM; KSA 5, 273)

전반에서 펼쳐진 경연 대회를 통해 우리는 그리스문화 곳곳에 스며든 경쟁의 가치를 확인할 수 있다. 니체는 이러한 경쟁의 가치가 일상화된 시기를 호머의 시대로 본다. 호머의 작품에 등장하는 영웅들의 경쟁, 환호와 패배 그리고 승자의 패자에 대한 존중 등은 단순히 영웅을 미화하기 위한 수사가 아니라 당대 그리스인의 세계관을 직접적으로 반영한다.

"모든 재능은 싸우면서 만개되어야 한다"[19]는 경쟁의 가치는 그리스의 정치에도 그대로 반영된다. 경쟁은 공동체에 유익한 것이고, 경쟁의 종식은 공동체에 불행한 일이라는 것을 간파한 그리스인이 고안한 정치의 기술 중 하나가 '패각추방(ostrakismos)'이다. 패각추방은 위험인물에 대한 일종의 인민재판으로, 위험인물을 조개 또는 사기 조각에 쓰게 하고 그 결과 위험한 인물로 판결된 자를 국외로 추방하는 제도를 말한다. 주로 국외로 추방되는 자는 상대가 없을 정도로 압도적 힘을 가져 권력을 독차지할 위험이 있는 자다. 니체는 패각추방의 예를 에페소스 사람들이 헤르모도르를 추방한 것에서 찾는다. "'우리 가운데서는 어느 누구도 최강자가 되어서는 안 된다.' (…) 그렇게 되면 경쟁이 말라서 고갈되고, 헬레니즘 국가의 영원한 생명 근거가 위험해지게 되기 때문이다."[20]

그리스인의 패각추방에서도 잘 드러나듯이 경쟁의 진정한 의미는 탁월한 사람과 독재자에 대한 시기나 권력 분산을 목표로 하는 것이 아니다. 그것은 한 사람의 천재나 독재자가 경쟁의 가치를 고갈시키고

---

19 HW; KSA 1, 789.

20 HW; KSA 1, 788.

개인들의 재능과 힘의 확장 기회를 박탈함으로써 공동체 전체의 쇠퇴를 초래하는 것을 막기 위한 것이다. "이 특별한 제도[패각추방]의 본래적 의미는 조절장치의 의미이기보다는 자극 수단의 의미다. 사람들은 힘들의 경쟁이 되살아날 수 있도록 뛰어난 개인을 제거한다. 현대적 의미에서 천재의 '독점'에 적대적인 사상은 사물들의 자연적 질서 속에는 서로의 활동을 자극하는 천재들이 항상 여럿 있게 마련이며, 또 그들은 서로 중용의 한계를 지킨다는 사실을 전제한다. 이것이 그리스적 경쟁-표상의 핵심이다. 이 사상은 1인 지배를 혐오하며, 그것이 지닌 위험을 두려워한다."[21]

경쟁을 촉진하는 사회는 "천재에 대한 보호 수단으로서 — 제2의 천재를 욕망한다."[22] 니체는 그리스의 아곤 사상이 당대인에게 주는 교육적 의미를 위의 인용문처럼 요약한다. 우리는 경쟁을 이기심의 발로로 보아 그것을 악으로 취급하고 경쟁 대신 평등을 교육의 목표로 삼는다. 그러나 그리스인의 경쟁은 개인의 이기심을 충족시키는 수단이 아니라 공동체의 안녕을 목표로 한다. 그들이 마라톤을 하거나 창을 던져서 또는 노래를 불러서 승자가 되었을 때 얻는 것은 월계관의 명예가 전부였다. 월계관의 명예를 또다시 신에게 바침으로써 승자는 자신이 공동체의 일원임을 보여준다. "모든 아테네 사람들은 아테네에 최고로 유익할 수 있거나 아니면 적어도 해를 가져오지 않도록 경쟁을 통해 자기를 발전시켜야 했다."[23]

천재의 보호 수단으로서 제2의 천재를 욕망한다는 그리스인의 경

---

21 HW; KSA 1, 789.

22 *Ibid.*

23 *Ibid.*

쟁에 대한 사유는 평등교육의 문제점을 수월성 교육으로 해결하려는 성과중심주의와는 완전히 다른 것이다. 수월성 교육이 승자독식주의를 정당화하는 수단으로 전락했다는 것은 약탈적 자본주의가 잘 보여주고 있다. 자본주의 사회에서 경쟁은 적에 대한 존경은 물론 공동체의 이익도 고려하지 않는다. 경쟁은 지속될 것이나 그것은 승리자만을 위한 것이며, 패배자의 절망과 복수심은 그만큼 증대된다. 또한 경쟁에서 승자는 언제나 승자이고, 패자는 언제나 패자가 될 공산이 농후하다. 따라서 그리스적인 경쟁은 우리에게 너무나 낯설다. "'보아라, 나의 위대한 경쟁자들이 할 수 있는 것을 나도 할 수 있다. 그렇다. 나는 그들보다 더 잘할 수 있다. (…) 오직 경쟁만이 나를 시인으로 만들고, 지혜로운 자로 만들고, 웅변가로 만든다!'"[24]

니체는 그리스문화의 뿌리를 아곤에서 찾고 있다. 아곤은 인간의 자연성 속에 있는 타자에 대한 공격과 관련된 충동에서 비롯되었지만, 그것은 충동의 조야한 상태를 극복한 것이다. 아곤은 자신의 힘을 극대화하고자 하는 개인들의 욕망에서 시작하지만, 타자의 힘을 존중한다. 비록 경쟁은 승패가 나뉘지만, 승자는 재화 등의 전리품이 아니라 명예를 원한다. 또한 승자와 패자의 자리는 늘 바뀔 수 있어 승리는 경쟁을 종식시키는 것이 아니라 경쟁의 지속을 가능하게 한다. 경쟁이 공동체를 이롭게 하기에 공동체는 경쟁의 지속을 가능하게 할 다양한 제도를 고안한다. 그리스문화에서 최고로 경계한 것은 경쟁에서 절대적이고 배타적인 승리와 그것으로 인한 경쟁의 종식이다. "그리스인은 지속적 경쟁 없이는 명예를 견뎌낼 수 없었으며, 경쟁이 끝났을 때의

---

24 HW; KSA 1, 790.

행복을 견딜 수 없었다."[25]

그러나 그리스인이 우려한 사태는 초래되었다. 이것은 그리스문화의 몰락과 밀접한 관계가 있다. 아곤을 통해 지탱되던 그리스문화가 이전, 즉 호머 시대 이전의 야만으로 되돌아가게 된 것이다. 그곳에서는 고독한 승리자의 파괴욕과 증오 그리고 패자의 시기심과 복수심으로 서로에 대한 존경심과 배려는 사라지게 된다.[26] "어떤 경쟁자도 적도 없는 인간이 고독한 명예의 정점에 서 있는 것을 이 신[데메테르]이 보았을 때, 그의 시기심은 불붙었다. 이제 그의 옆에는 오직 신들만이 있을 뿐이다. — 그는 신들을 적으로 만든다. 신들은 그를 오만의 행동으로 유도하고, 그는 이 오만 속에서 파멸한다."[27] 니체는 고독한 승리자의 잔인함과 오만 그리고 그것으로 인한 패배를 그리스의 해체기, 즉 그리스와 스파르타의 전쟁과 전쟁 후의 변화된 그리스인의 세계관에서 찾는다. 이 시기 "그리스 국가는 그리스인과 마찬가지로 타락한다는 사실을 증명했다. 그리스 국가는 사악하고 잔인해지며, 복수심에 불타 패덕하게 된다. 간단히 말해 그것은 '전(前) 호머적'이 된다."[28]

---

25 HW; KSA 1, 791.

26 니체는 승리자의 오만과 도취 그리고 패자에 대한 경멸의 대표적인 예시로 마라톤에서 우승한 '밀티아데스'를 든다. 파로스는 자신의 우승을 자신과 적대적 관계에 있는 파로스의 한 시민에 대한 복수에 활용한다. 자신의 복수심에 자신의 명예, 국가의 재산, 시민의 존경심을 활용한다. 여기에 대해서는 HW; KSA 1, 791 참조.

27 HW; KSA 1, 792. 인용문에서 그는 마라토너인 '밀티아데스'를 말한다. 밀티아데스는 사제인 티모와 협작하여 인간이 들어가서는 안 되는 데메테르의 신전에 들어가게 되고, 그것으로 인해 파멸한다. 같은 곳 참조.

28 *Ibid.* "마침내 체육 경기와 예술대회가 쇠퇴하게 되었을 때 그리스 국가는 내부적인 동요와 해체에 빠지고 말았다."(MA; KSA 2, 656)

3. 아곤과 그리스 비극

니체에 따르면 모든 재능이 싸우면서 만개한다는 그리스의 아곤 정신이 문화적으로 가장 빛나는 형태로 결실을 맺은 것은 그리스 비극이다. 그리스 비극의 3대 작가인 아이스킬로스, 소포클레스, 에우리피데스는 모두 비극 경연대회에서 여러 차례 1등을 한 경력이 있을 뿐만 아니라 비극을 이끄는 원동력을 신들 혹은 영웅들의 경쟁에서 찾는다.[29]

그리스인은 삶에서 마주칠 수밖에 없는 경악과 공포를 극복하기 위해 인간과 신들 사이의 중간 세계, 즉 허구의 세계를 만든다. 그것이 바로 신화와 예술이다. "그리스인은 존재의 공포와 끔찍함을 알고 있었고 느끼고 있었다. 즉, 살아길 수 있기 위해서라도 그리스인은 그러한 공포와 끔찍함에 대해 올림포스라는 찬란한 꿈의 산물을 내세워야 했다."[30] 비록 그리스인이 신의 입을 빌려 세계와 삶을 이야기하지만, 그것은 삶의 정당화를 위한 그리스인의 창조물인 것이다.

『비극의 탄생』(1972)은 그리스인이 비극을 통해 어떻게 염세주의를 극복했는가에 대한 청년 니체의 생각을 고스란히 담은 처녀작이다. 이 저서에서 아곤적 사유는 주로 비극의 탄생에 관련된 두 충동, 즉 '아폴론적인 것'과 '디오니소스적인 것'과 관계한다. 이 충동은 "예

---

29 아곤과 그리스문화에 대한 니체의 통찰은 바젤 대학 동료 교수였던 부르크하르트로부터 많은 영감을 받았다. J. Burckhardt, *Griechische Kulturgeschichte (1898–1902)*, in: *Gesammelte Werke* in Zehn Bände, Bd.IV (Basel, 1957). 그리스 비극과 아곤에 관해서는 강희석, 「그리스 비극의 아곤(agôn)에 대하여」(『수사학』 4, 한국수사학회, 2006), 41-64쪽 참조.

30 GT; KSA 1, 35.

술가의 매개를 거치지 않고 자연 자체로부터 용솟음치는 예술적인 힘들"[31]이다. 따라서 니체에서 예술은 아곤처럼 인간의 자연성과 관계하고, 이 자연적 힘들은 상호 간 경쟁 놀이를 통해 구체적 예술작품을 탄생시킨다. 아폴론적인 것은 꿈에 비유될 수 있다. "현실을 대상으로 한 개개인의 놀이가 꿈이라고 한다면, 조형가의 예술은 **꿈과의 놀이**다." 이에 비해 디오니소스적인 것은 도취와 관계한다. "도취가 자연이 인간과 행하는 놀이라고 한다면, 디오니소스적 예술가의 창조는 도취와의 놀이다."[32] 형상을 지향하는 아폴론적 꿈의 놀이와, 형상 너머의 도취와 관계하는 디오니소스적 충동은 상호 경쟁한다. 「호머의 경쟁」에서 보았듯이 비극에서 아폴론적인 것과 디오니소스적인 것의 경쟁은 자신과 상대를 모두 고양시키게 된다. 그들의 행복한 경쟁은 그리스문화의 꽃인 비극을 탄생시킨다.[33]

그리스적 아곤의 제1 원리는 모든 재능은 경쟁을 통해 만개되고, 경쟁은 새로운 경쟁을 야기할 때 그것의 정당성을 가진다는 것이다. 아곤에서 금지해야 할 가장 중요한 원리는 경쟁을 죄악으로 취급하여 평등의 가치를 경쟁의 가치에 두거나 아니면 경쟁의 극단적 양식인 승자독식주의를 허용하는 것이다. 니체는 두 경우 모두 경쟁을 고갈시켜 문화를 병들게 한다고 진단한다. 특히 니체는 승자독식주의는 문명 이

---

31 GT; KSA 1, 30.

32 DW; KSA 1, 554f.

33 니체에게 그리스 비극은 종합 예술(Gesamtkunst)의 의미를 가지는데, 그것은 분명히 바그너의 음악극(Musikdrama)의 이념을 니체가 그리스 비극 해석에 차용한 것으로 볼 수 있다. 이것에 대해서는 B. Klaus-Detlef, "Die Griechische Tragödie als 'Gesamtkunstwerk' - Anmerkungen zu den musikästhetischen Reflexionen des frühen Nietzsche"(Nietzsche Studien Bd.13, 1984), pp. 156-176 참조.

전의 야만적 상태로 인간을 몰아넣을 것이라고 경고한다. 이 점은 『비극의 탄생』에서 그리스인과 야만인의 디오니소스 축제를 비교하는 데서도 잘 드러난다.

그리스로 전파되기 전 디오니소스 축제는 바빌론을 비롯한 소아시아 여러 민족에서 광란의 형태로 펼쳐졌다. “거의 모든 곳에서 이 축제들의 중심은 성적인 방종이었고, 이러한 방종의 물결은 모든 가족제도와 그것의 신성한 법규를 휩쓸고 지나갔다. 다름 아닌 자연의 가장 난폭한 야수들이 이 축제를 기회로 풀려나와 음욕과 잔인함의 저 혐오스러운 혼합이 이루어졌다.”[34] 이에 반해 그리스로 건너온 디오니소스 축제인 사티로스 축제는 “세계 구원의 축제와 성화의 축일”[35]로 바뀌게 된다.

야수들의 축제에서 세계 구원의 축제로 바뀐 것은 아폴론적 힘이 디오니소스적 충동을 적절히 제어했다는 의미다. 즉, 원시적이고 야만적인 자연적 본능의 상징으로서 디오니소스적 충동은 그리스에서 아폴론적 디오니소스로 변신하게 되었다. 이것은 그리스적 아곤의 가치가 다시 한번 빛을 발하는 순간이었다. 디오니소스적인 야만적 충동은 아폴론의 질서와 규범적 힘과 만나 예술적 현상으로 승화된다. 그리스의 아곤적 사유가 보여주듯이 디오니소스적인 도취 충동과 아폴론적인 척도를 부여하는 충동은 상호 경쟁하면서도 서로를 배척하지 않는다. 오히려 두 충동은 언제나 경쟁의 팽팽한 긴장과 힘의 균형을 꾀한다.

---

34 GT; KSA1, 32.

35 *Ibid.*

니체는 아폴론적인 것과 디오니소스적인 충동을 인간의 심층심리, 형이상학 그리고 예술의 두 뿌리로 설명하는 데 차용한다. 특히 디오니소스적인 것이 니체 철학에서 가진 의미는 재론할 필요가 없을 정도로 결정적 의미를 가진다.[36] 니체의 1870년대 초 그리스 비극과 관련된 일련의 저서에서 심리 · 생리적인 차원에서 아폴론적인 것은 꿈을, 디오니소스적인 것은 도취를 상징한다. 또 형이상학 차원에서 그것은 각각 척도를 부여하는 '개체화의 원리'와 그것을 파괴하는 원리를 설명하는 데 차용한다. 이것은 쇼펜하우어의 '의지철학'이 니체에게 끼친 영향을 직접적으로 확인할 수 있는 대목이다.[37] 그러나 아폴론과 디오니소스적인 것이 니체 철학에 가진 의미는 특히 예술철학에서 분명하게 드러난다. 두 가지 충동은 비극의 기원이 될 뿐만 아니라 상이한 예술적 양식의 출발이 된다.

아폴론적인 것은 아름다운 형상을 목표로 하는 예술의 뿌리가 된다. 따라서 아폴론적인 것은 형상(이데아)을 표상(재현)하는 능력과 관계하고, 이 때문에 니체는 "아름다운 가상의 신은 곧 참된 인식의 신이기도 해야 한다"[38]고 본다. 형상은 인간의 감각기관 중 주로 시각과 관계한다. 그러므로 회화, 조각, 건축 등 시각 중심의 예술은 아폴론적 예술에 속한다. 반면 디오니소스적 예술은 개체화의 원리에 기초한 시각을

---

36 디오니소스적인 것이 니체 철학에 가진 의미는 M. Fleischer, "Dionysos als Ding an sich. Der Anfang von Nietzsches Philosophie in der ästhetischen Metaphysik der *Geburt der Tragödie*"(*Nietzsche Studien* Bd.17, 1988), pp. 74-90 참조.

37 초기 니체 철학에 끼친 쇼펜하우어의 영향에 대해서는 J. Salaquarda, "Nietzsches Metaphysikkritik und ihre Vorbereitung durch Schopenhauer"(*Krisis der Metaphysik*. Günter Abel u.a. (Hg.), Berlin u.a. 1989), pp. 258-282 참조.

38 DW; KSA 1, 564.

넘어선 세계와 관계하는데, 그것은 촉각과 청각과 깊은 관계가 있다. 따라서 무용과 음악이 디오니소스적 예술로 분류될 수 있다. 니체는 사티로스 축제에서 춤과 음악, 특히 합창이 중심이었다는 사실을 지적하면서 기원의 관점에서 음악이 미술에 앞선다고 강조한다.[39]

아폴론적 · 디오니소스적 예술 충동에서 출발하는 상이한 예술 양식은 상호 경쟁하면서 제3의 예술 양식을 탄생시키는데, 그것이 비극이다. "서로 성격을 완전히 달리하는 이 두 종의 충동은 대체로 공공연히 대립하면서 서로가 항상 새롭고 더 힘 있는 탄생물을 낳도록 자극하면서 평행선을 이루며 나아간다. 이러한 탄생물 속에서 저 대립의 투쟁은 영원히 계속되며, '예술'이라는 공통의 단어가 이러한 대립을 단지 외견상으로만 연결시켜줄 뿐이다. 그 두 충동은 그리스적인 '의지'의 어떤 형이상학적 기적을 통해 결국에는 서로 짝을 맺게 되며, 이러한 결혼을 통해 최종적으로 아폴론적이면서도 디오니소스적이기도 한 아티카 비극 작품이 산출되는 것이다."[40]

그리스문화의 건강성을 구현하던 비극은 기원전 6세기경 쇠퇴기에 들어선다. 앞서 「호머의 경쟁」에서도 살펴보았듯이 그리스문화의 쇠퇴는 경쟁의 의미 변질과 밀접한 관계가 있다. 그리스 비극의 쇠퇴는 3대 비극 작가 중 맨 마지막에 등장하는 에우리피데스에서 본격적

---

39 비극에서도 이러한 생각은 그대로 유지된다. "비극은 근원적으로 합창이고, 그 외의 아무것도 아니다."(GT: KSA1, 44) 아폴론 역시 음악의 신으로 볼 수 있으나, 아폴론의 음악은 조화와 균형을 추구한다. 아폴론 음악과 디오니소스 음악의 차이는 두 음악을 대표하는 악기에서도 찾을 수 있는데, 아폴론의 음악은 주로 현악기 '키타라'이고 디오니소스의 음악은 주로 '아울로스'라는 관악기다. 아폴론과 디오니소스 음악의 차이를 키타라와 아울로스에서 찾는 연구는 허현숙, 「기악음악으로부터 디오니소스적 음악 고찰: 아울로스와 키타라를 중심으로」(『니체연구』 34, 2018), 189-211쪽 참조.

40 GT; KSA 1, 24f.

인 징후를 보인다. 그러나 니체는 비극의 쇠퇴와 몰락의 주범을 소크라테스에서 찾는다. 니체에 따르면 소크라테스는 이전 시대와 완전히 다른 새로운 경쟁을 도입했다. 니체는 소크라테스에서 '세계사의 전환'과 '소용돌이'를 본다. 니체에게 에우리피데스는 소크라테스의 가면에 불과하다. 소크라테스는 그리스에 이론적 낙천주의를 도입한 첫 철학자다. "이론적 낙천주의자는 사물의 본성을 규명해낼 수 있다는 신념을 가지고 지식과 인식에 만병통치약의 힘을 부여하며 오류를 악덕 그 자체라고 생각하는 사람이다. 사물의 근거를 천착하고 가상과 오류에서 진정한 인식을 분리해내는 일이 소크라테스적 인간에게는 가장 고귀한 소명, 그 자체로 하나밖에 없는, 정말이지 인간적인 소명으로 생각된다."[41] 그는 "이론적 인간의 전형"이며, 그와 더불어 "사유, 즉 인과의 실마리 덕에 존재의 가장 깊은 심연에까지 도달할 수 있다는"[42] 것을 믿는다.

소크라테스에게 비극은 "모종의 비이성적인" 것으로 보이고, "결과 없는 원인으로, 원인 없는 결과인 것같이 여겨진다."[43] 따라서 비극의 비논리성은 논리 속에 편입되어야 한다. 소크라테스의 본능, 즉 '모든 것은 논리적으로 이해되어야 한다'는 입장을 비극에 도입한 사람이 에우리피데스다. 에우리피데스는 "모든 것은 아름답기 위해 의식적이어야 한다"[44]고 주장한다. 즉 그는 "미학적 소크라테스주의"[45]를 비극

41 GT; KSA 1, 100.

42 GT; KSA 1, 99.

43 GT; KSA 1, 92.

44 GT; KSA 1, 87.

45 GT; KSA 1, 85.

속에 구현하는데, 비극은 설명될 수 있어야 한다고 보고 그것을 창작의 원칙으로 삼는다.

비극에서 미학적 소크라테스주의는 치명적인 것인데, 그것은 비극에서 아폴론적인 '개체화의 원리'가 디오니소스적 '개체화 파괴의 원리'를 완전히 추방했다는 것을 의미하기 때문이다. 이것의 결과는 비극에서 삶의 부조리성과 세계의 인식 불가능성의 제거다. 따라서 디오니소스적 음악정신으로부터 탄생한 비극은 완전히 사멸할 수밖에 없었고, 사이비 비극이 등장하게 된다. 에우리피데스의 비극은 주제에서 신의 권위에 도전하고 인간의 사랑을 노래하는 경향이 강하게 나타난다. 또한 자신의 작품이 공연되는 무대에서 음악은 최소화되고, 그 대신 배우들의 대사가 많은 부분을 차지하게 된다. 니체에 따르면 비극은 점차 논쟁의 예술, 즉 "변증법의 쨍그랑거리는 무기 놀이"[46]가 되었다. 비극에서 아폴론적인 것이 디오니소스적인 것을 추방했다는 것은 아곤적 가치의 쇠퇴를 의미한다. 이것은 곧바로 문화의 위기를 말하기도 한다. 경쟁의 원리가 사라졌을 때 "그리스 국가는 내부적인 동요와 해체에 빠지고 말았다."[47]

---

46 DW; KSA 1, 546.

47 MA; KSA 2, 656.

4. 아곤과 위대한 개인의 훈육

"나는 평등을 설교하는 저와 같은 자들과 섞이고 혼동되기를 원치 않는다. 정의가 **내게** 말해주고 있기 때문이다. '사람들은 평등하지 않다.' (…) 그리고 그들 사이에 더 많은 전투가 벌어지고 더 많은 불평등이 조성되어야 한다."[48] 니체가 그리스의 아곤 개념에 주목한 것은 자신의 시대를 대변하는 평등의 이념과 그것이 유럽문화에 끼친 치명적 결과, 즉 니힐리즘의 늪에서 빠져나오는 단서를 제공하기 때문이다. 니체는 평등의 가치를 신봉하는 근대인을 '무리 동물'로 칭하고, 무리 동물로서 인간은 예외를 허용하지 않는다고 진단한다. 인간 본성을 평등에서 찾는 것은 자연에 반하는 태도라는 것은 그리스인이 모범적으로 보여주고 있다.

인간의 가치는 경쟁에서 꽃피우며, 경쟁의 가치가 종결되는 곳에 문명의 타락이 있다. 경쟁은 개인의 힘의 차이에서 비롯되며, 힘의 차이, 즉 거리의 파토스(das Pathos der Distanz)가 있는 곳에는 사람들 사이의 '위계(Rangordnung)' 역시 존재한다. 니체는 경쟁의 가치가 실현된 역사적 사례를 자주 귀족제를 예로 들어 설명한다. 귀족제 사회는 "인간과 인간 사이의 위계질서나 가치의 차이의 긴 사다리를 믿어왔고 (…) 거리의 파토스가 없었다면, 점점 더 높고 더 드물고 더 멀리 더 폭넓게 긴장시키는 더 광범위한 상태의 형성은, 간단히 말해 인간 유형의 '고양'은 (…) 지속적인 인간의 자기극복은 전혀 생겨나지 않았을 것이다."[49]

---

48 Z; KSA 4, 130.

49 JGB, KSA 5, 205.

그런데 여기서 우리가 주의할 점은 니체가 귀족제를 언급할 때 정체로서보다는 가치체계로서 바라본다는 것이다. 니체가 '귀족제'보다는 '**귀족적**'이라는 형용사를 자주 쓴다는 것도 이런 배경에서 비롯되었을 것이다. 또 '귀족적'이라는 말을 정신적 탁월함과 거의 같은 의미로 쓴다는 점도 이를 뒷받침한다. "그들의 탁월함은 (…) 물리적인 힘이 아닌, 정신적인 힘에 있었던 것이다. — 그들은 **좀 더 완전한** 인간이었다."[50] 니체에게 탁월한 인간은 자신의 삶을 형성하는 자로, 니체는 '주권적 개인(souveraine Individuum)'[51]이나 '위버멘쉬'로도 표현한다. 주권적 개인은 태어나는 것이 아니라 길러진다는 것이 니체의 주장이다.

니체는 '주권적 개인'을 길러내는 것이 교육의 목표가 되어야 한다고 본다. 그는 주권적 개인이 자기극복을 통해 가능하다는 점을 나무에 비유한다. "하늘 높이 자라려는 나무들이 과연 비바람이나 눈보라를 겪지 않고 제대로 그렇게 자랄 수 있을 것인가?"[52] 자기를 극복한다는 것은 내·외적 저항을 이겨낸다는 것을 의미한다. 이것을 위해 그는 더욱 강해지려 하고, 타자를 지배하려는 '힘에의 의지(Wille zur Macht)'를 신뢰하고 따라야 한다. "강한 종들은 자신들이 풍부한 힘과 넘쳐날 듯이 풍요로운 힘을 갖고 있는 동안에는 사물의 있는 그대로의 모습을 보려는 용기가 있다."[53] 니체가 비록 모든 인간이 주권적 개인이 될 가능성을 가지고 있다는 점은 부인하지 않지만, "위대함에 도달

---

50 JGB, KSA 5, 205f.(257) 니체에게 인간의 탁월함은 계급에서가 아니라 힘에서 기원한다는 사실에 관해서는 K. Braatz, *Eine Studie zur Theorie der öffentlichen Meinung*(Berlin u.a. 1988), p. 255 참조.

51 GM; KSA 5, 293 참조.

52 FW, KSA 3, 390(19).

53 N; KSA 13, 228(14[22]).

할 수 있는 능력이 있으나 우리 가운데 대부분의 사람들은 그것으로부터 깊이 분리되어 있다."[54] 그렇기 때문에 대부분의 사람은 자신의 힘을 신뢰하기보다는 무리 본능을 따른다.

주권적 개인을 길러내느냐 무리 본능을 좇는 떼거리 인간을 양산하느냐의 문제는 결국 교육(Bildung)의 몫이다. 니체는 당대의 교육에 대단히 회의적이었으며 교육에서 아곤적 가치의 도입을 강조한다. "지금까지 '교육'은 사회의 이익을 염두에 두고 있었다. 그것은 미래를 위한 가능한 한 최상의 이익이 **아니라** 지금 현존하는 사회의 이익을 최고의 목표로 한다. 사람들은 사회를 위한 '도구'를 필요로 했다."[55] 니체에 따르면 근대는 교육의 목표를 "인간의 순화(Zähmung des Menschen)"[56]에 두고, 현존하는 사회를 유지시킬 수 있는 일꾼의 양성에 초점을 두었다. 이러한 교육 목표는 공동체의 미래를 생각하기보다는 현재에 안주하는 소시민을 양산했다. 그래서 니체는 근대 교육이 "인간의 왜소화(Verkleinerung des Menschen)"[57]를 초래하는 주범임을 지적한다.

근대 교육의 극복은 '위대한 개인'의 양육에 있음을 거듭 강조하는 니체는 그리스적 가치의 도입을 강조한다. 이 점은 「호머의 경쟁」과 비슷한 시기의 강연 「우리 교육기관의 미래에 관하여」(1872)에서도 잘 드러난다. "다시 한번 말하지만, 대중을 교육하는 것이 우리의 목표가 아닙니다. 선발된 개인, 위대하고 영원한 일에 적합한 사람들

---

54 N; KSA 11, 519f(35[25]).

55 N; KSA 12, 425(9[153]). 니체의 아곤과 교육에 대해서는 T. Hoyer, *Nietzsche und die Pädagogik. Werk, Biografie und Rezeption*(Würzburg 2002), pp. 579-642. 국내 연구는 이상엽, 「니체와 아곤의 교육」(『철학논총』 73, 새한철학회, 2013), 213-237쪽 참조.

56 *Ibid.*

57 *Ibid.*

을 위한 교육이 우리의 목표입니다."[58] 이러한 교육의 목표를 달성하기 위해 니체는 교육을 길들이기의 일종으로 보는 근대의 교육의 목표인 순화(Zähmung) 대신 주권적 개인, 고귀한 영혼을 목표로 하는 "훈육(Züchtung)으로서의 교육"[59]을 제시한다.

독일어 훈육에 해당하는 Züchtung은 사육 · 재배한다는 뜻인 생물학적 용어 züchten에서 비롯되었지만, 니체가 의미하는 훈육은 동 · 식물학에서 생식을 통해 개량된 종을 목표로 하지 않는다. 니체에게 중요한 것은 종 같은 집단이 아니라 개인이다. "나는 인간 유(類)의 발전을 전혀 믿지 않았다. 그러나 인간 유형 사이의 서열 문제는 언제나 있어왔고, 그리고 언제나 존재할 것이다. 나는 상승하는 삶의 유형과, 퇴락하고 붕괴하고 약한 다른 유형을 구별한다."[60] 그렇다면 왜 니체는 오해의 소지가 많은 훈육(Züchtung)을 위대한 개인의 교육 프로그램으로 선택했을까? 그것은 아마도 가치가 가진 생리학적 근원을 상기시킬 목적에서 의도적으로 선택한 것일 것이다. 그것은 그리스인이 자연성에서 아곤의 기원을 찾는 것과 같은 이치다.[61]

또한 니체는 훈육이 특정 계급의 형성을 목표로 하지 않는다는 점

---

58 ZB, KSA 1, 698.

59 N; KSA 12, 339(9[1]). 니체는 순화(Zähmung)와 훈육을 철저히 구별한다. 생물학 용어인 순화는 동 · 식물이 오랜 세월 길들여져 고유성이 사라지고 유사한 형질로 바뀐다는 뜻이고, 훈육은 니체에게 주권적 개인 혹은 위대한 개인을 위한 교육을 의미한다. 니체에게 평등이념을 최고 가치로 받아들이는 근대의 국민교육은 전형적인 순화 교육이다. 그것은 근대 평등교육의 목표가 인간을 일정한 규범의 틀로 길러내는 것이기 때문이다. 근대인을 의미하는 '마지막 인간'은 순화의 결과물이다. 참조: JGB, KSA 5, 12f; N, KSA 11, 440(34[65]); N, KSA 12, 501([179]).

60 N; KSA 13, 481(15[120]) 참조: AC, Nr. KSA 6, 170(3).

61 니체에게 도덕 역시 자연적 기원을 가진다. 니체가 그리스도교를 비판할 때 그리스도교가 자연에 반하는 도덕이라는 점을 강조한다. "도덕적인 세계질서"라는 "**반자연적**인 인과율"(AC, KSA 6, 194[25]).

도 분명히 함으로써 자신이 정체로서 귀족제가 아니라 가치체계로서 귀족제를 높이 평가함을 강조한다. 훈육은 "계층 사이의 일에 관한 것이 **아니다**. 우리에게는 좀 더 높은 계층도 없고, 따라서 좀 더 낮은 계층도 없기 때문이다."[62] "내 문제는 무엇이 인간을 분리하는가가 아니다: 오히려 어떤 종류의 인간이 좀 더 고급한 자로서 선택되고 원해지며 훈육되어야 하는가다."[63]

니체에게 훈육은 철저히 인간의 '자연성'을 긍정한다. 자연성의 핵심은 아곤, 즉 힘에의 의지에 따르는 것이고, 훈육은 힘을 극대화하기 위한 위계와 거리의 파토스를 교육의 최고 목표로 삼는다. "많은 대립에 부딪혀야 한다는 대가를 치러야만 우리는 많은 **수확**을 거둔다; 영혼이 긴장을 풀지 않고, 평화를 열망하지 않는다는 전제하에서만 사람들은 **젊음**을 유지할 수 있다. (…) 싸움의 포기는 **위대한** 삶의 포기인 것이다."[64]

5. 결론

니체가 파악하는 그리스 아곤의 핵심 정신은 "모든 재능은 싸우면서 만개되어야 한다"는 것과 "천재에 대한 보호 수단으로서 제2의

---

62 N; KSA 13, 637(25[1]). 니체의 훈육이 인종주의와 무관하다는 사실에 대해서는 H. Ottmann, *Philosophie und Politik bei Nietzsche*(Berlin, 1999), pp. 245-270 참조.

63 N; KSA 13, 191(11[413]).

64 GD; KSA 6, 84.

천재를 욕망한다"는 말에서 잘 드러난다. 그리스인은 경쟁이 인간의 자연성에서 출발한다는 것을 부정하지 않는다. 그러나 그리스인은 경쟁이 자연 상태로 방치될 때 승자의 오만과 패자의 복수심으로 인간이 동물로 전락하게 될 것을 호머 이전 그들 조상의 삶에서 확인한다. 개별 인간의 재능이 경쟁을 통해 만개한다면, 그리고 그들의 잠재력을 최대로 발휘하는 것이 공동체를 위해 좋은 것이라면, 그리스인은 경쟁을 종식시킬 위험이 있는 한 사람의 배타적이고 고독한 천재를 공동체를 위해 살해해야 한다는 실천적 지혜도 발휘한다.

니체가 발견한 그리스인의 아곤적 사유가 우리에게 전하는 의미는 무엇인가? 먼저 경쟁을 통해서만 인간의 재능이 만개한다는 그리스적 아곤은 인간의 자연성 회복에 도움을 줄 것이다. 니체는 살아있는 모든 존재는 '힘에의 의지'를 따른다고 본다. 그리고 힘에의 의지는 위계와 거리의 파토스를 긍정한다. 모든 인간은 평등한 권리를 가진다는 근대의 보편적 평등권은 교육에서도 '국민교육'이라는 이름으로 제도화된다. 니체는 보편교육이 힘에의 의지, 자연성을 촉진하기보다 그것을 억압하여 권리로서 평등을 넘어 능력과 취향이 평균화된 인간을 길러내는 데 주력했다고 비판한다. 보편교육은 힘의 확장과 자기극복을 포기하고 '숫자의 비열함'에 의존하는 군중을 양산했다. 오늘날 우리 눈에 펼쳐지는 교육 현장에서의 경쟁은 그리스적 아곤과는 무관하다. 그리스적 아곤은 생존만을 위한 것도 아니고 더욱이 재화를 목표로 하지도 않았다.

둘째, 그리스적 아곤은 천재의 보호 수단으로서 제2의 천재를 욕망한다. 그리스인은 서로의 활동을 자극하는 천재들이 항상 여러 명 존재하고 천재들은 상호 간에 중용을 지키는 지혜가 있다고 본다. 만약 천재들 간의 힘의 불균형이 심화되어 경쟁을 존속시킬 수 없을 때 공동체는 배타적이고 고독한 천재를 제거한다. 오늘날 우리 눈앞에 펼쳐지는 자본주의 역시 경쟁을 최고의 가치로 삼는다. 그러나 자본주의에서 경쟁은 그리스적 아곤처럼 공동체의 유익함을 목표로 하지 않는다. 오늘날 자본주의는 경쟁을 종식시키는 것이 목표인 듯, 수단과 방법을 버린 지 오래다. 이른바 약탈적 자본주의는 교육 현장에서 더욱 생생히 목격된다. 그곳에서 제2의 천재를 소중히 생각하는 사람은 드물다. 우리의 교육 현장에는 니체가 말하는 호머 이전의 시대로 돌아간 야만적 그리스가 있다.

셋째, 니체는 그리스적 아곤 정신을 바탕으로 근대의 계몽주의를 계몽할 새로운 계몽을 꿈꾼다. 그가 생각하는 계몽의 출발은 새로운 인간, 즉 주권적 인간 혹은 위버멘쉬를 길러내는 것이다. 니체에게 보편적 인간의 양성을 목표로 하는 교육이념과 그것을 실현하려는 정형화되고 강제된 교수법에 기초한 근대적 교육은 평균인을 길러내는 데 유효했다. 따라서 새로운 인간을 위한 양육 교육은 근대적 교육을 극복하는 데서 출발해야 한다. 그 첫 출발점은 인간의 자연성을 긍정하는 것이다. 인간의 자연성에서는 아곤의 가치가 잠재한다. 교육이 우선적으로 해야 할 일은 개인이 가진 힘과 능력을 최고로 고양시키는 것이다. 국가는 경쟁이 행복이고 구원으로 다가올 수 있도록 경쟁의 지속을 가능하게 하는 제도를 마련해야 한다. 이러한 제도의 출발점은 배타적이고 고독한 승자의 오만과 패자의 복수심을 양산하는 승자독식의 약탈적 자본주의를 추방하는 것이다.

참고문헌

강희석, 「그리스 비극의 아곤(agôn)에 대하여」, 『수사학』 4, 한국수사학회, 2006, 41-64쪽.

이상엽, 「니체와 아곤의 교육」, 『철학논총』 73, 새한철학회, 2013, 213-237쪽.

장영란, 「그리스 종교 축제의 원형적 특성과 탁월성 훈련」, 『철학논총』 73, 새한철학회, 2013, 281-301쪽.

정낙림, 「헤라클레토스 단편 B52에 대한 한 연구: 놀이 철학의 관점에서」, 『니체연구』 17, 한국니체학회, 2010, 239-277쪽.

탈레스(김인곤 외 옮김), 『소크라테스 이전 철학자들의 단편 선집』, 파주: 아카넷, 2010.

허현숙, 「기악음악으로부터 디오니소스적 음악 고찰: 아울로스와 키타라를 중심으로」, 『니체연구』 34, 한국니체학회, 2018, 189-211쪽.

헤로도토스(천병희 옮김), 『역사』, 고양: 숲, 2009.

헤시오도스(천병희 옮김), 『신들의 계보』, 고양: 숲, 2009.

Acampora, C. D., *Contesting Nietzsche*, Chicago: The University of Chicago Press, 2013.

Braatz, K., *Eine Studie zur Theorie der öffentlichen Meinung*, Berlin u.a, 1988.

Burckhardt, J., *Griechische Kulturgeschichte(1898–1902)*, in: Gesammelte Werke in Zehn Bände, Bd. IV, Basel, 1957.

Fleischer, M., "Dionysos als Ding an sich, Der Anfang von Nietzsches Philosophie in der ästhetischen Metaphysik der, *Geburt der Tragödie*", in: Nietzsche Studien Bd.17, 1988, pp. 74-90.

Hoyer, T., *Nietzsche und die Pädagogik, Werk, Biografie und Rezeption*, Würzburg, 2002.

Klaus-Detlef, B., "Die Griechische Tragödie als "Gesamtkunstwerk' - Anmerkungen zu den musikästhetischen Reflexionen des frühen Nietzsche", in: Nietzsche Studien Bd. 13, 1984, pp. 156-176.

Liddell/Scott, *Greek-English Lexicon*, Oxford: the Clarendon Press, 1975.

Nietzsche, F., *Kritsche Gesamtausgabe*, Colli u.a.(Hg), Berlin u.a, 1995.

______., Sämtliche Werke, Kritische Studienausgabe in 15 Bänden, hrsg. von G. Colli u.a., München, 1999.

Ottmann, H., *Philosophie und Politik bei Nietzsche*, Berlin, 1999.

Salaquarda, J., "Nietzsches Metaphysikkritik und ihre Vorbereitung durch Schopenhauer", in: *Krisis der Metaphysik*, Günter Abel u.a.(Hg.), Berlin u.a., 1989, pp. 258-282.

Wohlfart, G., *Also sprach Herakleitos Fragment B52 und Nietzsches Heraklit-Rezeption*, Freiburg(Breisgau) u.a, 1991.

II

소통을 위한 철학적 토대

05

서로 다른 불교이론들을 소통시키는 원효의 화쟁철학과 일심

김준호(부산대학교 철학과)

원효가 살았던 7세기 한반도는 삼국이 모두 통일전쟁에 매진하던 전쟁의 시대였다. 전쟁의 시대에 민중은 고난의 삶을 살아갈 수밖에 없다. 전쟁에 필요한 물자를 만드는 임무도, 군량미를 생산하는 일도 모두 그들이 감당해야 할 몫이었기 때문이다. 군인으로 참전해야 하는 민중은 언제 죽을지 모르는 두려움을 안고 살아가야 했다. 갈등의 시대이자 두려움의 시대였다.

'호국불교'라고 부르는 국가적 불교의 요구는 당시 불교인이 직면한 현실이었다. 국가의 통치이념을 확립하는 데 기여하고 국정 자문을 맡는 등 삼국통일이라는 국가적 사업에 앞장서라는 권력층의 요구에서 승려들도 자유로울 수 없었다. 이 요구에 응답하여 권력과 명예를 움켜쥐는 것이 당시 수행자들이 선택할 수 있는 하나의 길이었다. 호국불교라는 이름으로 선택한 귀족불교의 길이었다. 또 다른 선택도 있었다. 민중이 살아가는 현장으로 들어가 그들의 아픔을 어루만지고 치유하는 길이었다. '중생구제'라는 사명으로 선택한 대중불교의 길이었다.

원효는 어떤 길을 걸어갔을까?

1. 갈등을 넘어 통섭(通攝)의 길을 추구한 원효

1) 원효가 선택한 길

원효(元曉, 617~676)의 속성은 설(薛) 씨, 아명(兒名)은 서당(誓幢), 법명(法名)이 원효다. 617년에 압량군(押梁郡, 경북 경산시)에서 태어났다. 『삼국유사(三國遺事)』의 기록에 따르면, 원효의 아버지는 담날(談捺)[1]인데, 압량군의 남쪽 불지촌(佛地村), 불등을촌(弗等乙村) 또는 발지촌(發智村) 율곡(栗谷)의 사라수(娑羅樹) 아래에서 태어났다. 원효의 어머니가 만삭의 몸으로 이 골짜기를 지나다가 밤나무 아래에서 산기를 느끼게 되었다. 집으로 돌아갈 여유가 없어서 남편의 옷을 나무에 걸어놓고 그 가운데 누워 해산했으므로 이 나무를 '사라수'라 불렀다. 나중에 원효는 출가하면서 자신이 살던 집을 초개사(初開寺)라 했고, 이 사라수 옆에 사라사(娑羅寺)라는 절을 세웠다[2]고 한다.

원효의 생애를 알려주는 역사 기록으로는 『삼국유사』 권4 「원효

---

1 아버지 담날은 신라 17관등 중 제11위인 내말(乃末, 柰末, 奈麻)의 관직에 있었다고 한다. 원효의 신분을 짐작할 수 있는 대목이다.

2 박성규 옮김, 『삼국유사』(서울: 서정시학, 2009), 365쪽.

불기(元曉不羈)」, 『삼국사기』 권46 「설총전(薛聰傳)」, 「고선사서당화상탑비(高仙寺誓幢和上塔碑)」, 중국의 『송고승전(宋高僧傳)』[3] 등이다. 그렇지만 이들 자료에서 원효의 삶에 대한 이야기를 연대순으로 밝힌 것은 아니기 때문에 또렷하고도 자세하게 말할 수 있는 부분은 그렇게 많지 않다. 『송고승전』에 따르면 원효는 15세에 출가한 것으로 보이지만, 누구를 스승으로 삼아 어떤 배움과 익힘의 과정을 거쳐 통섭 철학자로 성장해갔을까?

> 원효가 반고사(磻高寺)에 머물 때 항상 낭지(朗智)를 찾아가 뵈었는데, 원효에게 『초장관문(初章觀文)』과 『안신사심론(安身事心論)』을 저술하게 하였다. 원효가 저술을 끝내고 은사(隱士)인 문선(文善)을 시켜 책을 받들어 보내면서 그 끝에 자신이 지은 게송(偈頌)을 적었다.[4]

『삼국유사』 「피은편(避隱篇)」의 이 기록에 따르면, 낭지는 법흥왕 정미년(527)부터 영취산(靈鷲山, 지금의 울산 울주군 문수산)에 머물렀다. 여기 암자에서 수십 년을 살면서 늘 『법화경』을 강론했지만, 마을 사람들은 그가 누군지 몰랐다고 한다. 원효가 자신의 저술을 보내 가르침을 구하면서 "서쪽 골짜기 사미는 머리 숙여 절하오니, 동쪽 봉우리의 높은 스님 앞에 예를 올리나이다"라는 게송까지 적어 보낸 대목에서

3 김상현, 『원효 연구』(서울: 민족사, 2000), 55쪽; 『송고승전』은 찬녕(贊寧, 919~1002)이 송(宋)나라 태종(太宗)의 명을 받고 988년에 완성한 저작이다. 이 책에는 당나라부터 송나라(980)에 이르기까지 350년 동안 고승 533명의 전기를 수록하고 있는데, 이 가운데 신라 출신 승려 11명의 고승전도 포함되어 있음을 알 수 있다.

4 박성규 옮김, 『삼국유사』, 442쪽.

젊은 원효가 불도를 닦아가는 한 단면을 볼 수 있다.

반고사는 현재 울주군 두동면 천전리 각석에서 대곡천 건너 북쪽, 곧 무너진 탑재들이 있는 곳으로 추정하고 있다. 대곡천은 태화강의 제1지류로서 울주군 암각화를 품고 있는 하천이다. 이 대곡천 계곡에서 문수산을 오가며 수도에 전념하던 길은 태화강의 뱃길과 이어지는 곳이니, 울산항으로 들어오는 최신 정보를 얻을 수 있는 곳이기도 했을 것이다.

원효는 두 차례에 걸쳐 당나라로 유학을 시도했다.[5] 두 번 모두 의상 스님과 동행했다. 첫 번째는 원효가 34세 때인 650년(진덕여왕 4)에 시도한 것으로 보인다. 그러나 요동에서 고구려군에 체포되어 유학의 뜻을 이루지 못하고 되돌아온다. 두 번째 시도는 해로를 통해 당나라 유학길을 시도한 661년(원효 45세)의 일이다. '해골물'을 마신 경험을 계기로 깨달음을 얻었다는 유명한 사건이 이때 벌어진다. 『송고승전』에서는 이 사건을 다음과 같이 전하고 있다.

> 중도에서 심한 폭우를 만나 길옆의 토굴 사이에 몸을 숨겨 비를 피했다. 다음 날 날이 밝아 바라보니 그곳은 해골이 있는 무덤이었다. 하늘에서는 궂은 비가 계속 내리고, 땅은 질척해서 한 발자국도 나아갈 수 없었다. 또 무덤 속에서 머물렀다. 밤이 깊기 전에 갑자기 귀신이 나타나 놀라게 했다.
>
> 원효 법사는 탄식하며 말하였다. "어젯밤 잠자리는 토굴[土龕]

5 이 이야기는 원래 「원효행장(元曉行狀)」 및 최치원이 지은 『의상전(義湘傳)』에 수록되어 고려 후기까지도 알려지고 있었지만, 지금은 전하지 않는다. 『삼국유사』의 「의상전교조」와 『송고승전』 그리고 『종경록(宗鏡錄)』과 『임간록(林間錄)』 등에 수록되어 전한다. 김상현, 『원효 연구』, 108-110쪽.

이라 편안했는데, 오늘 밤 잠자리는 무덤[墳]에 의탁하니 매우 뒤숭숭하구나! 알겠구나! 마음이 일어나면 온갖 현상[法]이 일어나고, 마음이 사라지면 토굴과 무덤이 둘이 아님을[心生故種種生法, 心滅故龕墳不二]. 세상[三界]은 오직 마음이요, 모든 존재[萬法]는 오직 의식일 뿐이로다. 마음 밖에 그 어떤 것도 존재하지 않는데, 어찌 따로 구하겠는가? 나는 당나라에 가지 않으리라."[6]

이 이야기는 두 번째 시도한 당나라 유학길에서 원효가 겪게 된 사건을 묘사한 것이다. 의상과 함께 중국으로 가는 배를 타기 위해 당항성(黨項城, 지금의 경기도 화성시 서신면)으로 가는 도중이었다. 밤길을 가다 폭우를 만나 토굴 사이에서 비를 피했는데, 다음 날 날이 밝아 살펴보니 해골이 있는 옛 무덤이었다. 폭우는 계속 내리고 땅이 질척거려 길을 떠날 수 없게 되자 어쩔 수 없이 무덤 속에서 하룻밤을 더 머무르게 되었다. 그런데 이제 무덤 속에서 잠을 청하려니, 귀신들이 나타나 놀라게 되었다는 일화다.

토굴로 알고 잠을 잤을 때는 나타나지 않던 귀신이, 무덤 속이라는 사실을 알고 난 뒤에야 나타나는 귀신의 모습을 보고 원효는 깨닫는다. 자신의 마음이야말로 온갖 현상을 지어내기도 하고, 사라지게 하기도 한다는 사실을 통해 인식의 대전환을 맞이하게 된 것이다. 이 깨달음의 체험을 계기로 원효는 당나라 유학길이 불교의 진리를 성취하는 필수과정이 아니라는 생각에 이른다.

이 대목은 흔히 해골에 고인 물을 마시고 깨달았다는 극적인 일화

6 『송고승전(宋高僧傳)』 권4, 「신라국의상전」(대정신수대장경 제50권, 729a8-16)

로 유명하지만, 정작 『송고승전』을 비롯한 역사 기록에는 나타나지 않는다. 해골물 사건은 중국 선(禪)불교의 문헌인 『종경록(宗鏡錄)』과 『임간록(林間錄)』에 나온다. 그렇지만 『종경록』에 수록된 자료는 『송고승전』보다 27년이나 앞선 가장 오랜 기록[7]이라는 점에서 원효가 '해골에 고인 물을 마시고 깨달았다'는 사건을 선불교의 입장에서 가공한 이야기로 단정할 필요는 없을 것이다. 당나라로 홀로 떠나는 의상과 작별한 원효는 이제 강렬하게 체험한 자신의 깨달음을 바탕으로 호국불교도 귀족불교도 아닌 새로운 구도의 길을 걷게 된다.

2) 통섭의 철학자 원효

원효가 울산 반고사에 머물면서 문수산의 낭지에게 『법화경』의 가르침을 배우는 과정은 당나라 유학길을 결심하기 전이었을 것이라는 추정은 자연스러워 보인다. 그러나 두 번에 걸쳐 시도한 당나라 유학길 제1차와 제2차 사이인 10여 년의 기간 동안 원효가 탐구한 것은 무엇이었을까? 그리고 토굴에서 깨달음을 얻은 뒤 어떤 구도의 과정을 거쳤을까? 이에 대해서도 연대기 순으로 자세하게 기술한 역사 기록은 없다. 다시 갖가지 단편적 일화를 바탕으로 원효의 구도 행각을 짐작할 수밖에 없기 때문이다. 원효가 평생에 걸쳐 지은 저서와 일화로 전하는 행적을 통해 갈등과 분열의 시대 속에서 꿈꾸었던 그의 철학적 거대 기획을 찾아보기로 한다.

7 김상현, 『원효 연구』, 112쪽.

(1) 원효의 저술

한국불교의 역사 전체를 통틀어 원효와 어깨를 견줄 만한 저술가는 찾아보기 어렵다. 양적인 방대함과 질적인 뛰어남을 고려하지 않더라도, 저술한 책에서 드러나는 사유의 영역 측면만을 보더라도 원효는 독보적이다. 원효가 저술한 목록을 살펴보면, 한 부문에만 제한된 것이 아니라 불교학의 사상과 실천에 관한 모든 영역을 모조리 포괄하려는 의도가 또렷하기 때문이다. 그의 이름대로 한국불교의 새로운 지평을 열어보려는 거대 기획의 면모가 새벽처럼 다가온다. 원효의 저술은 흔히 100부 240여 권이라고[8] 한다. 이 중 현존하는 것은 약 23부에 달하는데, 일부분으로 전해지는 것을 포함하여 대표적인 저술을 열거하면 다음과 같다.

> 전체 내용이 전하는 저서: 『대승기신론소(大乘起信論疏)』, 『대승기신론별기(大乘起信論別記)』, 『금강삼매경론(金剛三昧經論)』, 『법화경종요(法華經宗要)』, 『열반경종요(涅槃經宗要)』, 『대혜도경종요(大慧度經宗要)』, 『미륵상생경종요(彌勒上生經宗要)』, 『무량수경종요(無量壽經宗要)』, 『아미타경소(阿彌陀經疏)』, 『유심안락도(遊心安樂道)』, 『이장의(二障義)』, 『보살계본지범요기(菩薩戒本持犯要記)』.
>
> 일부 내용만 전하는 저서: 『화엄경소(華嚴經疏)』(전 10권 중 1권), 『십문화쟁론(十門和諍論)』(2권 중 일부), 『판비량론(判比量論)』(1권 중 일부), 『해심밀경소(解深密經疏)』(전 3권 중 서문), 『중변분별론소(中

8 박태원, 『원효, 하나로 만나는 길을 열다』(서울: 한길사, 2012), 337쪽.

邊分別論疏)』(전 4권 중 권3), 『범망경보살계본사기(梵網經菩薩戒本私記)』(상하 2권 중 권상)

'소(疏)'와 '논(論)'은 자세한 해설을 덧붙이고 있는 책이다. '소(疏)'에는 막힌 것을 트이게 한다는 뜻이 있으므로 '소'라는 형식의 주석서로 자리 잡은 것으로 보인다. 주석서이므로 경전이나 논서의 내용에 대해 자세한 설명을 덧붙이고 있는 글이다. '논'은 현재의 논문과 같은 성격의 글이다.

'종요(宗要)'는 근원[宗]과 요체[要]라는 뜻이니, 경전에 담겨 있는 핵심 내용과 그 의미와 가치에 대해 설명하고 있는 글이다. 경전의 차례에 따라 설명하는 '소'와 달리, 새롭게 차례를 구성하여 설명하는 등 자유로운 글쓰기 방식을 보여주기도 한다.

저술한 문헌들의 면면을 보면, 원효의 학문적 관심과 역량을 충분히 짐작할 수 있다. 중관, 유식, 여래장, 화엄, 법화, 열반, 정토, 계율, 불교논리학에 이르기까지 당시 동아시아에 전해진 불교학의 중심 주제를 모조리 섭렵하고 있기 때문이다. 이것은 그가 특정한 종파(宗派)에 소속되어 특정한 이념을 주장하는 사상가가 아니라는 사실을 말해준다. 원효에게 경전이나 논서는 깨달음을 열어주는 하나의 길일 뿐이었을 것이다. 그는 이 여러 갈래의 사유체계 속에서 하나로 통하는 길을 찾기 위해 모든 가능성을 품고 가려는 거대한 기획을 세우게 된다. 그의 불교철학을 '통섭철학', '화쟁사상'이라 부르고, 그를 일심(一心)의 실천가로 보는 이유가 여기에 있다.

(2) 통섭과 갈등 해결의 길

원효가 그의 저서에서 추구한 '화쟁'은 과연 어떤 것이었을까? 그의 불교철학적 탐구를 대표할 수 있는 사상이었을까? 그렇다면, 원효의 화쟁은 갈등과 대립 상황에 직면하고 있는 오늘의 우리에게 의미 있는 질문과 해법을 전해주고 있는 것일까? 원효의 화쟁사상을 탐구하기 위해 먼저 생각해볼 필요가 있는 질문이다.

어떤 이들은 원효의 사상에서 화쟁은 독자적 지위를 차지하지 못한다고 비판한다. 화쟁은 원효 사상의 대표가 아니라는 지적이다. 화쟁은 학문적 연구 방법의 하나일 뿐[9]이라는 의견이나 원효의 저술 속에서 화쟁이 독립된 개념으로 출현하지 않았다[10]고 보는 이해도 있다. 조성택도 『십문화쟁론』의 '화쟁'은 개념어가 아니라 서술형 명사라는 점을 이해할 필요가 있다고 했다.

> 원효의 화쟁사상은 일찍이 신라 시대부터 주목되어왔다. 9세기 초인 애장왕(재위 800~809) 때 쓰여진 서당화상비문(誓幢和上碑文)에서는 『십문화쟁론』을 원효의 대표적인 저술로 인식하면서 화쟁의 의미를 부각시켰고, 이 책이 많은 사람들로부터 훌륭하다는 칭송을 받았다고 한다. 고려 시대에 이르러 화쟁사상은 원효사상의 핵심으로 파악되었다. 의천(義天)은 원효가 "백가의 다투는 실

---

9 석길암, 「원효의 화쟁에 둘러싼 현대의 논의에 대한 시론적 고찰」(『불교연구』 28, 서울: 한국불교연구원, 2008), 200-202쪽.

10 박재현, 「해석학적 문제를 중심으로 본 원효의 會通과 和諍」(『불교학연구』 24, 서울: 불교학연구회, 2009), 370쪽.

마리를 화합시키고 일대의 지극히 공정한 논을 얻었다"(和百家異諍之端 得一代至公之論)고 찬양했고, 하천단(河千旦, ?~1259)은 "신라 시대에 원효공이 우뚝 나타나서 백가의 이쟁을 화합하고, 이문(二門)을 합하여 돌아감을 함께했다"고 했다. 의천과 하천단은 원효를 '화백가이쟁(和百家異諍)'한 인물로 평했다. 그리고 숙종은 6년(1101) 8월 계사에 조서를 내려 원효에게 '화쟁국사(和諍國師)'라는 시호를 추증하기도 했는데, 고려 조정에서 원효사상의 특징을 화쟁으로 파악하고 있었던 구체적 예이기도 하다. 그리고 김부식(金富軾, 1075~1151)은 『화쟁국사영찬(和諍國師影贊)』을 지었는데, 이로써 고려 시대에 화쟁국사의 진영이 그려지고 시호가 통용되고 있었음을 알 수 있다. 명종(재위 1170~1197) 때에는 분황사에 화쟁국사비가 건립되기도 하였다.[11]

인용문에서 잘 드러나고 있는 것처럼, 원효의 화쟁사상은 이미 신라 시대부터 고려에 이르기까지 지속적으로 원효를 대표하는 사상으로 인정받고 있음을 알 수 있다. 원효가 살았던 7세기 신라에 전해진 불교사상에는 대립과 갈등의 양상이 뚜렷하지 않았다는 비판에도 문제가 있다. 일지(一指)의 의견에 따르면, 선종의 제2조 혜가(?~593) 시대의 중국불교계에는 훗날 중국불교사의 전통을 세워나가게 될 천하의 영재들이 모여들고 있었다고 한다. 즉 천태종의 개조 지의(智顗, 538~597), 삼론종의 개조 길장(吉藏, 549~623), 정토종의 담란(曇鸞, 476~542)과 도작(道綽, 538~597), 화엄종의 두순(杜順, 557~640), 그리고 선

11 김상현, 『원효 연구』, 208-209쪽.

종의 여러 준걸이 불교계에 집중되어 있었다[12]고 한다. 이미 종파불교가 성행하고 있었음을 알 수 있는 대목이다.

한편 위진남북조의 유송(劉宋, 439~589) 초기에 이미 깨달음은 단번에 이루어진다는 관점과 오랜 시간에 걸쳐 차츰 이루어진다는 관점의 차이, 즉 돈오(頓悟)와 점오(漸悟)의 논쟁이 매우 성행했다고[13] 한다. 이를테면 돈오의 의미에 대한 탐구는 축도생(竺道生)이 처음 시작했지만, 수(隋)나라 석법사(碩法師)가 지은 『삼론유의의(三論遊意義)』에 따르면, 축도생은 대돈오(大頓悟)파로 분류되는 데 비해 승조, 진안(眞安) 타(埵), 사통(邪通), 지도림, 여산 혜원, 도안 등 여섯 법사는 소(小)돈오파로 간주되고 있었기 때문에 돈오에 대한 관점 차이는 분명하게 나타나고 있었다고 보아야 할 것이다.

의상과 함께 당나라 유학길을 결심한 이유도 당나라 현장(玄奘, 645년 장안 도착)에 의해 새로운 유식(唯識)사상 문헌들이 한역되고 있다는 사실을 알고 나서였다. 나중에 현장의 제자인 규기(窺基)에 의해 법상종(法相宗: 新唯識)이 세워지면서, 기존의 유식인 섭론종(攝論宗: 舊唯識)과 관점을 달리하는 일이 시작된 시기였다는 점도 고려하면, 불교는 이미 사상적으로 천차만별의 길로 갈라지고 있었다. 원효는 화쟁이 요청되는 시대의 한가운데에 있었다.

조성택이 지적한 것처럼, 원효의 화쟁은 원효 자신의 경전독법(經典讀法)에 기반하고 있는 일종의 해석학적 행위로 이해[14]하는 태도가 적

---

12 일지(一指), 『100문100답(선불교강좌 편) 上』(서울: 대원정사, 1997), 73쪽.

13 탕융동(湯用彤), 『한위양진남북조 불교사』 3(서울: 學古房, 2014), 1167-1168쪽.

14 조성택, 「화쟁(和諍)의 해석학적 함의와 현대적 의미」(『한국불교학』 93, 서울: 한국불교학회, 2020), 210쪽.

절할 것이다. 원효 사상의 중심은 불교철학이기 때문이다. 그는 원효의 글에 나타나는 '개시개비(皆是皆非)'를 '상호모순'의 공존과 '복수의 옳음'을 인정하는 태도와 연결시키며 다음과 같이 말한다.

> 상황을 딜레마로 규정하는 능력, 명백한 모순을 용인하는 능력이 갈등 전환의 핵심이라고 보는 레더락의 관심은 개시개비(皆是皆非)의 '복수의 옳음'과 다르지 않다. 여기서 '개시'가 모순과 역설을 공존하게 하는 원리라면 '개비'는 모순적 상황을 새로운 변화로 이끌고자 하는 '갈등 전환'의 관점이다. 다시 말해 '온전한 코끼리'라는 새로운 패러다임을 상정함으로써 갈등이라는 모순적 상황을 더 큰 사회적 공동선을 만들어가는 에너지로 삼게 된다.
>
> 화쟁은 7세기 원효의 불교관에 바탕한 것이지만, 그 해석학적 함의는 매우 풍부하다. 개시개비가 함의하는 현대적 의미는 대화와 소통, 타인에 대한 개방성, 참여적 실천 등 오늘날 다원사회가 요청하는 민주주의의 생활양식이기도 하다.[15]

'갈등'을 현실의 하나로서 인정하고 수용하는 태도에서 출발하여 '갈등 상황'을 전환하여 '더 좋음' 또는 '더 나음'을 추구하는 데 '온전한 코끼리'[16]라는 공동선의 목표는 새로운 동력을 가져온다는 점에서

---

15 조성택, 위의 논문, 230쪽.

16 조성택, 위의 논문, 224쪽. 이에 대한 생각은 조성택의 다음 글이 도움이 된다. "해석학적 관점에서 화쟁의 요체는 배타적 이견(異見)들을 절충하거나, 종합하거나 혹은 제3의 견해를 통해 쟁점을 무화(無化)·용해(溶解)하는 것이 아니라 이견(異見)을 '있는 그대로' '복수의 옳음'으로 수용하는 데 있다. 이른바 모순을 제거함으로써 갈등을 '해결'하는 것이 아니라 모순적 상황을 수용함으로써 '온전한 코끼리'를 모색하고자 하는 것이다."

유익하다고 보는 관점이다. 온전한 코끼리는 '장님 코끼리 만지기 비유'에서 나온 것이지만, 현대사회가 추구하는 소통과 갈등 해결의 문제와도 긴밀하게 연관되어 있다고 보아도 좋을 것이다. 원효가 직면한 갈등 상황은 7세기 신라 사회가 안고 있던 불교 이론 사이의 갈등이었을 것이다. 조성택이 지적한 것처럼, "소통적 실천은 선과 악, 정의와 불의의 이분법적 세계가 아닌, 다원적 · 개방적 세계를 지향한다. 그렇기 때문에 단호함으로 포장된 독선적인 정의(正義), '신념화된 정의'를 경계한다. 타인을 위한 공간, 대화를 위한 공간이 없기 때문이다. 화쟁의 개시개비는 타인을 위한 공간을 내어주는 것, 대화를 위해 '나의 옳음'을 잠시 유보하고 '타인의 옳음'에 대해 숙고하도록 요청하고 있다"[17]는 말에 귀 기울일 필요가 있다.

2. 화쟁(和諍)철학

1) 화쟁의 의미와 그 원리

불교철학자 원효가 가슴에 늘 품고 있었던 거대 기획의 면모를 한마디로 드러내자면 '통섭철학(通攝哲學)'이라 부르는 게 알맞다. 그리고 이 통섭을 이루어가는 과정과 방법을 '화쟁'이라 한다. 화쟁은 서로 다른 견해[異見]에서 벌어지는 다툼[諍]을 모아[會] 서로 어울리도록[和] 뜻

---

17 조성택, 같은 논문, 226쪽.

을 통하게 하려는 노력이자 학문적 방법을 가리키는 말로 풀어볼 수 있다. 때로는 '화쟁(和諍)' 대신 '화회(和會)'라는 용어를 쓰기도 한다. 그러므로 화쟁은 서로의 생각을 통하게 해서[通] 다른 의견, 견해, 관점들을 포용하는[攝] 의미를 부여할 수 있다.

원효가 추구한 화쟁의 목표는 '통합'을 뜻하는 통섭(統攝, consilience)이 아니다. 원효가 구사하는 화쟁의 방법에는 모든 관점과 주장은 '다 옳기도 하고, 다 그르기도 하다(皆是皆非)'는 태도가 바탕하고 있기 때문이다. 그러므로 통(通)은 '더 나은 생각'을 찾기 위해 모든 가능성을 열어두는 사고방식을 뜻하며, 섭(攝)은 받아들인다는 뜻으로 풀 수 있다. 사전에 따르면, 섭에는 '당기다', '잡다', '거느리다', '다스리다', '대신하다' 등의 뜻이 담겨 있다고 하지만, 원효가 쓰고 있는 섭이라는 글자는 '영양분을 섭취하다'고 할 때의 섭(攝)의 뜻이 포함된 것으로 볼 수 있다. 어떤 음식을 잘 소화시켜 생명활동을 펼치는 데 필요한 힘을 얻는 것처럼, 기존의 모든 주장과 이론에 들어 있는 관점과 견해들을 섭취하여 더 좋은 가치를 만들어가려는 노력이 돋보이기 때문이다.

화쟁의 뜻에 따르면, 갈등 양상을 벗어나 소통의 길을 걸어가려는 노력과 자연스럽게 연결된다. 그러나 원효가 구사하고 있는 화쟁은 사회현상으로서의 갖가지 갈등을 해소하기 위해 마련된 것으로 보기는 어렵다. 어디까지나 원효는 불교철학자이기 때문이다. 원효는 불교적 가치에 따라 깨달음을 계기로 해탈과 열반을 성취하는 것을 목표로 삼고 있기에 사회적 문제를 해결하는 방법론과는 처음부터 성격이 다르다. 그러나 화쟁의 가치는 이념의 대립 양상 같은 갈등의 형태를 해결하기 위한 근원적 문제의식에서 출발하고 있고, 또렷한 방법론을 제시하고 있다는 점에서 가치가 있다.

> 그는 자신의 화쟁사상을 일방적인 설명이나 단순한 논의보다는 논쟁과 화해라는 형식을 선호하고 있다고 하였다. 특정한 논점에 대해서 각 학설의 '주장'을 제시하고, 마치 당사자인 것처럼 '논쟁'을 하며, 마지막에 가서는 마치 제3자가 판결하는 것처럼 자신의 탁월한 견해에 입각하여 여러 가지 방법으로 '화해'하는 모습을 자주 볼 수 있다.[18]

주장과 논쟁, 그리고 판결의 순서에 따라 화해를 도모하는 방식을 화쟁이라고 파악한 김영일의 견해는 원효가 화쟁을 구현하는 방법을 구체적으로 드러냈다는 점에서 유익하다. 그런데 원효의 저서에서는 '문(門)'이라는 낱말이 자주 등장하므로 이 뜻도 살펴야 한다. 원효의 저서에서 널리 쓰인 '문'이라는 말은 『대승기신론』의 '진여문(眞如門)과 생멸문(生滅門)'의 구도에서 비롯된다. 이때 문에는 '입장', '측면', '상황', '맥락', '관점', '종류'라는 뜻이 담겨 있다. 원효는 그의 저서 곳곳에서 종횡무진으로 '문(門)'이라는 말을 구사하고 있는데, 서로 다른 관점으로 다투지 않고 서로 어울릴 수 있게 하려면 다양한 뜻을 모조리 담아낼 필요가 있기 때문이었을 것이다.

박태원에 따르면, 화쟁의 원리는 세 단계로 파악할 수 있다. 첫째는 '각 주장의 부분적 타당성[一理(일리)]을 변별하여 수용한다'는 것이고, 둘째는 '모든 쟁론의 인식적 토대에서 벗어날 수 있는 마음지평[一心]을 열어야 한다'는 것이며, 셋째는 '언어 환각에서 깨어나 언어를 사

---

18 김영일, 「원효의 『십문화쟁론』 「불성유무화쟁문」 검토」(『한국불교학』 66, 서울: 한국불교학회, 2013), 202쪽.

용해야 한다'[19]는 것이다. 여기서 두 번째 단계에 필요한 사유가 바로 문(門)이다.

> 원효는 '견해/주장의 조건적 타당성을 성립시키는 인과 계열', 혹은 '견해 계열의 의미 맥락'을 문(門)이라는 말에 담고 있다. 그리고 원효의 화쟁논법에서는 이러한 문을 구분한 후 그에 의거하여 일리(一理)를 포착하고 통섭적으로 수용하는 방식이 자주 등장한다. '저마다 일리가 있다'면서 상이하거나 반대되는 견해들을 포섭적으로 화쟁하는 원요의 화쟁 논법은 문(門) 구분을 전제로 한다.[20]

서로 다른 문으로 들어선 사람에게 다른 모습이 보이는 것처럼, 같은 말을 하고 있어도 서 있는 위치와 보고 있는 방향에 차이가 있다면 그 말이 지시하는 의미는 달라지는 지점이 생기기 쉽다. 이 틈을 채워 화해를 도모하려면, 관점과 시선이 어디로 향하고 있는지를 먼저 확인하는 작업이 필요할 터다. 이를 실현하기 위해 원효는 문을 세워 갖가지 주장들을 분류하고, 서로 다른 관점들이 지향하고 있는 차이를 또렷하게 드러내는 일에 공을 들인다. 그가 펼치고 있는 경전 읽기 해석법은 매우 정밀하게 이루어져 있기 때문에 그의 사유를 끈기 있게 따라가며 살펴보아야 한다.

다음으로 살펴보아야 할 화쟁의 핵심어는 일심(一心)이다. 흔히 일

19 박태원, 『원효의 화쟁철학』(서울: 세창출판사, 2017), 41쪽.

20 위의 책, 42-43쪽.

심을 '한 마음', '큰마음'으로 번역하여 갖가지 대립이나 차별을 처음부터 벗어나 있는 '근원적인 것'으로 이해하는 경우를 어렵지 않게 볼 수 있다. 일심을 이렇게 이해해도 좋을까?

2) 하나처럼 통하는 마음(一心)

불교철학에서 마음은 세 가지 중심 주제 가운데 하나다. 세 가지는 행동을 다스리기 위한 '계율'과 마음을 닦기 위한 '명상'과 사유를 계발하기 위한 '지혜'가 그것이다. 전통적으로 불교에서는 마음의 힘을 다스리기 위한 명상법, 즉 선정(禪定)을 닦아 익히는 것을 수행의 중심으로 삼았다. 이 수행을 통해 일상의 순간순간 집중력과 자제력을 잃지 않고 감각 대상에 동요하지 않는 경지를 추구하며, 이를 바탕으로 사실을 사실 그대로 알 수 있는 능력으로 발전시키는 것이 불교철학의 지향점이다.

일심(一心)이라는 말은 일상의 활동에서 한결같은 마음을 간직하고 지속할 수 있는 능력을 가리키는 것이 보통의 경우다. 그런데 대승불교의 시대에 들어와서 존재에는 자기만의 불변하는 본질이란 없다는 공(空)의 논리와 존재란 마음이 분별하여 지어낸 허구의 모습에 불과할 뿐이라는 유식(唯識)의 이치가 자리 잡는다. 실체가 없다는 속성[空性]으로 존재를 이해하는 부정의 논리가 불교철학의 중심적인 관점으로 부각된 것이다. 이와 같은 부정적인 술어는 탐욕과 집착을 일으키는 자아 관념에 붙들리지 않으려는 사유로 이해할 수 있지만, 허무에 빠지는 결과 또한 가져오게 된다. 대승불교가 융성하게 되면서 사람들이 모두 부처라는 결실을 성취할 가능성을 무한히 신뢰하는 새로운 사유가 나타난다. 바로 여래장사상이다.

여래장(如來藏, Tathāgata-garbha)이란 사람들은 모두 여래의 태아, 곧 부처가 될 가능성을 간직하고 있다는 뜻을 담은 말이다. 공(空)이라는 부정적 술어로 존재를 설명하는 사유체계에서, 여래장(如來藏)이라는 긍정유형의 사유체계로 무게중심이 옮겨진 것이다. 이러한 사유는 『여래장경(如來藏經)』, 『부증불감경(不增不減經)』, 『승만경(勝鬘經)』 등에서 시작하여 『보성론(寶性論)』, 『대승장엄경론(大乘莊嚴經論)』, 『불성론(佛性論)』으로 이론의 틀을 갖추다가 『능가경(楞伽經)』, 『열반경(涅槃經)』, 『대승기신론(大乘起信論)』 등에서 체계적인 이론으로 확립된다. 비록 현존하지는 않지만, 원효의 저술 목록에서 『부증불감경소(不增不減經疏)』, 『보성론종요(寶性論宗要)』, 『보성론요간(寶性論料簡)』, 『능가경소(楞伽經疏)』, 『능가경종요(楞伽經宗要)』가 있나는 사실은 원효가 여래장사상을 깊이 탐구했음을 알려주고 있다.

> 여래는 '하나처럼 통하는 마음[경지]'(一心)으로 돌아갔기에 '있는 것도 아니고'(非有) '없는 것도 아니며'(非無), '비어 있는 것도 아니고'(非虛) '가득 찬 것도 아니며'(非實), '지어냄이 있는 것도 아니고'(非有爲) '지어냄이 없는 것도 아니며'(非無爲), '차별인 것도 아니고 평등한 것도 아니니'(非差別非平等), 그렇기 때문에 "['세속적 관점'(俗諦)과 '궁극적 관점'(眞諦)의] 두 가지 관점(二諦)을 넘어"라고 한 것이다.[21]

---

21 『본업경소(本業經疏)』, 〈한국불교전서〉 제1책, 500c11-21.

여래의 경지를 일심으로 파악하고 있는 『본업경소(本業經疏)』의 구절에서 '하나처럼 통하는 마음'(一心)의 위상을 알 수 있다. 있음과 없음, 비어 있음과 가득 차 있음, 지어냄이 있음과 지어냄이 없음, 차별과 평등 같은 이분법적 관념에 붙들리지 않는 사유를 추구하는 것에서 '하나처럼 통하는 마음'의 의미를 확인할 수 있다.

『열반경종요(涅槃經宗要)』, 『대승기신론별기(大乘起信論別記)』, 『대승기신론소(大乘起信論疏)』는 현재 완본의 형태로 전해지고 있는 원효의 저술이다. 여래장사상에 대한 원효의 관점을 체계적으로 이해할 수 있다는 점에서 귀중한 문헌인 셈이다. 여래장사상의 완결판이라 부를 수 있는 『대승기신론』에서 원효는 이 일심(一心)의 화쟁적 가치를 발견한 것으로 보인다. 즉, 서로 다른 견해들 사이에서 각각 부분적 타당성을 발견하고 이들의 관점들을 하나로 묶어줄 수 있는 보편적 기준으로서 원효는 '하나처럼 통하는 마음'(一心)을 제시한 것이다.

> '올바른 뜻을 드러내 보이는 것'(顯示正義)은 "'하나처럼 통하는 마음'이라는 도리"(一心法)에 의거하여 '두 가지 측면'(二種門)이 있다는 것이다. 무엇이 두 가지인가? 첫 번째는 '참 그대로인 마음 측면'(心眞如門)이고, 두 번째는 '[근본 무지에 따라] 생멸하는 마음 측면'(心生滅門)이다. 이 두 가지 측면 모두가 각각 모든 현상을 온통 포섭하니, 이 뜻은 무엇인가? 이 두 측면은 서로 분리되지 않기 때문이다.[22]

---

22 원효학토대연구소 번역, 『대승기신론소별기』 상권(서울: 세창출판사, 2019), 339쪽.

'현시정의'는 『대승기신론』의 본문에 해당하는 「해석분(解釋分)」의 첫 부분이다. 올바른 뜻(正義)을 드러낸다는 뜻이니, 『대승기신론』의 핵심가치를 논하는 부분이다. 가장 먼저 제시한 내용이 '일심법에 진여문과 생멸문의 두 가지 측면(門)이 있다'는 지적이다. 여기서 말하는 일심이 무엇을 뜻하는지, 또한 진여문과 생멸문의 의미에 대해 파악하는 것이야말로 『대승기신론』의 전체 내용을 이해하는 데 핵심사항이 된다. 원효의 해설을 살펴보자.

> 처음[인 '총괄적 해석'(總釋)]에서 "〈'하나처럼 통하는 마음'이라는 도리〉(一心法)에 의거하여 두 가지 측면이 있다"(依一心法, 有二種門)라고 한 것은 『능가경』에서 "[근본 무지의 분별로 인한 왜곡과 동요가] 그쳐진 것(寂滅)을 '하나처럼 통하는 마음'(一心)이라 부르고, '하나처럼 통하는 마음'(一心)을 '여래의 면모가 간직된 창고'(如來藏)라 부른다"고 말하는 것과 같다. 여기[기신론]에서 말하는 "참 그대로인 마음 측면"(心眞如門)이라는 것은 곧 저 『능가경』의 "'[근본 무지의 분별로 인한 왜곡과 동요가] 그쳐진 것'을 '하나처럼 통하는 마음'이라 부른다"(寂滅者名爲一心)[의 의미]를 해석한 것이고, "[근본 무지에 따라] 생멸하는 마음 측면"(心生滅門)이라는 것은 『능가경』에서 "'하나처럼 통하는 마음'을 '여래의 면모가 간직된 창고'라 부른다"(一心者名如來藏)[의 의미]를 해석한 것이다.[23]

원효는 일심(一心)의 뜻을 설명하기 위해 『능가경』에 나오는 구절

---

23 원효학토대연구소 번역, 『대승기신론소별기』(서울: 세창출판사, 2019), 339-340쪽.

들을 근거로 든다. 사람들의 분별 작용으로 대상을 왜곡하여 발생하는 괴로움과 갈등이 그치고 사라진 경지를 '적멸'이라 하는데, 이 적멸이 바로 일심이고, 일심이 바로 여래장이라고 말한 부분을 근거로 원효는 일심의 해석에 적용한다.

『능가경』에 따르면, 누구나 부처가 될 가능성인 여래장을 간직하고 있기에 인간의 마음에는 대상을 왜곡하지 않고 참 그대로 이해하는 능력이 있다. 그렇기에 갖가지 분별과 왜곡, 동요와 갈등이 본래부터 그치고 사라진 경지는 마음의 참 그대로인 측면(心眞如門)이라고 한다. 이것을 '일심'이라 했다. 그러나 이 본래 모습이 근본적인 무지(無明)에 따라 움직이면 무지를 원인과 조건으로 하는 생멸 현상에 휩싸인다. 이렇게 되면 여래장의 면모가 드러나지 않기 때문에 그저 가능성(藏)으로만 존재하는 것이다. 이것이 일심이 근본적인 무지에 따라 생멸하는 측면(心生滅門)이다.

'두 측면'(二門)이 [나뉘는 것이] 이와 같은데, 어째서 '하나처럼 통하는 마음'(一心)이라 하는가? 오염되었거나 청정하거나 그 모든 것의 '본연적 면모'(性)는 '[불변 · 독자의 실체나 본질에 의해] 둘[로 나뉨]이 없기에'(無二) '참됨과 허구라는 두 측면'(眞妄二門)은 [본질적] 차이(異)가 있을 수 없으니, 그러므로 '하나'(一)[처럼 통함]이라 부른다. [그리고] 이 '[불변 · 독자의 실체나 본질에 의해] 둘[로 나뉨]이 없는'(無二) 자리에서 모든 것을 실재대로이게 하는 것은 [이해하는 작용이 없는] 허공과는 같지 않아 "'본연적 면모'(性)가 스스로 신묘하게 이해하니"(性自神解), 그러므로 '마음'(心)이라 부른다. 그런데 이미 '둘'(二)[로 나뉘는 불변 · 독자의 실체나 본질]이 있지 않다면 어떻게 '하나'[처럼 통함]이라는 것이 있을 수 있으며, '하나'[처럼 통함]이 있지 않다면 무엇에 입각하여 '마음'이라 하겠는가? 이와 같은 도리는 '언어적 규정에서 벗어나고 분별하는 생각을 끊은 것'(離言絶慮)이어서 무엇으로써 지칭해야 할지 알 수 없지만 억지로나마 '하나처럼 통하는 마음'이라 부른다.[24]

『대승기신론』에서 일심을 심진여문과 심생멸문으로 구분한 것에 대해 원효는 오염이든 청정이든 모든 현상의 본래 모습에는 실체로서의 차이가 있다고 보지 않는다. 그래서 '하나'(一)라고 했다. 그리고 본질적인 차이가 없는 곳(無二)에서 모든 것을 알고 이해하는 신기한 능력이 있으므로 마음(心)이라 부른다는 것이다. 본질적인 차이가 없기에 '둘'이 없으면 '하나'라는 것도 있을 수 없지만, 하나가 없다면 마음을 가리킬 수도 없기 때문에 억지로나마 '하나'라는 이름을 붙였다고 한다.

원효의 설명에 따르면, 일심의 번역어는 '하나처럼 통하는 마음'이 적절하다. 곧 어떤 현상에서도 대립적 차별 양상을 실체로 보지 않고 깨달음을 추구하는 마음으로 연결하여 자신에게 본래부터 갖추어져 있는 여래장을 구현할 수 있도록 마음의 힘을 쓰는 것이 진여문과 생멸문으로 구분한 『대승기신론』의 취지에 따르는 것이기 때문이다. '하나처럼 통하는 마음'은 현실에서 발생하는 고통과 번뇌, 대립과 갈등의 양상 속에 처하더라도 그것을 '변함없는 자기만의 불변의 실체'가 있다고 여기지 않고 언제나 변화의 가능성을 신뢰한다. 이 점에서 '하나처럼 통하는 마음'은 갈등의 고리를 끊고 소통의 길로 이끄는 안내자

24 위의 책, 346-347쪽.

로 이해할 수 있다. 이 '하나처럼 통하는 마음'이야말로 화쟁이 이루어지는 근거가 되는 이유다. 이제 '하나처럼 통하는 마음'에 의거하여 원효가 실제로 구사하는 화쟁의 한 장면을 꼼꼼히 따라가보기로 한다.

3) 화쟁을 구현하는 과정과 방법

원효의 저서 속에서 화쟁을 구현하고 있는 과정을 따라가며 화쟁하는 모습을 그려보는 작업은 화쟁사상을 이해하는 필수과정이 될 것이다. 그의 저서 가운데 『십문화쟁론(十門和諍論)』이야말로 화쟁사상의 전모가 드러나겠지만, 아쉽게도 이 책은 일부 내용만 전하고 있기 때문에 화쟁하는 방법론을 제대로 살펴보기 어려운 사정이 있다. 따라서 완본(完本) 중에서 내용을 선별하여 화쟁이 구체적으로 펼쳐지는 과정과 그 방법을 알아볼 필요가 있는데, 『열반경종요(涅槃經宗要)』가 이에 부합하는 적절한 문헌이다.

『열반경종요』는 『열반경』의 핵심 사상에 대해 쓴 책인데, 여기서 원효는 '열반(涅槃)'과 '불성(佛性)' 두 부분으로 나누어 자신의 관점을 펼친다. 불성에 대한 논의를 시작하는 첫머리인 불성의 바탕을 나타내는 부분(出體門)에서 원효는 당시 '(인간은 누구나) 부처가 될 가능성(을 지니고 있음)'(佛性)에 대한 불교사상가들의 갖가지 해석을 모두 여섯 가지로 정리하여 소개하고 있다.

첫 번째 법사(法師)는 다음과 같이 주장한다. 〈'미래에 있을 부처라는 결실'(當有佛果)이 '부처 면모의 바탕'(佛性體)이 된다. 마치 다음의 [『열반경』] 「사자후품(師子吼品)」에서 "'좋은 능력이 끊어진

자'(一闡提) 등[의 중생]은 [현재에는] '이로운 [능력]'(善法)이 없지만 [중생의 본연(體)인] '부처의 면모'(佛性)는 '이로운 [능력]'(善)이니, 미래에 ['부처라는 결실'(佛果)의 이로움이] 있을 것이기 때문에 '좋은 능력이 끊어진 자'(一闡提) 등[의 중생]은 모두 '부처의 면모'(佛性)가 있는 것이다"[25]라 말하고, 또 [「가섭보살품(迦葉菩薩品)」에서] "['좋은 능력이 끊어진 자'(一闡提)는] 현재 세상에서는 번뇌(煩惱)를 원인이나 조건으로 하여 '이로운 능력'(善根)을 끊지만, 미래에는 '부처 면모의 힘'(佛性力)을 원인이나 조건으로 하기 때문에 다시 '이로운 능력'(善根)을 생겨나게 한다"[26]라고 말한 것과 같다. 그러므로 '미래에 [있을 부처라는] 결실'(當果)이 바로 '[성불(成佛)의] 가장 중요한 원인'(正因)임을 알 수 있다. 왜냐하면 '근본 무지가 일어나는 가장 처음 생각'(無明初念)마저 있지 않게 되고 나서 '존재하는 마음'(有心)에 바로 '미래에 [있을 부처] 결실의 면모'(當果之性)가 있기 때문이다. 그러므로 '온갖 수행'(萬行)을 닦아 '현재의 결실'(現果)을 넘어서는 것이고, '현재의 결실'(現果)이 이루어지는 것도 '미래에 [있을 부처라는] 결실'(當果)이 [그] 근본[원인]이 되는 것이다. 그러므로 '미래에 [있을 부처라는] 결실'(當果)이 '[성불(成佛)의] 가장 중요한 원인'(正因)이라고 말한다.> 이것은 백마사(白馬寺)의 애(愛) 법사가 축도생(竺道生)[이 펼치는 주장]의 뜻을 서술한 것이다.[27]

---

25 『열반경』 권25 제23 「사자후보살품(師子吼菩薩品)」(T12, 769a15-17). "一闡提等無有善法, 佛性亦善, 以未來有故, 一闡提等悉有佛性. 何以故? 一闡提等定當得成阿耨多羅三藐三菩提故."

26 『열반경』 권32 제24 「가섭보살품(迦葉菩薩品)」(T12, 818c18~19). "以現在世煩惱因緣, 能斷善根, 未來佛性力因緣故, 還生善根."

27 원효학토대연구소 번역, 『열반종요(涅槃宗要)』(서울: 세창출판사, 2019), 277-278쪽.

인용한 『열반종요』의 본문은 첫 번째인 애(愛) 법사가 '미래에 있을 부처라는 결실'(當有佛果)이 불성의 바탕(佛性體)이라고 주장한 글이다. 불성론에 대한 여섯 가지 다른 관점 가운데 첫 번째다. 깨달음과 거리가 먼 사람(一闡提)의 경우, 지금은 부처를 이루는 뛰어난 능력이 없을지라도 미래에는 부처를 이룰 수 있다고 말하고 있기 때문에 '부처라는 결실'이 바로 불성의 바탕이 된다는 주장이다. 원효에 따르면, 동진(東晉) 시대 축도생(竺道生, 355~434)의 이론을 계승한 관점이다.

두 번째는 '현재에 있는 사람들'(現有衆生)이 불성의 바탕이라는 주장이다. 마음을 거느리는 주인인 중생은 반드시 위대한 깨달음을 이룰 수 있기 때문에 '사람'인 중생이야말로 [성불(成佛)의] 가장 중요한 원인의 바탕(正因體)이 된다는 견해다. 곧 깨달음을 이루는 주체인 중생이 버금가는 원인이 되는 육바라밀 같은 보살수행을 닦아 깨달음을 이룬다는 뜻이니, 유송(劉宋) 남경(南京) 장엄사(莊嚴寺)의 승민(僧旻) 법사가 펼치는 관점이다. 세 번째는 '마음 바탕'(心性)이 불성의 바탕이라는 주장이다. 인간의 마음은 반드시 괴로움을 싫어하고 즐거움을 추구하는 성품이 있기 때문에 온갖 수행(萬行)을 닦아 가장 높은 깨달음이라는 즐거운 결과(無上菩提樂果)에 돌아가므로 마음 바탕이 가장 중요한 원인의 바탕이 된다는 해석이다. 이것은 양(梁)나라 남경(南京) 광택사(光宅寺)의 법운(法雲) 법사가 펼친 주장이다.

네 번째는 '마음에 있는 신기하게 (대상을 이해하는) 없어지지 않는 성질'(心有神靈不失之性)이 불성의 바탕이라는 주장이다. 인간은 이 마음을 몸 안에 갖추고 있으므로 마음에 있는 신기하게도 (대상을 이해하는) 없어지지 않는 성질이야말로 [성불(成佛)의] 가장 중요한 원인의 바탕(正因體)이 된다는 견해다. 이것은 양(梁)나라 무제(武帝)인 소연(蕭衍)의 주장이다. 다섯 번째는 [법상(法相) 신유식(新唯識)에서 말하는 심층의식인] '아뢰야식(阿賴耶識)에 있는 진리의 씨앗'(法爾種子)이 불성의 바탕이라는 주장이다. 『열반경』에서 "불성은 모든 부처님의 최고의 깨달음 안에 있는 진리의 씨앗"이라고 말한 것과 『유가사지론(瑜伽師地論)』에서 "본래부터 자리 잡고 있는 씨앗의 면모(性種性)라는 것은 (모든 보살의) 여섯 가지 감각기관이 지니고 있는 탁월함이다. 이와 같은 양상으로 시작이 없는 때부터 연속하여 흘러온 것이고 본래부터 획득해 있는 것이다"라고 말한 것에 의해 아뢰야식에 있는 진리의 씨앗이 바로 불성의 바탕이라는 견해다. 이것은 '새로운 법사'(新師)들의 뜻이라고 했는데, 법상(法相) 신유식(新唯識)에 속하는 법사들의 주장일 것이다.

끝으로 여섯 번째는 [섭론(攝論) 구유식(舊唯識)에서 말하는] '아마라식(阿摩羅識)의 참 그대로 이해하는 면모'(眞如解性)가 불성의 바탕이라는 주장이다. 『열반경』에서 "불성을 실체가 없음이라는 궁극적 진리(第一義空)라 부르고, 실체가 없음이라는 궁극적 진리를 지혜라 부른다"라고 말한 것과 『보성론(寶性論)』에서 "또 그것은 참 그대로의 면모(眞如性)다. 마치 『육근취경(六根聚經)』에서 여섯 가지 감각기관이 이와 같이 시작이 없는 때부터 끝내 궁극적으로 모든 진리의 바탕인 것이다"라고 말한 것에 의해 아마라식의 참 그대로 이해하는 면모가 불성의 바탕이라는 해석이다. 이 여섯 번째 법사가 누군지에 대해 원효는 그 주체를 밝히지 않았다. 연구자에 따라 원효 자신의 견해일 것이라고 보는 의견도 있고, 진제(眞諦) 삼장으로 보는 의견도 있다. 확정하기는 어렵지만, 원효는 진제로 대표되는 섭론(攝論) 구유식(舊唯識)의 주장에 동의하고 있다는 점은 분명해 보인다.

(1) 화쟁의 제1단계: 분류

불성에 대해 여섯 가지 서로 다른 관점을 설명한 다음, 원효는 곧바로 옳고 그름을 가리는 작업(判是非)으로 이어간다. 여섯 가지 서로 다른 이론의 옳음과 그름을 가려 불성에 대한 더 좋은 또는 더 나은 이해를 추구하는 과정이 본격적으로 시작되는 것이다.

원효는 '이 여섯 가지 주장은 모두 맞기도 하고 모두 틀리기도 하다'(皆是皆非)고 선언하는 것으로 가려내기 작업을 시작한다. 앞에서 논의한 것처럼, '개시개비(皆是皆非)'가 관점의 대립을 넘어서서 소통의 방법으로서 정당성을 확보하려면 더 나은 보편성이 그 기준으로 제시되어야 할 것이다.

원효가 선택한 화쟁의 과정은 '개시개비'로 시작한다. 곧 '(인간은 누구나) 부처가 될 가능성(을 지니고 있음)'(佛性)에 대해 "[여러 주장의 내용과] '같지 않으면서도'(非然) [여러 주장의 내용과] '같지 않은 것도 아니기'(非不然) 때문이다. [여러 주장의 내용과] '같지 않기'(非然) 때문에 여러 주장은 모두 틀렸고, [여러 주장의 내용과] '같지 않은 것도 아니기'(非不然) 때문에 [여러 주장의] 갖가지 뜻이 모두 맞다"[28]고 말하면서 개시와 개비의 측면을 동시에 펼친다. 여섯 가지 주장에서 말하는 내용은 모두 불성 자체를 온전하게 드러내지 못했다는 측면에서는 모두 틀렸고(皆非), 그렇다고 여섯 가지 주장이 모두 불성과 (전혀) 다른 것은 아니기에 모두 맞다는 지적이다. 누구도 '온전한 코끼리'에 대해서는 말하지 못했지만, 모두가 '온전한 코끼리'의 한 단면을 드러내고 있다는 점에서 '부분적 타

---

28 원효학토대연구소 번역, 『열반종요』, 290쪽.

당성'(一理)을 인정할 수 있다는 설명인 셈이다. 앞서 살펴보았던 '개시개비'의 논리는 서로 다른 시선과 관점의 차이 가운데 옳고 그름을 가려내는 과정에서 첫 번째로 적용되고 있는 사례이므로 원효가 구사하는 화쟁의 첫 번째 단계로 볼 수 있다.

다음으로 원효는 여섯 가지 주장 사이에서 발견되는 차이점 드러내기를 시도한다. 차이점 드러내기는 여러 가지 기준을 적용하여 거듭 이루어지는데, 이 과정에서 원효는 여섯 가지 주장을 계속해서 인용하고 있으므로 불성의 바탕(佛性體)에 대한 서로 다른 여섯 가지 주장의 핵심사항[29]을 다시 정리해보자.

① 미래에 있을 부처라는 결실(當有佛果)

② 마음을 기느린 주인공인 현재에 있는 사람들(現有衆生)

③ 괴로움을 싫어하고 즐거움을 추구하는 마음 바탕(心性)

④ 마음에 있는 신기하게 (대상을 이해하는) 없어지지 않는 성질 (心有神靈不失之性)

⑤ [아뢰야식(阿賴耶識)에 있는] 진리의 씨앗(法爾種子)

⑥ [아마라식(阿摩羅識)의] 참 그대로 이해하는 면모(眞如解性)

여섯 가지 주장에 대해 먼저 여섯 가지 주장이 두 가지 길에서 벗어나지 않는다는 점을 지적한다. 곧 '어떤 기준'에 따라 두 가지로 나누어지는 상반된 시각에 불과하다는 판정이다. 이러한 판정 과정은 모두 네 단계에 걸쳐 진행되고 있다.

---

29 여기서 제시하는 핵심어 다음에 "~이(가) 불성의 바탕이다"라는 문장이 들어가야 하지만 편의상 생략했다.

첫 번째, 주장 ①은 미래의 결과(當有之果)를 말하고 있는 데 비해 나머지 다섯 주장(②, ③, ④, ⑤, ⑥)은 현재의 원인(今有之因)에 해당한다. 즉, 여섯 가지 주장은 다 '미래의 결과'와 '현재의 원인'이라는 두 가지 관점을 벗어나지 않는 것이다. 두 번째, 이 다섯 가지 주장(②, ③, ④, ⑤, ⑥)은 다시 궁극적 관점(眞諦, 주장 ⑥)과 세속적 관점(俗諦, 주장 ②, ③, ④, ⑤)에 따른 것에 지나지 않는다. 세 번째, 세속적 관점(俗諦, 주장 ②, ③, ④, ⑤)은 다시 사람(人)을 거론하는 것(주장 ②)과 마음의 현상(法)에 의거하는 것(주장 ③, ④, ⑤)에서 벗어나지 않는다. 네 번째, 마음의 현상(法)에 의거한 것(주장 ③, ④, ⑤)도 두 가지를 넘어서지 않는데, (현재 작용하여 밖으로) 드러난 것(起, 주장 ③, ④)과 (안에서) 드러나지 않고 숨어 있는 것(伏, 주장 ⑤)에 불과하기 때문이다. 다섯 번째, (현재 작용하여 밖으로) 드러난 것(起, 주장 ③, ④)도 일어난 마음(上心)에서 (마음이 움직이는) 뜻에 따라 심성(心性, 주장 ③)과 심신(心神, 주장 ④)의 측면으로 각각 주장을 달리한 것뿐이라는 것이다.

(2) 화쟁의 제2단계: 일심을 기준으로 재배열

화쟁의 두 번째 단계는 불성에 대한 서로 다른 여섯 가지 주장을 '일심(一心)'이라는 새로운 기준으로써 재평가하는 작업으로 이루어진다. 이제 개시개비 논리가 어떻게 적용되는가를 원효 자신이 제시한 '일심'에 의해 살펴보자. 서로 다른 주장을 화쟁하는 과정으로 들어가는 것이다.

그러나 '부처 면모의 바탕'(佛性之體)은 바로 '하나처럼 통하는 마음'(一心)이니, '하나처럼 통하는 마음의 면모'(一心之性)는 '모든 극단적 측면에서 멀리 벗어나는 것'(遠離諸邊)이다. '모든 극단적 측면에서 멀리 벗어나기'(遠離諸邊) 때문에 [불성(佛性)의 바탕을 무엇이라고 주장해도] 모두 ['부처 면모의 바탕'(佛性之體)에] '해당하는 것이 없고'(無所當), '해당하는 것이 없기'(無所當) 때문에 ['부처 면모의 바탕'(佛性之體)에] '해당하지 않는 것도 없다'(無所不當). 그러므로 '[하나로 통하는] 마음'(心)[이라는 맥락]에 의거하여 거론하자면, 마음은 '원인도 아니고 결과도 아니며'(非因非果), '[참인] 진리도 아니고 [허위虛僞인] 세속도 아니며'(非眞非俗), '[불변하는] 자아도 아니고 [실체인] 현상도 아니며'(非人非法), '일어난 것도 아니고 잠복해 있는 것도 아니다'(非起非伏). [그런데] 만약 '[현상을 발생시키는] 조건'(緣)[이라는 맥락]에 의거하여 거론하자면, 마음은 '일어난 것이기도 하고 잠복해 있는 것이기도 하며'(爲起爲伏), '현상을 짓기도 하고 자아를 짓기도 하며'(作法作人), '[허위(虛僞)인] 세속이 되기도 하고 [참인] 진리가 되기도 하며'(爲俗爲眞), '원인을 짓기도 하고 결과를 짓기도 한다'(作因作果). 이것을 ['부처 면모의 바탕'(佛性體)이 지닌] '그러하지 않으면서, 그러하지 않은 것도 아닌 면모'(非然非不然義)라고 말한다. 그러므로 [여섯 법사의] 여러 주장은 모두 틀렸기도 하고 모두 맞기도 하다.[30]

원효는 불성의 바탕을 '일심(一心)'이라고 규정하면서 여섯 가지 다른 주장을 화쟁할 수 있는 토대를 마련한다. 화쟁의 의도는 일심을

30 원효학토대연구소 번역, 『열반종요』, 292쪽.

'모든 극단적 측면에서 멀리 벗어나는 것'(遠離諸邊)이라고 정의하는 데서 또렷이 드러나고 있다. 극단적 측면이라고 번역한 '변(邊)'은 '한 지역의 끝'을 뜻하니 제변(諸邊)이란 '갖가지로 치우친 모든 견해'의 의미로 이해할 수 있다. 따라서 원효가 내세운 '일심'은 '다양한 현상의 배후에 있는 불변하는 본질적이고 근원적인 것'이 아니라 '하나처럼 통하는 마음'이라고 번역하는 것이 적절하다. 원효가 일심을 내세워 서로 다른 여섯 가지 주장을 화쟁하려는 의도에 부합하기 때문이다. 하나처럼 통하는 마음을 부처가 될 수 있는 바탕으로 해석한 것은 어떤 관점이나 견해에도 붙들리지 않아야 자신의 마음을 발휘하는 힘과 사유를 펼치는 능력을 최적의 길로 나아가게 한다는 뜻으로 이해할 수 있다. 어떤 관점이나 견해와 만나더라도 하나처럼 통할 수 있는 길을 찾으려는 태도가 갖추어지는 것이다.

하나처럼 통하는 마음에 의거하면, 불성의 바탕인 마음은 원인(주장 ②, ③, ④, ⑤, ⑥)도 아니고 결과(주장 ①)도 아니며, [참인] 진리(주장 ⑥)도 아니고 [허위(虛僞)인] 세속(주장 ②, ③, ④, ⑤)도 아니며(非眞非俗), 자아(주장 ②)도 아니고, 현상(주장 ③, ④, ⑤)도 아니며(非人非法), 일어난 것(주장 ③, ④)도 아니고 잠복해 있는 것(주장 ⑤)도 아닌(非起非伏) 모든 주장을 부정하는 개비(皆非)가 된다. 그러나 불성의 바탕인 마음을 성립시키는 조건(緣)에 의거하면, 마음은 일어나기도 하고(주장 ③, ④) 잠복하기도 하고(주장 ⑤), 현상을 지어내고(주장 ③, ④, ⑤) 자아도 지어내고(주장 ②), 세속도 되고(주장 ②, ③, ④, ⑤) 진리도 되며(주장 ⑥), 원인도 만들고(주장 ②, ③, ④, ⑤, ⑥) 결과도 만들어지는(주장 ①) 모든 관점을 긍정하는 개시(皆是)다.

(3) 화쟁의 제3단계: 오염과 청정의 측면으로 재평가

여섯 법사의 주장을 세분해서 말하는 단계로 들어가면서 원효는 하나처럼 통하는 마음(一心)에 두 가지 측면이 있음을 지적한다. 두 가지란 '[본래 모습은] 오염되지 않지만 [현실은] 오염되어 있음'(不染而染)과 '[현실은] 오염되어 있지만 [본래 모습은] 오염되어 있지 않음'(染而不染)이다. 불염이염은 '한 맛처럼 통하여 [분별이] 그친 고요함'(一味寂靜)[의 측면]이고, 염이불염은 '[지옥(地獄) · 아귀(餓鬼) · 축생(畜生) · 아수라(阿修羅) · 인간(人) · 천상(天)이라는] 여섯 가지 미혹 세계에서 흘러가면서 바뀌어감'(流轉六道)[의 측면]이라고 했다. 일심(一心)이 본래 갖추고 있는 청정한 모습을 '한 맛처럼 통함'(一味)으로 표현하고, 일심이 현실과 부딪치며 오염되는 측면을 '흘러 다니며 바뀜'(流轉)이라고 말한 것이다.

> ['오염되어 있지만 오염되어 있지 않음'(染而不染)이라는 것은] 아래의 [『열반경』] 문장에서 "[본래는] '한 맛'(一味)[인 약(藥)]이 그 [한 맛이 잊힌 채] 흘러 다니는 곳에 따라 [그 맛이] 갖가지로 달라지지만, 이 약의 참맛(眞味)은 [흘러 다니기 이전의] 산속에 [그대로] 머물러 있다"라 말하고, 『부인경(夫人經)』(『승만경』)에서 "[왕비여,] '본연이 온전한 마음'(自性淸淨心)을 제대로 알기도 어렵지만, 저 [본래 면모가 온전한] 마음이 번뇌에 오염되어 있다는 것도 제대로 알기 어렵습니다"라고 말한 것과 같다. 『대승기신론(大乘起信論)』에서도 이러한 뜻을 자세히 드러낸다.[31]

---

31 원효학토대연구소 번역, 『열반종요』, 293-294쪽.

원효는 하나처럼 통하는 마음(一心)의 첫 번째인 '오염되어 있지만 오염되어 있지 않음'(染而不染)의 측면을 진제(眞諦) 삼장(三藏)의 관점으로 보았다. 『열반경』, 『승만경』, 『대승기신론』의 내용을 근거로 원효는 아마라식(阿摩羅識)의 '참 그대로 이해하는 면모'(眞如解性)를 말한 여섯 번째 법사(주장 ⑥)의 성격을 일심(一心)의 본래 모습의 측면, 즉 한 맛인 약(一味)이자 본래부터 갖추고 있는 청정한 마음(自性淸淨心)으로 다시 구분하여 이해하고 있다.

> 앞의 다섯 [법사들이 주장한] 뜻은 모두 '[본연은 오염되어 있지 않지만 현실은] 오염되어 있는 측면'(染門)에 놓인다. 어째서인가? '오염에 따르는 마음'(隨染之心)은 '하나처럼 통하는 본연'(一性)을 지키지 못하므로 '조건에 대응하여 과보를 추구하여'(對緣望果) 반드시 [오염에 따르는 마음이] 생겨나게 된다.[32]

하나처럼 통하는 마음(一心)의 두 번째는 '[본래 모습은] 오염되어 있지 않지만 [현실은] 오염되어 있는 측면(不染而染門)'이다. 원효는 주장 ①, ②, ③, ④, ⑤를 이 측면에 속하는 것으로 구분 지었다. 이와 같이 오염에 따르는 마음은 갖가지 문제에 휩싸이겠지만, 생겨나게 한 본연(可生之性)은 대상의 영향을 받아 이루어지는 것이 아니라서 진리 그대로인 종자(法爾種子)라고 부르는데, 이는 다섯 번째 법사의 주장(주장 ⑤)이 여기에 해당한다. 또 오염에 따르는 마음이라도 '신기하게 (대상을) 이해하는 성질'(神解之性)을 늘 잃지 않고, 이를 잃지 않기 때문에 결국

32 원효학토대연구소 번역, 『열반종요』, 295쪽.

에는 마음의 근원(心原)으로 돌아갈 수 있는 측면을 말한 것은 네 번째 법사(주장 ④)에 해당한다.

또 만약 오염에 따라 생겨났다가 사라지는 마음이 (일심이 거듭 영향을 주는) 내면의 힘에 의거하면 현실의 괴로움을 싫어하고 열반의 즐거움을 추구하는 마음의 성품(心性)을 주장하는 것이 세 번째 법사(주장 ③)에 속하고, 이르는 곳마다 모든 마음 현상을 거느리면서 곳곳에서 얽매인 삶을 살아가고 있는 중생에게 주목하는 관점이 두 번째 법사(주장 ②)에 속하며, 이러한 중생은 본래부터 깨달을 수 있는 능력(本覺)이 바뀐 것일 뿐이어서 지금 나타난 중생을 미래에 있을 부처라는 결실이라고 부르는 것이라는 측면은 첫 번째 법사(주장 ①)에 속한다는 것이다. 이와 같이 원효는 하나처럼 통하는 마음이라는 기준과 이 일심의 두 측면에 의거하여 새롭게 재구성 및 재해석하여 화쟁했다. 『열반경』에서 말한 '장님 코끼리 만지기' 비유를 들어 누구도 온전한 코끼리를 설명하지 못하지만, 모두가 코끼리에 대해 설명하지 못한 것도 아니라는 점에서 여섯 법사의 주장이 각각 부분적인 타당성(一理)을 지니고 있다는 점도 놓치지 않는다. 일심에 의거한 개시개비의 논리가 바로 화쟁의 핵심을 이루고 있다.

3. 갈등을 넘어 하나로 통하는 마음을 여는 길

우리는 '일리(一理)가 있다'는 말을 자주 한다. 그러나 다른 이의 견해에서 일리를 발견하려는 노력은 언제나 부족하기 쉽다. 욕망과 집착에 기반하고 있는 자아 관념에 기대어 있는 한 우리가 마주하고 있는 매서운 현실이다.

원효의 화쟁에서 '일리 발견하기'는 불교철학자로서 서로 다른 견해와 관점들을 이해해가면서 터득한 원리일 것이다. 경전과 논서에 나오는 말은 그 어떤 것도 버리지 않고 그 안에서 타당한 이치와 유익한 가치를 드러내는 노력이야말로 원효가 불교인으로서 평생에 걸쳐 풀어내려 애쓴 과제였을 것이다. 이것은 한 불교철학자에게 주어진 사명으로 시작되고 지속된 일이다. 그러나 원효가 펼친 화쟁은 하나처럼 통하는 마음(一心)으로 구현된다. 어떤 상황에서도 일리 발견하기를 놓치지 않는 태도는 한결같은 마음을 유지하는 것이면서 동시에 어떤 견해나 관점에서도 일리를 발견하여 포용하려는 열린 태도는 하나처럼 통하는 마음이라야 가능하기 때문이다.

원효의 화쟁에서 발견되는 가치는 서로 다른 의견들을 분류하고 평가하는 정밀함에서 시작하여 하나처럼 통하는 마음이라는 새로운 기준에 의거하여 모두 옳기도 하고 모두 그르기도 하다는 개시개비의 논리를 자유자재로 구사하는 데서 발견된다. 그러나 원효의 화쟁은 민중의 희생을 강요하는 전쟁의 시대에서 종파를 선택하여 귀족불교의 길을 가는 대신 대중의 아픔을 끌어안는 그의 선택에서 더욱 빛난다. 부처도 될 수 있고 중생도 될 수 있는 마음의 두 얼굴을 자각하여 어떤 상황에서도 하나처럼 통하는 마음의 길을 발견하고 걸어가는 것이야말로 원효가 발견한 해법이다.

참고문헌

김상현, 『원효 연구』, 서울: 민족사, 2000.

김영일, 「원효의 『십문화쟁론』 「불성유무화쟁문」 검토」, 『한국불교학』 66, 서울: 한국불교학회, 2013.

박성규 옮김, 『삼국유사(三國遺事)』, 서울: 서정시학, 2009.

박재현, 「해석학적 문제를 중심으로 본 원효의 會通과 和諍」, 『불교학연구』 24, 서울: 불교학연구회, 2009.

박태원, 『원효, 하나로 만나는 길을 열다』, 서울: 한길사, 2012.

______, 『원효의 화쟁철학』, 서울: 세창출판사, 2017.

석길암, 「원효의 화쟁에 둘러싼 현대의 논의에 대한 시론적 고찰」, 『불교연구』 28, 서울: 한국불교연구원, 2008.

원효학토대연구소 번역, 『대승기신론소별기(大乘起信論疏別記)』, 서울: 세창출판사, 2019.

______, 『열반종요(涅槃宗要)』, 서울: 세창출판사, 2019.

일지(一指), 『100문100답(선불교 강좌 편) 上』, 서울: 대원정사, 1997.

조성택, 「화쟁(和諍)의 해석학적 함의와 현대적 의미」, 『한국불교학』 93, 서울: 한국불교학회, 2020.

탕용동(湯用彤), 『한위양진남북조 불교사』 제3권, 서울: 學古房, 2014.

『대승기신론소(大乘起信論疏)』, 『본업경소(本業經疏)』, 『열반경종요(涅槃經宗要)』(한국불교전서 제1권).

『송고승전(宋高僧傳)』 권4, 「신라국의상전」(대정신수대장경 제50권).

『열반경(涅槃經)』, 대정신수대장경(大正新修大藏經) 제12권.

06

무아(無我, anattan)에 근거한 소통 담론의 모색

임승택(경북대학교 철학과)

1. 머리말

인간은 커뮤니케이션(communication), 즉 소통을 통해 살아간다. 인간이 인간으로 존재하는 한 소통은 멈출 수 없으며, 바로 이것이야말로 인간을 인간이게 하는 과정이라고도 할 수 있다. 소통에 대한 일반적 정의로는 "생물체들이 기호를 통하여 서로 정보나 메시지를 전달하고 수신해서 공통된 의미를 수립하고, 나아가서는 서로의 행동에 영향을 미치는 과정 및 행동"이라는 언급을 꼽을 수 있다.[1] 소통은 상호 의존적이고 관계를 수반한다는 점에서 기본적으로 개방적이고 협력적이어야 한다. 그러나 협력적 소통과 개방적 소통이 있는가 하면 경쟁적

* 이 글은 『대동철학』 101호에 게재된 논문을 수정 · 보완한 것이다.

1 차배근, 『커뮤니케이션학개론』 상권(서울: 세영사, 1997), 23쪽.

소통 혹은 폐쇄적 소통도 있다.[2] 사회성을 유지하고 협력적인 삶을 살아가기 위해서는 개방적 · 협력적 소통이 필요하다. 소통의 방식에 대한 연구와 함께 소통 담론이 활성화되어야 할 이유가 여기에 있다.

소통의 문제는 갈등이라는 현상과 긴밀한 관계에 있다. 모든 유형의 갈등은 갈등으로 모양이 만들어지고 구체화되는 과정을 거친다.[3] 갈등을 만들고 구체화시키는 일은 다름 아닌 소통 행위가 한다. 소통은 관계 개선이나 갈등 해소를 위해서도 필요하지만, 관계 불만족이나 갈등의 증폭 요인으로 작용하기도 한다. 최근의 첨단 커뮤니케이션 테크놀로지의 발달은 갈등과 불만을 고속으로 전파하여 확산시키는 역기능을 수행하는 측면이 있다.[4] 많은 단체들이 소셜 미디어의 영역에 뛰어들어 서로 합세함으로써 상대 세력을 적대적으로 만들고 사회적 분열을 가속화하는 데 앞장서고 있다. 소모적 갈등으로 인한 사회비용을 줄이고 건전한 사회를 만들어가기 위한 소통 담론의 모색이 더욱 절실해지는 때다.

갈등 해소를 위한 대책 마련을 위해서는 갈등 자체를 이해하는 것이 중요하다. 헤겔과 마르크스가 사회갈등을 역사의 중요 동인으로 파악한 것은 주지의 사실이다. 이 점에서 갈등을 해결이나 해소의 대상으로만 취급하는 것은 타당하지 않으며 인간의 삶에서 필요불가결한 요인의 하나로 인정할 필요가 있다. 박재환이 소개하듯이, 소렐(G. Sorel) 등 수많은 학자들이 "사회갈등은 기존의 사회체계의 경직화를 막

---

2 임동욱, 『인간 소통 발전의 역사』(서울: 커뮤니케이션북스, 2017), 282쪽.

3 김영임 외, 『갈등과 소통: 한국사회 갈등, 커뮤니케이션 시각에서 보다』(한국방송통신대학교출판문화원, 2020 개정판), 23쪽.

4 피터 T. 콜먼(안종희 옮김), 『분열의 시대, 어떻게 극복할 것인가?』(성남: 상상스퀘어, 2022), 46쪽.

는 데 기여할 뿐 아니라 새로운 창의성을 발휘하게 하여 해당 사회를 갱신시키는 역할을 수행한다"고 주장한다.[5] 그들은 사회갈등이 사회과정의 핵심적 국면이라는 사실을 지적하면서 부정적이기보다는 긍정적이라는 입장을 견지한다. 이 점에서 갈등 문제는 그것을 바라보는 관점 여하에 따라 그 성격이 달라진다고 할 수 있다.

갈등은 당사자들의 인지 수준과 객관적인 근거를 기준으로 다음과 같이 여섯 가지 유형으로 나눌 수 있다.[6] ① 갈등의 객관적 근거가 있고 당사자들 역시 그 근거를 바로 인지하고 있는 참된 갈등(veridical conflict), ② 객관적 근거의 단순한 조정만 있으면 쉽게 해결될 수 있는 일시적 갈등(contingent conflict), ③ 갈등의 발생 근거와는 다른 문제를 둘러싸고 일어나는 환치된 갈등(displaced conflict), ④ 갈등의 근거가 객관적으로 존재하지만 상대방의 선택이 잘못되어 있는 오도된 갈등(misattributed conflict), ⑤ 갈등의 근거가 있는데도 당사자가 인지하지 못하고 있는 잠재적 갈등(latent conflict), ⑥ 갈등의 근거가 없는데도 잘못된 지각 및 오해에서 비롯되는 거짓 갈등(false conflict) 등이 그것이다. 이와 같은 유형별 구분은 갈등 해소를 위한 대책 마련에 앞서 갈등 자체를 이해해야 할 필요성을 분명히 해주는 것이라고 할 수 있다.

합당한 이유와 근거를 지닌 갈등은 보편적인 사회현상의 하나라고 할 수 있다. 사실 모든 사회관계는 언제나 일정한 정도의 긴장과 불화의 요소를 배태하고 있다. 여기에 해당하는 갈등은 불가피한 것이며 수용하고 감당해내야 한다. 불편한 상황이 초래되더라도 자신의 입장

5 박재환, 『커뮤니케이션, 갈등, 그리고 일상』(파주: 도서출판 한울, 2009), 185쪽 이하.

6 박재환, 위의 책, 164쪽.

을 고수해야 하는 경우가 그것이다. 그리고 이것에 대한 외면은 현실 도피로 이어질 위험성이 크다는 사실을 알아야 한다. 그러나 객관적인 근거가 존재하지 않거나 거짓된 갈등의 경우는 문제가 다르다. 이에 대해서는 설득이나 회피 혹은 침묵 등의 다양한 대처법이 모색될 수 있다. 즉각적인 중재가 요구되는 갈등이 있는 반면 무관심이나 무대책이 상책인 경우일 수도 있다. 한편 갈등의 표출 과정에 적지 않은 영향을 미치는 문화적 요인 또한 고려되어야 한다.[7] 내세적이고 초월적인 가치가 지배적인 사회와 현세 지향적인 사회 간에는 갈등의 표출 양상이 동일할 수 없기 때문이다.

이 글에서는 초기불교의 무아설(無我說, anatta-vāda)에 입각하여 갈등 문제 대처를 위한 소통 담론을 모색하고자 한다. 이 문제와 관련하여 참고할 만한 기존의 불교적 논의로는 원효(元曉)의 화쟁(和諍)이 있다. 여러 연구자들이 이와 관련하여 나름의 입장을 피력했다.[8] 그중 필

7 박재환, 위의 책, 180쪽.

8 화쟁의 문제에 접근해 들어가는 태도와 관련하여 필자의 주목을 끄는 논문으로는 김영일, 「원효의 화쟁과 양자간 협상: '의사소통을 통한 갈등해소' 시도」(『불교연구』 56, 한국불교연구원, 2022), 135-165쪽; 고영섭, 「분황 원효의 화쟁 회통 인식: 십문화쟁론을 중심으로」(『불교학보』 81, 동국대학교 불교문화연구원, 2017), 59-92쪽; 박태원, 「원효의 화쟁 논법과 쟁론 치유: 화쟁 논법은 '견해의 배타적 주장'을 치유할 수 있는가」(『불교학연구』 35, 불교학연구회, 2013) 99-138쪽; 조성택, 「화쟁의 해석학적 함의와 현대적 의미」(『한국불교학』 93, 한국불교학회, 2020), 207-234쪽 등이 있다. 이들 중 김영일과 고영섭은 원효의 화쟁이 진리에 눈을 뜬 사람의 입장에서 어리석은 중생을 제도하기 위해 제시되었다는 관점을 견지한다. 특히 김영일의 경우는 원효와 같이 진리를 깨달은 사람만이 비로소 화쟁을 할 수 있다고 주장하면서 그러한 이유에서 화쟁의 논리는 일상에 적용하기 어렵다는 결론에 도달한다(김영일, 앞의 논문, 147-148쪽). 고영섭 또한 전체를 본 사람만이 통합을 이야기할 수 있고 본질을 본 사람만이 화회를 구현할 수 있다고 주장하면서 원효는 '일심'이라는 전체를 보았고 '일심의 근원'이라는 본질을 본 사람이었기에 화쟁하고 회통할 수 있었다고 결론짓는다(고영섭, 앞의 논문, 86쪽). 이들과 대조적으로 조성택은 화쟁의 논리가 당시 중국불교 교가(教家)들의 자종(自宗) 중심의 포괄주의적 회통 방식과 다르다는 사실을 강조한다. 그는 화쟁이란 '관찰자' 혹은 '제삼자' 관점의 이론이 아니며, 쟁론 상황에서는 화자 자신 또한 '장님'이라는 것을 전제하고 있는 참여적 실천이라고 주장한다(조

자는 원효의 화쟁이 불교 이론 이외의 쟁론이나 갈등 상황에서도 현실적이면서도 보편적인 치유력을 지닐 수 있다고 보는 시선들에 주목한다. 여기에 해당하는 경우로, 조성택에 따르면 화쟁에 전제되는 개시개비(皆是皆非)의 논리는 "모든 것이 옳을 수도 있고 모든 것이 그를 수도 있다"는 것으로, 주관적 확신과 객관적 확신을 구별하면서 자신의 신념과 경험적 확신조차 다른 사람들에 의한 검토와 비판에 개방되어야 한다는 것을 의미한다.[9] 또한 박태원에 따르면 '문(門) 구분에 의한 화쟁의 방식'은 모든 견해를 조건문으로 읽는 연기적 사유를 계승하면서 '부분적 타당성(一理)의 변별과 수용'이라는 절차를 실천적 과제로 제시한다.[10] 이들 선행 연구는 쟁론의 상황에서 화자 자신도 '장님'일 수 있다는 참여적 실천의 관점을 견지한다는 점에서 공통적이다.

필자는 개시개비의 논리가 초기불교의 무아(無我, anattan)와 밀접하게 맞닿아 있다고 본다. 무아에 대한 가장 일반적인 서술은 물질현상(色)이나 느낌(受) 따위의 경험적 요인(五蘊)들에 대해 "나의 것(mama)이 아니고, '나(aham)'가 아니며, 나의 자아(me attā)가 아니다"라는 방식으로 나타난다.[11] 붓다는 '나' 혹은 자아(我, ātman, attan)를 온(蘊, skandha,

---

성택, 앞의 논문, 211-212쪽). 한편 박태원의 경우는 무엇보다 화쟁의 원리를 이해하는 것이 중요하며, 모든 쟁론 상황에 적용하기만 하면 화쟁이 되는 그런 논리 형식은 존재하지 않는다는 사실을 지적한다. 그는 어떤 견해가 어디까지 타당하고 어디부터 부당한가를 적절하게 식별하는 능력, 다시 말해 긍정과 부정의 적절한 경계선을 포착하는 능력이 수반되지 않으면 '긍정과 부정의 자재'는 공허할 뿐 아니라 위험하기조차 하다고 강조한다(박태원, 같은 논문, 108-109쪽). 박태원에 따르면 원효는 이러한 문제의식에서 출발하여 '견해의 계열' 혹은 '그 계열의 의미 맥락'이라고 할 수 있는 문(門)을 구분한 후 그것에 의거하여 일리(一理)를 포착하고 통섭적으로 수용해 들어가는 방식으로 '문의 구별과 그에 의한 화쟁'을 시도한 것으로 파악된다.

9 조성택, 앞의 논문, 227쪽.

10 박태원, 앞의 논문, 133쪽.

11 SN. II. 125.10-125.12 등 "모든 물질현상(色), 그것은 '나의 것'이 아니고, 그러한 '나'

khandha)이라는 경험적 요소들로 해체하고서[12] 다시 그들 하나하나에 대해 '나'일 수 없다고 짚어내는 방식으로 무아설을 제시했다. 온을 구성하는 물질현상이나 느낌 따위는 '나' 혹은 자아의 정체성을 이루는 것들로 간주될 수 있다. 이들에 대해 '나' 혹은 자아가 아니라고 가르친 이유는 바로 이들이야말로 강력한 집착의 대상이기 때문이다. 이러한 무아의 의미를 현대적으로 풀이하자면 '동일시의 부정(脫同一視, disidentification)'으로 바꿀 수 있다. 이러한 의미의 무아란 비아(非我)에 가깝다고 할 수 있으며, 자신의 정체성을 이루어온 요인들에 대한 '거리두기'를 가리킨다. 이와 같은 '거리두기'는 갈등의 당사자들이 스스로의 입장으로부터 한 발짝씩 물러나도록 유도할 수 있으며, 이것을 통해 자신과 타인 모두를 더욱 공정한 시선으로 바라보도록 해줄 수 있다.

제러미 리프킨이 말하듯이, 대화가 가능하기 위해서는 어떤 식으로든 자신의 입장을 버리고 다른 사람의 입장에 공감할 수 있어야 한다.[13] 소통을 위해서는 '동일시의 부정' 혹은 자기 자신과의 '거리두기'가 필수조건이라는 사실을 인정해야 한다는 의미다. 그러나 그는 자신과의 거리두기를 제안하면서도 자신을 자신만의 고유한 독립적 존재를 만들어주는 자아의 능력까지 버려서는 안 된다는 점을 강조한다.[14]

는 있지 않으며, 그것은 '나의 자아'가 아니다. 바로 이와 같이 있는 그대로 바른 지혜로써 관찰해야 한다. … (sabbaṃ rūpaṃ netaṃmama nesohamasmi na meso attāti. evametaṃ yathābhūtaṃ sammappaññāya daṭṭhabbaṃ …); 임승택, 「초기불교 무아설의 유형에 대한 검토와 분류 I」(『불교학연구』 69, 불교학연구회, 2021), 11-12쪽.

12 최경아, 「자아와 개인에 대한 정의 고찰: 초기불교를 중심으로」(『인도철학』 28, 인도철학회, 2010), 94-102쪽.

13 제러미 리프킨(이경남 옮김), 『공감의 시대』(서울: 민음사, 2010), 231쪽.

14 제러미 리프킨, 위의 책, 217쪽.

자아의식의 포기는 생물학적인 공감적 고통이라는 초보적인 의식 수준에 갇히게 할 뿐이기 때문이다. 마음의 문을 열고 다른 사람의 곤경을 자기 일처럼 체험해야 하지만, 다른 사람에게 몰두할수록 나 자신을 더 잘 알게 되고 나의 정체성도 더욱 확실해진다는 사실을 놓치지 말아야 한다. 공감과 소통에는 거리낌 없는 참여도 필요하지만, 어느 정도의 거리감도 필요하다. 이 점에서 공감과 소통은 미묘한 균형감각을 필요로 하는 행위라고 할 수 있다.

이와 같은 균형감각은 무아의 실천에 그대로 적용된다고 할 수 있다. 동일시 부정의 무아는 자아에 대한 존재론적 부정이 아니며, 무아를 실현해나가는 주체 혹은 1인칭 화자를 거부하지 않는다. 사실 오온이라는 경험적 요인들이 '나의 것'이 아니라는 언명에는 그러한 요인들만으로는 설명할 수 없는 '나' 혹은 주체가 전제된다고 할 수 있다. 이 점에서 무아란 소통의 주체인 자기 자신을 상대로 하는 인식론적 반성의 의미에 국한된다고 할 수 있으며, 오히려 그러한 반성을 수행해나가는 주체로서의 '나'에 대한 각성을 유도하는 성격을 지닌다.[15] 이와 같은 무아의 실현에는 자신과 타인 모두를 인정하면서도 모두에게 얽매이지 않는 태도가 필수다. 화쟁의 개시개비에는 바로 이러한 태도가 전제되어 있으며, 그러한 이유에서 자신과 타인 모두에게 공히 받아들여질 수 있는 실천력을 지닌다고 할 수 있다.

---

15 임승택, 「니까야에 나타나는 무아(anattan)의 용례와 의미」(『동아시아불교문화』 41, 동아시아불교문화학회, 2020), 75쪽.

2. 인식론적 반성과 무기(無記)

붓다의 사후 최초로 결집된 『브라흐마잘라숫따(梵網經)』는 당시 유행했던 62가지 사변적 견해(見, diṭṭhi)들을 일괄 검토한다.[16] 거기에 등장하는 제각각의 이론가들은 각자 스스로의 개념적 틀 안에서 정교한 논리를 구사했고, 자신들만의 방식으로 진리를 추구했다. 그런데 붓다는 그들 가운데 어느 하나를 지지하거나 혹은 새로운 견해를 제시하는 데 목적을 두지 않았다.[17] 그는 형이상학적 견해의 추구가 내면의 탐욕과 불안 등에 은밀하게 연결되어 있으며, 그러한 이유에서 오히려 갈등과 불화만을 부추길 수 있다는 사실을 지적했다. 그는 견해에의 탐닉이 가져오는 잘못됨(過患)에 대해 각성해야 하며, 견해의 그물에 걸려들지 말라고 경고했다.[18] 그리고 바로 이것이야말로 견해 간의 충돌로 인한 불화에 휩쓸리지 않는 올바른 대처법이 될 수 있을 것이라고 가르쳤다.

붓다는 믿음(saddhā), 기호(ruci), 전승(anussava), 이미지의 숙고(ākāra-parivitakka), 견해에서 오는 기쁨(diṭṭhi-nijjhānakkhanti) 등 다섯 가지 요인에 의해 사물에 대한 견해와 서술이 왜곡될 수 있다고 보았다.[19] 사실 『브라흐마잘라숫따』 등에서 나타나는 갖가지 형이상학적 체계는 이러한 다섯 가지 요인을 간과하고서 내세운 극단적 견해(邊見)의 사례에 불과

---

16 DN. I. 1-46쪽.

17 임승택, 『초기불교, 94가지 주제로 풀다』(안성: 종이거울, 2014), 19쪽.

18 임승택, 「반야의 치유, 그 원리와 활용: 초기불교를 중심으로」(『범한철학』 80, 범한철학회, 2016), 259쪽.

19 DN. II. 170-171쪽; 임승택, 「초기불교, 심리적 세계의 이해」(『마음과 철학』, 서울대학교 출판문화원, 2013), 24쪽.

하다고 할 수 있다. 한편 『마두삔디까숫따(*Madhupiṇḍikasutta*)』에서는 그와 같은 견해들이 어떠한 과정을 통해 형성되고 또한 부풀려지는지를 단계적으로 분석한다.[20] 거기에 따르면 인식의 과정은 감관(根)과 대상(境)과 의식(識)이라는 세 가지 부딪힘(saṅgati)으로부터 시작된다. 이들 셋은 실존적 현실로서 주어진다. 이들의 부딪힘으로 인해 접촉(觸, phassa)이 발생하고, 느낌(受, vedanā)이 뒤따른다. 나아가 지각(想, saññā)과 생각(尋, vitakka)과 희론(戱論, papañca)이 이어지면서 인식 과정은 정점에 도달한다. 특히 지각 이후의 단계에서부터는 주관에 의한 구성적 인식이 시작되며, 앞서 다섯 가지 인식 왜곡의 요인들이 본격적으로 개입된다고 할 수 있다.[21]

살아있는 한 외부와의 접촉은 피할 수 없으며 그에 따른 반응인 느낌 또한 자동으로 뒤따른다. 『마두삔디까숫따』에서 바로 이 단계까지는 인칭적 서술이 사용되지 않으며 단지 그러한 과정이 존재하는 것으로만 묘사된다. 그러나 지각의 단계부터는 "느끼는 그것을 '그'는 지각한다(yaṃ vedeti taṃ sañjānāti)"라는 방식으로 3인칭 동사가 사용된다.[22] 느낌의 단계까지는 비인칭적 인식이 진행되지만, 지각의 단계에서부터는 주객이 구분되는 구성적 인식이 이루어진다는 것이다. 스티븐 핑커가 지적하듯이 누구도 즐겁거나 괴로운 느낌이 존재한다는 사실 자체를 부정하지는 않는다.[23] 느낌에 관해서는 자신과 타인의 구분을 떠나 서로 공감하고 소통하는 것이 가능하다. 그러나 지각이나 생각 따

---

20 MN. I. 111-112쪽.

21 임승택, 앞의 책(2013), 10-16쪽.

22 임승택, 앞의 책(2013), 10-16쪽.

23 스티븐 핑커(김명남 옮김), 『우리 본성의 선한 천사』(서울: 사이언스북스, 2016), 265쪽.

위에는 각자만의 고유한 입장이 개입되기 마련이다. 앞서 다섯 가지 인식 왜곡의 요인들이 바로 이들 단계에서 끼어든다. 여기에 이르러 자신과 타인과의 경계는 분명해지며, 그만큼 서로 간의 공감 가능성은 낮아진다. 이 점을 간과하고서 자신만의 생각을 타인에게 강제할 경우 갈등과 불화는 불가피하다.

인식의 정점에 해당하는 희론(papañca)이란 언어적 · 개념적 사고 및 그것을 통해 형성된 사변적 견해(diṭṭhi)들을 망라한다.[24] 희론의 종류에는 "나는 존재한다"는 따위의 단순한 진술에서부터 "여래는 사후에 존재하는가 혹은 존재하지 않는가"라는 따위의 고차적인 형이상학적 논의들이 포함된다. 단순하든 고차적이든 모든 유형의 견해에는 그것을 내세우는 당사자의 입장이 이미 전제되어 있다. 더구나 지각의 단계에서부터 희론으로 이어지는 과정은 일회적으로 그치지 않는다. 이전에 형성된 희론이 이후 새롭게 발생하는 지각과 생각 따위에 투사될 수 있다. 지각에서 생각을 거쳐 희론으로, 다시 희론에서 지각으로 맴도는 순환이 거듭될수록 주관적인 인식의 장벽은 높아진다. 이렇게 해서 자기만의 사고에 갇혀 소통이 단절되는 상황이 발생한다. 인식 과정에 대한 비판적 분석과 반성이 필요한 이유가 여기에 있다. 이러한 반성은 자신의 신념이나 생각 따위가 결국 자기 자신이 아니라는 것으로, 다름 아닌 무아의 논리와 표리의 관계를 이룬다.

붓다는 희론에 빠져 있는 상태를 '있는 그대로'로부터 벗어난 비정상적 상황으로 진단한다. 그리고 '질병을 지님', '종기를 앓음', '화살

---

24 SN. IV. 203쪽; 임승택, 앞의 논문(2016), 258쪽.

에 맞음' 등으로 비유한다.[25] 또한 그는 희론에 대한 대처법으로서 그것을 환대하지도 말고 집착하지도 말 것을 제안한다. 그렇게 할 때라야만 탐냄 · 견해 · 의혹 · 자만 · 무명 등의 잠재적 성향이 사라지고, 싸움 · 논쟁 · 언쟁 등의 악하고 불건전한 법들도 사라진다고 가르친다. 어떠한 방식으로든 희론에 대해 반응하게 되면 꼬리에 꼬리를 무는 말싸움의 소용돌이에 휘말릴 가능성을 충분히 예상할 수 있다. 붓다는 그러한 이유에서 견해의 그물에 걸려들지 않도록 경고했다. 의도적 침묵으로서의 무기(無記, avyākata)는 이와 같은 배경에서 제시되었다고 할 수 있다. 이것을 다른 방식으로 표현하자면 "말할 수 없는 것에 대해서는 침묵하라"는 것이 되며, 특히 자기를 중심으로 이루어지는 사고방식에 대한 의도적인 거부를 뜻한다고 할 수 있다.

무기의 원어인 빨리어 avyākata는 a(부정의 접두사)와 vyākata/byākata(설명, 결정)의 복합어로서 vyākaroti(설명하다, 결정하다)의 과거분사형이다. avyākata를 글자 그대로 옮기면 '설명되지 않은 것' 혹은 '결정되지 않은 것'이 된다. 즉 개념이나 생각으로는 접근할 수 없는 영역이 존재하며, 그것에 대해서는 언어가 미치지 못하는 영역으로 남겨두라는 것이다. 이러한 방식으로 무기를 제시하는 초기불교의 경전들로는 『무기상윳따(*Avyākata-saṁyutta*)』, 『쭐라말룽끼야경(*Cuḷa-māluṇkyasutta*)』, 『뽓타빠다경(*Poṭṭhapādasutta*)』 등을 꼽을 수 있다.[26] 한편 붓다는 형이상학적

---

25 MN. I. 109-110쪽. "… 비구들이여, 희론에 빠진 것은 질병을 지니는 것이고, 희론에 빠진 것은 종기를 앓는 것이고, 희론에 빠진 것은 화살에 맞은 것이다. 그러므로 비구들이여, 희론에 빠지지 않은 마음으로 머물러야 한다. 비구들이여, 이와 같이 닦아야 한다"; 임승택, 앞의 논문(2016), 258쪽 재인용.

26 SN. IV. 374-403; MN. I. 426-432; DN. I. 178-210; 『상윳따니까야』 제5권, 각묵 스님 옮김(울산: 초기불전연구원, 2009), 125-126쪽 각주 참조.

의문들에 대해서는 침묵의 방법으로 대처할 것을 권한 대신 현실의 괴로움에 대해서는 적극적으로 맞서나갈 것을 주문했다. 예컨대 『사색경(*Cintāsutta*)』 등에서는 아무런 이익도 가져오지 못하는 형이상학적 난제들에 대해 '사색하지 말라(ma cintetha)'고 이르면서, 기왕 사색하려면 '이것은 괴로움이다'라는 방식으로 사성제를 '사색하라(cinteyyātha)'고 가르쳤다.[27] 이렇게 해서 무기의 가르침은 다음 장에서 후술할 사성제(四聖諦)와 자연스럽게 연결된다. 무기와 사성제는 상보적인 관계를 이룬다고 할 수 있다.

초기불교의 니까야(*Nikāya*)에서 무기는 주로 10가지 유형의 질문에 대한 대처법으로 나타난다.[28] 십사무기(十事無記, dasa-avyākata-vatthūni)를 구성하는 각 항목은 무기의 구체적인 적용 대상이 되는 셈이다. 예컨대 "세상은 영원한가?", "세상은 영원하지 않은가?", "세상은 유한한가?", "세상은 무한한가?", "정신과 육체는 같은가?", "정신과 육체는 다른가?" 등의 질문이 그것이다. 이들은 동서고금을 막론하고 끊임없이 제기되었던 형이상학적 논의의 주제들이라고 할 수 있다. 이들을 대상으로 하는 무기에 관해서는 이미 많은 학자들이 다양한 평가를 내

---

27 SN. V. 447-448. "비구들이여, 그러므로 그대들은 세간에 관련된 사색을 하지 말라. 예컨대 '세상은 영원하다'라거나 '세상은 영원하지 않다'라거나, '세상은 유한하다'라거나 '세상은 무한하다'라거나. … 비구들이여, 이러한 사색은 참으로 이익이 없다. … 비구들이여, 그대들이 기왕 사색하려면 '이것은 괴로움이다'라고 사색해야 한다. '이것은 괴로움의 일어남이다'라고 사색해야 한다. …"

28 그러나 일부 경전에서는 무기의 적용 대상인 형이상학적 질문을 네 가지 혹은 두 가지로만 언급하기도 한다. 한편 한역(漢譯) 경전들에서는 14가지 혹은 16가지 질문이 등장하기도 한다. 이것은 당시 형이상학적 견해들이 다양한 방식으로 제시되었으며, 그들을 대처해나가는 와중에 무기의 적용 대상이 차츰 확대되고 정형화되었을 가능성을 시사한다. 『상윳따 니까야』 제5권(각묵 스님 옮김), 125-126쪽 및 153쪽 각주 참조.

놓고 있다.[29] 예컨대 자야틸레케(Jayatilleke)는 붓다의 침묵이 형이상학적 질문의 무의미함을 주장하는 논리실증주의자의 태도와 유사하다고 본다. 데이비드 칼루파하나(David J. Kalupahana)는 우리 경험의 한계에 대한 인식이 붓다를 그러한 질문에 침묵하게 했을 것이라고 주장한다. 이들은 무기가 답변해야 할 사안에 대한 회피가 아니며 질문 자체에 대한 의도적인 부정이라는 데 의견의 일치를 보인다.

한편 김한상은 붓다의 의사소통 방식이 침묵에만 한정되지는 않았다는 사실을 보여주는 사례로 사기답(四記答, cattāro pañha-vyākaraṇāni)을 소개한다.[30] 첫째 단정적인 답변이 요구되는 상황에서 즉답을 행하는 방식의 일향기(一向記, pañho ekaṁsa-vyākaraṇīyo), 둘째 반문으로 답변하는 형식의 반문기(反問記, pañho paṭipucchā-pañhabyākaraṇīyo), 셋째 분별하여 답변하는 방식의 분별기(分別記, pañho vibhajja-vyākaraṇīyo), 넷째 묵살해야 하는 질문에 대해서는 침묵하는 방식의 사치기(捨置記, pañho ṭhapanīya-vyākaraṇīyo) 등이 그것이다. 이들은 의사소통을 위한 붓다의 문답 방식을 일괄하고 있다는 점에서 흥미를 끈다. 붓다는 유연한 태도로 논의의 상대를 다루었으며, 질문 내용에 따라 각기 다른 대처법을 취했다. 이들 넷 중 마지막의 사치기는 주로 형이상학적 문제에 연관된 질문들을 다루기 위한 것이었으며, 앞서 다룬 무기에 해당하는 것으로 언급된다.[31]

쟁론 혹은 갈등 문제의 해결 모색에서 무기와 사치기는 참고할 가치가 크다. 특히 객관적 근거가 미약하거나 그릇된 신념에서 비롯되는

---

29 김한상, 「자아의 존재를 둘러싼 붓다와 왓차곳따 사이의 대론에 대한 고찰: 무기인가 선교방편인가」(『불교학보』 81, 동국대불교문화연구원, 2017), 38-41쪽.

30 DN. III. 229; AN. I. 197; AN. II. 46; 김한상, 위의 논문, 41-44쪽.

31 김한상, 위의 논문, 43쪽.

거짓된 갈등에 대해서는 적극적인 개입이나 중재보다는 '거리두기' 혹은 침묵이라는 방법을 선택하는 것이 효과적일 수 있다. 무기와 사치기의 적용 대상인 형이상학적 난제들은 객관적인 정답이 가능하지 않다. 마찬가지로 종교 간의 갈등이라든가 세계관 혹은 문화적 차이로 인한 갈등에도 논리적으로 설명하기 어려운 요인들이 포함된다. 이들에 대한 섣부른 해결이나 화해의 시도는 오히려 새로운 불화 요인이 될 수 있다. 이들로 인한 문제의 상황에 처할 경우 무기와 사치기는 소통 방식의 하나로 적극 고려해야 한다. 더불어 앞서 『마두삔디까숫따』를 통해 보았듯이 화자 자신을 포함한 논의의 당사자를 대상으로 하는 인식론적 비판과 반성이 병행되어야 한다. 이것은 후술하게 될 무아설의 실제 내용을 이룬다. 무아란 스스로의 정체성을 구성하는 느낌이나 생각 따위에 얽매이지 말라는 메시지에 다름아니다.

3. 소통 기준으로서의 사성제(四聖諦)

무아는 무조건적 자기부정이 아니다. 이와 관련하여 원효의 화쟁(和諍)과 그 원리인 개시개비(皆是皆非)에 관한 선행 논의는 참고할 가치가 크다. 조성택이 지적하듯이, 개시개비란 다른 의견을 무조건적으로 수용하거나 상대주의의 입장에서 '모두 옳다. 일리가 있다'라고 하는 양비양시론(兩非兩是論)적 태도를 의미하는 것이 아니다.[32] 개시개비의

32 조성택, 앞의 논문, 227-228쪽.

실천이란 나의 의견이 다른 사람의 질문과 비판에 개방되어 있는 것과 마찬가지로 나와 다른 의견에 대해서도 비판적으로 검토하고 질문과 대화를 통해 이해의 깊이를 더해가는 과정이다. 나의 주장과 타인의 주장에서 발생하는 차이를 통약 불가능한 프레임으로 가두어버리는 것이 아니라 서로의 제한된 인식의 지평을 확대해나가기 위한 지속적인 실천이다.

한편, 박태원에 따르면 원효의 화쟁에서 쟁론의 상황을 대처하기 위해 실제로 요구되는 것은 '긍정과 부정 및 극단적 견해의 내용 여하를 변별하는 경계선을 적절하게 설정할 수 있는 능력'이다.[33] 어떤 견해가 어디까지 타당하고 어디서부터 부당한가를 적절하게 식별하는 능력, 즉 긍정과 부정의 적절한 경계선을 포착하는 능력이 수반되지 않는 '긍정 혹은 부정의 자재'는 공허할 뿐만 아니라 위험한 것으로 간주된다. 필자는 무아의 실천에서도 이러한 태도와 능력이 요구되며, 이들 선행 논의가 바로 그것을 말해준다고 생각한다. 자신의 신념이나 관점에 대한 무조건적 부정이나 자아 자체에 대한 존재론적 부정은 아무런 대책도 될 수 없다. 무아란 자기 자신으로부터의 '거리두기' 혹은 자기 자신을 중심으로 한 고착화된 사고방식의 거부일 뿐이다. 이와 같은 관점에 설 때 비로소 자신을 넘어서서 자신과 타인 모두에 대한 공정한 이해가 가능해지고, 서로를 연결하는 소통의 통로가 열리게 될 것이다.

최근 활발하게 논의되고 있는 체험주의(Experientialism) 또한 무아에 근거한 소통 담론의 가능성을 모색하는 작업에서 참고할 가치가 크

33 박태원, 앞의 논문, 108-109쪽.

다.[34] 이와 관련하여 체험주의의 관점에서 절대주의적 윤리학의 문제점을 지적한 노양진의 연구는 주목할 만하다.[35] 그에 따르면 절대주의가 추구해온 '도덕적 객관성'이란 경험적 사실이 아니었으며 철학적 열망의 산물에 불과하다. 그는 절대주의 도덕 이론에서의 핵심 과제는 최고선의 근거를 밝히는 일이었으며, 그것은 경험의 영역을 넘어서야만 얻어질 수 있는 것으로 여겨졌다고 덧붙인다. 그 이유에서 절대주의 도덕 이론은 초월이나 선험에 의지하는 사변의 길을 걸을 수밖에 없었고, 그들이 도달한 최고선은 현실에서 획득 가능한 것이 아닌 이상의 세계에 자리하게 되었다. 그런데 그간의 역사에서 최고선은 하나의 단일한 방식으로 표현되지 않았으며, 다양한 방식의 주장들은 충돌 양상을 보여왔다. 전통적인 절대주의적 윤리학이 당초의 의도와는 반대로 불화와 갈등의 온상이 되다시피 한 이유가 여기에 있다.

노양진은 절대주의적 윤리학이 최고선을 통해 규범적 강제성의 근거를 확립하려 시도한 순간부터 그 실패는 예고된 것이었다고 주장한다.[36] 최고선 혹은 '옳은 것'을 앞세운 절대주의적 윤리학은 인간을 도덕적으로 만드는 데 기여하기보다는 오히려 특정한 권력을 옹호함으로써 인간을 억압하고 소외시키는 도구로 변질했다. 그는 그러한 결과가 결코 시대적인 우연이 아니며 경험적 세계를 넘어서려는 사변적

---

34 체험주의를 알리는 국내의 주요 문헌으로는 다음을 꼽을 수 있다. G. 레이코프, M. 존슨(임지룡 · 윤희수 · 노양진 · 나익주 옮김), 『몸의 철학: 신체화된 마음의 서구 사상에 대한 도전』(서울: 박이정, 2002); 노양진, 『몸이 철학을 말하다: 인지적 전환과 체험주의의 물음』(파주: 서광사, 2013); 노양진, 『나쁜 것의 윤리학: 몸의 철학과 도덕의 갈래』(파주: 서광사, 2015) 등.

35 노양진, 「도덕의 영역들」(『범한철학』 47, 범한철학회, 2007), 338쪽.

36 노양진, 앞의 책(2013), 150쪽.

이론이 본성적으로 안고 있는 위험성에서 기인한다고 분석한다. 사변적 이론이 도달한 최고선은 '우리의 것'이라기보다는 '우리가 원하는 것'이었으며, 그것이 실제 세계에 대한 해명을 자처하고 나설 때 그에 부합하지 않는 실제 세계의 일부는 억압되거나 소외될 수밖에 없다는 것이다. 인류 역사상 대규모로 자행되었던 종교적 박해라든가 전쟁 따위에는 항상 최고선 혹은 '옳은 것'에 대한 요지부동한 확신이 전제되어 있었다는 사실이 바로 이것을 뒷받침해준다.

절대주의적 윤리학에 대한 노양진의 비판은 최고선 혹은 '옳은 것'의 추구가 아닌 '나쁜 것의 윤리학'으로 관심의 방향을 선회한다.[37] 그는 도덕적 탐구의 키워드는 '나쁜 것'이어야 하고, '나쁜 것'에 어떻게 대처하느냐의 문제야말로 도덕의 온당한 출발점이 될 수 있다고 주장한다. 그리고 이것은 사변적인 방식으로 논증되어야 할 문제가 아니라 몸을 가진 유기체로서의 인간이라면 누구나 공유할 수 있는 '경험의 공공성'에 속한 문제라고 덧붙인다. 이러한 주장은 앞서 『마두삔디까숫따』의 인식론적 반성과 일치한다. '느낌'이라는 영역에서는 비인칭적 인식이 진행되며 자신과 타인의 구분이 명확하지 않다. 따라서 '괴로운 느낌'을 수반하는 '나쁜 것'에 대해서는 자타의 구분을 떠나 공감하는 것이 가능하다. 그러나 지각이나 생각 등으로 이루어지는 사변적 논의의 영역은 그렇지 못하다. 이 단계에 이르게 되면 주객의 구분이 전제된 구성적 인식이 이루어진다. 최고선 혹은 '옳은 것'의 문제는 이러한 사변의 영역에 속하며, 저마다의 고유한 관점과 입장이 반영될 수밖에 없다. 이러한 사실을 간과한 채 '옳은 것'만 고집하는 것

37 노양진, 앞의 책(2013), 154쪽.

은 불화와 갈등의 원인이 될 가능성이 크다.

임승택은 '나쁜 것의 윤리학'이 '괴로움에 대한 인식', 즉 고성제(苦聖諦)로부터 시작되는 사성제(四聖諦)와 일치한다고 주장한다.[38] 붓다는 형이상학적 견해에 대해서는 내려놓으라고 이른 반면 괴로움의 현실, 즉 '나쁜 것'에 대해서는 적극적으로 대처해나갈 것을 주문했다. 그러기 위해서는 일단 괴로움의 양상이 어떠한지를 알아야 하며,[39] 그것에 대한 완전한 이해와 더불어 이후의 실천적 과정이 뒤따라야 한다. 집성제(集聖諦), 멸성제(滅聖諦), 도성제(道聖諦)라는 사성제의 나머지 항목들이 그것이다. 이들은 '옳은 것' 혹은 최고선의 형태로 부과된 진리 언명이 아니라는 사실에 유념할 필요가 있다. 예컨대 멸성제란 괴로움의 원인인 갈애의 소멸을 가리킬 뿐이며, 도성제란 멸성제를 실현해나가는 실천적 과정에 해당할 뿐이다.[40] 이 점에서 체험주의 담론은 사성제와 내용적으로 일치하며, 이것이 지닌 실천적 의의를 규명하는 데 유용성이 크다.

『상적유경(象跡喩經)』에서는 사성제야말로 붓다의 모든 가르침을 포괄하는 것으로 묘사한다.[41] 스스로의 신념이나 생각마저 '나' 자신

---

38 임승택,「불교에서 몸이란 무엇인가」[『불교평론』 16(1), 만해사상실천선양회, 2014], 43쪽.

39 사성제의 교설을 집중적으로 다룬 『초전법륜경(Dhammacakkappavattana-sutta, SN. V. 420-424쪽)』에서는 고성제의 실천을 세 단계로 나눈다. 먼저 "이것이 괴로움이다"라는 인식이 일어나야 하고, 다음으로 "이 괴로움의 진리를 이해해야 한다"라는 각오가 분명해져야 하며, 마지막으로 "이 괴로움의 진리를 완전히 이해했다"라는 자각이 뒤따라야 한다고 묘사한다.

40 임승택, 앞의 책(2013), 176-183쪽.

41 MN. I. 184쪽. "도반들이여, 예를 들면 움직이는 생명들의 발자국은 그 어떤 것이든 모두 코끼리 발자국 안에 놓이고, 또한 코끼리 발자국이야말로 그들 가운데 최상이라고 불리나니 그것은 큰 치수 때문입니다. 도반들이여, 이와 같이 유익한 [붓다의] 가르침은 모두 사성제에 포함이 됩니다. 그것은 무엇입니까? 고성제, 집성제, 멸성제, 도성제입니다."

일 수 없다는 무아설 역시 괴로움의 극복을 위한 것으로, 결국 사성제의 구조 안에 위치해 있다고 할 수 있다. 붓다는 첫 번째 과정인 고성제를 누각의 맨 아래층에 비유하면서, 이것을 통과하지 않으면 나머지 위층에 오를 수 없다는 비유를 사용한다.[42] '나쁜 것', 즉 고성제의 성격에 따라 집성제, 멸성제, 도성제로 이어지는 이후의 과정은 완전히 다른 방식으로 펼쳐지게 된다. 갈등과 분열로 인한 괴로움 또한 마찬가지다. 그 경우 우선적인 관심은 서로 공감할 수 있는 '나쁜 것'에 모아져야 한다. 그렇게 할 때 비로소 협력적 소통과 현실적 대안을 모색해 나가는 것이 가능하다. 이상과 같은 사성제의 구도는 무아 담론에 대해 일종의 기준을 제시한다고 할 수 있다. 무아란 절대주의적 진리 주장과는 성격이 달라야 한다. 또한 괴로움의 극복을 목적으로 한다는 점에서 단멸론(斷滅論)도 허무주의(虛無主義)도 아니어야 한다.

4. 무아에 근거한 소통의 가능성

최근 발표된 임승택의 연구에 따르면 니까야(*Nikāya*)에 나타나는 초기불교의 무아설은 세 가지 부류의 12가지 유형으로 분류될 수 있다.[43] 이러한 연구 결과는 단일한 형태의 무아설이 완결적인 방식으로

---

42 SN. V. 452쪽 이하.

43 여기에 해당하는 논문으로는 다음과 같다. 임승택, 「초기불교 무아설의 유형에 대한 검토와 분류 I」(『불교학연구』 69, 불교학연구회, 2021), 1-22쪽; 임승택, 「초기불교 무아설의 유형에 대한 검토와 분류 II」(『불교학연구』 70, 불교학연구회, 2022a), 1-24쪽; 임승택, 「구사론 파아품에 나타나는 무아의 변용」(『불교학연구』 71, 불교학연구회, 2022b),

는 제시되지 않았으며 다양한 부류의 무아설이 공존했다는 것을 의미한다. 첫 번째 부류에 속한 세 가지 유형은 오온 따위에 대해 '자아가 아닌 것'이라고 언명하는 '동일시 부정(disidentification)'의 방식을 취한다. 예컨대 물질현상(色)에 대해 무상한 것이고 괴로운 것이고 변화하는 것으로 묘사하면서, 바로 그것은 '나의 것'이 아니고, 그러한 '나'는 존재하지 않으며, 그것은 '나의 자아'가 아니라고 언급하는 경우가 그것이다.[44] 여기에 해당하는 무아의 유형들은 '나' 혹은 자아의 존재를

31-60쪽. 이들은 Digital Pali Reader라는 검색 프로그램(https://palemoon.start.me/start)을 통해 니까야에 나타나는 무아 관련 경문들을 일괄 검색하여 세 가지 부류의 12가지 유형으로 갈래짓고서 유형별 검색 빈도를 제시한다. 이를 도표로 일괄 정리하면 아래와 같다.

분류			주요 내용	부류별 특이점
주류적 서술 방식	동일시 부정 (非我)	유형 1-1	서술성 주격 anattā	• 동일시의 부정 • 존재론적 무아가 아님(최소 371개소, 실제 수천 개소)
		유형 1-2	자아에 대한 긍정 함축	
		유형 1-3	비아로서의 무아 공식화	
	사변적 무아의 거부	유형 2-1	견해로서의 무아 부정	• 사변적 무아 주장의 거부 • 존재론적 무아가 아님(대략 24개소 검색)
		유형 2-2	유무의 논변 부정	
		유형 2-3	'나'라는 생각 등의 제거	
이질적 서술 방식	무아에 대한 절대화 경향	유형 3-1	주재자로서의 자아 부정	• 형이상학적 무아의 맹아 • 자아에 대한 존재론적 부정 • 무아에 대한 절대화 경향(대략 130개소 검색)
		유형 3-2	초월적 자아의 부정	
		유형 3-3	마차와 부품의 비유	
		유형 3-4	緣起에 입각한 가설적 자아	
		유형 3-5	20가지 유신견 비판	
		유형 3-6	무아에 대한 절대화	

44 여기에 해당하는 경우로 "눈의 기능(眼)은 영원한가, 무상한가? 존자시여, 무상합니다. 무상한 그것은 괴로움인가, 즐거움인가? 존자시여, 괴로움입니다. 무상하고 괴롭고 변화하는 법에 대해 이것은 '나의 것'이고, 이것은 '나'이며, 이것은 '나의 자아'라고 간주할 수 있는가? 존자시여, 그렇지 않습니다(MN. III. 278.11-278.19)"라는 경문을 꼽을 수 있다. 임승택의 검색에 따르면 이러한 방식의 무아 서술은 약 99개소에 이른다. 임승택, 앞의 논문(2021), 8-10쪽.

절대 부정하지 않는다. 다만 물질현상 등 오온으로 이루어진 경험적 현상들과 '나'라는 존재를 일치시킬 수 없다는 것만을 내용으로 한다. 이러한 의미의 무아란 비아(非我)에 더 가깝다.

한편 두 번째 부류의 세 가지 무아 유형들은 '있음'과 '없음'에 관한 견해(diṭṭhi)를 문제시하는 입장을 취한다. 이들에 따르면 자아에 관한 주장이나 견해는 물론 무아에 관한 주장마저 '나'라는 생각이나 욕구 혹은 잠재성향 따위를 자극할 위험성이 있다. 따라서 무아의 온전한 실현을 위해서는 자아니 무아니 하는 생각이나 견해 자체를 버려야 한다. 예컨대 '나에게 자아란 없다'라는 견해마저 견해의 족쇄에 묶인 것일 수 있으며, 바로 그것마저 내려놓아야 한다는 언급이 그것이다.[45] 이러한 설명방식 또한 앞서 첫 번째 부류에 속한 세 유형과 마찬가지로 '나' 혹은 자아에 대한 존재론적 부정으로 볼 수 없다. 임승택에 따르면 이상의 두 부류에 속하는 여섯 가지 무아 유형은 니까야 내에서 잦은 검색 빈도를 보이며 초기불교 무아설의 주류(mainstream)를 형성한다.

마지막 세 번째 부류의 여섯 가지 무아 유형은 자아에 대한 존재

---

45 다음의 경문은 자아를 주장하는 견해(diṭṭhi)는 물론 무아에 대한 것마저 일괄 비판한다는 점에서 주목할 만하다. "그와 같이 이치에 맞지 않게 마음을 내는 그러한 자에게는 여섯 가지 견해 가운데 하나의 견해가 생겨난다. [1] '나에게 자아가 있다'라는 견해가 그에게 진실로 확고하게 생긴다. [2] '나에게 자아란 없다'라는 견해가 그에게 진실로 확고하게 생긴다. [3] '자아로써 자아를 지각한다'라는 견해가 그에게 진실로 확고하게 생긴다. [4] '자아로써 무아를 지각한다'라는 견해가 그에게 진실로 확고하게 생긴다. [5] '무아로써 자아를 지각한다'라는 견해가 그에게 진실로 확고하게 생긴다. 혹은 그에게 이런 견해가 생긴다. [6] '이러한 나의 자아는 말하고 경험하고 여기저기서 선행과 악행의 과보를 경험한다. 그런 나의 자아는 항상하고 견고하고 영원하고 변하지 않는 법이고 영원히 지속될 것이다'라고. 비구들이여, 이를 일러 견해에 갇힘, 견해의 험로, 견해의 왜곡, 견해의 몸부림, 견해의 족쇄에 묶인 것이라고 한다(MN. I. 8.15-29)." 임승택, 앞의 논문(2021), 12-13쪽 재인용.

론적 부정의 방식을 취한다. 여기에 이르러 무아는 객관주의 혹은 절대주의적 방식으로 나타난다. 예컨대 오온 따위에 대해 지배력을 행사할 수 있는 주재자(主宰者)로서의 '나'를 부정하는 경우,[46] 초월자 혹은 관조자로서 상정되는 내면의 자아를 부정하는 경우,[47] '중생' 혹은 '개아'라는 존재를 오온 따위의 경험적 요소로 해체하고서 그것의 실체성을 부정하는 경우,[48] "일체의 법은 무아다"라는 방식으로 무아 자체에 대해 절대적인 언명을 내세우는 경우 등이다.[49] 이들은 '무아라는 견해'를 비타협적인 방식으로 주장하면서, 그러한 견해를 갖는 것이야말로 무아의 실현을 위해 필요하다는 입장을 취한다. 이 부류에 속한 여섯 가지 무아 유형은 앞서 두 부류에 속한 유형들과는 이질적이다. 그

---

46 예컨대 물질현상(色) 따위에 대해 지배력을 행사할 수 있다고 착각하는 경우를 비판하는 다음의 언급이 그것이다. "비구들이여, 물질현상(色)은 무아다. 비구들이여, 이 물질현상이 자아라면 이 물질현상이 질병으로 나아가지 않도록 할 수 있을 것이다. 물질현상(色)에 대해 '내게 속한 물질현상은 이와 같이 되어라', '내게 속한 물질현상은 이와 같이 되지 말라'고 할 수 있을 것이다. 그러나 비구들이여, 물질현상은 무아다. 따라서 물질현상은 [나의 바람과 무관하게] 질병으로 나아간다. '내게 속한 물질현상은 이와 같이 되어라', '내게 속한 물질현상은 이와 같이 되지 말라'고 하더라도 그대로 되지 않는다(SN. III. 66.27-66.33)"; 임승택, 앞의 논문(2022a), 4쪽 재인용.

47 예컨대 느낌(受) 따위를 초월하여 존재하는 자아를 주장하는 다음의 경문이 여기에 해당한다. "아난다여, 그런데 [범부들은] 어떻게 자아를 관찰하곤 하는가? [a] '느낌이 곧 나의 자아이다'라거나, [b] '느낌은 나의 자아가 아니며 나의 자아는 느껴지지 않는다'라는 방식으로, 아난다여, [범부들은] 자아를 관찰하곤 한다. [혹은] [c] '느낌은 나의 자아가 아니지만 나의 자아가 느껴지지 않는 것은 아니다. 나의 자아는 느껴진다. 나의 자아는 느낌이라는 법을 지니기 때문이다'라는 방식으로, 아난다여, [범부들은] 자아를 관찰하곤 한다(DN. II. 66.6-66.13)"; 임승택, 앞의 논문(2022a), 6쪽 재인용.

48 예컨대 다음의 경문이 그것이다. "그대는 왜 '중생'이라는 상상을 하는가. 마라여, 그대는 그릇된 견해에 빠져 있다. 단지 지음(行)의 더미일 뿐 여기에서 '중생'이라고 할 만한 것은 찾을 수 없다. 마치 부품들을 조립한 것이 있을 때 '마차'라는 명칭이 있는 것처럼 제온이 있을 때 '중생'이라는 인습적 표현(sammuti)이 있을 뿐이다(SN. I. 135.18-135.20)"; 임승택, 앞의 논문(2022a), 8-9쪽 재인용.

49 예컨대 다음의 경문이 그것이다. "비구들이여, … 일체의 지음(諸行)은 무상하고 일체의 법(法)은 무아이다(MN. I. 228.10-228.14)"; 임승택, 앞의 논문(2022a), 14쪽 재인용.

런데 이와 같은 무아 서술은 니까야에서 상대적으로 드문 검색 빈도를 보인다. 따라서 초기불교 내에서는 마이너러티(minority)의 무아 서술로 규정할 수 있다.

이상에서 언급한 세 부류의 무아 유형은 '무아'라는 명칭을 공유하지만, 가리키는 내용이 서로 다르며 심지어는 서로 모순되기도 한다. 예컨대 첫 번째와 두 번째 부류에 해당하는 무아 서술은 경험적 현상과 자아를 일치시킬 수 없다는 것으로, '나' 혹은 자아에 대한 존재론적 부정으로 볼 수 없다. 한편 세 번째 부류에 해당하는 유형들은 무아에 대한 절대화의 경향을 드러낸다. 이들은 '나' 혹은 자아의 존재 자체를 원천적으로 부정하며, 바로 그것을 존재론적으로 규명하려는 방식을 취한다. 전자의 두 부류는 현재의 자신을 주도하는 느낌이나 생각 따위가 언제든 변화할 수 있다는 사실을 보도록 유도한다. 따라서 스스로에 대한 반성적 태도를 유도한다고 할 수 있으며, 그 점에서 소통 담론으로의 활용 여지가 크다. 반면 세 번째 부류의 무아 유형들은 느낌이나 생각 따위에 붙들릴 만한 자아 자체가 본래 존재하지 않는다는 사실을 객관적으로 규명하고자 한다. 그리고 그와 같은 스스로의 시도에 대해 절대화의 경향을 보인다.

동일시 부정의 무아에서 요구되는 실천적 덕목은 스스로의 느낌이나 신념 혹은 생각 따위에 집착하지 않는 유연성과 과단성이다. 제러미 리프킨의 표현을 빌리자면, 이것은 "자신의 준거 기준을 바꿀 수 있는 능력"이라고 할 수 있다.[50] 이러한 의미의 무아란 자기 자신과 주변의 상황에 압도되지 않고 주체적으로 대처해나갈 수 있는 능력에 다

---

50 제러미 리프킨, 앞의 책, 276쪽 인용.

름아니다. 특히 두 번째 부류의 '무아라는 견해'마저 내려놓아야 한다는 경문들은 그러한 능력이 과연 어디까지 확대될 수 있는가를 단적으로 보여준다고 할 수 있다. 어떠한 생각이나 관점마저 내려놓게 된다면 자신과 마찬가지로 타자의 신념이나 의견에 대해서도 공정하게 다룰 수 있는 능력이 갖추어지는 셈이다. 앞서 원효의 개시개비에 관한 논의에서 보았듯이 "다른 의견을 무조건적으로 수용하는 것도 아니고, 상대주의의 입장에서 '모두 옳다. 일리가 있다'라고 하는 양비양시론을 내세우는 것도 아니다"라는 언급은 바로 이러한 능력을 가리킨다고 할 수 있다. 이렇게 해서 서로의 제한된 인식의 지평을 확대해나가는 소통의 길이 열리게 된다.

반면 객관주의적 방식으로 제시되는 무아의 유형들은 '무아라는 견해'로 귀결된다. 이러한 부류의 무아 서술은 초기불교 문헌에는 드물게 나타나며, 후대의 주석가들 사이에서 점차 그 영향력이 증대된다. 임승택에 따르면 이와 같은 경향은 후대의 『구사론(阿毘達磨俱舍論, *Abhidharmakośabhāṣya*)』에 이르러 비로소 본격화되었다.[51] 월폴라 라훌라 등 현대의 극단적인 무아 옹호론자들을 비롯해, 연기설에 입각하여 무아와 윤회의 회통을 시도했던 상당수 연구자들의 관점이 바로 여기에 해당한다고 할 수 있다.[52] 이들의 논리는 현대의 세련된 과정적 존재론과 친화적이며 상당한 영향력이 있는 듯하다. 그러나 사변적 견해로서의 색채가 짙은 까닭에 무기(無記)의 정신과 상충하는 측면이 있다. 더구나 무아에 대한 객관주의적 해명은 1인칭 화자로서의 '나' 혹은 무

51 임승택, 앞의 논문(2022b), 31-64쪽.

52 임승택, 앞의 논문(2015), 10-16쪽; 임승택, 앞의 논문(2021), 16쪽.

아 실현의 주체마저 거부하는 논리로 비칠 위험성이 있다. 바로 이것은 무아설에 대해 '허무주의'라는 해묵은 오해를 불러일으킨 요인이기도 하다. 무엇보다 절대적인 진리 주장의 형식으로 제시되는 무아란 소통 담론으로의 활용 가능성이 커 보이지 않는다.

5. 맺음말

갈등 문제에 접근하는 붓다의 태도는 갈등 유발의 원인을 객관주의적인 방식으로 제거하려는 것이 아니다. 이 점에서 갈등 제거를 위한 적극적 방안으로 간주하기 어려운 측면이 없지 않다. 그러나 갈등으로 인한 부정적 정서와 불만 의식을 다스려나가는 데는 크게 도움이 될 수 있다. 또한 이것은 갈등의 증폭과 팽창을 막아줄 뿐만 아니라 협력적 소통을 위한 계기가 될 수 있다. 사실 갈등의 발생에는 객관적인 쟁점 못지않게 특정 현상에 대한 불평이 중요한 비중을 차지한다고 한다. 실제로 박재환에 따르면 특정 관계에 대한 불만 의식이 갈등 발생의 객관적인 쟁점보다 더 필수적인 요건으로 거론된다.[53] 『마두삔디까숫따』에서 보이는 인식 과정에 대한 분석은 논쟁의 상황에서 과도한 생각을 줄이는 대신 감각과 느낌에 깨어있으라는 결론으로 이어진다. 이것은 '나'를 중심으로 하는 구성적 인식에서 벗어나 접촉과 감각과 느낌으로 이루어지는 생생한 경험의 영역을 활성화하라는 의미다.

---

53 박재환, 앞의 책, 160쪽.

이것을 통해 자신과 타인에 대한 공감력의 회복과 함께 내면의 편견과 불만 의식을 잠재우는 전환점이 마련될 수 있다.

피터 T. 콜먼의 조사에 따르면 낙태 같은 특정 사안을 둘러싼 진영 간의 대립은 장기간의 대화를 통해서도 해소되지 않으며, 오히려 대화가 진행될수록 양극화가 더욱 심해지는 것으로 나타났다.[54] 대화를 거듭하면서 참석자들은 각자 스스로의 원칙에 대해 더 많이 알게 되고 자신의 원래 입장을 더욱 깊이 확신하게 되는 패턴을 보였다. 이러한 사례는 대화를 통해 상대 진영을 설득하거나 절충점을 찾는 일이 절대 쉽지 않다는 것을 보여준다. 한편 그는 전투적 집단들이 싸움을 중단하고 분열적 갈등을 멈추기 위해서는 지진 같은 대규모 재앙이 발생하여 싸움에 몰입된 상태에서 벗어날 외부적 여건이 마련되어야 한다고 주장한다.[55] 이때 중대한 외부적 충격은 충분조건이 아니라 필수조건으로 간주된다. 이러한 연구 결과는 갈등의 당사자들이 자기 입장을 포기할 만한 중대 상황이 발생하지 않는 한 그 해결의 실마리는 찾아질 수 없다는 것을 의미한다. 특히 분열적 갈등에 처할 경우 스스로

---

54 피터 T. 콜먼(안종희 옮김), 『분열의 시대, 어떻게 극복할 것인가?』(성남: 상상스퀘어, 2022), 33쪽.

55 전투적 집단들이 싸움을 중단하고 차이를 해결할 대안을 마련하려면 다음의 세 가지 조건이 필요한 것으로 언급된다. 첫째, 지진 같은 대규모 재앙이 발생하여 전투적 집단들이 싸움에 몰입된 상태에서 벗어날 외부적 여건이 마련되어야 한다. 둘째, 양 진영 간에 교착상태가 발생하여 양측 모두가 끔찍한 상황에 처해 있다고 느껴야 한다. 셋째, 다툼의 당사자들이 다툼을 극복할 좋은 기회가 있다고 느끼기 시작해야 한다. 첫 번째 조건에 관련하여 중대한 충격은 충분조건이 아니라 필수조건으로 언급된다. 두 번째 조건에 관련하여 '우울한 중립적 다수 집단'이 증가하는 것은 변화를 위한 토대가 될 수 있다. 세 번째 조건과 관련해서는 많은 희생을 치르지 않고도 살아갈 수 있는 출구가 있다는 사실을 양 진영 모두 인식해야 한다. 이들 중 두 번째와 세 번째 조건은 적절한 타이밍에 상호작용을 일으킬 경우 더욱 긍정적인 결과를 이끌어낼 수 있는 것으로 언급된다. 피터 T. 콜먼(안종희 옮김), 앞의 책, 27-29쪽.

의 생각과 견해에 매몰되지 말라는 무아의 가르침은 여전히 유효한 메시지일 수 있다.

그러나 피터 T. 콜먼은 특정 사안을 둘러싼 진영 간 장기간의 대화가 전혀 무용하지는 않았다는 결론을 덧붙인다.[56] 오랜 시간 대화에 참석했던 이들은 도덕적 · 이념적 차이에도 불구하고 서로 훨씬 더 가까운 관계가 되었으며, 해당 사안에 담긴 복잡성, 상충관계, 모순성에 대해 많은 것을 배우게 되었다고 밝혔다. 바로 이것은 논쟁의 폭력성과 독설이 진정되는 결과로 이어졌다. 이러한 사실은 갈등 자체를 제거할 수 없다손 치더라도 갈등의 문제를 통제 가능한 수준으로 완화시킬 수는 있다는 것을 보여준다. 사실 갈등의 완전한 제거라는 목표는 지나친 이상일 수 있으며, 그러한 이상 자체가 절대주의적 사고방식의 잔재일 수 있다. 인류 역사상 갈등이 완전히 없었던 시기는 존재하지 않았으며, 설령 그러한 상태가 가능하다고 하더라도 과연 그것이 바람직할지는 의문이다. 이 점을 감안한다면 갈등의 완전한 제거보다는 갈등의 정도를 조정 가능한 수준으로 완화시키는 작업이야말로 현실적인 대안일 수 있다.

붓다가 제시한 무기(無記)의 방법론은 인식의 불완전성을 망각하고서 성립된 삿된 견해들에 대한 대처법으로 성격을 지닌다. 경험적으로 입증될 수 없는 문제들로 인한 다툼에 섣불리 개입하는 것은 갈등 상황을 고착화시키는 역효과를 초래할 수 있으며, 그 자체가 새로운 갈등 유발의 원인으로 비화될 수 있다. 그 경우 침묵은 갈등의 확산을 막아주고 대립의 당사자들이 상처 없이 공존할 수 있는 길을 열어

---

56 피터 T. 콜먼(안종희 옮김), 앞의 책, 34-36쪽.

줄 수 있다. 그러나 붓다의 의사소통 방식이 무기에 한정된 것만은 아니었다. 단정적인 답변이 요구되는 상황에서 즉답을 행하는 방식의 일향기(一向記), 반문으로 답변하는 형식의 반문기(反問記), 분별하여 답변하는 방식의 분별기(分別記), 묵살해야 하는 질문에 대해서는 침묵하는 방식의 사치기(捨置記) 등으로 구성된 사기답(四記答)이 그것이다. 이들은 붓다의 의사소통이 논의의 내용과 상대에 따라 다양한 방식으로 행해졌다는 것을 나타낸다. 이들 중 맨 마지막의 사치기는 무기에 해당하는 것으로, 특히 자아 관념을 전제로 한 형이상학적 난제들에 대한 대처 방안으로서의 의의를 지닌다.

사성제(四聖諦) 또한 무아에 관한 논의와 관련하여 반드시 짚어보아야 할 가르침이다. 『상적유경(象跡喩經)』에 묘사되듯이 사성제는 붓다의 다른 교설들을 포함한다. 무아설 역시 예외가 아니다. 사성제는 괴로움에 대한 인식, 즉 고성제로부터 시작된다. 괴로움이란 오온으로 이루어진 경험적 현상들에 붙들려 있는 상태, 즉 오취온(五取蘊)으로 바꾸어 말할 수 있다. 무아의 통찰은 그러한 오취온의 상태가 '나'일 수 없음을 확인하도록 해줌으로써 괴로움에서 벗어남으로 이끈다. 이와 같은 무아 실천은 괴로움을 다스리기 위한 것으로 사성제와 표리의 관계에 놓인다. 무아설은 사성제의 궤도를 달리는 열차에 비유할 수 있으며, 오직 괴로움의 제거라는 목적지를 향한다. 따라서 이것은 괴로움의 문제와 상관없이 절대주의적 진리 주장의 방식으로 표현되는 존재론적 견해들과는 그 성격이 완전히 다르다. 사성제라는 교리적 구조는 무아에 대한 이해가 단멸론이나 허무주의로 기우는 것을 차단해주는 역할을 한다고 할 수 있다.

초기불교의 무아설에는 다양한 유형의 서술 방식이 존재한다. 필자는 그들 중에서 ‘동일시 부정’의 무아야말로 협력적 삶을 위한 소통 행위의 근원적 지침이 될 수 있다고 본다. ‘동일시의 부정’ 방식으로 제시되는 무아란 스스로의 주장과 견해에 대한 반성적 태도를 본질로 한다. 이것은 인식의 과정에 대한 『마두삔디까숫따』의 비판적 분석과 연결되어 있는 것으로, 이러한 반성적 태도가 전제되지 않는다면 갈등에 대한 평화적 해결책은 결코 찾아질 수 없다. 동일시 부정의 무아는 ‘나’ 혹은 자아에 대한 존재론적 부정이 아니며, ‘나’의 경험세계를 구성하는 오온(五蘊)이 ‘나’일 수 없다는 비아(非我)의 의미일 뿐이다. 이것은 자기 자신을 ‘구성하는 것들’과의 ‘거리두기’로 바꾸어 말할 수 있으며, 자신과의 ‘거리두기’ 정도만큼 타자를 위한 여유 공간의 확보를 가능하게 해준다. 이 점에서 무아란 ‘나’ 혹은 자아에 대한 전면적인 거부가 아니며 타자에 대한 맹목적인 수용도 아니다. 무아의 실천에는 자신과 타자 모두에게 얽매이지 않는 유연성과 균형감이 요구된다고 할 수 있다. 자신과 타자 모두에 대한 반성적 통찰을 유도하는 무아의 메시지는 서로가 지닌 한계를 넘어서기 위한 소통의 활로(活路)가 될 수 있을 것이다.

참고문헌

각묵 스님 옮김, 『상윳따니까야』 제5권, 울산: 초기불전연구원, 2009.

고영섭, 「분황 원효의 화쟁 회통 인식: 십문화쟁론을 중심으로」, 『불교학보』 81, 동국대학교 불교문화연구원, 2017.

김영일, 「원효의 화쟁과 양자간 협상: '의사소통을 통한 갈등해소' 시도」, 『불교연구』 56, 한국불교연구원, 2022.

김영임 외, 『갈등과 소통: 한국사회 갈등, 커뮤니케이션 시각에서 보다』, 서울: 한국방송통신대학교출판문화원, 2020 개정판.

노양진, 「도덕의 영역들」, 『범한철학』 47, 범한철학회, 2007.

______, 『몸이 철학을 말하다: 인지적 전환과 체험주의의 물음』, 파주: 서광사, 2013.

______, 「의사소통의 기호적 구조」, 『철학적 사유의 갈래: 초월과 해체를 넘어서』, 파주: 서광사, 2018.

______, 「의사소통의 기호적 구조」, 『기호적 인간: 기호적 경험의 체험주의적 해명』, 파주: 서광사, 2022.

레이코프, G., 존슨, M.(임지룡 · 윤희수 · 노양진 · 나익주 옮김), 『몸의 철학: 신체화된 마음의 서구 사상에 대한 도전』, 서울: 박이정, 2002.

박재환, 『커뮤니케이션, 갈등, 그리고 일상』, 파주: 도서출판 한울, 2009.

박태원, 「원효의 화쟁 논법과 쟁론 치유: 화쟁 논법은 '견해의 배타적 주장'을 치유할 수 있는가」, 『불교학연구』 35, 불교학연구회, 2013.

스티븐 핑커(김명남 옮김), 『우리 본성의 선한 천사』, 서울: 사이언스북스, 2016.

이범수, 「동서양 커뮤니케이션 사상의 기원에 관한 비교 연구: 중국 고전과 고전수사학을 중심으로」, 한국수사학회 창립기념 학술대회, 2003. 10.

______, 『커뮤니케이션학과 현상학』. 서울: 커뮤니케이션북스, 2015.

임동욱, 『인간 소통 발전의 역사』, 서울: 커뮤니케이션북스, 2017.

임승택, 「초기불교, 심리적 세계의 이해」, 『마음과 철학』, 서울대학교출판문화원, 2013.

______, 『초기불교, 94가지 주제로 풀다』, 안성: 종이거울, 2014.

______, 「불교에서 몸이란 무엇인가」, 『불교평론』 16(1), 만해사상실천선양회, 2014.

______, 「무아 · 윤회 논쟁에 대한 비판적 검토: 초기불교를 중심으로」, 『불교학연구』 45, 불교학연구회, 2015.

______, 「반야의 치유, 그 원리와 활용: 초기불교를 중심으로」, 『범한철학』 80, 범한철학회, 2016.

______, 「무아에 대한 형이상학적 해석의 양상들: 니까야(Nikāya)에 나타나는 '실천적 무아'와 비교를 위한 시론」, 『인도철학』 51, 인도철학회, 2017.

______, 「실천적 무아와 형이상학적 무아」, 『불교평론』 21(3) 통권 79호, 만해사상실천선양회, 2019.

______, 「니까야에 나타나는 무아(anattan)의 용례와 의미」, 『동아시아불교문화』 41, 동아시아불교문화학회, 2020.

______, 「초기불교 무아설의 유형에 대한 검토와 분류 I」, 『불교학연구』 69, 불교학연구회, 2021.

______, 「초기불교 무아설의 유형에 대한 검토와 분류 II」, 『불교학연구』 70, 불교학연구회, 2022(a).

______, 「구사론 파아품에 나타나는 무아의 변용 I: 5가지 사례를 통한 니까야의 무아 유형과 비교」, 『불교학연구』 71, 불교학연구회, 2022(b).

제러미 리프킨(이경남 옮김), 『공감의 시대』, 민음사, 2010.

조맹기, 『현대 커뮤니케이션 사상사』, 파주: 나남, 2009.

조성택, 「화쟁의 해석학적 함의와 현대적 의미」, 『한국불교학』 93, 한국불교학회, 2020.

차배근, 『커뮤니케이션학개론』 상, 서울: 세영사, 1997 전정판.

최경아, 「자아와 개인에 대한 정의 고찰: 초기불교를 중심으로」, 『인도철학』 28, 인도철학회, 2010.

피터 T. 콜먼(안종희 옮김), 『분열의 시대, 어떻게 극복할 것인가?』, 성남: 상상스퀘어, 2022.

Akb-L *Abhidharmakośabhāṣya of Vasubandhu Chapter IX: Ātmavādapratiṣedha*, ed. Jong-cheol Lee, Tōkyō: 山喜房佛書林, 2005.

AN *Aṅguttaranikāya*, ed. Morris, M. and Hardy, E., 5 vols., London: Pali Text Society, 1951, 1992, 1952, 1989 & 1986.

DN *Dīghānikāya*, ed. Rhys Davids, T. W. and Carpenter, J. E., 3 vols., London: PTS, 1942, 1982, 1932 respectively(reprints).

Mil *Milindapañha*, ed. Trenckner, V. London: Pali Text Society, 1962.

MN *Majjhimanikāya*, ed. Trenckner, V. and Chelmers, R., 3vols., London: Pali Text Society, 1979, 1925 & 1951 respectively(reprints).

SN *Saṁyuttanikāya* ed. FEER, M. L., 5vols., London: Pali Text Society, 1991, 1989, 1975, 1990 & 1976(respectively reprints).

Sn *Suttanipāta*, ed. Faulsboll, V. London: Pali Text Society, 1948(reprints).

T 『大正新脩大藏經』 高楠順次郎 等 編纂, Tōkyō: 大正一切経刊行會, 1924-1934.

Vism *Visuddhimagga*, ed. Rhys Davids, C. A. F. 2vols., London: Pali Text Society, 1920, 1921 & 1975(reprints).

07

헤겔 철학에서 갈등과 화해의 지평으로서의 정신

김옥경(연세대학교 철학과)

1. 들어가는 말

서양 근대를 규정하는 주된 특징 중의 하나는 사회적 관습에서 벗어난 자유와 권리를 지닌 개인의 탄생이다. 그리고 우리는 이러한 근대적 개인 개념을 자서전적 기억에 기초해 있는 로크의 개인 개념에서 발견한다. 로크에 따르면 개인의 정체성은 이제 단순하게 자신이 속한 가문이나 공동체 속에서의 역할을 통해 형성되는 것이 아니라 개인 자신의 고유한 행위와 자서전적 기억에 기초해 구성된다. 로크의 이와 같은 개인의 정체성 또는 동일성 개념은 자유주의적인 개인 개념을 열어주었으며, 근대 시민사회는 바로 이러한 자유주의적인 개인들이 자신의 생명과 재산을 보호받기 위해 계약을 통해 구성한 집합체다. 로크는 정치사회(political society)나 시민사회(civil society)는 일정한 수의 사람들이 서로 결합하여 하나의 사회를 형성하고, 각자 모두 자연법의 집행권을 포기하여 이 권리를 공공체(the public)에 양도함으로써 성립된다고 설명한다. 그리고 인간이 이러한 공동체를 결성하고 스스로를 정부의 지배하에 두고자 하는 가장 주된 목적은 그들이 지속적인 위험 상태인 자연 상태를 벗어나 그들의 권리와 생명과 재산을 보존하는 데 있다. 이처럼 정치적 공동체로서의 이 집합체 속에서 개인들은 상호주체적인 관계를 맺는다. 이와 유사하게 루소 역시 인간의 본질인 자유가 보장되기 위해서는 일반의지(general will)에 입각한 정치공동체가 필수임을 역설한다. 루소에 따르면 나와 타인의 생존과 자유의 보장을 위해 다수의 사람들이 서로 간에 계약을 체결하여 일반의지에 기초한 정치공동체를 형성하며, 각 개인은 자율적인 강제를 통해 이러한 공동의 이익을 추구하는 일반의지에 종속된다. 루소는 이를 '사회계약'이라고 규정한다.

그런데 자유주의적인 개인 개념이나 이 개념에 바탕을 두고 있는 사회계약 이론에 헤겔은 근본적인 문제를 제기한다. 왜냐하면 헤겔의 관점에서 볼 때 일반의지 또는 국가는 개인들 사이의 계약을 통해 비로소 형성되는 것이 아니라 이미 개인에 앞서 존재하는 것이기 때문이다. 더욱이 국가는 개인들의 계약을 통해 구성될 수 있는 것이 아니다. 『법철학』에서 헤겔은 국가를 개인에 선행하는 '객관적 정신'이라고 규정하며, 개인들은 본래 고립된 주체가 아니라 인륜적 공동체로서의 국가의 구성원으로서만 공동생활을 영위한다고 설명한다.[1] 개인들이 상

---

1 G. W. F. Hegel, *Grundlinien der Philosophie des Rechts*(Hamburg: Felix Meiner Verlag, 1955), §258(이하에서는 GPR로 약칭함); G. W. F. 헤겔(임석진 옮김), 『법철학』(파주: 한길사, 2008), §258 참조.

호 교류하는 공동 지평으로서의 이러한 인륜적 공동체를 헤겔은 '정신(Geist)'[2]이라고 부른다. 따라서 인륜적 공동체 또는 공동 지평으로서의 정신은 '나'의 영역이 아니라 '나'를 포함한 '우리'라고 하는 상호주체적인 영역이다. 그리고 헤겔이 이 영역이 역사적으로 전승된 영역이라고 주장한다. 그런데 흥미로운 점은 헤겔은 개인들의 자유를 보장하는 정치적(법적) 시민사회와 근대국가의 발생을 로크나 루소 같은 사회계약론자와 자유주의적 사상가들과는 완전히 다른 각도에서 접근한다는 사실이다. 헤겔에 따르면 근대 시민사회나 국가는 합리성에 기초한 개인들 사이의 계약을 통해 형성된 것이 아니라 오히려 개인들 간의 오랜 갈등과 투쟁을 통해 이루어졌다. 헤겔에 앞서 마키아벨리나 홉스 역시 근대 시민사회로의 이행을 설명하는 데 있어서 개인들 사이의 투쟁을 강조한다. 하지만 여기서 우리가 주목해야 할 사실은 마키아벨리나 홉스에서와 달리 헤겔에서 개인들의 이러한 갈등과 투쟁은 단순히 자기보존을 위한 투쟁이 아니라는 점이다.[3] 헤겔은 근대 시민사회가 성립될 수 있게 해주는 원동력을 생존투쟁을 넘어선 개인들 상호 간의 인정투쟁에서 찾는다. 그리고 근대 시민사회, 근대국가 그리고 근대법을 규정짓는 개인들 사이의 평등한 상호인정은 바로 이 투쟁의 결과다.

그동안 철학에서는 인간의 상호주체성을 해명하고자 하는 많은 이론이 확립되었다. 헤겔의 상호주체성 이론의 고유성은 개인들 사이

---

2 헤겔에서 '정신(Geist)'은 여러 의미를 함축하는데, 그중의 한 의미가 '우리'의 영역을 나타내는 공동체(Gemeinwesen)다.

3 호네트(A. Honneth)는 마키아벨리와 홉스가 자기보존을 둘러싼 주체들 사이의 투쟁을 자신들의 사회철학적 이론 분석의 기본 틀로 삼고 있으며, 헤겔은 국가적 행위를 단순한 합목적적 권력 행사로 환원하려는 마키아벨리와 홉스의 이론을 포함한 사회철학적 경향을 비판하고 있다고 지적한다. 악셀 호네트(문성훈 · 이현재 옮김), 『인정투쟁』(서울: 사월의 책, 2011), 40-41쪽 참조.

의 상호주체적 관계 속에서는 이미 갈등이 전제되어 있으며, 이 갈등 구조는 인정투쟁으로 이어진다는 사실에서 찾아질 수 있다. 헤겔에 따르면 이 인정투쟁을 통해 오히려 개인들은 갈등의 해소를 모색할 수 있다. 하지만 사회 속에서 개인들 사이의 갈등은 자세히 살펴보면 단순히 개인들의 상호관계에서 발생하는 갈등뿐만 아니라 개인들이 공존하고 있는 공동체와의 갈등도 포함하고 있다. 다시 말해 개인들의 상호주체성에 대한 해명은 사실상 개인들이 갖고 있는 자신의 공동체와의 관계에 대한 해명도 요구한다. 그렇기 때문에 개인들 사이의 갈등 문제는 개인과 개인의 관계 그리고 개인과 공동체의 관계라는 다층적 접근을 필요로 한다. 이러한 관점에서 헤겔은 개인 사이의 갈등 또는 인정투쟁의 문제를 공동 지평인 정신의 영역 속에서 다룬다. 따라서 우리는 헤겔 철학에서는 개인들 간의 갈등과 이 갈등을 해소해나가는 과정이 인륜적 공동체 또는 개인들의 공동 지평으로서의 정신의 자기생성 또는 자기발전 과정과 같이 가게 된다는 점에 유의해야 한다.

이 글에서는 사회 속에서 개인들의 갈등과 화해라는 문제를 헤겔 철학에서 정신의 발생사와 연관하여 살펴보고자 한다. 그리고 정신의 발생사가 부각되었을 때 우리는 비로소 헤겔에서 어떻게 개인 사이의 갈등과 투쟁이 개인과 공동체의 갈등과 해소로 이어지게 되는지를 보게 될 것이다. 이 글에서 우리는 헤겔의 다음과 같은 근본 문제의식을 접하게 될 것이다. 첫째, 인간의 본성은 무엇이며 인간 사이의 갈등과 투쟁은 어디로부터 시작되는가? 그리고 인간 사이의 투쟁의 본질은 무엇이며, 이 투쟁이 어떻게 노동과 연관되는가? 둘째, 인간의 노동과 행위는 어떻게 개인 사이의 관계와 더 나아가 자신이 속한 공동체와 연관을 맺게 되는가? 셋째, 인간 행위의 작품인 정신의 영역에서 개인들은 어떻게 갈등과 투쟁을 해소하고 화해에 이르는가? 넷째, 갈등이 해소되고 상호인정된 정신은 구체적으로 어떤 모습을 띠고 있는가? 이 글에서 우리는 개인 사이의 갈등과 투쟁에 관한 이와 같은 헤겔의 근본 문제의식을 먼저 정신의 발생사를 다루는 『정신현상학』에서 살펴보고, 그다음에 정신의 외화 또는 실현태로서의 상호인정된 영역, 즉 인륜성의 구체적인 구조를 다루는 『법철학』에서 논의해보고자 한다.

2. 갈등의 단초로서의 인간의 욕망과 인정투쟁

앞 절에서 언급한 바와 같이 헤겔에게서 근대 시민사회는 개인들 사이의 계약을 통해 형성된 것이 아니라 오히려 개인들 간의 오랜 갈등과 투쟁을 통해 성립되었다. 먼저 우리는 상호주체적인 개인들 사이의 갈등과 투쟁이 어디서부터 시작되는지를 헤겔의 관점에서 살펴보고자 한다. 헤겔은 『정신현상학』 「자기의식」 장에서 자기의식의 본질을 생명(das Leben)에서 찾는다.[4] 생명이란 자기를 끊임없이 개별화하

4 『정신현상학』 「자기의식」 장에서 다루어지는 '자기의식'은 칸트적인 의미의 초월적(transzendental) 주관으로서의 자기의식을 의미하는 것이 아니라 현상계와 예지계를 포괄하는 무한성으로서의 유기적 자연 또는 생명 일반(das Leben überhaupt)으로서의 자기의식을 의미한다. 그리고 헤겔 연구에서 이러한 헤겔의 생명으로서의 자기의식 개념 또는 자기의식의 구조에 대한 여러 해석이 존재한다. 예를 들어 자기의식의 운동을 의식 형태의 관점에서 접근하는 해석도 있고, 사회철학적인 관점에서 생명을 지닌 개체적 자기의식적 존재들의 사회적 상호관계와 운동으로 이해하는 해석도 존재한다. 필자는 『정신현상학』 텍스트의 내재적인 분석을 위해서는 두 해석이 보완적으로 다루어져야 한다고 본다. 그런데 이 글에서는 인간 주체들의 갈등과 갈등의 해소에 초점이 맞추어져 있기 때문에 후자의 해석에 입각해서 논의를 전개하고자 한다.

고 다시 자기로 회귀하는 유동적인 운동으로 규정된다. 다시 말해 자기를 차별화하면서 동시에 자기를 유지하는 자기운동으로 이해될 수 있다. 이처럼 자신의 차별화 속에서도 자신을 동일한 것으로 유지하는 생명의 모습을 띤 자기의식적 존재는 근원적으로 욕망(Begierde)[5]을 통해 규정된다. 왜냐하면 생명체는 자기 앞에 놓여 있는 대상을 단지 이론적으로 관조하는 것이 아니라 자신의 보존을 위해 대상을 욕망한다. 이 욕망이란 대상과 실천적으로 관계함을 의미하는데, 여기서 실천적으로 관계한다는 것은 대상의 자립성을 부정함을 일컫는다. 다시 말해 생명체는 욕망을 통해 자기 앞에 놓여 있는 물리적 대상을 자기 것으로 취하거나 자신을 위해 변형시킴으로써 자신을 보존한다.

그런데 헤겔에 따르면 자기의식적 존재로서의 인간의 욕망은 단순히 물리적 대상을 욕구하는 것에 제한되지 않는다. 헤겔에서 욕망이 궁극적으로 향하는 곳은 바로 자기 자신이다. 즉, 욕망은 모든 대상을 넘어서서 자기 자신이고자 하는 것 또는 모든 대상으로부터 자유롭게 되는 자립성(Selbständigkeit)을 향한 의지다. 그런데 대상을 욕망하는 자기의식적 존재는 대상을 욕망하는 또 다른 자기의식적 존재와 만난다. “자기의식이 다른 자기의식에 대해 있다.”[6] 이처럼 자기의식적 존재는 단순히 대상과의 실천적 관계를 넘어서서 자신처럼 대상을 욕망하는 다른 자기의식적 존재와의 관계성 속에 놓이게 된다. 자기의식적 존재는 대상을 매개로 다른 자기의식과 상호주관적 관계를 형성하게 된다.

---

5 G. W. F. Hegel, *Phänomenologie des Geistes*, hrsg. von H.-F. Wessels u. H. Clairmont (Hamburg: Felix Meiner Verlag, 1988), p. 121(이하에서는 PdG로 약칭함); 게오르크 빌헬름 프리드리히 헤겔(김준수 옮김), 『정신현상학』(파주: 아카넷, 2022), 170쪽 참조.

6 PdG, p. 127; 『정신현상학』, 177쪽.

그렇기 때문에 이론의 영역에서 중점적으로 다루어지는 인식주관과 대상의 평면적 관계가 실천적 영역에서는 자기의식과 대상 그리고 대상을 매개로 한 자기의식과 또 다른 자기의식의 상호관계라고 하는 다층적인 관계로 드러난다. 여기서 헤겔이 강조하는 바는 자신의 자립성을 욕망하는 두 자기의식적 존재는 타자의 인정을 통해 만족에 도달할 수 있다는 것이다. 이 관계성 속에서 “자기의식은 오직 다른 자기의식 속에서만 스스로 만족에 도달할 수 있다.”[7] 이와 같은 관점에서 볼 때 인간의 욕망이 궁극적으로 추구하는 것은 자신의 생존을 위한 자기보존만이 아니라 자신의 자립성과 타자의 인정이다. 그런데 타자의 인정을 통한 자신의 자립성을 향한 욕망은 이러한 욕망을 지닌 다른 자기의식적 존재인 타자와의 인정투쟁으로 이어진다. 각각의 자기의식적 존재는 자신의 자립성을 위해 타자의 자립성을 부정하게 되고 이는 인정투쟁, 즉 자신의 자립성을 쟁취하기 위한 투쟁이 된다. 여기서 우리는 생명으로서의 두 자기의식적 존재의 만남이 먼저 화해가 아닌 대립과 투쟁의 상태에서 이루어짐을 알 수 있다. 그런데 여기서 우리가 주목해야 할 사실은 자기의식적 존재의 인정투쟁은 자신의 전 존재, 즉 생명을 건 투쟁이라는 점이다. 헤겔은 인간 사이의 평등한 상호인정은 이러한 투쟁의 전제하에서만 가능하다고 역설한다.

이 인정투쟁에서 자립성을 획득한 자기의식적 존재와 자립성을 획득하지 못한 자기의식적 존재가 생겨나는데, 헤겔은 전자를 ‘주인’으로, 후자를 ‘노예’로 지칭한다. 인정투쟁 과정에서 주인은 자신의 생명을 걸고 사물 혹은 존재가 단지 부정적인 것으로서의 가치만을 지니

7 PdG, p. 126; 『정신현상학』, 176쪽.

고 있음을 증명함으로써 역설적으로 자신의 생명과 사물을 지배하게 된다.[8] 그러나 인정투쟁에서 패배한 노예는 이 투쟁 과정에서 자신의 생명에 집착함으로써 오히려 사물의 지배력을 극복하지 못했다. 따라서 주인은 자립적 자기의식이 되고 노예는 비자립적 자기의식이 됨으로써 주인과 노예 사이에는 부등한 인정관계가 성립하게 된다. 그 결과 주인은 사물을 향유하고 노예는 주인을 위해 노동하게 되는데, 노예의 노동은 다름 아닌 사물의 가공을 의미한다. 다시 말해 노예는 사물을 전적으로 폐기하지 못하고 부정적 힘을 가하여 사물을 가공할 뿐이다. 왜냐하면 노예는 자신의 욕망이 아닌 주인의 욕망을 위해 노동하기 때문이다. 따라서 노예의 욕망은 '억제된 욕망(gehemmte Begierde)'이다.[9] 노예의 노동 속에서 우리는 인간 노동의 본질이 무엇인지를 알 수 있다. 노동이란 억제된 욕망을 통해 사물을 전적으로 소멸시키지 못하고 사물을 가공하는 것이며, 이러한 가공을 통해 자연적 사물들은 단순히 물리적인 것이 아니라 인간에게 적합한 정신적 사물들로 전환된다. 그리고 이러한 정신적 사물들에 기초하여 인간은 자신의 세계를 형성하게 된다.

이러한 부단한 노동을 통해 노예 역시 자신에게 내재해 있는 사물을 부정하는 힘에 대해 자각하게 되며, 이를 통해 사물의 구속성을 넘어서서 점진적으로 자립적인 자기의식적 존재로 발전해간다. 이 발전 과정은 다른 한편에서 인정투쟁의 결과로 생겨났던 자기의식적 존재

---

8 PdG, p. 132; 『정신현상학』, 186쪽 참조.

9 PdG, p. 135; 『정신현상학』, 189쪽. 여기서 '억제된 욕망'은 동물과 차별화되는 인간의 욕망을 가리킨다. 인간은 동물처럼 사물을 완전히 소비하지 않고 억제된 욕망을 통해 사물을 가공하기 때문에 자신의 문화세계를 구축해나갈 수 있다.

들 사이의 부등한 인정관계가 점차 동등한 상호 인정관계로 발전해나가는 과정이기도 하다. 헤겔은 자기의식적 존재들의 동등한 상호 인정관계를 통해 자연을 넘어선 인간 주체들이 형성하는 새로운 '정신(der Geist)'의 영역이 확립될 수 있다고 말한다.

> "이로써 우리에 대해서는 이미 정신의 개념이 현존한다. 의식에 대해 앞으로 일어나는 일은 정신이 무엇인가에 대한 경험이다. 정신은 대자적으로 존재하는 상이한 자기의식들이라는 자신의 대립이 지닌 완전한 자유와 자립성 속에서 그것들의 통일인 절대적 실체, 즉 우리인 나이자 나인 우리다."[10]

이 인용문에서 설명된 바와 같이 개별적인 자기의식적 존재들 사이의 상호관계를 통해 공동 지평으로서의 '정신'의 영역이 형성된다. 그리고 정신의 영역에서 '나'는 '우리'가 되고 또한 '우리'는 '나'가 된다. 그런데 앞에서 살펴본 바와 같이 이러한 정신의 영역은 끊임없는 개별적 자기의식적 존재들의 조화로운 상호관계가 아니라 갈등과 인정투쟁의 과정을 통해 생성되는 것이다.

사물을 가공하는 노예의 노동 과정은 인간이 자연으로부터 벗어나 정신적 존재가 되어가는 과정이기도 하다. 다시 말해 자연의 가공을 통해 인간은 자신의 고유한 정신적이고 사회적인 세계를 만들어나간다. 이 과정에서 자기의식적 존재들은 자신들이 바로 세계 내 존재이며, 더 나아가 자기가 곧 세계라는 자각을 하게 된다. 이 자각을 통

---

10 PdG, p. 127; 『정신현상학』, 177쪽.

해 자기의식적 존재들은 '이성'의 영역으로 이행한다.[11] 헤겔은 『정신현상학』에서 이성을 '관찰하는 이성'과 '행위하는 이성'으로 나누는데, 관찰하는 이성은 유기적 생명체로서 자기 밖의 대상이 아닌 바로 자신 속에서 자연적 세계를 발견한다. 그런데 관찰하는 이성은 이 세계가 자신에 의해 비로소 구성되어가고 있는 세계임을 아직 자각하지 못하고 있다. 관찰하는 이성은 행위하는 이성으로 이행하면서 이러한 자각에 도달하게 된다.[12] 여기서 인간은 즉자적인 자연을 벗어나 정신적 존재로 형성되며, 이 형성과정이 곧 자기의식의 공동체 영역인 '정신'의 생성과정이다.

3. 인간의 노동과 행위의 작품으로서의 공동체

헤겔은 『정신현상학』 「이성」 장에서 개인들이 사회적 존재로서 어떻게 행위 하면서 타인과 상호교류하고 인정투쟁을 통해 자신의 세계를 형성해나가는지를 고찰한다. 여기서 말하는 자신의 세계란 다름 아닌 인간이 만들어나가는 인륜성(Sittlichkeit)의 세계다.[13] 앞 절의 노예

11 이성에서 타자존재와의 부정적 관계는 긍정적인 관계로 전화한다. PdG, p. 157; 『정신현상학』, 226쪽 참조.

12 헤겔은 이 점과 관련하여 인간의 본질이 행위와 자유에 있다고 강조한다. 인간은 육체라는 '고정된 존재'를 갖고 있으면서 동시에 의식적이고 정신적인 존재로서 행위 할 수 있는 주체다.

13 헤겔에서 '인정투쟁'은 단지 자연 상태에서의 투쟁을 의미하는 것이 아니라 근대 시민사회 내에서의 법적 인정을 포함하고 있다. 헤겔은 예나 정신철학에서부터 이 문제를 사유했으며, 여기서 '인정'이 단지 개인의 개별성에 제한된 '인정'이 아니라 인륜적 전체를 형성해주

의 노동에서 서술된 바와 같이, 인간은 이론적으로 자연을 관조하고 이해하기에 앞서 먼저 자신의 욕망을 통해 자기 앞에 놓여 있는 사물과 실천적인 관계를 맺는다. 즉, 인간은 자신을 위해 자연을 가공하고 자신의 형식을 부여하는 행위를 통해 자신의 고유한 세계를 만들어나가는 존재다. 그리고 이와 같은 세계는 자연을 토대로 형성된 제2의 자연, 즉 정신의 세계이자 인륜의 세계를 의미한다. 더 나아가 이성에 기초한 근대법, 근대 시민사회 그리고 근대국가 역시 바로 인간이 자신의 노동과 행위를 통해 창출해낸 작품이다. 그런데 헤겔에 따르면 이러한 작품이 창출되는 과정에도 역시 갈등과 시행착오의 요소가 내재해 있다. 이 과정에 대해 간단히 살펴보기로 하겠다.

인간은 이성을 갖추고 있지만 인간이 자신의 행위를 통해 작품을 창출해낼 때 반드시 이성적이고 합리적인 의식에 입각해서 행위 하는 것은 아니다. 1차적으로 자연적인 존재자로 있는 인간은 공동체나 공공성보다 자신의 이익을 먼저 생각한다. 그렇기 때문에 개인들은 공동체의 공공성을 자신의 목적으로 삼으면서 행위 하는 것이 아니라 자신의 욕구 충족을 위해 행위 하면서 타인과 관계하게 된다. 이 경우 개인은 자신의 개체성 속에서 타인, 그리고 타인과 함께 속해 있는 공동체와 대립하기도 한다. 그리고 더 나아가 개인들이 자신이 속한 세계의 이념을 위해 행위 한다고 생각할 때 가끔은 자신이 속한 시대정신을 잘못 파악하여 시대착오적인 행동을 하기도 한다. 이처럼 여러 가지 시행착오 속에서 인간은 타인과 관계를 맺으며, 이 시행착오와 시행착오를 교정해나가는 과정에서 개인들은 보편적인 이성을 토대로 한 공

는 '민족(Volk)'의 구성원으로서의 개인의 인정을 역설한다. L. Siep, *Praktische Philosophie im Deutschen Idealismus*(Frankfurt/Main: Suhrkamp Verlag, 1992), p. 181 참조.

동체에 대한 의식을 형성해나간다.

『정신현상학』「이성」 장 '자기 자신에 의한 이성적 자기의식의 실현' 부분에서 헤겔은 개인과 보편적 질서로서의 공동체의 관계에 대해 다룬다. 이 부분은 다시 세 부분, 즉 '쾌락과 필연성', '마음의 법칙과 자만의 광기', '덕과 세계운행'으로 나뉜다. 첫 부분인 '쾌락과 필연성'에서는 개체적 쾌락을 추구하는 파우스트적인 개인이 다루어지는데, 이러한 개인은 모든 보편적인 관습과 법으로부터 벗어나 개별자로서의 자기 자신의 감각적 쾌락과 행복만을 추구하는 개인이다. 감각적 쾌락의 주체로서의 개인은 타자를 자신의 쾌락과 향유의 대상으로 만난다. 그런데 감각적 사랑에 기초한 타자와의 통일은 완성되지 못하고 궁극적으로 삶에 뒤따르는 죽음의 필연성을 벗어나지 못한다. 여기서 주목해야 할 중요한 사실은 감각적 쾌락과 향유에 기초한 개인들의 상호관계는 개인들이 서 있는 보편적인 공동 지평에서의 타자와의 관계로 확장되지 못한다는 점이다. 헤겔에 따르면, 개인의 행위가 어떠한 형태이든 사회적 삶과 모든 사람이 참여하는 질서의 필연성을 통찰하지 못한다면 이러한 행위는 좌초될 수밖에 없다.[14]

이와 달리 '마음의 법칙과 자만의 광기' 부분에서는 행위와 관련하여 개인의 의도와 공공적 질서 사이의 대립이 중점적으로 상술된다. 개인은 먼저 자신의 보존과 이익의 관점에서 자신의 쾌락을 추구하면서 행동하기도 하지만, 어떤 경우에는 자신의 내적인 의도와 확신을 갖고 인류 공동의 복지를 위해 행동한다. 이러한 개인의 행위 속에는 이미 타자와의 관계가 전제되어 있다. 왜냐하면 행위는 개인의 내적인

14 L. Siep, *Der Weg der Phänomenologie des Geistes*(Frankfurt/Main: Suhrkamp Verlag, 2000), p. 153.

의도를 타인과 함께 이루고 있는 현실 속에 구현하는 것이기 때문이다. 헤겔은 개인의 내적인 의도를 '마음의 법칙'이라고 규정하는데, 개인은 행동 속에서 자신의 마음의 법칙이 타인의 마음의 법칙과 대립해 있고 또한 세계의 질서와 대립되어 있음을 깨닫게 된다. 여기서 우리는 개인과 타자의 관계성 속에서 형성하는 보편적 질서 사이의 독특한 특징을 발견한다. 보편적 질서는 개인들의 마음의 법칙을 통해 형성된 질서이지만, 동시에 개인들의 마음의 질서에 대립해 있는데, 헤겔은 이 관계 속에는 '자만의 광기'가 개입될 수 있다고 본다. 다시 말해, 보편적 질서는 만인의 행위를 통해 형성되는 것인데, '광적인 승려들이나 탐욕스러운 폭군들'은 이러한 의식에 이르지 못하고 자신이 대립하고 있다고 느끼는 보편적 질서를 자신의 마음의 법칙과 일치시키면서 사람들을 기만하고 궁핍으로 몰아넣는다.[15] 여기서 헤겔은 현존하는 보편적 또는 공공의 질서는 만인의 마음의 법칙이어야 함을 강조한다. 그런데 앞에서 서술된 바와 같이 보편적이고 사회적인 질서는 개인들의 행위를 통해 이루어지는 작품인데, 이 사회적인 질서는 개인들 사이의 투쟁, 다시 말해 만인에 대한 만인의 투쟁을 통해 얻어질 수 있다.

이처럼 개인들은 행위를 통해 자신이 속한 현실을 만들어나가고 있음에도 이 같은 사실을 처음에는 의식하지 못한 채 현실이 자기와 대립된 것으로만 생각한다.

> "… 그의[개별성의] 행동은 동시에 즉자적으로 존재하는 보편적 행동이다. 만일 그가 자기이익적으로 행위 한다면, 그는 단지 자신

---

15 PdG, pp. 249-250; 『정신현상학』, 363-364쪽 참조.

이 무엇을 하는지를 알지 못하고 있을 뿐이며, 만일 그가 모든 인간은 자기이익적으로 행위 한다고 단언한다면, 그는 단지 행동이 무엇인지에 관해 모든 인간이 아무런 의식도 가지고 있지 못하다고 주장하는 것에 불과하다."[16]

이와 관련하여 헤겔은 인간 행위의 본성에 대해 자세히 고찰한다. 그에 따르면, 개인의 행위는 바로 '부정의 힘'을 행사하는 것에 다름아니며, 이 부정성 속에서 개인의 타고난 규정적인 본성이 해체된다고 말한다. 다시 말해 개인은 행위를 통해 자신이 타고난 특정한 소질과 본성을 외화한다. "개인은 행동을 통해 자신을 현실화하기 전까지는 자신이 무엇인지 알지 못한다."[17] 개인은 행위를 통해 자신이 갖고 있는 가능적인 소질을 현실적인 것으로 만든다. 헤겔은 이러한 개인의 행위를 광범위한 의미에서 '작품(Werk)'이라고 규정한다. 개인의 행위는 바로 작품을 만들어내는 행위이며, 이는 달리 표현하면 개인의 가능성을 현실 속에 실재성(Realität)으로 만드는 행위다.

이러한 행위의 결과물인 작품 속에서 즉자적이면서 또한 개별적으로 있는 개인이 보편성의 문맥을 얻게 된다. 왜냐하면 현실 속에 정립된 개인의 작품은 다른 개인들의 작품과 관계를 맺게 되기 때문이다. 이 관계 속에서 개인들의 의식 사이에 역학적인 관계 또는 유희(Spiel)가 벌어지게 된다. 이러한 개인들의 상호 관계가 개인들이 공동으로 속한 보편적 질서를 만드는 기초가 된다. 여기서 헤겔은 다음과

16 PdG, p. 259; 『정신현상학』, 377쪽.

17 PdG, p. 263; 『정신현상학』, 385쪽.

같은 역설적 사실들에 대해 말한다.

> "… 개체들이 자기 자신에 대해서도 또 서로에 대해서도 기만하고 기만당하는 것으로 발견하는 그런 개체들 서로 간의 유희가 등장한다."[18]

헤겔은 개인들이 보편질서의 형성을 위한 행위를 할 때 개인들의 역학적 상호관계의 이면에는 기만(Betrug)의 요소도 있다고 본다. 왜냐하면 개인들이 처음에는 보편질서를 위해 어떤 가치 있는 일을 한다고 생각하며, 그를 둘러싼 타인들도 그렇게 생각하게 된다. 그러나 드러나는 사실은 개인의 관심이 원래 그러한 가치 있는 일을 '자기 자신'이 해내고 있다는 사실에 초점이 맞춰져 있다는 점이다. 이 사실이 드러날 때 자기 자신과 타인은 모두 기만하고 기만당하는 것이다.

그런데 이러한 개인들의 상호관계 속에서 인간 행위의 본질이 기만의 자각을 통해 아울러 자각된다. 그 행위의 본질이란 다름 아닌 개인들이 자신들의 행위가 단지 자신들에만 귀속되는 행위가 아니라 타인에게도 열려 있는 행위이고 행위의 결과물로서의 작품이라는 사실이다. 그렇기 때문에 개인들은 이러한 경험을 통해 개별적인 개인의 행위가 모든 개인의 행위인 본질, 즉 사태 자체(die Sache selbst)를 자각하게 된다. 이에 대해 헤겔은 다음과 같이 말한다.

> "의식은 … 무엇이 사태 자체의 본성인지를 경험한다. 즉 여기

---

18 PdG, p. 274; 『정신현상학』, 399쪽.

서 의식이 경험하는 것은 행동 일반이나 개별적 행동에 대립해 있는 사태도 아니고, 또 존속에 대립해 있으면서 자신의 종(種)인 이런 계기들로부터 자유로운 유(類)가 될 행동도 아니다. 오히려 그것의 존재가 개별적 개인의 행동이자 모든 개인의 행동이고 또한 그것의 행동이 직접적으로 타인들을 위해 존재하는 또는 하나의 사태인, 더욱이 오직 각자 모두의 행동으로서의 사태인 그런 본질을, 다시 말해 모든 본질의 본질, 즉 정신적 본질인 그런 본질을 의식은 경험한다."[19]

사태 자체는 개별적인 개인의 행위가 모든 개인의 행위가 되는, 다시 말해 개인들의 행위들이 상호침투되어 하나의 공동 지평인 정신의 영역을 형성함을 의미한다. 따라서 헤겔에서 사태 자체는 '정신적 본질'로 파악된다.

이처럼 인간은 자신을 사물화하고 자신을 자연세계 속에서 발견하려는 것이 아니라 자신의 세계를 창출하려고 한다. 여기서 이론적 대상이었던 사물은 이제 인간에 의해 구성되고 창출된 실천적 대상으로서의 사태(die Sache)가 되기 위한 바탕을 마련하게 된다. 여기서 사태 자체는 자연 사물이 아닌 우리가 만든 사물(pragmata)을 의미한다. 헤겔은 칸트에게서 난제로 남겨진 물 자체 개념을 칸트에서처럼 이론적 차원이나 도덕에 국한된 실천 개념에서가 아니라 포괄적 의미의 행위와 실천에 기초한 사태 개념을 통해 해소한다.[20] 다시 말해 헤겔은 욕망을

19 PdG, p. 276; 『정신현상학』, 402쪽.

20 이러한 측면에서 볼 때 칸트의 물 자체 개념에 대한 헤겔의 비판과 극복은 이론적 차원에서 이루어지는 것이 아님을 알 수 있다.

기초로 한 노동과 실천적 행위를 통해 물 자체의 세계를 가공하여 정신의 세계를 구축함으로써 칸트의 물 자체 개념을 극복하고자 한다. 이를 통해 인간이 근원적으로 속해 있는 인륜성과 문화의 세계가 구축된다.

사태 자체의 형성을 통해 우리는 이제 헤겔에서 정신의 영역에 들어서게 된다. 헤겔에서 정신은 먼저 다음과 같이 규정된다.

> "정신은 인륜적 현실이다. … 정신은 실체이자 보편적이고 자기동일적이면서 지속적인 본질이고, 만인의 행동을 위한 굳건하고 해체되지 않는 근거이자 출발점이며, 모든 자기 의식들의 사유된 즉자로서 만인의 목적이자 목표다. … 그러나 대자 존재로서의 정신은 해체되고 스스로를 희생하는 자비로운 본질인데, 이런 본질에서 각자는 자신의 고유한 작업을 완수하면서 보편적 존재를 산산이 찢어 그로부터 자신의 몫을 취한다. 이러한 본질의 해체와 개별화는 바로 만인의 행동이자 자기라는 계기[das Moment des Tuns und Selbsts Aller]다."[21]

이 인용문에서 나타난 바와 같이 정신은 모든 개인이 공존하고 있는 하나의 동일한 보편적 지평이며, 이 지평은 모든 개인에 선행해 있으면서 개인들의 행위의 출발점과 목표로 기능한다. 모든 개인은 자신들의 개별성 속에 자신들에 선행하는 보편적 실체 또는 지평을 분유하고 있다. 이러한 분유를 통해 모든 개인은 동일한 지평의 구성원으로

---

21 PdG, p. 288; 『정신현상학』, 424-425쪽.

서 상호교류를 맺을 수 있다. 이를 정신의 관점에서 본다면 정신은 모든 개인의 개별성을 자신의 계기로서 자기 안에 포함하고 있다. 이와 같은 방식으로 개인들은 상호주체적으로 관계를 맺으면서 동시에 자신이 속한 지평과도 관계를 맺게 된다. 이처럼 헤겔에게서 '정신' 개념은 '자유와 독자성을 지닌 나를 포함하는 우리의 영역'이다. 위에서 상술된 바와 마찬가지로 '우리'라고 하는 정신의 보편적 질서는 개인들의 작품을 통해 이루어진 질서다. 그리고 이러한 정신의 질서는 다름 아닌 '인륜성의 질서'다.

그런데 헤겔은 '인륜성'을 다룸에 있어서 고대적 인륜성과 근대적 인륜성을 근본적으로 구분한다. 헤겔의 관점에서 볼 때 고대적 인륜성은 개인과 보편적 질서의 완벽한 조화와 일치에 근거해 있지만, 개인의 주관적 자유와 권리에 대한 의식이 결여되어 있다. 그렇기 때문에 헤겔이 궁극적으로 추구하는 인륜성은 개인의 자유와 권리를 기초로 하는 근대적 인륜성이다. 우리는 이제 고대적 인륜성에서 근대적 인륜성으로의 이행에 대해 자세히 살펴보고자 한다.

4. 갈등과 화해의 지평으로서의 정신

1) 정신의 영역에서 개인과 공동체의 갈등

헤겔은 『정신현상학』 「정신」 장 '직접적 정신'에서 안티고네 비극을 다루면서 고대 인륜성의 붕괴 과정을 고찰한다. 그리스 비극의 주인공인 안티고네는 여성 혹은 신의 법을 대변하고, 크레온은 남성 혹은 인간의 법을 상징한다. 신의 법은 가족이라는 여성의 사적 영역을 규제하는 반면, 인간의 법은 폴리스라는 국가 또는 남성의 공적인 영역을 규제하는데, 이 둘은 서로 공존하고 있다. 여기서 남성이 가족과 사적인 개인의 영역에서 국가 혹은 국가의 시민 영역으로 이행해나간다. 가족 안에서 개인은 사적인 욕망의 주체로서 자신의 욕망을 충족시키지만, 다른 한편에서는 국가의 시민으로서 공동체의 덕성을 교육받는다. 그런데 안티고네의 비극에서 보여지는 것처럼 안티고네의 오빠인 폴리네이케스는 사망하여 더 이상 국가의 시민으로서 간주되지 않을 때 가족의 구성원으로서 되돌려지게 된다. 죽은 자를 매장하는 것은 인간의 법이라기보다는 자연을 토대로 한 신의 법과 관련을 맺고 있으며, 크레온으로 상징되는 인간의 법을 거역하고 국가의 전복을 꾀한 오빠를 매장하는 안티고네는 여성과 신적인 법을 대변하고 있다. 인륜성의 지평 내에서의 신적인 법과 인간적인 법의 대립 또는 인륜성의 기초를 이루는 사적 영역과 공적 영역의 대립의 변증법을 통해 헤겔이 보여주고자 하는 것은 자연적 질서에 의거한 인륜 공동체의 붕괴다. 그리고 이러한 붕괴를 가속화시키는 것은 근대 시민사회를 열어주게 되는 인간의 법, 특히 자연적인 인륜 공동체와의 직접적 통일성으로부터 벗어나는 주관적 자유를 지닌 개인의 권리에 대한 의식이다. 헤겔에 따르면 개인의 권리에 대한 의식은 개인권이 강조되는 로마권의 문화로 이행하고, 궁극적으로는 개인권이 확립되는 근대 세계의 문화로 들어선다. 근대 세계 문화의 전개 과정을 필연적으로 거침으로써

근대적 인륜공동체가 형성될 수 있다.[22]

헤겔은 개인권에 대한 의식이 부각되는 서양 근대를 '소외된 정신', 즉 '교양(Bildung)'의 시대라고 부른다. 우리는 헤겔에서 '소외(Entfremdung)'와 관련하여 두 가지 관점을 염두에 두어야 한다. '정신'의 소외는 한편에서 직접적인 인륜성의 세계에서 개인권에 대한 의식을 지닌 사적 개인들의 세계로의 이행을 의미하고, 다른 한편에서는 자연성을 지닌 개인이 자신의 자연성으로부터 소외되어 교육 · 형성되어 나감을 지칭한다. 헤겔이 상술하는 교양의 시대는 주로 개인권의 의식을 형성해나가는 개인들과 이들이 속한 문화가 등장하는 18세기를 말한다. 헤겔은 정신과 개인이 형성되기(gebildet) 위해서는 자신의 즉자성 또는 자연성으로부터 소외되어야 하고, 이를 통한 자기분열을 겪어야 한다. 또한 이러한 분열 속에는 보편이성 또는 보편질서로서의 정신과 개인들 사이의 분열도 발생한다. 이러한 분열의 문화에서는 각 개인이 자신의 특수하고 사적인 실존을 모든 가치의 궁극적인 기준으로 삼게 되면서, 기존 가치의 전도가 일어난다.[23] 이러한 관점에서 볼 때 보편이성 또는 일반의지는 개인에게 소원한 타자로만 이해된다.[24] 특히 근대 경제적 시민사회의 문맥에서 국가권력과 부는 같이 가게 되는데, 국가권력과 국가의 부는 개인들이 창출한 작품임에도 자신의 부를 추구하

---

22 근대적 인륜 공동체로서의 국가의 이념은 (자연적으로) 주어진 것이 아니라 역사적 발전과정을 통해 얻어진 결과다. 근대에서만 주체성과 자유 개념이 확립되며, 이는 고대 국가에서는 결여되어 있다. S. Avineri, *Hegel's Theory of the Modern State*(Cambridge: Cambridge Uni. Press, 1972), p. 179.

23 L. P. Hinchman, *Hegel's Critique of the Enlightenment*(Tampa: Florida Uni. Press, 1984), p. 120.

24 장 이뽈리트(이종철 옮김), 『헤겔의 정신현상학 II』(서울: 문예출판사, 2003), 89쪽.

는 개인들은 자신들의 작업 결과를 자각하지 못하고 국가권력에 낯선 상태로 있다.[25] 이러한 상태에서 개인들의 의지의 총합인 일반의지의 형성은 단순하게 실현되지 않는다. 헤겔은 여기서 사회계약론이 가진 한계를 지적한다. 앞에서 서술된 바와 같이 헤겔에 따르면 일반의지는 이성적인 개개인들의 계약을 통해 성립되는 것이 아니라 무지하고 사욕을 추구하는 개인들의 역학적인 상호관계 또는 상호인정 투쟁을 통해 성립하는 것이며, 이 인정투쟁의 결과는 다름 아닌 개인들에 선행하는 공동의 장, 즉 개인들이 상호 공존하고 있는 정신의 보편적 지평에 대한 자각이다.

헤겔은 근대문화 내에서 근대적 신앙, 미신과 싸우는 계몽주의, 자유 이념을 구현하려고 시도했던 프랑스혁명과 그 결과로서의 공포, 마지막으로 칸트 철학에서 확립되는 자율성에 기초한 도덕성 등의 계기를 거치면서 개인들은 공동의 장인 보편적 질서에 대한 의식을 향해 고양된다고 설명한다. 개인들의 의식 고양은 자신이 속한 세계 또는 보편질서가 바로 자신이 창출한 세계이기 때문에 이 장이 자신에 소원한 것이 아님을 자각한다는 의미다.[26] 이러한 고양의 과정이 바로 '정신'이 발생하는 과정이다.[27] 앞에서 살펴본 바와 같이 정신은 바로 만

---

25 PdG, p. 330; 『정신현상학』, 484쪽.

26 근대 세계에서 인간의 본질은 세계 속에서 자신을 실현하려는 창출하는 행위(Herstellen)에서 찾아진다. M. Riedel, *Theorie und Praxis im Denken Hegels*(Frankfurt/Main: Ulstein Verlag, 1965), p. 190.

27 이 점에서 헤겔의 정신 개념은 '자기상실과 자기에로의 회귀'의 운동이나 과정으로 규정된다. C. Taylor, *Hegel and Modern Society*(Cambridge: Cambridge Uni. Press, 1979), p. 43. 또한 정신은 개인들의 상호인정 과정의 결과로 이해된다. R. R. Williams, "Hegel's concept of Geist," in: *G. W. F. Hegel. Critical Assessments*, ed. by R. Stern(London/ New York: Routledge, 1993), p. 547 참조.

인의 작품이다. 그리고 개개인이 자신이 거주하는 보편적 지평, 즉 공공성에 대한 합리적 의식에 도달할 때 정신은 '자기 자신을 아는 정신'으로 실현된다고 헤겔은 설명한다. 여기서 우리는 공공성의 가능 근거로서 존립하는 정신은 개인들에 선행하면서 동시에 개인들의 상호관계를 통해서만 비로소 구성되는 변증법적인 것임을 알 수 있다. 따라서 헤겔에게서 자기의식적인 개인이 정신, 더 자세히 말해 개인들의 공동 지평으로서의 절대정신의 실재성 또는 실재적 계기들을 이루고 있다.[28]

2) 정신의 영역에서 개인과 공동체의 화해

헤겔은 근대적 인륜성이 형성되어가는 과정에서 개인과 공동체 또는 개별과 보편이 어떻게 조화와 화해를 이룰 수 있는지를 개인의 도덕성과의 관련성 속에서 고찰한다. 이 논의 속에서 헤겔은 칸트 도덕철학의 중심 사상을 심도 있게 다룬다. 왜냐하면 근대의 개인 탄생은 다름 아닌 자율적 개인의 탄생을 의미하며, 근대 도덕철학의 근간을 마련한 칸트 도덕철학의 핵심 사상은 스스로 도덕법칙을 정립하는 자율성을 근본 원리로 삼고 있기 때문이다. 그리고 이 자율성은 달리 표현하면 도덕적 주체가 자기 자신에게 도덕법칙을 보편적인 의무로 부과하는 행위다. 그런데 헤겔은 칸트가 말하는 자율적 개인에서 유래되는 보편적 의무 개념은 중대한 문제점을 안고 있다고 지적한다. 왜냐하면 이러한 보편적 의무가 구체적인 현실 속에 실현될 때 현실의

---

28 M. Theunissen, *Hegel's Lehre vom absoluten Geist als theologisch-politischer Traktat*(Berlin: Walter de Gruyter, 1970), p. 67.

제약성으로 인해 의무와 현실 사이에는 간극이 존재하기 때문이다. 더 나아가 유한한 인간은 한편에서 현상계 속에서 자신의 행복을 추구하기 때문에 보편적 의무와 자신의 행복 사이에서 갈등을 겪을 수도 있다. 그렇기 때문에 어떤 경우에는 개인이 자신의 양심에 따라 또는 자신의 확신에 따라 보편적 선을 추구하면서 행위 했다고 하더라도 역설적으로 이러한 행위가 자신의 이익에 따른 악이나 위선으로 드러나기도 한다.[29]

헤겔은 여기서 개인적 확신으로서의 양심과 이 양심에 따라 수행된 행위를 판단하는 보편적 의식 사이의 간극에 주목한다. 물론 양심에 의거한 개인의 확신은 그리스 비극에서 논의되었던 유한한 인간의 제약성으로 말미암아 범하게 되는 죄보다는 더 객관적이고 보편적인 의미를 띤다고 볼 수 있다. 왜냐하면 양심은 근대 도덕철학의 문맥 속에서 단순히 임의적이고 주관적인 것이 아니라 객관적이고 보편적인 법칙을 체화한 것이기 때문이다. 그럼에도 개인이 당위로서 정립하는 양심이나 도덕법칙 그리고 그것이 실현되는 제약된 현실과 양심에 따라 행동했다고 믿는 개인의 확신 사이에는 간극이 있을 수 있다. 헤겔은 개인적 확신으로서의 양심과 보편적 의식 사이에 간극이 존재하는 경우에 이 둘 모두는 일면적이며, 각자의 입장에서 이러한 일면성을 인정해야 한다고 설명한다. 다시 말해, 자신의 양심에 따른다고 주장하는 개인들은 자신들의 결정과 행위의 일면성을 인정해야 하고, 보편적 의식 또는 정신은 개별적인 의식들이 자신의 구성요소로서 있음

29 L. Krasnoff, *Hegel's Phenomenology of Spirit, An Introduction*(Cambridge: Cambridge Uni. Press, 2008), p. 143 참조.

을 인정해야 한다.[30] 헤겔은 제약된 유한성이나 이에 기초한 일면성을 '악' 또는 '죄'라고 지칭하며, 개인의 양심과 보편적 의식 모두가 자신의 일면성을 인정할 때 이 둘 사이의 화해 또는 용서(Verzeihung)의 가능성이 열린다고 말한다.[31]

이 둘 사이의 매개를 설명하기 위해 헤겔은 '아름다운 영혼'의 개념을 먼저 도입한다.[32] 아름다운 영혼은 '자신의 내면적인 소리를 신의 목소리로 파악'하는 영혼이며,[33] 완벽한 사랑 속에서 한 개인과 한 개인을 연결해주는 매개 역할을 한다. 다시 말하면, 유한한 인간의 죄는 처음에는 제약성 자체에 기인하지만, 이 제약성 자체에 고착되는 것이 죄의 더 본질적인 문제다. 인간이 자신의 제약성 속에서 자신만이 옳다고 여기고 고착되는 것을 헤겔은 '완고한 마음(das harte Herz)'이라고 칭한다. 이와 달리 아름다운 영혼은 이러한 완고함의 자기 아집을 떠나 자신의 제약성과 죄를 인정하면서 타자를 인정하는 마음이다. 이러한 아름다운 영혼은 위에서 언급되었던 법칙을 수립하고 부여하는 개별자와 이 개별자의 행위를 판단하는 타자와 공유하는 보편적 의식을 매개하게 된다. 보편성과 개별성은 이를 통해 매개되고 화해된다. 헤겔은 이 매개가 이루어지기 위해서는 위에서 언급된 양자의 일면성이 스

---

30 L. Siep(2000), p. 214.

31 R. Stern, *Hegel and the Phenomenology of Spirit*, p.181; G. W. F. Hegel, *Spirit: Chapter Six of Hegel's Phenomenology of Spirit*, edited with Introduction, Notes, and Commentary by Daniel E. Shannon(Indianapolis/Cambridge: Cambridge Uni. Press, 2001), p. 218.

32 '아름다운 영혼'은 야코비, 괴테 그리고 노발리스의 개념에서 유래된 것인데, 헤겔은 특히 노발리스의 개념에서 영향을 받았다. 헤겔은 야코비의 '아름다운 영혼' 개념은 아직 주관적인 직접성 속에서 파악되고 있음을 비판하고 노발리스의 개념에서 신과 인간 또는 보편자와 개별자의 화해 가능성을 발견한다.

33 W. Jaeschke, *Hegel. Handbuch*(Stuttgart: Verlag. J. B. Metzler, 2003), p. 193 참조.

스로 포기되어야 한다고 지적한다. 그렇기 때문에 헤겔에서 '용서' 개념은 바로 '자기포기(Verzichtleistung auf sich)'를 전제로 삼으며, 이러한 포기는 제약성과 일면성에 기초한 악과 또 다른 악이 서로를 인정하는 상태를 지시한다.

헤겔은 『종교철학강의』와 『정신현상학』에서 종교적인 의미의 용서 개념을 주로 '상호인정' 또는 '화해(Versöhnung)' 개념으로 대체하여 사용한다. 이러한 관점에서 헤겔은 그리스도교의 용서 개념을 서양 근대사회의 문맥에서 재구성하고자 한다. 그는 개인들 사이의 '상호인정'이 다름 아닌 '절대정신(der absolute Geist)'이라고 하면서, 다음과 같이 설명한다.

> "화해의 말은 현존하는 정신인데, 이러한 정신은 자신의 반대편 속에서, 즉 절대적으로 자신 안에 존재하는 개별성으로서의 자신에 관한 순수한 지에서 보편적 본질로서의 자기 자신에 관한 순수한 지를 직관한다. 즉 이러한 정신은 상호승인인데, 이것이 바로 절대정신이다. 절대정신은 오직 자기 자신에 관한 그의 순수한 지가 자기 자신과의 대립과 교체되는 그런 정점에서만 현존재에 들어선다."[34]

이 인용문에서 우리는 아름다운 영혼이 헤겔에서 '절대정신'으로 전화됨을 알 수 있다.

하지만 여기서 중요한 점은 헤겔은 궁극적으로 낭만주의자들과

---

34 PdG, p. 441; 『정신현상학』, 650쪽.

차별화하여 보편성과 개별성의 통일과 화해를 직접적인 종교적 감정에 근거하는 아름다운 영혼에서만 찾지 않고, 이를 넘어선 절대지에 기초한 정신의 영역으로 나아간다는 사실이다. 달리 표현하면, 헤겔은 용서와 화해를 직접적인 종교적 감정이나 신에 대한 시각적인 표상을 넘어서서 이성적인 차원으로 고양시키고자 한다. 그 이유는 인간의 본질을 가리키는 자유 이념의 실현은 인간 상호 간의 이성적이고 합리적인 상호인정을 통해서만 얻어지는 것이기 때문이다. 그리고 합리적인 상호인정에는 양심적인 개인들 사이의 합리적인 의사소통이 전제되어 있으며, 이러한 상호인정을 통해 양심의 공동체가 형성될 수 있다.[35] 이처럼 헤겔에서 용서와 화해는 궁극적으로 공적인 상호인정 영역에서 이루어진다.[36]

더 나아가 헤겔에서 죄의 용서는 크게 두 가지 의미를 갖고 있다. 첫째, 유한한 인간이 자신의 제한성으로 말미암아 비롯되는 죄를 인정하고 타자의 인정으로 나아감을 의미한다. 그런데 타자의 인정을 통한 용서는 사실상 타자를 용서하고 타자를 통해 용서를 받는다는 의미뿐만 아니라 타자를 인정함으로써 타자와 공유하는 보편성을 자기 자신 속에서 발견하여 개별적 자아가 보편성을 띠게 된다는 의미를 포함한다. 헤겔은 『정신현상학』에서 이러한 개인과 공동체 또는 개별과 보편의 궁극적인 조화와 화해의 구조를 계시종교의 모델 속에서 재구성한

---

35 최신한, 「헤겔, 야코비, 양심의 변증법」(『해석학연구』 21, 한국해석학회, 2008), 101-102쪽.

36 이 공적 영역이 법철학에서는 시민사회나 국가이고, 종교철학에서는 종교공동체 또는 교회다. 성령(Geist)은 양심적 개인들이 이루는 공동체 속에서 실제적이 된다. P. M. Merklinger, *Philosophy, Theology, and Hegel's Berlin Philosophy of Religion. 1821-1827* (Albany: State Uni. of New York Press, 1993), p. 178.

다. 계시종교 속에서 개별자는 자기 자신이 신 속에서 그리고 신과 함께하는 개별자임을 알게 된다.[37] 여기서 우리가 주목해야 할 사실은 헤겔에서 계시종교의 본질은 자유 개념에 있다는 점이다. 따라서 개별자가 신 속에서 자신을 발견한다는 것은 달리 표현하면 개별자가 자신의 본질인 자유를 자유의 근원적 형태인 신 속에서 발견한다는 의미다. 이와 같은 관점에서 볼 때 개인들 사이의 갈등과 투쟁 그리고 개인들과 보편적 지평 사이의 갈등과 투쟁의 해소는 헤겔 철학에서 궁극적으로 자유 이념의 실현 속에서 완결된다. 여기서 우리는 두 방향의 운동을 볼 수 있는데, 하나는 개인들이 인간의 본질로서 자신에게 내재된 자유 이념을 실현해나가는 운동의 방향이고, 다른 하나는 자유 이념으로서의 신 또는 절대정신이 인간의 역사 속에 실현되는 운동의 과정이다.

3) 화해의 지평으로서의 정신

『정신현상학』에서 헤겔은 종교철학의 중심 개념인 '정신'으로서의 신 또는 절대자 개념을 근대성의 구체적 문맥에서 사유한다. 종교철학적 관점에서 정신으로서의 신의 현시는 다름 아닌 예지계적 자유 이념이 현상계에 실현됨을 의미한다. 헤겔은 『정신현상학』「자기의식」 장의 '불행한 의식' 부분에서 다루었던 불변자로서의 신과 가변자로서의 개별자들의 관계를 다시 계시종교에서의 신의 육화, 죽음 그리고 부활의 관점에서 논의하며, 여기에 고유한 의미를 부여한다. 그에

---

37 G. W, F, Hegel, *Lectures on the Philosophy of Religion*, Vol. I.(Berkeley/L.A./London: University of California Press, 1995), p. 443 참조.

따르면, 신은 자신을 계시하고 육화됨으로써 이 세계 속에서 현존하게 되고, 죽음을 통해 이 세계에서의 감각적인 현존(sinnliches Dasein)을 벗어나게 된다. 그리고 부활을 통해 다시 자신을 회복한다. 그런데 여기서 헤겔이 강조하는 부활은 성령/정신(Geist)으로의 부활, 다시 말해 개인들이 공존하는 공동체에서의 부활이다. 여기서 모든 개인은 성령/정신의 증거자(Zeuge des Geistes)가 된다.[38] 이는 달리 표현하면, 모든 개인 속에 성령/정신이 남아 있으며, 이 성령/정신의 본질은 헤겔에게서 다름 아닌 자유 개념이다. 따라서 절대적 자유로서의 절대정신의 실현 속에 유한한 인간의 자유 실현이 있다. 또는 인간의 자유 실현 속에 자유 이념으로서의 절대정신의 실현이 가능하며, 인간과 신의 화해가 가능하다. 이 점에서 헤겔은 다음과 같이 말한다.

> "정신은 자기의식이라고 인지되며, 자기의식에게 직접적으로 현현한다. 왜냐하면 정신이 곧 자기의식 자체이기 때문이다. 신적 본성은 인간적 본성과 똑같은 한 가지이고, 이런 통일이 곧 직관되는 바로 그것이다."[39]

이 인용문에 나타난 바와 같이 정신, 더 자세히 말해 절대정신은 자기의식적 개인들을 자신의 계기로 삼고 있으며, 이 계기들과 통일되어 있는 주체다. 이를 자기의식적인 관점에서 본다면 자기의식적인 개인들 모두에는 자유로서의 정신이 내재해 있다.

---

38 헤겔은 『법철학』에서 근대적인 법과 국가가 정신의 실현이라고 보며, 국가의 시민은 이러한 정신을 자신 속에 담지하고 있는 '정신(성령)의 증거자(Zeuge des Geistes)'라고 지칭한다.

39 PdG, p. 495; 『정신현상학』, 733쪽.

더욱이 헤겔은 신의 육화와 죽음의 사건 그리고 신적 정신의 자기 회복이 일회적인 사건이나 운동이 아니라 인간 역사에서 계속되는 운동이라고 설명한다. 이는 다음과 같이 설명된다.

> "[신적 인간의] 죽음은 정신적 자기의식 속에서 이런 자연적인 의미를 잃게 된다. … 죽음은 그것이 직접적으로 의미하는 것, 즉 바로 이 개별자의 비존재에서 벗어나 자신의 신앙 공동체 속에서 살고 그 속에서 날마다 죽었다가 부활하는 그런 정신의 보편성으로 거룩하게 변용된다."[40]

헤겔에서 계시종교가 강조하는 성령은 '정신'으로 이해되며, 정신으로서의 신은 다름 아닌 위에 설명된 운동 자체로 규정된다. 다시 말해 신은 정신이며, 육화와 죽음 그리고 성령/정신으로서의 부활을 거쳐나가는 운동을 통해 자기 자신을 현실화한다. 이에 대해 헤겔은 다음과 같이 설명한다.

> "이렇게 자기 자신을 두루 거쳐 관통하는 운동이 곧 정신의 현실성을 이룬다. 운동하는 것은 바로 정신이며, 정신은 운동의 주체다. 그리고 정신은 이에 못지않게 운동 자체이나 주체가 그것을 거쳐 관통하는 실체다."[41]

---

40 PdG, p. 511; 『정신현상학』, 758쪽.

41 PdG, p. 513; 『정신현상학』, 760쪽.

따라서 헤겔에서 절대정신은 역사 속에서 항상 자기변형(Sichanderswerden)되는 주체이며,[42] 끊임없이 개별자들과 관계한다. 이 주체의 운동은 앞에서 지적된 바와 같이 두 방향의 운동, 즉 개인들이 상호인정을 통해 자신의 자유를 실현해나가는 운동과 이러한 운동을 통해 자신을 실현하는 절대정신의 운동이다. 이 계속되는 자기변형과 자기실현의 운동 속에서 우리는 헤겔에서 절대정신이 인간의 역사 속에서 끊임없이 자기를 초월하는 주체임을 알 수 있다.

5. 정신의 실현태로서의 근대적 인륜성

이상에서 우리는 개인들 사이의 갈등과 투쟁 그리고 화해 과정을 고립된 개인에 선행하는 공동존재로서의 정신의 발생사 관점에서 고찰했다. 헤겔은 『법철학 강요』에서 개인들의 상호인정을 통해 확립된 공동 지평으로서 정신의 구체적인 현실성을 법의 관점에서 기술한다. 우리는 마지막으로 개인들 사이의 동등한 상호인정을 통해 구축된 근대적 의미의 인륜성 또는 공공 영역에 관한 헤겔의 논의를 『법철학』에 나타난 '시민사회'와 '국가'에서 살펴보고자 한다.

헤겔은 시민사회와 국가에 대한 논의를 자신의 『법철학』 '인륜성(die Sittlichkeit)' 부분에서 다루고 있는데, 『법철학』은 크게 추상법, 도덕

---

42 J. Hyppolite, "Anmerkungen zur Vorrede der Phänomenologie des Geistes und zum Thema: das Absolute ist Subjekt," in: *Mateialien zu Hegels ›Phänomenologie des Geistes‹*, hrsg. H.-F. Fulda und D. Henrich(Frankfurt/Main: Suhrkamp Verlag, 1973), p. 46.

성 그리고 인륜성으로 나뉜다. 추상법에서는 추상화된 개인, 즉 타인과의 내재적인 상호관계성을 고려하지 않는 개인의 소유권 문제를 주제화하고, 도덕성에서는 무한한 자유를 지니고 타인과 내적인 상호관계를 맺는 도덕적 주체로서의 개인을 다룬다. 더 나아가 인륜성에서는 가족, 시민사회 그리고 국가가 고찰되는데, 헤겔 철학의 고유성은 가족이 칸트에서처럼 개인권이 아닌 인륜성의 관점에서 고찰된다는 사실에서도 찾아질 수 있다.[43] 헤겔에서 인륜성의 영역은 간단히 정의하자면 관습(die Sitte)에 뿌리박고 있는 유기적인 '공동체'를 가리키며, 개인은 우선적으로 이러한 유기적 공동체의 구성원으로 존립한다. 다시 말해, 개인은 1차적으로 고립된 원자적 개인으로 존립하지 않으며, 가족에서는 가족의 구성원, 시민사회에서는 시민 그리고 국가에서는 국가의 시민으로서 존립한다.

헤겔은 인륜성을 다음과 같이 설명한다.

> "인륜성이란 생동하는 선으로서의 자유 이념인데, 이러한 선은 자기의식 속에서 자신의 지와 의지를 그리고 그 행위를 통해 자신의 현실성을 갖는다. 또한 이 선은 인륜적 존재에서 자신의 즉자대자적으로 존재하는 기반과 스스로 실현해나가는 목적을 갖는다."[44]

이 인용문을 살펴보면 헤겔에게서 인륜성이란 자유 이념의 실현

43 이에 대한 자세한 논의는 김옥경, 「칸트와 헤겔 법철학에서 공과 사의 문제」(『동서사상』 14, 경북대학교 동서사상연구소, 2013), 35-64쪽 참조.

44 GPR, §142; 『법철학』, §142.

으로 이해될 수 있는데, 여기서 자유 이념이란 지와 의지와 행위를 통해 실현해나가야 할 목적으로서의 선으로 규정된다. 즉, 인륜성 영역에서 모든 개인은 자유 이념을 자신들이 실현해나가야 할 목적으로 의식하고 또 행위를 통해 이를 구현해나간다. 모든 개인은 이러한 공동의 지평에 서 있기 때문에 인륜성은 개인들의 생활을 지배하는 위력으로 존립한다. 더 나아가 헤겔은 이러한 인륜성의 본질을 이성성(die Vernünftigkeit)에서 찾는다.[45] 이를 통해 우리에게 알려지는 사실은 헤겔이 지향하는 인륜성은 단순히 자연적인 질서와 관습에 의거한 인륜성이 아니라 이성법에 의해 개인권이 확립되어 있는 근대적 의미의 인륜성이라는 점이다. 우리는 개인권이 부여된 근대적 개인들의 동등한 상호인정 구조를 시민사회와 국가 속에서 발견한다.

잘 알려진 바와 같이, 헤겔은 시민사회와 국가를 구분한다. 그는 시민사회를 '외적 국가(äusserlicher Staat)'라고 규정하는데, 이는 "개개인의 욕구나 인격과 재산의 안전을 보장하는 수단으로서의 법제도 그리고 특수이익과 공동이익을 조정하는 외적 질서"[46]다. 여기서 우리는 많은 근대법 사상가들과 마찬가지로 헤겔 역시 시민사회의 기능을 개인의 소유권의 안전을 보장해줄 수 있는 법질서의 수행자로 간주하고 있음을 알 수 있다.

헤겔은 애덤 스미스의 정치경제학을 수용하여 시민사회를 욕구의 체계(System der Bedürfnisse), 즉 개인들의 욕구가 상호 결합되어 있는 체계라고도 지칭한다. 헤겔에 따르면 자유와 권리를 획득한 근대 시민사회

---

45 GPR, §145; 『법철학』, §145.

46 GPR, §157; 『법철학』, §157.

의 개인은 자신의 욕구를 표출하고 그 욕구를 만족시키기 위해 노동하며, 또한 사적으로 소유할 권리를 갖는다. 그런데 여기서 주목해야 할 중요한 사실은 근대 시민사회에서는 노동분업을 통해 개인들의 이익추구와 이를 충족시키기 위한 노동이 타인의 이익추구 및 노동과 내적으로 상호연관을 맺고 있다는 점이다. 따라서 근대 시민사회에서 인간의 욕구와 노동은 타자와 내적으로 매개됨으로써 이전 시대보다 더 사회적이 된다. 이처럼 개인들은 자립적인 시민사회의 구성원으로서 상호 매개되어 있는데, 헤겔은 이러한 관계가 내적으로 관계 맺는 도덕영역에서와 달리 '형식적 보편성'의 의미를 띠게 된다고 말한다.[47]

이러한 형식적 보편성에 기초한 시민사회의 역할 중에서 먼저 '사법활동(Rechtspflege)'이 강조된다. 사법활동 중에 중요한 요소 중의 하나는 실정법 제정이다. 보편적인 법의 이념이 객관적인 현실성을 가질 때만 그 효력을 갖게 된다. 그렇기 때문에 법은 현실적으로 제정(gesetzt)되어야 하며, 그 효력을 인정받는 것이 법률의 형태, 즉 실정법이 된다. 실정법은 법(Recht)의 보편적 이념에 합치해야 하며, 그런 한에 있어서 그 구속력을 갖는다.[48] 그런데 법의 제정에 이어 헤겔이 매우 중요하게 강조하는 부분은 법률의 고시다. "법률(Gesetz)의 구속력은 자기의식의 권리 측면에서 볼 때 법률들은 보편적으로 공지되어야 한다는 필연성을 포함한다."[49] 헤겔에 따르면, 법률은 모든 개인에게 보편적으로 인정되고 인식되며, 또한 모든 개인의 의지를 반영할 때 비로소 유효성과 객관적 현실성을 얻게 된다. 이를 위해 법률의 내용은 개개인들에

47 GPR, §157; 『법철학』, §157.

48 GPR, §212; 『법철학』, §212.

49 GPR, §215; 『법철학』, §215.

게 알려져야 하며, 이를 통해 개개인들의 의식이 보편적인 의식의 수준으로 고양되고 형성된다. 이 경우에만 개인의 인격은 보편적 인격으로 이해될 수 있으며, 이때 비로소 추상적인 개인의 권리가 현존하는 보편적인 의지 속에서 상호인정된 것으로 드러나게 된다. 이를 통해 헤겔은 법률을 적용하는 재판과 사법활동의 공공성을 강조한다.

헤겔에서 시민사회의 또 다른 주요 구성요소로서 경찰행정(Polizei)과 직업단체(Korporation)를 들 수 있다. 'Polizei'의 어원은 'politeia'인데, 우리말로는 흔히 경찰행정 또는 사회정책으로 번역되고, 영어에서는 근대적 문맥에서 'civil government'로 이해된다. 헤겔에 따르면 시민사회의 욕구 체계 속에서 개인의 생계와 복지가 보편적으로 실현되어 있지 않기 때문에 아직은 개연적인 개인의 자의와 특성들에 의존해 있다. 그리고 사법활동에서는 소극적인 방식으로 개인의 재산과 인격의 침해가 제거되기 때문에 적극적으로 개인의 생계와 복지가 증진되지 않는다. 적극적 방식으로 개인의 생계와 복지를 증진시키는 시민사회의 기능을 경찰행정이 담당하고 있다. 헤겔은 시민사회가 근본적으로 자기이익을 추구하는 개인들에 의해 구성되었기 때문에 모든 개인을 하나로 묶어주는 통일성보다는 차이성에 의해 지배되는 사회라고 지적한다. 이러한 차이성은 종국에 인륜성의 와해를 가져올 수도 있기 때문에 개인의 주관적 자유는 정의가 지배되는 보편적 영역으로 귀속되어야 한다. 헤겔은 법철학에서 모든 개인을 하나의 통일성으로 묶어주는 인륜성의 완성인 국가로 가기 위한 전 단계로 '경찰행정'과 '직업단체'의 역할을 강조하는데, 여기서 시민사회의 첫 단계를 형성해주는 원자론적 개인들, 즉 주관적 특수성과 보편성이 통일을 이루게 되며 그렇기 때문에 엄격한 의미에서 '욕망의 체계'가 '인륜화된다

(versittlichen)'.[50] 이러한 매개 과정을 거쳐 진정한 개인들의 통일 단계인 국가로 이행한다.

다른 정치경제학자들과 마찬가지로, 헤겔도 개인권이나 사유재산을 보호하는 것 등을 포함한 사회 정의를 실현하는 것을 경찰행정의 주요 기능으로 간주한다. 헤겔에 따르면, "경찰행정이 먼저 제공하는 것은 시민사회의 특수성 내에 포함된 보편성을 실현하고 유지하는 것인데, 이는 대다수의 특수한 목적이나 이해를 보호하고 안전을 도모하려는 외적 질서이며 제도다."[51] 헤겔에 있어서 경찰행정은 이처럼 '외적인 질서(die äussere Ordnung)'에 관련되어 있다. 이러한 '외적 질서'는 공권력과 같이 가며 자기이익을 추구하는 개인들의 이해가 상충할 때 이를 해결할 수 있는 역할을 한다. 더 나아가 시민사회는 단지 개인권의 보호에만 그 기능을 제한하지 않고 시민사회 구성원인 개인의 교육에 대한 책임과 시민사회의 폐해로 간주되는 빈민층(der Pöbel) 문제를 해소하는 데도 그 과제를 두고 있다.[52] 헤겔 법철학에서는 이 기능을 통해 시민사회와 국가가 매개된다.[53]

헤겔은 또한 외적 질서인 경찰행정과 더불어 경제의 차원에서 직업단체의 기능에 대해서도 역설한다. 전자에서는 공권력을 통해 자기

---

50 Manfred Riedel, *Bürgerliche Gesellschaft und Staat*. Grundproblem und Struktur der Hegelschen Rechtsphilosophie(Berlin: Hermann Luchterhand Verlag, 1970), pp. 58-59.

51 GPR, §249; 『법철학』, §249.

52 헤겔은 법철학 §242에서 빈곤의 문제는 개인적 심성의 특수성이나 의도의 우연성에 의거한 개인적 차원의 자선 행위를 통해 해결될 문제가 아니라 보편성을 띤 사회가 해결해야 할 문제임을 강조한다.

53 Manfred Riedel, "Hegels Begriff der Bürgerlichen Gesellschaft und das Problem seines geschichtlichen Ursprungs," in: *Materialien zu Hegels Rechtsphilosophie*, hrsg. von M. Riedel(Frankfurt/Main: Suhkamp Verlag, 1974). p. 267 참조.

이익을 추구하는 개인들이 정치적으로 공적인 연대를 형성하는 반면, 후자에서는 이러한 개인들이 사회경제적 연대를 형성한다. 헤겔은 크게 세 가지로 근대 시민사회에서 개인을 묶을 수 있는 신분(der Stand)을 구분하는데, 첫째는 농업에 관계하는 신분, 둘째는 상업에 관계하는 신분, 그리고 마지막으로는 보편적 신분, 즉 공적인 일에 종사하는 신분이다. 이 '신분'은 '계급(die Klasse)'과 구분되어 상호 인정된 자유롭고 평등한 개인들에 의해 구성되는 것이다. 시민사회의 개인들은 이 세 가지 신분으로 크게 구분되며, 경제 단체는 여기에 속한 구성원들의 공동 이해를 보장한다. 여기서 자기의 이익만 추구하는 원자적 개인들은 사실상 자신이 속한 신분 속에서 공동의 이익을 추구하게 된다.[54] 오직 이러한 공동체 속에서만 한 개인의 자유나 권리가 아니라 '모든' 개인의 자유와 권리가 보장된다. 그렇기 때문에 시민사회의 "욕구 체계와 법체계의 양극단으로 이분화되었던 주관적 특수성과 객관적 보편성이 경제적 공동체에서 내적으로 통일된다."[55] 이러한 관점에서 볼 때, 경찰행정과 직업단체의 기능은 자신의 이익만 추구하는 개인들이 동시에 '인륜적 총체성'인 국가의 시민으로 어떻게 이해될 수 있는지의 단초를 마련해준다. 이를 통해 시민사회는 진정한 공공성의 영역인 국가 개념으로 이행해간다.

헤겔은 시민사회를 넘어선 '국가(Staat)'에 대해 상술한다.

---

54 K.-H. Ilting, "The Dialectic of Civil Society," in: *The State & Civil Society.* Studies in Hegel's Political Philosophy, edited by Z. A. Pelczynski(Cambridge: Cambridge University Press. 1984). p. 219 참조.

55 M. Riedel (1970), p. 67.

> “외적인 국가는 실체적 보편자의 목적과 현실성 그리고 실체적 보편자에 헌신하는 공공생활의 목적과 현실성으로, 즉 헌법으로 회귀하여 안으로 결집된다.”[56]

헤겔은 시민사회와 국가를 구분하면서 외적 질서로서의 시민사회가 내적 질서, 즉 ‘헌법(Staatsverfassung)’ 속에서 통합된다고 말한다. 헤겔은 이어서 국가는 ‘즉자 대자적으로 이성적인 것’이며, 여기서 특수한 개인들의 자기의식이 공동성으로까지 고양된다고 말한다.[57] 달리 표현하면, 헤겔에서 국가의 기본체제는 ‘헌법’에서 드러나며, 헌법은 절대적으로 이성에 기반을 두어야 하고, 개인들은 이러한 이성적 질서로서의 헌법 속에서 공적으로 결합하게 된다. 따라서 자신의 욕구 표출의 정당성과 권리를 갖는 시민사회의 구성원들은 이제 국가에서는 국가의 ‘시민’으로서 있게 된다. 헤겔은 개인들의 최고 권리와 의무가 국가의 시민으로 있는 것이라고 말한다.

시민사회가 개인들의 욕구를 통해 필연적으로 상호결합하는 공공성의 기초이지만, 헤겔은 국가 속에서 ‘공공 생활(öffentliches Leben)’의 본질적인 모습이 완결된다고 본다. 그는 단지 개인의 재산과 인격적 자유의 안전과 보호에만 관심을 두는 시민사회와 달리 국가는 ‘객관적 정신’으로서 ‘이성적인 인륜적 전체’이며 ‘자유의 실현태’라고 규정한다. 그는 루소가 국가의 개념을 이성적인 것에서 찾는다는 점에는 동의하지만, 국가를 개인들의 개별의지의 총합으로 간주하는 루소의 견

---

56 GPR, §157; 『법철학』, §157.

57 GPR, §258; 『법철학』, §258 참조.

해에는 동의하지 않는다.[58] 앞에서도 상술한 바와 같이 헤겔에게서 국가는 개별의지들의 동의와 계약에 의해 이루어진 일반의지가 아니라 개인에 선행하고 개인이 이미 거기에 거주하는 이성적인 인륜적 전체다. '이성적인 인륜적 전체'라는 표현에서 우리는 헤겔의 국가 개념의 본질을 엿볼 수 있다. 헤겔에서 인륜적 전체로서의 국가는 여러 의미를 갖고 있기 때문에 이 개념에 대해 좀 더 자세히 살펴보기로 하겠다.

인륜적 전체로서의 국가는 먼저 헤겔에서 '유기체' 개념과 관련이 있다. 헤겔은 개별 국가를 '자기와 관계하는 유기체'라고 규정한다. 그런데 여기서 유기체는 개별자들의 단순한 집합체가 아니라는 점에 유의해야 한다. 유기체 속에서 개별자들은 서로 독립적이면서 동시에 하나의 전체를 목적으로 삼으면서 유기적으로 상호작용한다.[59] 이러한 유기체 속에서 개별과 보편이 서로 통일될 수 있는데, 개인과 국가의 관계 또한 이와 유사한 구조를 띠고 있다. 다시 말해 권리를 지닌 자립적이고 자율적인 개인들은 유기체적 국가 속에서 서로 독립해 있으면서 동시에 전체 속에서 통일되어 있다. 그리고 이러한 통일성 속에서만 개인의 권리가 보장될 수 있다. 여기서 헤겔은 근대국가의 이념에 대해 말한다.

"근대국가의 본질은 공동적인 것이 특수성의 완전한 자유와 개인의 행복으로 결합되어 있어야만 한다는 것, 따라서 가족과 시

---

58 GPR, §258; 『법철학』, §258 참조.

59 헤겔은 『법철학』 §263 추가 부분에서 가족, 시민사회 그리고 국가를 유기체 구조에 비유한다. 가족은 자기를 고수하는 재생능력, 영양섭취, 생산, 소화기능에 그리고 시민사회는 외부로 향한 감각의 반응력에 비유되고, 마지막으로 국가는 신경조직에 비유된다.

민사회의 이익이 국가에 총괄되어야 한다는 것, 그러면서도 목적의 보편성은 스스로의 권리를 보존하지 않을 수 없는 특수한 존재의 독자적인 지와 의욕 없이는 전진할 수 없다는 것, 바로 이 점에 있다. … 이 두 요소가 든든한 바탕 위에 존속함으로써만 비로소 국가는 각 부분이 조직화한, 참으로 유기적인 국가라고 할 수 있다."[60]

헤겔은 근대세계의 원리를 바로 주체성의 자유라고 보며, 자신의 유기체적인 국가 개념 속에서 개인의 주체적 자유와 권리를 보장하는 근대국가의 이념을 전제로 한다. 그렇기 때문에 헤겔이 지향하는 인륜적 전체로서의 국가는 개인의 주체적 자유와 권리에 대한 의식을 결여하고 있는 고대 그리스의 인륜적 국가가 아니다.

인륜성 개념에서 헤겔이 전제하는 다른 의미는 민족정신이다. 헤겔은 국가를 '정신(Geist)'이라고 규정하며, 다음과 같이 상술한다.

"… 국가는 한 민족의 정신임과 동시에 민족의 온갖 관계를 관통하는 법률이며 습관이며 개개인의 의식이다. 따라서 특정한 민족의 정치체제[헌법]는 요컨대 그 민족의 자기의식 양태와 교양의 정도에 좌우된다. 이 자기의식 속에 국가의 주관적 자유가 있고, 따라서 또 정치체제[헌법]의 현실성이 있다."[61]

---

60 GPR, §260; 『법철학』, §260.

61 GPR, §274; 『법철학』, §274.

헤겔은 인륜적 전체로서의 국가 또는 정치체제[헌법]는 한순간에 단순히 만들어지는 것이 아니라 여러 세기에 걸친 개인들 사이의 갈등과 투쟁을 해소하고자 한 노력의 소산이며 한 국민에게서 발전해온 이성적인 의식을 토대로 하고 있다고 강조한다. 그렇기 때문에 정치체제는 한 민족의 역사적 발전과정에서 형성되어온 개개인의 의식을 아우르는 민족정신을 전제로 하고 있다. 이러한 관점에서 볼 때 한편에서 국가는 절대적으로 이성적인 것 또는 이성적인 사고의 산물로서의 헌법을 갖춘 제도적 장치로 이해되지만, 다른 한편에서 이성의 실현으로서의 국가는 한 민족의 정신에 뿌리를 내리고 있는 인륜 공동체의 의미를 갖는다.[62] 그래서 인륜성은 개인적인 도덕성 영역을 지시하는 것이 아니라 한 국가나 민족의 문화적이고 관습적인 통일성과 관계하며, 바로 이 통일성이 개인적 도덕성을 정치적인 영역 속으로 통합시킨다.[63] 개인은 국가 속에서 '보편적인 행동양식'을 취하게 되며, 이러한 행동양식은 관습으로서 '제2의 자연'으로 이해된다.[64] 바로 이러한 상호주체적이고 상호인정된 영역 속에서 개인의 주체적 자유와 권리가 보장되며, 개인들 사이의 갈등과 투쟁의 해소 가능성이 비로소 열려 밝혀질 수 있다.

이상에서 살펴본 바와 같이 헤겔에서 개인들은 자유주의자들이

---

62 Z. A. Pelczynski, "Political community and individual freedom in Hegel's philosophy of state," in: *The State & Civil Society*(Cambridge: Cambridge University Press, 1984), pp. 55-56.

63 우리는 여기서 헤겔 법철학이 칸트의 윤리학을 하나의 계기로 삼고 이를 궁극적으로는 정치학으로 귀속시키는 것을 볼 수 있다. Joachim Ritter, "Moralität und Sittlichkeit. Zu Hegels Auseinandersetzung mit der kantischen Ethik," in: *Materialien zu Hegels Rechtsphilosophie*, hrsg. von M. Riedel(Frankfurt/Main: Suhrkamp Verlag, 1974). p. 224.

64 GPR, §151; 『법철학』, §151 참조.

생각하는 것처럼 고립된 자아로 존재하는 것이 아니라 이미 정신이라는 공동 지평 위에서 상호관계한다. 그리고 이 상호관계는 개인들 사이의 갈등과 인정투쟁 그리고 개인과 공동체 사이의 갈등과 인정투쟁을 전제로 하고 있다. 따라서 정신으로 규정되는 공동의 지평은 헤겔에서 항상 개인과 개인 그리고 개인과 공동체 사이의 역동적인 관계를 보여주고 있다. 이 점에서 갈등과 인정투쟁은 개인들 사이의 상호인정과 개인들이 상호교류할 수 있는 참된 공동 지평이 확립되기 위한 필수 요소라고 볼 수 있다. 그런데 여기서 우리가 주목해야 할 점은 갈등과 인정투쟁이 해소되어나가는 과정이다. 이 과정은 자유로운 개인들이 상호 매개되고 인정되어나가는 역동적인 과정이고 비합리성을 거쳐 합리적이고 이성적인 토대를 향해 나아가는 과정으로 이해된다. 더 나아가 이 과정에서 자유로운 개인들은 공동체에 제약된 주체이면서 동시에 이 공동체를 자신들의 행위를 통해 새롭게 변화시키는 주체이기도 하다. 다시 말해 공동 지평으로서의 정신은 자유로운 개인들을 자신의 본질적인 계기들(Momente)로 삼으면서 동시에 자유로운 개인들의 행위를 통해 역사 속에서 새롭게 생성되어나간다.

참고문헌

김옥경, 「칸트와 헤겔 법철학에서 공과 사의 문제」, 『동서사상』 14, 경북대학교 동서사상연구소, 2013.

악셀 호네트(문성훈 · 이현재 옮김), 『인정투쟁』, 서울: 사월의책, 2011.

장 이뽈리트(이종철 · 김상환 옮김), 『헤겔의 정신현상학』, 서울: 문예출판사, 1986.

최신한, 「헤겔, 야코비, 양심의 변증법」, 『해석학연구』 21, 한국해석학회, 2008.

Avineri, S., Hegel's Theory of the Modern State, Cambridge: Cambridge Uni. Press, 1972.

Hegel, G. W. F., *Phänomenologie des Geistes*, hrsg. von H.-F. Wessels u. H. Clairmont, Hamburg: Felix Meiner Verlag, 1988[한국어 번역: 게오르크 빌헬름 프리드리히 헤겔(김준수 옮김), 『정신현상학』, 파주: 아카넷, 2022].

______, *Grundlinien der Philosophie des Rechts*, Hamburg: Felix Meiner Verlag, 1955[한국어 번역: G. W. F. 헤겔(임석진 옮김), 『법철학』, 파주: 한길사, 2008].

______, *Lectures on the Philosophy of Religion*, Vol. I, Berkeley/L.A./London: University of California Press, 1995.

Hinchman, L. P., *Hegel's Critique of the Enlightenment*, Tampa: Florida Uni. Press, 1984.

Hyppolite, J., "Anmerkungen zur Vorrede der Phänomenologie des Geistes und zum Thema: das Absolute ist Subjekt," in: *Mateialien zu Hegels >Phänomenologie des Geistes<*, hrsg. H.-F. Fulda und D. Henrich, Frankfurt/Main: Suhrkamp Verlag, 1973.

Ilting, K.-H., "The Dialectic of Civil Society," in: *The State & Civil Society, Studies in Hegel's Political Philosophy*, edited by Z. A. Pelczynski, Cambridge: Cambridge Uni. Press, 1984.

Jaeschke, W., *Hegel. Handbuch*, Stuttgart: Verlag. J. B. Metzler, 2003.

Krasnoff, L., *Hegel's Phenomenology of Spirit, An Introduction*, Cambridge: Cambridge Uni. Press, 2008.

Merklinger, P. M., *Philosophy, Theology, and Hegel's Berlin Philosophy of Religion, 1821-1827*, Albany: State Uni. of New York Press, 1993.

Pelczynski, Z. A., "Political community and individual freedom in Hgel's philosophy of state," in: *The State & Civil Society*, Cambridge: Cambridge Uni. Press, 1984.

Riedel, M., *Theorie und Praxis im Denken Hegels*, Frankfurt/Main: Ulstein Verlag, 1965.

______, *Bürgerliche Gesellschaft und Staat. Grundproblem und Struktur der Hegelschen Rechtsphilosophie*, Berlin: Hermann Luchterhand Verlag, 1970.

______, "Hegels Begriff der Bürgerlichen Gesellschaft und das Problem seines geschichtlichen Ursprungs," in: *Materialien zu Hegels Rechtsphilosophie*, hrsg. von M. Riedel, Frankfurt/Main: Suhkamp Verlag, 1974.

Ritter, J., "Moralität und Sittlichkeit. Zu Hegels Auseinandersetzung mit der kantischen Ethik," in: *Materialien zu Hegels Rechtsphilosophie*, hrsg. von M. Riedel, Frankfurt/Main: Suhrkamp Verlag, 1974.

Siep, L., *Praktische Philosophie im Deutschen Idealismus*, Frankfurt/Main: Suhrkamp Verlag, 1992.

______, *Der Weg der Phänomenologie des Geistes*, Frankfurt/Main: Suhrkamp Verlag, 2000.

Taylor, C., *Hegel and Modern Society*, Cambridge: Cambridge Uni. Press, 1979.

Theunissen, M., *Hegel's Lehre vom absoluten Geist als theologisch-politischer Traktat*, Berlin: Walter de Gruyter, 1970.

Williams, R. R., "Hegel's concept of Geist," in: *G. W. F. Hegel. Critical Assessments*, ed. by R. Stern, London/ New York: Routledge, 1993.

08

하버마스의 담론윤리학과 소통의 정치학

이상형(경상국립대학교 철학과)

1. 소통의 필요성

1990년대 초 · 중반 한국 사회에서 하버마스 철학은 유례없는 인기를 끌었다. 이는 단지 철학계에만 한정된 것이 아니라 일반 대중도 '하버마스'라는 이름을 한 번쯤 쉽게 들어볼 수 있는 현상이었다. 하버마스가 주장하는 의사소통이론과 공론장, 시민의식 등과 관련된 개념들은 우리 사회가 갖고 있던 갈등과 대립의 문제들을 진단하고 해결하며 미래사회를 지향하기 위한 좋은 이론으로 여겨졌다. 그러나 2000년 들어 4차 산업혁명과 포스트모더니즘이 한국 사회의 화두로 떠오르면서 갑자기 하버마스와 소통에 대한 담론은 우리 주변에서 사라지게 되었다. 어느 누구도 그 이유를 묻지 않은 채 하버마스 철학은 최근 한국 사회에서 주변부로 밀려나고 있다. 이제 더 이상 우리 사회에서 소통이 문제 되지 않게 되었을까?

하버마스가 주장하는 담론이론과 이성에 대한 강조가 오늘날 포스트모던 사회에 적절하지 않았을 수도 있으며, 하버마스를 연구했던 국내 학자들의 관심이 새로운 철학적 경향에 따르거나 개별적인 연구에 치우쳐 전과 같은 두각을 나타내지 않았을 수도 있다. 그러나 우리는 여전히 주변에서 많은 갈등과 대립을 목격하며, 그 원인으로 소통의 부재를 이야기하곤 한다. 친구 사이에서, 부부관계와 부모와 자식 관계에서, 남녀와 세대 관계에서 그리고 중앙과 지방의 관계에서 항상 갈등과 대립이 존재하고 이런 갈등의 원인을 소통과 상호이해의 부족에서 찾으며, 따라서 소통과 상호주관적 관계에서 해결책을 찾게 된다. 즉, 갈등의 근본적인 원인이 소통의 부재이거나 왜곡된 의사소통일 때 상호이해를 지향하는 관계와 그 관계를 위한 규범의 확립이 해결방안으로 제시되는 것이다. 갈수록 복잡해지고 다양해지는 공동사회에서 소통과 소통행위의 어려움은 늘어나고 갈등과 대립은 심각해지며 이를 해결하기 위해 다시 소통을 찾게 된다. 이런 사실을 또 한 명의 현대 철학자에게서 확인할 수 있다.

> 말의 적실성이 위태로운 곳이라면 어디에서나 문제들은 당연히 정치적이 된다. 왜냐하면 말은 인간을 정치적 존재로 만들기 때문이다. … 말로 할 수 없는 진리가 존재할 수도 있다. 이 진리는 단독적으로 살아가는 인간, 즉 비정치적인 인간에게 더욱 적합할 수 있다. 그러나 이 세계에서 행위 하며 살아가는 복수의 인간은 자신과 타인에게 의미 있는 말을 할 수 있는 경우에만 유의미성을

경험할 수 있다.[1]

인간에게 의사소통은 인간이 세계에서 의미 있게 살기 위한 조건이다. 사람들이 정치적이라는 것은 사람들이 말을 통해, 즉 의사소통을 통해 서로를 설득하며 협력하고 함께 살아간다는 의미다. 그러나 이런 공동생활에서의 공존은 필연적으로 서로 간의 갈등을 유발하지 않을 수 없다. 서구 근대화 이후 자유가 확장되고 각자의 이해관계가 첨예화되며 가치관이 다양해짐에 따라 갈등은 피할 수 없는 삶의 조건이 되었다. 따라서 정치라는 것은 이런 갈등에 대처하고자 하는 공동적 삶의 방식이라고 할 수 있을 것이다. 한국 사회가 세대갈등, 남녀갈등, 지역갈등 등 수많은 갈등을 지닌 사회라는 것은 이제 널리 알려진 사실이다. 2022년 치러진 대선에서도 이 갈등들이 표면에 드러나고 많은 사람은 이 갈등을 어떻게 해결하고 통합할 수 있을지에 대해 고민한다. 통합은 하나로 뭉치는 것이다. 즉 그 속에서 갈등이나 대립, 다툼이 아니라 하나의 가치나 목적 아래 연대하는 것이다. 그렇다면 서로 다른 가치나 목적을 지닌 사람들이 어떻게 통합할 수 있을까? 그리고 과연 통합이 가능할까?

그러나 통합의 가능성을 고민하기 전에 우선 갈등에 대해 생각해봐야 한다. 왜냐하면 갈등이 피할 수 없는 것이라면 갈등을 인정하는 것도 갈등에 대처하는 하나의 방법이기 때문이다. 이런 점에서 사회적 차원에서 볼 때 갈등에 대한 두 가지 견해를 구분할 수 있을 것이다. 첫 번째 견해는 갈등을 사회적 안정과 통합을 위해 제거하거나 피

1 한나 아렌트(이진우 옮김), 『인간의 조건』(파주: 한길사, 2019), 52-53쪽.

해야 할 것으로 보는 것이다. 사회는 안정되고 지속적으로 유지되어야 하며, 따라서 하버마스에 의하면 "갈등은 사회통합의 결핍"이다(『현대성의 새로운 지평』, 28쪽). 이 견해에 따르면, 통합을 위해 갈등은 극복되어야 하며 극복하기 위해 갈등해결을 위한 공동의 규칙이나 합의가 필수다. 그렇다면 현대사회에서 민주주의는 이 갈등을 해결하기 위한 하나의 절차라 할 수 있을 것이다. 친구들 사이에 의견 불일치를 해결하기 위해 때로 가위바위보를 하듯이 사회의 의사결정과 합의를 위해 민주주의 절차를 따른다. 즉, 민주주의적 절차나 방법을 통해 의사결정을 정당화하는 것이다. 왜냐하면 민주주의적 절차는 우리 모두가 합의한 의사결정 방식이기 때문이다. 의사소통이 강조되는 것도 대화를 통해 갈등을 해결하는 것이 상대방의 처지와 입장을 이해하며 상호이해와 합의에 도달할 수 있는 좋은 민주주의 방식이라고 합의했기 때문이다. 따라서 민주주의적 절차 속에서 대화를 위한 많은 공론장이 열릴 수밖에 없다.

그러나 대화를 통해 갈등을 해결하기 위해서는 두 가지 방식의 대화가 존재할 수 있다. 첫째는 대화를 통해 합의에 이르기 위해 대화에서 지켜야 할 대화원칙을 마련하고 이에 따르는 것이다. 모든 놀이가 상이한 배경을 가진 사람들 사이에서도 원활하게 진행될 수 있는 이유가 놀이마다 규칙을 가지고 있기 때문이듯 대화도 원활하게 진행되기 위해 지켜야 할 논증규칙이 있다. 하버마스는 이 논증규칙으로부터 사회규범을 정당화하고자 하는 윤리적 담론원칙을 이끌어낸다. 일반적으로 상호 간 갈등에 부딪힐 때 갈등을 해결하도록 고안된 행위규칙은 주로 관습, 규범, 법 등이다. 그러나 현대의 복잡한 상황에서 이런 관습이나 규범들의 정당성이 문제시될 때 하버마스에 따르면 담론원칙을 통해 규범들의 정당성을 확인할 수 있다. 적절한 행위규범이 우리 모두의 동의하에 정당화될 때 갈등을 해결할 방법을 찾을 수 있다. 이런 의미에서 담론윤리학은 갈등을 해결하기 위한 행위규칙을 정당화할 수 있는 방법을 찾는 윤리학이라고 할 수 있다.

두 번째 방식의 대화는 대화를 위한 합의규칙에 서로 동의하더라도 갈등을 해결하기 어려울 때 발생할 수 있다. 즉 서로의 대화를 강제하지 않으며, 동등한 발언권을 인정하고, 누구의 발언도 제지하지 않더라도 간혹 대화의 어려움에 직면하게 된다. 이때 우리는 대화규칙보다 상대방 말의 의미에 대해 묻게 된다. 이는 곧 그 사람의 역사, 배경, 가치관 등을 질문하는 것이다. 왜냐하면 우리가 서로의 세계관에 대해 잘 알지 못할 때 대화를 하더라도 서로의 말에 대해 오해하거나 이해하지 못해 갈등을 해결하기 어렵기 때문이다. 따라서 우리는 대화를 통해 상대방의 세계에 대한 이해방식을 알려고 하며 이에 기초해 대화를 통해 합의에 이르려고 하게 된다. 하버마스 또한 이를 알고 있기에 담론원칙을 보완하는 보편화원칙에 당사자의 가치관이 표명되어야 함을 이야기하고 있다. 즉, '차이에 민감한 보편주의'를 주장하며 정의에 기반한 연대의 중요성을 강조하는 것이다(『이질성의 포용』, 66쪽 참조). 그리고 이 연대를 위해 중요한 것이 공감이나 가치의 공유 등이라 할 수 있다. 그러나 필자는 하버마스의 담론윤리학을 공감이나 연대보다는 이성적 합의에 우위를 둔 이성 중심의 윤리학으로 규정한다. 따라서 결론 부분에서 하버마스의 견해를 보완할 수 있는 연대를 위한 공동선이나 공동체 문제를 이야기하고자 한다.

갈등에 관한 두 번째 견해는 갈등을 민주주의에 필수적인 요소로 인정하는 것이다. 이와 같은 견해를 가진 대표적 학자는 샹탈 무페라 할 수 있을 것이다. 이 견해는 합리주의적이고 보편주의적이며 개인주의적인 정치관에 반대하여 갈등과 적대가 사회적 삶에서 구성적인 역할을 한다는 것을 인정하는 것이다.[2] 그녀에 따르면 갈등과 적대는 우리 사회에 불가피한 것이지만, 합의와 만장일치는 갈등과 적대의 이런 불가피성을 가로막으려 애쓰는 것일 뿐이다. 즉, 합의와 만장일치를 민주주의의 이상으로 삼는 것은 갈등과 적대가 가져오는 경합적인 역동성이 민주주의를 풍부하게 만든다는 것을 잊어버렸기 때문이다. 따라서 그녀는 합의나 동질화를 통한 통합이 아니라 차이, 특수한 것, 다양한 것, 이질적인 것을 인정하고 이를 통해 급진적이고 다원적인 민주주의를 요구한다. 즉, 합의란 필연적으로 배제 행위에 기반을 두고 있기에 정치적인 것의 본질을 왜곡할 수 있다. 왜냐하면 그녀에 따르면 정치는 갈등과 분열의 특징을 지니기에 다양성과 다원성, 갈등이 공존하기를 요구하며 그 속에서 정치의 존재 이유를 가지기 때문이다.[3] 따라서 인간이 정치적 동물이라면 갈등은 인간을 구성하는 필연적 사건이며 이를 통해 사회적 관계와 공동체는 발전을 위한 힘을 얻게 된다.

갈등에 대한 두 번째 견해는 첫 번째 견해와 완전히 상반되게 갈등을 파악하고 있지만, 하버마스가 첫 번째 견해를 따르는 이유는 그가 파악하는 현대사회의 특징 때문이기도 하다. 왜냐하면 하버마스에 따르면 현대사회는 다원주의와 탈형이상학적 시대로 규정되기 때문이다. 오늘날 다원주의는 서양 근대의 사상적 흐름을 볼 때 필연적인 결

2 샹탈 무페(이보경 옮김), 『정치적인 것의 귀환』(서울: 후마니타스, 2007), 12쪽 참조.

3 위의 책, 38쪽 참조.

과일 수밖에 없다. 서양 근대 이전 모든 존재자에게 의미를 부여하고 존재 이유였던 형이상학적 존재는 근대 이후 의심의 대상이 되었다. 상업과 경제적 생산의 증가, 과학기술의 발달은 인간 이성과 능력에 대한 믿음을 가져왔고 세계를 탈마법화시켰다. 서양 근대를 주체성의 시대로 규정할 수 있다면 판단과 행위의 주체로서 인간의 이성적 능력은 인간의 필연적 본질로서 세계에 대한 지식과 인간 생활의 풍요로움을 가져왔다. 그리고 이성에 기반한 인간의 자유는 사회적 관계에서 개인의 특이성과 다양성을 현실화하는 것으로 나아갈 수밖에 없다. 따라서 개인의 자유에서 출발한 다양성은 다원주의로 귀결되는 것이다. 다원주의는 한 공동체 내에서 좋음이나 좋은 삶에 대한 다양한 견해가 존재하거나 다양성과 차이가 공존하는 것을 인정하는 태도라 할 수 있다. 전통적인 지역공동체가 동일한 세계관에 기반한 동질적 공동체라면 현대 도시공동체는 다원적 세계관에 기반한 이질적 공동체이며 다원주의를 그 특성으로 한다. 따라서 현대의 대표적인 정치철학자인 존 롤스 또한 현대의 다원주의를 '하나의 사실'이라고 표현하고 있다.

탈형이상학적 사유 방식이란 세계관적으로 다원주의적 사회로의 이행과 함께 도덕적 계율이 만인에게 구속력을 지닌 '가톨릭적' 세계관의 붕괴 이후 더 이상 초월적인 신의 관점에서 존재론과 윤리학이 공적으로 정당화될 수 없다는 것을 가리킨다(『이질성의 포용』, 26쪽 참조). 즉, 서구적 세계관에서 근본적인 도덕규율의 정당성은 신의 명령에 근거하며 의사결정이나 합의의 궁극적 근거도 신에서부터 설명될 수 있었다. 그러나 서양 근대 이후 자유와 해방의 기치 아래 신의 명령에서부터가 아니라 인간의 주체적 자유와 실천이성으로부터 규범과 당위의 근거가 설명될 수 있거나, 이성의 역할을 추론적 능력으로만 이해한다면 규범과 당위의 근거가 인간의 감정에 기인하는 것으로 설명될 수 있었다. 인간의 감정은 본질적으로 유용성이나 이익에 따라 공감을 동반하고 이로부터 객관적 구속력을 가질 수 있는 근거로 설명될 수 있었다. 그러나 도덕의 원천을 인간의 이성에서 찾건 감정에서 찾건 일반적으로 구속력 있는 도덕적 규칙의 타당성은 이제 형이상학적 존재와 역할로부터 설명될 수 없다. 이런 형이상학적 기본개념들의 평가절하는 인간 이성의 발전과 함께 종교적 교설에서 근대적 경험과학으로 옮겨가는 인식적 권위 변동에 의해 야기된다(『이질성의 포용』, 29쪽 참조).

이런 현대사회의 특징 또는 현실에 직면하여 자유주의를 계승한 하버마스는 우리 사회에 필연적으로 갈등과 대립이 존재할 수밖에 없으며, 이 갈등을 조절하기 위해 모든 공동체 구성원들이 동의하는 규범의 중요성을 자각한다. 왜냐하면 모든 사람들이 동의하는 규범을 통해 규제되는 질서정연하고 안정적인 공동체는 공동체 구성원들의 좋은 삶을 위한 근거가 될 수 있기 때문이다. 그러나 다원주의와 탈형이상학적 시대에는 모든 이들이 동의하는 규범을 찾기는 어려울 뿐만 아니라 어떤 규범을 올바른 것으로 정당화할 수 있는 기준을 구하기도 쉽지 않다. 이제 다양한 세계관 속에서 특정한 규범이나 삶의 방식이 보편적인 좋은 것으로 인정받기 어렵기 때문이다. 따라서 현대 윤리학의 과제는 규범을 정당화할 수 있는 기준을 확립하고 이를 통해 갈등을 해결할 타당한 규범을 찾는 것이다. 하버마스는 이를 '올바름(정의)의 문제'라 칭하며 모든 이들의 보편적 능력인 의사소통 능력에서 이 가능성을 찾고자 한다.

신자유주의 이후 생존이 문제시되며 협력보다 경쟁이 우위에 있을 때 사람들은 자기이해 관계를 더욱 철저히 관철시키고자 하며 이로 인해 갈등과 대립은 더욱 격화될 수밖에 없다. 이런 상황에 내몰릴 때 자유주의 윤리학은 결국 "나의 행동은 올바른가?"라는 문제에 집중할 수밖에 없으며, 이 문제의 해결을 위해 나의 행동을 정당화하는 규범이나 규칙문제에 매달리게 된다. 여기서 필자는 갈등과 적대의 본질적 가치를 인정하는 급진 민주주의와 달리 갈등에 대한 첫 번째 견해인 자유주의적 민주주의 정치학을 하버마스의 의사소통행위이론의 관점에서 알아보고 이를 보완할 수 있는 방법을 제시하고자 한다. 왜냐하면 질서정연하고 안정적인 사회를 건설하려는 하버마스의 담론윤리학과 소통의 정치학은 의사소통적 합리성을 통해 소통, 윤리, 정치를 하나로 결합함으로써 신자유주의가 강력한 영향력을 발휘하는 오늘날 자유와 해방을 위한 하나의 설득력 있는 방법이 될 수 있기 때문이다.

2. 상호주관성의 시대

인간은 주로 어떤 행동을 하며 살까? 물론 하루에도 많은 다양한 행동이 있을 수 있다. 밥을 먹고 어디를 가며 일을 하고 쉬며 잠을 잔다. 이 다양한 행동 중에서 먹고 잠을 자는 생존에 관련된 일 외에 인간에게 가장 중요한 행동은 무엇일까? 마르크스는 이를 '노동'이라고 말한다. 왜냐하면 노동은 세계를 변화시키며 그로 인해 자신을 변화시키고 자신이 원하는 것을 얻게 하는 행동이기 때문이다. 특히 자본주의 이후 노동은 생산의 가장 중요한 요소로 사회 발전을 위한 인간의 본질적 요소로 인정된다. 따라서 인간에게 가장 중요한 행위는 노동이라는 것이다. 즉, 인간의 본질은 노동이며 노동을 통해 인간은 자신의 외부세계와 만나고 상호관계를 맺게 되는 것이다. 그러나 하버마스는 이런 마르크스의 노동에 대한 규정이 인간 삶의 본질적인 부분을 해명하는 데 부족하다고 느낀다. 왜냐하면 인간은 외부 자연세계만이 아니라 사람 사이의 관계에서도 속박을 느끼며 인간관계를 통해 사회를 구성하고 행복도 느끼기 때문이다. 따라서 오히려 노동이 이런 사람 사이의 상호작용에 의해 규정된다고 말할 수 있을 것이다. 즉, 우리는 타인과의 관계를 통해 문화와 가치를 형성하며 노동은 이런 문화 속에서 의미를 가지기 때문이다. 이런 의미에서 하버마스는 인간과 대상세계와의 관계를 나타내는 노동뿐만 아니라 사람과 사람 사이의 관계를 규정하는 상호주관적 작용이 우리의 삶에 자유와 의미를 느끼게 하는 중요한 부분임을 강조한다. 그는 왜 이런 생각을 하게 된 것일까?

서양 근대 이후 신에게서부터 인간에게로 관심의 초점이 옮겨지면서 사유 인식에 대한 판단과 행동규범에 대한 올바름은 인간의 능력에서 기원하는 것으로 믿어졌다. 인간 판단의 검증능력과 행동의 자율성에 대한 믿음을 표현하는 주체성에 대한 강조는 서양 근대의 가장 핵심적인 업적이 되었다. 그리고 인간 능력에 대한 신뢰로부터 이어진 인간 주체성에 대한 강조는 인간의 존엄성에 대한 자각으로 이어진다. 모든 인간에 대한 존중과 인간의 가장 기본적 권리에 대한 보장은 사회적으로 각 개인의 존엄을 의미하는 평등사상을 고취시켰다. 칸트로 대표되는 의무주의는 모든 이성적 존재자를 인격적 존재로서 도덕적 행동의 가능성을 가진 존재로 인정하며 벤담과 밀이 주장하는 공리주의는 모든 개인의 쾌락과 고통에 대한 평등한 존중을 의미했다. 따라서 독립된 각 개인은 참과 거짓, 올바름과 그름을 판명할 수 있는 주체적 능력을 가진 존재이며, 이런 의미에서 독립된 개인은 서로 평등할 수 있었다.

그러나 참과 거짓, 올바름과 그름은 보편성을 동반한다. 참은 모든 사람에게 참일 때 참이며, 올바름은 보편적일 때 정당화될 수 있다. 모든 사람의 동의를 함축하는 보편성이 진리와 규범의 정당성을 보증할 수 있었다. 그렇다면 신으로부터 멀어지는 길을 선택한 근대인이 찾은 보편성은 바로 인간의 이성적 능력이나 인간의 감정이라고 할 수 있다. 인간의 이성이 논리적 추론 능력을 의미한다면 이는 인간의 공통적 능력이기에 보편성을 가지며 감정은 공감을 통해 보편성을 어느 정도 확보할 수 있었다. 그러나 이는 개인의 능력이 선천적이든 아니면 후천적 결과이든 개인의 주체적 · 독립적 능력에 모든 책임을 씌우는 것이다. 이런 설명에 따르면 콜라병이 콜라병임을 아는 것은 콜라병이 본질적으로 콜라병이며 우리 모두는 그것을 알 수 있는 공통된 능력을 가지고 있다는 것이다. 각 개인의 능력은 어떤 것이 어떤 것임을 알 수 있는 것이며, 이것을 모를 경우 그 능력에 문제 있으며, 따라서 인간으로 취급되기 어려울 수도 있다. 그러나 인간의 권리라는 것은 결국 타인의 인정 때문에 발생하는 것이 아닌가? 점유와 소유는 구별되어야 한다. 내가 현재 가지고 있는 책이 다른 사람의 책일 수 있듯이, 소유권은 내가 지금 어떤 책을 가지고 있다고 해서 발생하는 것이 아니다. 즉, 소유권은 타인이나 공동체가 그 책에 대한 나의 소유를 동의했기 때문에 발생하며 콜라병이라는 것도 우리의 합의에 의해 그렇게 명명된 것이다. 결국 서양 근대에서 발전했던 인간의 주관 중심적 주체적 능력은 보편적인 것으로 여겨졌던 이성의 능력에 대한 믿음으로 귀결되었으며, 이에 대한 결과로 인간 내부에서 비이성적인 능력에 대한 배제와 차별, 그리고 인간 외부에서 비이성적인 것에 대한 멸시와 억압으로 나타났다. 감정은 이성적 능력보다 사람마다 좀 더 다양하고 차이가 있다고 일반적으로 믿어졌으며, 따라서 오랜 기간 이성으로부터 차별을 받아왔고 인간 외부의 비이성적인 존재인 동물이나 자연은 이성의 대상으로서 수단적 가치만 부여받았다.

하버마스의 초기 저작이라 할 수 있는 『이데올로기로서의 과학과 기술』, 『인식과 관심』 등은 바로 이런 인간과 대상세계의 관계, 즉 이성과 이성의 대상만을 문제시하고 인간의 독백적 사고를 통해 참과 올바름을 판별할 수 있다는 서양 근대의 주체 중심적 사고방식에 의문을 제기한다. 즉, 인간의 삶에는 인간과 대상세계의 관계뿐만 아니라 인간 간의 상호작용도 중요함을 철학적으로 해명하고자 한 저작들이다. 이 저작들에서 하버마스가 주목하는 것은 주관과 대상의 관계를 파악하는 행위 이외에 주관과 주관의 관계를 근간으로 삼는 의사소통적 행위의 본질과 성격이 무엇인지를 해명하는 것이다. 왜냐하면 상호이해를 목적으로 하는 의사소통적 세계가 도구적 합리성을 목적으로 하는 객관적 세계를 기초 지우기 때문이다. 객관적 세계를 관찰하고 분석하며 경험한 것으로부터 산출되는 지식 또한 상호주관적으로 타당한 일상 언어의 공동의 틀을 전제하고 있기 때문에 의사소통적 세계가 우리가 세계를 이해하는 가장 근본적인 토대가 되는 것이다. 언어학적 전회 또는 의사소통적 패러다임으로의 전환이라 부르는 상호주관성에 대한 강조는 하버마스의 초기 저작에서 마르크스의 노동 패러다임에 대한 비판에서부터 출발하여 상호작용에 대한 강조, 그리고 하버마스의 대표작이라 할 수 있는 『소통행위이론 I, II』의 의사소통행위이론에서 완성되었다고 할 수 있다. 그렇다면 의사소통, 가장 대표적으로는 언어를 통해 인간은 무엇을 하고 있는가?

언어학에서 오스틴과 설의 화용론을 받아들이며 보편화용론을 주장하는 하버마스는 우리가 상호주관적 차원에서 의사소통을 통해 네 가지 타당성 주장을 제기한다고 말한다. 즉 우리는 의사소통을 통해 발언의 이해 가능성, 진리성, 진실성, 정당성(올바름)에 대한 주장을 제기하며 이 중 이해 가능성에 대한 타당성 주장은 후에 의사소통의 전제조건으로 주장되고, 주요한 것은 진리성, 진실성, 정당성에 대한 타당성 주장이라 할 수 있다. 우리가 언어를 다른 사람과의 상호이해를 목적으로 사용할 경우 이 언어에는 세 가지 기본관계가 존재한다. 화자는 자신의 견해에 관해(진실성) 표현함으로써 언어공동체의 다른 구성원과(정당성) 세계 내의 무엇에 대해(진리성) 소통행위를 하는 것이다. 따라서 언어적 표현은 ① 화자의 의도의 표현으로 기능하며, ② 화자와 청자 간의 상호인격적 관계를 수립하는 표현으로 기능하며, ③ 세계 내의 그 무엇에 대한 표현으로 기능한다(『도덕의식과 소통적 행위』, 48쪽 참조). 따라서 보편화용론은 상호이해가 가능하기 위한 보편적 조건들 또는 상호이해를 목적으로 한 의사소통의 일반적 전제들을 재구성하며 진정한 상호이해를 위해 지배에서 벗어난 의사소통의 가능성 조건을 탐구하는 것이다. 즉, 보편화용론은 언어를 사용하는 행위자들이 의사소통을 하기 위해 전제해야 하는 상호주관적 규칙들을 재구성하는 이론이다.

우리는 남들과 의사소통을 통해 다양한 목적을 수행한다. 때로 명령하기도 하며 부탁 · 애원하기도 하며, 이해를 목적으로 하기도 한다. 이때 이해지향적 목적을 수행하는 의사소통에서 우리는 진리와 진실, 그리고 올바름의 타당성 주장을 제기하고 긍정적 대답을 기대한다. 나는 의사소통을 하면서 상대방에게 "이것은 책상이다"라는 진리에 대한 타당성 주장을 제기한다. 상대방은 "예" 또는 "아니오"를 통해 나의 타당성 주장에 대해 응답한다. 이런 타당성 주장과 해결 과정에서 나와 상대방은 의사소통적 합리성을 발휘하게 된다. 이를 현대 캐나다 철학자 찰스 테일러는 다음과 같이 표현하고 있다.

> 나는 인간 생활의 일반적 특징은 기본적으로 서로 대화를 나누는 특성에 있음을 환기시키고자 한다. 인간의 풍부한 표현 언어들을 획득함으로써 우리 인간은 자기 자신을 이해하고, 따라서 인간 고유의 자기 정체성을 규정하는 원숙한 행위자들이 된다. … 하지만 우리는 타인들과 의사의 교환(소통)을 통해 비로소 이런 언어들 속으로 이끌려 들어가는 것이다. 아무도 자기 정의에 필수적인 언어들을 자기 혼자서 습득할 수는 없다. 우리는 우리가 관계하는 타인들, 즉 조지 허버트 미드가 말하는 '의미 있는 타인들'과의 의사 교환을 통해 언어들을 습득하게 되는 것이다. 인간의 마음은 이런 의미에서 결코 '독백적'으로 이루어지는 것이 아니라, 상호 대화의 과정에 의해 생성되는 것이다.[4]

물론 이런 의사소통 과정에서 타당성 주장이 제기되고 이를 해결하기 위해서는 어느 정도 이상적 담론상황이 가정되어야 한다. 즉 "이것은 책상이다"라는 진리에 대한 타당성 주장이든 "거짓말은 나쁘다"라는 도덕규범의 정당성에 대한 주장이든 이것이 제대로 해결되기 위

---

4 찰스 테일러(송영배 옮김), 『불안한 현대사회』(서울: 이학사, 2019), 49쪽.

해서는 어느 정도 이상적 상황이 가정되어야 한다. 예를 들어, 대답하는 사람들이 진실하게 답해야 하며, 억압이나 강제로부터 해방되어야 하며, 누구나 원하는 사람들은 답할 수 있어야 한다. 이런 조건하에서 나의 타당성 주장에 대한 상대방의 대답 또는 해결이 믿을 만한 것이기 때문이다. 따라서 하버마스는 모든 의사소통이 제대로 작동하기 위한 규범적 기초를 제시하면서 동시에 체계적으로 왜곡된 의사소통의 가능성을 설명해주는 의사소통 능력의 이론을 발전시키고자 한다. 이런 과정은 결국 진리, 윤리, 진실성의 판단기준을 독백적 주관성에서 찾는 것으로부터 의사소통적 합리성 또는 상호주관적 합리성으로의 전환을 의미한다.

그러나 이것이 서양 근대에서부터 이어져온 이성에 대한 믿음을 배신한다는 것은 아니다. 즉 의사소통적 합리성에 대한 강조는 이성으로부터의 해방, 이성으로부터의 탈피를 뜻하는 것이 아니라 합리성 자체를 의사소통 행위 자체에서 찾는 것이다. 따라서 하버마스의 의사소통적 합리성은 이성적 기획의 완성을 위한 또 다른 노력이라고 볼 수 있다. 단지 주관 단독적 이성 능력을 넘어선 상호주관적 이성, 즉 우리가 상호이해를 목적으로 무엇에 대해 소통할 때 상호 비판과 반성을 통해 타당성 요구를 합리적 근거에서 해결할 수 있다는 것을 의미한다. 의사소통을 위한 보편적 규범이 작동하는 이상적 담화 상황을 구성할 때 이는 현실의 왜곡된 의사소통과 그 제도를 비판할 수 있는 기준이 될 수 있다. 따라서 하버마스의 근본적인 기획은 보편적이고 형식적인 화용론의 이념에 바탕을 둔 의사소통이론에서 반성과 비판의 규범적 토대를 마련할 수 있는 사회이론을 구성하는 것이다.

이때 사회이론이라는 것은 의사소통적 합리성이 실현될 수 있는 사회제도를 구성하기 위한 방법을 말한다. 즉 타인들과의 의사소통을 통해 자신의 생각이 표현되고 다른 의견과 만나 폐기되기도 하고, 수정, 보완 또는 승인되기도 하면서 독백적 주관성을 넘어 상호주관적 이해와 합의로 가기 위한 방법을 말한다. 이것이 의사소통적 합리성이 제도적으로 실현되는 방식이며, 개인이 사회 속에서 억압과 강제를 벗어나 자유와 해방을 실현하는 방식이다. 따라서 의사결정 방식인 민주주의적 절차는 의사소통적 합리성이 실현될 수 있는 방식으로 조직되어야 한다. 민주적인 담론의 절차 과정을 통해 모든 법적 · 윤리적 규범이 정당화되며 집단의 의사결정이 형성되어야 한다. 만약 오늘날 국가권력이 국민의 의지를 반영하지 못하거나 반영하기 어렵다면, 그래서 정당화되지 못하거나 합의되지 않고 비도덕적인 힘에 의존한다면 그 권력의 결정은 오래가기 어렵다. 그렇다면 다원주의와 탈형이상학적 시대에 의사결정의 정당성을 확보할 수 있는 민주적 절차는 어떻게 구성될 수 있을까? 공동의 결정에 모든 이들이 동의하기 위해 그 결정을 정당화할 힘은 무엇일까? 특히 윤리적 · 법적 규범의 정당성을 확보할 수 있는 의사소통행위이론은 무엇인가?

3. 담론윤리학의 등장

1) 의사소통행위와 담론윤리학

진리에 대한 타당성 주장, 규범적 정당성에 대한 타당성 주장, 진실에 대한 타당성 주장 중 규범적 정당성에 대한 타당성 주장을 제기할 때 우리는 도덕적 담론에 들어가게 된다. 탈형이상학적 시대 다원주의 사회에서 기존에 타당했던 도덕규범들은 많은 경우 그 타당성이 의심스럽게 된다. 왜냐하면 다원주의 사회에서 다양한 가치관들이 허용되며 이 가치관들의 타당성을 판단할 수 있는 절대적 기준이 사라진 탈형이상학적 시대이기 때문이다. 따라서 우리는 일상의 행위 속에서 다른 이들과 부딪힐 때 우리의 행위를 이끄는 규범의 타당성을 검증해야 할 필요가 생기게 된다. 이때 우리는 습관적으로 따랐던 규범이나 규칙을 타인들과의 의사소통을 통해 그 타당성을 검토한다. 민주적 절차라는 것은 평등한 당사자들 간에 힘이나 권력이 아니라 의사소통행위를 통해 의사결정을 하고 행위규범의 타당성을 검증한다는 의미다. 그러나 의사소통을 통해 규범의 타당성을 이떻게 검증할 수 있는가? 왜냐하면 민주적 절차를 따르더라도 우리는 어떤 규범의 타당성에 대해 서로 다른 의견을 가질 수 있기 때문이다. 따라서 우리는 우선 규범이나 규칙의 타당성을 검증할 수 있는 방식을 찾아야 한다.

이런 점에서 하버마스의 담론윤리학은 다원주의 사회에서 우리에게 도덕규칙의 정당성을 판단할 수 있게 해주는 기능을 수행한다. 우리는 공적인 영역에서 이해관계의 충돌에 따라 수많은 갈등 상황에 놓이게 된다. 이때 갈등과 대립을 해결해주는 대표적인 것이 사회적으로 인정된 규칙과 규범이다. 현대사회에서 이 규범의 대표적인 사례가 법이다. 우리는 법에 의지해 서로 간의 갈등을 조절하고 해결한다. 그러나 때로 우리는 악법의 사례를 만나기도 한다. 어떤 법이 악법일 때 우리는 어떻게 행동해야 하는가? 그러나 이 물음에 답하기 전에 우리는 우선 어떤 법이 악법인지를 판단해야 한다. 즉, 어떤 법이 정당하지 않다고 어떻게 판단할 수 있는가? 법의 정당성은 어떻게 해결될 수 있는가? 그리고 이런 문제들이 중요한 이유는 규범이나 규칙, 법이 문제시될 때 "나는 어떻게 행동해야 하는가?"에 답하기 어렵기 때문이다. 왜냐하면 규범이나 규칙은 나의 행동을 규정하는 방식이기 때문이다. 이에 반해 "나는 누구인가?" 또는 "나는 어떤 종류의 사람이 되고 싶은가?" 등의 물음은 자기정체성과 자기실현의 문제와 관련된다. 하버마스에 따르면 이런 문제는 개인에 따라 다양한 답변이 가능하기에 엄격히 말해서 도덕적 문제라 할 수 없다. 왜냐하면 다양한 답변이 가능하다는 것은 보편적이기 어려우며, 따라서 도덕적 구속력을 가지기 어렵기 때문이다. 하버마스에게 있어서 도덕적 문제는 공정한 관점에서 판단하고 행위 할 수 있는가의 문제다. 그리고 하버마스는 공정한 관점을 묻는다는 것을 모든 사람이 동의할 근거가 있는가를 묻는 것으로 이해한다. 따라서 도덕적 문제인 "어떻게 행동해야 하는가?"라는 질문은 담론윤리학적으로 "그렇게 행동할 근거가 있는가?"라는 질문으로 이해될 수 있다. 도덕적 논증 속에서 나의 행위의 근거는 모든 사람의 동의 속에서 정당성을 획득할 수 있고, 이 경우에만 도덕적 행동은 가능하게 되는 것이다. 즉 모든 이의 관점에서 일반화될 수 있는 이해를 구현하고 있는 행위규범만이 정당성을 주장할 수 있다. 이것이 바로 공정한 관점, 즉 도덕적 관점에서 행위규범을 판단하는 것이다.

따라서 우리는 규범적 정당성을 검토하기 위해 담론 속으로 들어가지 않을 수 없다. 왜냐하면 담론 속에서 우리는 상대방 주장의 타당성 근거를 심의할 수 있기 때문이다. 하버마스가 '수행적 모순'이라고 부르는 담론의 필연성, 즉 논증의 필연성은 담론이나 논증이 필요 없다고 주장할 때조차 우리는 논증을 통해 이를 주장하지 않을 수 없다는 것이다. 따라서 타당성 주장의 정당화를 확인하기 위해 논증은 피할 수 없는 과정이다. 하버마스에 따르면 논증은 특수하게 조정되는 상호작용으로 이해될 수 있으며, 따라서 이해지향적 행위의 반성형식으로 규정된다. 소통적으로 행위 하는 주체는 세계 안에 존재하는 어떤 것에 대해 서로 협의함으로써 타당성 주장을 해결할 수밖에 없으며, 규범적 타당성 주장이 문제 될 경우 이것은 논쟁이 되는 규범이 모든 당사자에게 동등하게 좋은가의 문제로 이해되며, 이 문제는 논증규칙에 따라 실제적 논의의 형식 속에서 결정되어야 한다. 따라서 규범의 정당성 문제는 본질적으로 의사소통적인 일이다. 다만 하버마스가 제안하는 것은 일반적인 의사소통을 통해 우리가 갈등을 해결할 수 있는 규범을 검증하는 것이 아니라 일상적인 의사소통을 정교화 · 형식화 · 이상화해서 규범을 검증할 수 있는 조건을 만드는 것이다. 이런 이상적인 조건하에서 대화 상대자는 자신의 의견을 자유롭게 표현하며 상호작용 속에서 규범의 정당성을 검증할 수 있다. 따라서 이런 담론이나 논증을 하버마스는 '의사소통의 반성적 형식'이라고 부른다.

그리고 이 논증에서 어떤 규범이 올바른가를 검증하기 위해 논증 과정 자체에 전제가 필요하다. 왜냐하면 올바른 조건하에서 이루어진 합의에만 우리는 동의할 수 있기 때문이다. 하버마스는 중요한 전제 네 가지를 기술하고 있는데, ① 의미 있는 발언적 기여를 할 수 있는 어떤 사람도 참가로부터 배제되지 않는다. ② 모든 사람에게 발언적 기여를 할 수 있는 동등한 기회가 주어진다. ③ 참가자들은 그들이 말하는 것을 뜻해야 한다. ④ 의사소통은 비판 가능한 타당성 주장에 대한 그렇다/아니다의 입장 표명이 오로지 더 나은 근거들의 설득력을 통해서만 유발되는 식으로 내외의 강제로부터 자유로워야 한다(『이질성의 포용』, 69-70쪽 참조). 우리는 이런 전제조건이 이행될 경우에만 이 논증으로부터 나온 결론을 신뢰할 수 있다. 만약 우리가 강요 없는 상호이해와 논증적 합의에 도달할 수 있으며 더 나은 논증을 위한 강제만 존재하고 도덕적으로 의무가 되는 일에 이의를 제기할 수 있는 점을 찾을 수 없다면, 우리는 이성적 합의를 기대할 수 있을 것이다. 올바른 의사소통의 조건, 즉 이상적 담론 상황에서 맺어진 합의는 이성적 합의일 수 있다. 따라서 이런 조건에서 우리는 문제시된 규범의 정당성에 관해 이성적 합의를 맺을 수 있으며, 이런 이성적 합의에 도달된 규범이 타당한 것이다. 이런 방식으로 하버마스는 담론의 논증적 구조로부터 규범의 정당성을 검증하는 보편적 규범윤리학을 체계화할 수 있다. 하버마스는 이를 '담론윤리학'이라고 부른다.

> 담론원칙(D): 실천적 논의 속에서 모두의 동의를 얻을 수 있는 규범만이 타당성을 주장할 자격이 있다(『이질성의 포용』, 67쪽).

이 담론원칙(Diskursprinzip)은 타당한 규범의 조건을 표현한 것이다. 그리고 이 담론원칙은 논란이 되는 규범의 정당성을 개인이 홀로 검증하는 것이 아니라 관련된 당사자 모두의 합의에 의지함을 표현한 것이다. 즉, 도덕적 논증 속에서 규범의 정당화 시도가 해결되는 것이다. 그러나 이 원칙이 실현되기 위해서는 하나의 중간원칙이 더 필요하다. 왜냐하면 담론원칙은 규범의 타당성을 검증하는 가장 이상적인 원칙을 표현하는 것이기 때문이다. 즉, 모든 이의 동의나 합의를 가능하게 하는 교량원칙이 필요하다. 하버마스는 이를 '보편화원칙'이라고 말하며 다음과 같이 정식화한다.

> 보편화원칙(U): 모든 당사자가 각 개인의 이익 상황과 가치지향에 대해 일반적 규범준수로부터 생겨날 수 있는 예견적 결과와 부작용을 공동으로 강제 없이 수락할 수 있는 바로 그 경우에 어떤 규범은 타당하다는 것이다(『이질성의 포용』, 68쪽).

이 보편화원칙(Universalisierungsprinzip)은 관련된 모든 당사자들의 공통적인 이해를 구현하는 것이어서 일반적인 동의를 기대할 수 있는 것이고, 따라서 비편파적이고 공정한 관점을 실현하고자 하는 것이다. 즉, 관련된 모든 당사자의 이익과 가치를 고려함에 있어서 다른 모든 이들의 관점, 보편적 관점을 취하도록 강제하는 원칙이다.

> "참여자들이 도덕적 논증에 들어감으로써, 그들은 교란된 합의를 회복시킬 목적으로 반성적 자세에서 소통적 행위를 계속하는 것이다. 따라서 도덕적 논증은 행위갈등의 합의적 조정에 기여한다(『도덕의식과 소통적 행위』, 108쪽)."

합의적 조정을 위해 요구되는 것은 당사자들이 협의적으로 참여하는 실제적 논증이다. 오직 상호주관적 협의 과정을 통해서만 반성적인 성격의 의견 합치에 이를 수 있다. 따라서 상호 간의 비판과 반성에 개방되어 있으며 자신의 의견을 주관적 측면을 넘어 보편적 관점을 취할 때 우리는 갈등을 조정하며 의견 합치에 이를 가능성을 발견한다. 하버마스의 보편화원칙은 바로 이런 과정을 수행하기 위한 소통규칙이라고 할 수 있다. 하버마스에 따르면 우리가 어떤 규범의 타당성을 검사하기 위해서는 논증에 참여해야 하며, 이 논증에서 귀결되는 결과에 따르기 위해서는 모든 이가 동의하는 논증 절차로 이루어져야 한다. 그리고 이 의사소통의 일반적 전제로부터 하버마스는 보편화원칙이 도출될 수 있다고 주장한다. 따라서 담론윤리학에서는 도덕적 논증의 절차 속에서 보편화원칙을 따르게 될 때 규범의 정당성 문제를 해결할 수 있다.

논증 속에서는 행위자들이 일상의 소통적 실천 속에서 의문 없이 당연하게 여겨왔던 타당성 주장이 하나의 주제가 되어 문제 삼아진다. 이때 논증 참가자들은 논란되는 타당성 주장들에 대해 가설적 태도를 취한다. 이와 같이 이 참가자들은 실천적 논의 속에서 논란이 되는 규범의 타당성을 미결상태로 놓아두는 것이다. 물론 이 규범의 타당성이 인정받을 만한지 여부는 주장자와 반대자 간의 근거 다툼 속에서 비로소 입증되어야 한다(『도덕의식과 소통적 행위』, 177쪽 참조). 이때 주장자와 반대자는 소통규칙에 따라 규범의 타당성 여부를 검증하게 된다. 논증 속에서 소통규칙으로서 보편화원칙에 따라 당사자들은 규범의 타당성을 검증한다. 따라서 하버마스가 의도하는 실천적 논의는 정당화된 규범의 생산을 위한 것이 아니라 가설적으로 상정된 규범들의 타당성을 검증하기 위한 절차다(『도덕의식과 소통적 행위』, 175쪽 참조).

> "이 절차주의적 관점에 따르면, 실천이성은 보편적 인권이나 특수한 공동체의 구체적인 윤리적 실체에서 벗어나 담론의 규칙과 논증의 형식 속으로 자리를 옮깁니다. 궁극적으로 규범적 내용은 바로 의사소통 행위의 구조에서 나오는 것입니다(『현대성의 새로운 지평』, 53쪽)."

2) 담론윤리학과 정치적 실천

의사소통 관계에서 볼 때 실천이 언어를 매개로 세계 내의 무엇인가에 대해 서로 의사소통하는 근본구조에 의해 산출되는 것이라면, 민주주의란 시민 간의 공공적 의사소통 과정으로 이해될 수 있다(『하버마스와 현대철학』, 37쪽 참조). 담론윤리학이 도덕적 문제에서, 즉 규범의 정당성 문제를 해결하기 위한 이론이라면 민주주의는 공공적 의사소통을 규제하기 위한 정치이론이라 할 수 있다. 따라서 의사소통행위이론은 윤리이론에서는 담론윤리학으로, 정치이론에서는 민주주의 담론으로 발전된다. 즉, 오늘날 정치적 의사결정의 정당성을 확보하기 위해 의사소통적 민주주의, 심의민주주의 이론으로 발전한다. 따라서 하버마스가 주장하는 심의민주주의 이론은 담론적 절차에 기초한 민주주의적 법치국가 이론을 의미하는 것이다.

하버마스가 소통의 정치학으로서 심의민주주의를 주장하는 것은 기존의 다수결 방식의 의사결정 방식이 문제가 있다고 판단했기 때문이다. 공적 영역에서 그동안 공동의지를 형성하고 공동의 의사결정을 하는 방식은 다수결주의에 의해 운영되었다. 따라서 다수결 방식은 오늘날 현대 민주주의에서 집단의 의사결정에 정당성을 부여하는 기능을 수행한다. 정치적 의사결정의 정당성이 신이나 왕, 귀족에서 평등한 수의 다수결로 옮겨진 것이 현대 민주주의의 특징이라고 할 수 있다. 위계사회나 신분사회는 현대사회 권리의 평등 속에서 다수결을 의사결정 절차로 받아들이지 않을 수 없다. 그러나 이런 다수결주의는 일반적으로 다수파가 소수파의 복종을 강제하게 된다. 승자독식주의가 발생하게 되는 것이다. 이런 상황에서 소수파는 자신이 결정한 법에 의해 지배되는 것이 아니라 다수의 의사에 의해 지배되는 것이다. 다수결주의 역사를 볼 때 단 1%의 차이라도 다수결이 될 때 그 불완전한 다수는 소수의 의견을 완전히 배제하고 무시한 경우도 있다. 특히 정치권력 획득을 목표로 하는 정치적 영역에서 우리는 그동안 이와 같은 다수의 독재가 발생한 경험을 할 수 있었다. 또한 이런 다수결주의는 각 개인의 의견이 어떻게 형성되었는가를 묻지 않는다. 집단의 의사결정을 위해 각 개인에게 동일한 권한의 1표를 주는 것도 큰 발전이지만, 이 1표의 형성에 대한 이유를 묻지 않는다. 따라서 이런 의사결정 방식을 '선호집합적 민주주의'라 부르기도 한다. 왜냐하면 지금 이 순간 자신의 1표는 보통 자신의 선호를 나타내기 때문이다. 선호집합적 민주주의는 이 선호가 당사자의 이기심에 의해 형성된 것인지 또는 공동선을 위해 만들어진 것인지 묻지 않는다.

이런 상황에서 하버마스는 선호집합적 민주주의의 문제점을 보완하기 위해 심의민주주의를 강력하게 주장한다. 심의민주주의는 상대방과의 대화나 토론을 통해 자신이 가진 선호를 반성하고 비판함을 통해 좀 더 완성된 선호로 바꾸게 하는 방법이다. 자신의 생각이나 의견을 공론장에서 표명하고 타인의 비판과 토론을 거쳐 나뿐만 아니라 공동체의 관점에서 나의 생각과 의견을 반성할 때 나는 좀 더 완성된 의견, 즉 나와 공동체 모두를 위한 의견을 가질 수 있다는 것이다. 따라서 심의민주주의는 자기중심적 관점, 자기이해적 관계를 넘어 공공적 합의에 도달하는 것을 목적으로 한다. 심의, 토론을 통해 관련 당사자들은 상호소통하면서 자신의 견해, 생각, 선호를 변화시킬 수 있으며 그 과정은 강제나 억압, 기만이 아니라 설득으로 진행된다. 논증의 목적은 합리적 근거를 통해 상대방을 설득하는 것이기 때문이다.

하버마스는 이런 소통의 과정을 민주적 절차로 이해하며, 이 과정을 통해 합당하고 공정한 결과가 도출될 수 있을 것이라 믿는다. 왜냐하면 이러한 소통 과정에서 아무런 제약 없이 모든 쟁점이 공론구조 안에서 자유롭게 제기될 수 있어야 하고, 어느 누구도 공론구조로부터 배제됨 없이 참여할 수 있는 개방적 의사소통의 구조가 확보되어야 비로소 그 결과로서 나오는 합의나 동의가 정의와 민주주의를 담보할 수 있기 때문이다. 하버마스는 이런 민주적 절차를 통해 민주주의적 의견 및 의지가 형성되는 것이라고 설명한다. 따라서 민주주의적 의견 및 의지 형성은 미리 주어져 있는 고정된 윤리적 신념들을 수렴함으로써 정당화되는 것이 아니라, 다양한 토론의 형태에서 더 나은 논증이 중요한 역할을 담당하도록 보장하는 의사소통의 전제와 공정한 협상 과정을 보장하는 절차로부터 자신의 정당성의 힘을 얻는다(『현대성의 새로운 지평』, 50쪽 참조).

따라서 하버마스의 심의민주주의는 국가나 사회가 민주주의를 위해 어떤 특정한 가치관을 강조하고 이를 시민의 역량으로 교육하는 것이 아니라 자유로운 가치관 속에서 서로 다른 시민이 만나 공론장에서 토론과 논의를 거쳐 공동체를 위한 잠정적 합의를 내리는 것이다. 이를 위해 시민은 상호 간의 대화, 토론, 그리고 심의를 통해 자신의 선호를 계속 변화시키면서 합의된 집단적 의사를 형성하는 것이다. 따라서 하버마스의 심의민주주의는 다원주의와 탈형이상학 시대에 적합한 정치이론으로 기능할 수 있다. 서로의 상이한 가치관을 인정하면서 동시에 통합을 위한 민주주의적 절차를 마련하는 것이기 때문이다. 즉, 하버마스의 소통정치는 절차적 합리성에 기반해 관련 당사자들의 소통을 통해 문제를 해결하고자 하는 것이다. 이 문제는 사회구성원들의 소통을 억압하고 가로막는 다양한 제도나 이데올로기를 말한다. 민주주의의 위기를 발생시키는 이런 제도나 이데올로기는 의사소통적 합리성이 아니라 도구적 합리성에 기반해 인간과 인간의 행위를 어떤 주어진 목적을 성취하기 위한 도구로 간주한다. 효율성을 통해 행위를 조정하고 규제하는 구조나 제도는 주로 경제적 영역이나 국가의 행정 영역에서 지배적이지만, 상호이해를 목적으로 하는 의사소통 행위영역을 침범할 때 의사소통 행위를 왜곡할 수 있다. 민주주의의 위기는 권력의 획득과 생산성의 향상을 목적으로 하는 구조나 제도가 의사소통 행위를 기반으로 하는 공론 영역을 침해할 때 발생하게 된다. 이때 사회구성원들은 상호소통의 기회가 줄어들거나 방해받게 되고 소통의 목적이 변질됨을 경험하게 된다.

따라서 하버마스에게 있어 소통의 정치학이란 사회구성원들이 의사소통 행위를 통해 공적 영역에서 심의민주주의를 실천하는 것이다. 즉, 사회구성원들이 서로 생각이나 의견이 다를지라도 소통과 심의를 통해 공동선이나 공동의견에 자발적으로 동의하거나 동의나 합의에 도달하지 못하더라도 그 과정에서 의사소통적 합리성을 통해 다른 구성원들을 이해하고 상호 공존하는 것을 의미한다. 이 과정에서 구성원들은 서로의 의견을 자유롭게 표출하고 토론과 논의를 거쳐 설득과 합의에 도달하는 것을 정치의 핵심으로 간주한다.

4. 담론윤리학의 의미와 한계

개인은 자신의 이익을 최대한 실현하고자 하며 이는 타인과의 관계에서 타인을 대하는 태도에서, 즉 타인을 자신의 목적을 실현하기 위한 도구로 대할 때 나타난다. 이때 관계와 소통은 결국 이익을 최대한 실현하기 위한 효율적 방법을 고안해내는 도구적 합리성으로 규제된다. 이 도구적 합리성은 효율성을 기준으로 목적지향적 행위를 발휘하게 한다. 목적지향적 행위, 또는 성공지향적 행위나 전략적 행위이기도 한 효율성에 기반한 행위는 주로 경제적 영역과 권력지배적 영역에서 나타난다. 따라서 목적지향적 행위는 권력과 화폐를 매개로 한 영역에서 중요한 행위방식으로 인정된다. 이에 반해 의사소통적 합리성과 이해지향적 행위는 상호이해와 합의를 목적으로 한다. 따라서 의사소통적 행위는 주로 상호이해를 지향하는 일상적 삶이나 공동사회 영역에서 주로 발생한다. 전략적 행위는 한 사람이 다른 사람에게 경험적으로 제재의 위협을 가하거나 보상을 기약함으로써 그에 대해 영향을 미쳐 바라던 상호작용의 지속을 유도하는 반면, 소통행위의 경우 어떤 이가 타자에 의해 모종의 동조적 가담행위를 하도록 합리적으로 동기 지어진다(『도덕의식과 소통적 행위』, 96쪽 참조). 이런 두 가지 상이한 행위방식에 따라 하버마스는 사회제도를 체계와 생활세계로 구분한다. 따라서 사회제도적 차원에서의 체계와 생활세계로의 구분은 사회적 행위양식의 구분에서 기원한다.

목적합리적 행위를 통해 주로 체계가 형성되며 의사소통적 행위를 통해 생활세계가 형성된다. 따라서 체계는 의사소통 과정과 내적 연관 없이 교환 기제인 화폐와 권력을 매개로 기능적으로 통합되는 사회적 연관이며, 생활세계는 상호주관성에 근거한 의사소통 행위를 매개로 해서 통합되는 사회적 연관을 의미한다(『의사소통행위이론 II』 참조). 이렇게 상호이해를 지향하는 의사소통 행위와 성공지향적인 목적합리적 행위 및 전략적 행위를 구분하는 행위이론과 생활세계와 체계를 구분하는 사회이론을 통해 하버마스는 인류 역사의 사회 · 문화적 발전을 재구성할 수 있는 이론 틀을 마련할 수 있었다. 즉, 인류 역사는 체계와 생활세계라는 두 사회 통합유형 사이의 점증하는 분리 과정이며, 동시에 경제와 행정 같은 체계의 복잡성 증진과 생활세계의 합리화라는 관점에서 파악될 수 있었다. 도구적 합리성에 따른 목적합리적 행위는 생산력의 증가와 효율성의 확장을 의미하며, 의사소통적 합리성에 따른 이해지향적 행위는 협력과 연대의 확장을 의미한다. 따라서 하버마스는 인류 역사를 이성의 발전과 확장으로 파악하며, 이성적 계몽주의자의 전통을 계승하고 있다.

그러나 현대의 위기는 바로 목적합리적 행위를 매개로 형성되는 기능적 · 도구적 합리성의 영역인 체계가 문화, 공동체, 연대 등의 상호이해적 의사소통을 매개로 형성되는 생활세계를 침해할 때 발생한다. 하버마스에 따르면 '체계에 의한 생활세계의 식민지화'로 표현되는 이런 현대 산업사회의 위기는 의미 상실, 사회관계의 해체, 자아의 약화 등으로 나타난다. 의사소통 행위를 특징으로 하는 생활세계 영역이 도구적 합리성을 특징으로 하는 체계의 영역에 침범될 때, 즉 친구간의 관계나 부모와 자식의 관계가 돈의 유무에 따라 친밀감과 애정이 형성되거나 봉사집단이 권력관계에 의해 질서 지워질 때 체계에 의한 생활세계의 식민지화가 발생하는 것이다. 따라서 하버마스의 체계와 생활세계 두 영역으로의 구분과 목적합리적 행위와 의사소통적 행위의 구분은 현대사회의 심각한 윤리적 위기인 인간성 상실, 물질 만능주의, 의미 상실의 문제를 파악하고 이를 해결하기 위한 실천적 운동에 상당한 근거를 제공할 수 있다.

오늘날 우리는 현대 자본주의 시대에 도덕성의 위기와 의미 상실, 환경파괴 등을 경험하며 무엇인가 잘못되었음을 느끼곤 한다. 그러나 다른 한편으로 과학기술의 발전과 도구적 합리성의 발전 모두를 부정하며 이런 위기를 극복하는 것이 불가능한 일이라는 것도 안다. 인간 이성에 의한 모든 발전을 부정하는 것이 해결책이 될 수는 없다. 따라서 하버마스의 사회이론은 이런 점에서 우리에게 현대사회의 위기를 진단하고 이를 극복할 수 있는 새로운 대안을 제시해준다. 그리고 이 과정은 우리의 이성 능력 모두를 부정하는 것이 아니라 도구적 이성과 의사소통적 이성 모두를 긍정하면서도 이 상이한 이성 능력에 각자의 역할을 지정해줌으로써 새로운 해방의 가능성을 제시해주는 것이다. 즉, 하버마스는 체계의 발전이 근대사회에서 사회 진화의 필수 단계임을 말해준다. 단지 이 목적합리적 영역이 의사소통적 영역, 즉 상호이해를 지향하는 생활세계를 침범하는 것을 사회병리적 현상으로 규정한다. 생활세계적 사회관계를 이루는 소통방식이 효율성을 기준으로 하는 사회관계로부터 도구화되는 것을 막음으로써 인격적 관계를 회복해 지배에서 벗어난 의사소통을 공동체 구성의 기본원리로 만들고자 하는 것이다.

앞의 사회이론으로서의 의사소통이론과 달리 윤리이론으로서 담론윤리학은 현대적 형태로 윤리학의 목표를 성취하고자 한다. 만약 윤리의 목표가 자기중심적 관점을 넘어 모두의 이익을 위한 관점으로 이동하는 것이라면(즉, 공정한 관점으로의 이동이라면), 담론윤리학은 자기중심적 관점을 담론, 즉 토론이라는 형태를 통해 극복하고자 한다. 토론 속에서 개인은 자신과 타인의 견해를 반성하고 비판하며 좀 더 확장된 견해를 채택할 수 있다. 하버마스가 의도하는 것은 바로 이런 토론을 통해 공정한 관찰자 시점을 획득하는 것이다. 그리고 이것이 바로 칸트가 윤리학에서 의도한 목표라고 할 수 있다. 칸트는 자신의 의지가 만인의 의욕에 의해 규정될 수 있다면 도덕적으로 올바르다고 판단했다. 그리고 그는 실천이성에 의해 그것이 가능하다고 말한다. 그러나 하버마스는 주관 내부에 놓여있는 독백적 이성에 의해서가 아니라 상호주관적 이성에 의해 이 목표가 성취될 수 있다고 주장한다. 이로써 칸트의 정언명령은 하버마스에게서 논의이론적 형태로 변하게 된다(『이질성의 포용』, 58쪽 참조). 담론을 통해 도달된 합의는 “모든 개인의 대체될 수 없는 ‘예’ 또는 ‘아니오’에 의존할 뿐만 아니라 동시에 그의 자기중심적 관점의 극복에도 의존한다(『담론윤리의 해명』, 26쪽).” 왜냐하면 다른 모든 사람의 입장에서 생각할 수 있는 공정한 관점에 서 있지 않다면 일반적 동의를 획득할 만한 가치가 있는 해결에 이를 수 없기 때문이다. 따라서 하버마스의 담론윤리학은 소통을 통해 타인의 관점과 입장을 이해하고 이를 통해 모두의 관점에서 도덕행위를 판단하도록 일깨운다.

오늘날 의사소통행위이론은 윤리이론뿐만 아니라 정치이론으로서도 공론 영역의 중요성과 심의민주주의의 가치에 이바지한다. 이를 위해 의사소통행위이론은 오늘날 공화주의가 중요하게 생각하는 ‘자치’라는 가치의 실현에 기여한다. 담론윤리학에 따르면 규범의 도덕적 정당성은 해당 당사자들의 합의나 동의를 통해 가능하다. 그렇다면 관련된 당사자들은 토론에 참여하여 자신의 입장을 표명하며 의견을 개진해야 한다. 자치는 자기가 스스로 자신을 통치하는 것으로, 정치적 의사결정에 참여해야 함을 의미한다. 왜냐하면 그 의사결정을 통해 적용되는 정책이 자신에게 영향을 미치기 때문이다. 따라서 담론윤리학은 정치적 영역으로 확장되어 여론의 정당화하는 힘을 회복하고자 한다. 공론 영역에서 당사자들의 자율적 참여와 합리적 합의에 의해 공공적 의사결정은 정당성을 획득할 수 있다. 그리고 이것이 바로 민주주의가 올바르게 작동하기 위한 근거가 될 수 있다. 정치이론으로서 의사소통행위이론은 심의민주주의의 형태로 나타나며 이를 위해 당사자들의 참여를 중요시하게 된다.

그러나 의사소통행위이론이 윤리이론으로서, 사회이론으로서, 정치이론으로서 다양한 장점을 가짐에도 우리는 두 가지 한계를 지적하지 않을 수 없다. 첫째, 담론윤리학이 작동하기 위한 조건이 현실에서 작동하기가 쉽지 않다. 담론윤리학의 보편화원칙과 담론원칙에 의해 규범의 정당성을 확인하기 위해 어느 정도 이상적 조건이 갖춰져야 한다. 해당 당사자 누구나 자신의 의견을 강제 없이 자유롭게 표현할 수 있어야 하고 임의적으로 배제되어서는 안 된다. 현대 공동체주의자 중 한 명인 마이클 왈쩌는 이를 다음과 같이 표현한다.

> "이때 대화는 그 담론을 이데올로기적 대치 상황의 차원 위로 올리도록 신중히 고안된 여건에서만 이뤄진다. 그 참여자는 특수주의의 구속으로부터 해방되어 있어야 한다. 그렇지 않으면 그들은 자신들이 요구하는 합리적 결과를 산출하지 못할 것이다."[5]

---

5 마이클 왈쩌(김은희 옮김), 『해석과 사회비판』(서울: 철학과현실사, 2007), 27-28쪽.

하버마스가 말하는 이상적 담화 상황이란 어떻게 말하면 특정한 규범이 모든 사람의 입장에서 받아들여질 수 있는 조건을 만드는 것이며, 그렇게 받아들여질 때 그 규범이 옳다는 것을 의미한다. 그러나 어떤 규범이나 이상이 아무리 좋고 옳다 하더라도 그것이 현실에 적용될 때 의도치 않은 상황을 만들 수 있다. 예를 들어, 자유의 중요성은 예전부터 모든 이들이 동의하는 가치다. 자유는 확대되고 실현되어야 한다. 그러나 오늘날 불평등한 현실의 조건에서 자유가 조건 없이 실현될 때 이 자유는 강한 자와 부자의 자유일 수밖에 없다. 왜냐하면 부자와 가난한 자 모두에게 동일한 자유가 주어질 때 현실에서 부자의 자유는 확대되고 실현될 가능성이 크지만, 가난한 자의 자유는 실질적으로 제한될 수밖에 없기 때문이다.

현실에서 하버마스가 주장하는 이상적 조건을 모두 만족시키는 것은 불가능하다. 도덕적 판단들은 탈관습적 · 탈제도화된 추상적 관점을 견지함으로써 보편성의 관점을 유지하지만, 구체적 이해관계와 가치지향이 서로 얽혀 있는 현실의 세계에서는 무력하고 도덕적 행위를 유발하는 데 한계를 지닌다. 즉, 왜 내가 굳이 보편적 관점을 취해야 하는가의 물음에 대해 답하기 어렵다. 예를 들어, 한국 사회에서 장애인을 위한 특수학교를 건설할 지역이 정해졌을 때 그 지역 주민들이 땅값이 떨어진다고 반대한 적이 있었다. 보편적 관점에서는 특수학교를 건설하는 것이 옳다 하더라도 굳이 나의 이익을 희생할 필요가 있는가에 답하기 어렵다. 물론 규범적 이상은 현실을 어느 정도 규제하는 하나의 방향점으로 기능할 수 있다. 따라서 안토니오 네그리와 마이클 하트에 따르면 하버마스의 사회민주주의적 기획은 초월적이고 형식적인 도식에 기반을 둔 사회질서를 유지하는 것을 목표로 한다.[6] 그러나 이상과 현실의 괴리가 클 때 이상은 현실에서 무기력할 수 있다. 이상적인 상황을 먼저 창조한 후 현실에 적용하는 것이 아니라 현실에서부터 하나씩 문제를 해결하며 이상적인 것으로 발전하는 관점의 전환이 필요하다. 즉, 추상적 · 이상적 관점을 먼저 구성하고 이를 현실에 적용하는 것이 아니라 현실의 구체적 맥락에서부터 위로 점차 확장하는 관점의 이동이 필요하다.

하버마스의 담론윤리학에 있어서 중요한 것은 우리가 현재 문제시되는 상황과 관점에서 물러나 공정한 관점에서 판단할 수 있는 능력을 기르는 것이다. 올바름은 공정한 관점, 즉 도덕적 관점을 의미하며, 이 도덕적 관점을 획득하기 위해 우리는 거리두기를 통해 보편적 관점을 획득해야 한다. 우리가 만약 어떤 구체적 상황에서 행위나 판단의 도덕성을 결정하고자 한다면 우리는 쉽게 그 상황에서 자신의 이해관계나 자신이 관련 맺고 있는 사회적 관계에 따라 판단을 내리기도 한다. 따라서 로렌스 콜버그나 존 롤스, 위르겐 하버마스가 지향하는 도덕적 관점, 즉 공평한 관찰자 시점은 역사, 전통, 문화로부터 벗어난 탈전통적 · 보편적 관점을 획득하는 것에 올바름이 좌우된다는 것이다. 이는 중립적 정의 개념을 의미한다. 그러나 우리 세계 밖에서는 어떤 좋은 삶도 존재할 수 없다. 즉, 3인칭 관점이라는 것은 현실에서 존재할 수 없다. 이 세계는 객관적 관찰자의 시점에서 보이는 것이 아니라 나에게 보이는 바대로 존재하게 된다. 나는 나에게 보이는 세계를 보고 행동하고 판단한다. 그러나 여기서 주의해야 할 것은 이것이 1인칭

6 안토니오 네그리 · 마이클 하트(정남영 · 윤영광 옮김), 『공통체』(고양: 사월의책, 2014), 49쪽.

주관적 세계만을 의미하는 것은 아니다. 세계는 1인칭과 1인칭이 모여 만든 공간이다. 도덕적 세계란 바로 나와 너, 타인들과의 상호작용을 통해 만든 것이다. 나와 많은 '너'들이 모여 우리 공동체를 형성하고 이런 우리 공동체를 통해 세계를 이해하기에 이러한 우리 공동체는 상호주관적으로 공유된 전통과 문화, 생활세계로 구성되며 공유된 사회적 세계를 의미한다. 즉, 나에게 보이는 세계는 너에게 보이는 세계와 의사소통을 통해 우리에게 보이는 세계를 형성하는 것이다. 이 우리 공동체를 통해 나는 세계를 이해하는 것이다. 그렇다면 도덕적 원칙이나 규범 또한 이 공동체를 통해 의미를 획득하게 된다. 즉, 공동체 속에서 상호공유된 선과 가치들이 규범과 원칙의 내용을 만드는 것이다.

둘째, 담론윤리학은 정의의 문제에 집중함으로써 공동선이나 공동체의 문제에 소홀하게 된다. 정의의 문제라는 것은 올바름에 관한 것이다. 올바름은 공적인 영역에서 서로 대립되거나 갈등의 상황에서 갈등이나 대립을 해결할 수 있는 원칙을 말한다. 따라서 개인의 가치관이나 세계관의 문제는 옳음의 문제라기보다는 하버마스에 따르면 '윤리적' 문제다. 하버마스는 실천적 문제 중에서 옳음에 대한 문제를 '도덕적' 문제로, 가치관이나 행복에 대한 문제를 '윤리적' 문제로 구별하고 담론윤리학은 윤리적 문제보다 도덕적 문제에 집중한다고 말한다. 그에 따르면 우리 삶에서 무엇이 중요하며 가치 있는가의 문제는 하나의 답이 존재하는 것이 아니라 다양한 답이 허용될 수 있는 문제다. 따라서 이 영역에서 어느 정도 규범적 명령이 가능하기는 하나 — 예를 들어, 공부 열심히 해라! — 엄밀히 말하면 이 명령은 훈계나 권고에 가깝다. 즉 이 영역에서는 개인들의 다양한 가치관들이 허용되고, 따라서 규범의 보편적 구속력을 얻기 어렵다. 모든 사람의 동의 속에서 정당성을 획득하게 되는 도덕적 명령은 개인의 가치관이나 세계관의 문제가 아니라 사람들의 갈등을 해결할 수 있는 하나의 답만 허용되는 것이다. 하버마스는 "보호와 배려를 통해 인격의 극단적 훼손 가능성에 대처하기 위해 우리가 어떻게 해야 가장 잘 행동하는 것인가 하는 문제에 관해 우리에게 말해주는 모든 직관들을" 도덕적이라고 부른다(『담론윤리의 해명』, 21쪽). 이런 의미에서 담론윤리학처럼 규범의 정당성을 문제시하고 해결하려는 규범윤리학은 가치의 선호가 아니라 행위규범의 당위주장과 관계한다.

그러나 이럴 경우 상당히 많은 윤리적 문제들이 배제되는 결과가 나타난다. 예를 들어, 오늘날 많은 사람이 어려움에 처하는 문제들은 정체성 혼란과 자기실현의 문제들이다. 즉, '나는 어떻게 살아야 하나?' 또는 '니는 어떤 종류의 사람이 되어야 하는가?' 등의 물음들이다. 그러나 하버마스에 따르면 이런 문제들은 다양한 답이 주어질 수 있기에 도덕적 문제라 볼 수 없으며 개인의 선호 문제로 간주될 수 있다. 따라서 가치관의 혼란이나 진정성 문제 등으로 인해 발생하는 불안이나 고독, 삶의 의미 상실 등의 문제는 공적인 도덕적 문제라기보다 사적인 문제로 여겨질 수 있다. 그러나 윤리학은 규범이 좋은 삶의 문제와 관련될 수밖에 없는 한 이 문제들을 회피할 수 없다. 또한 우리는 과학기술의 발달에 따라 오늘날 인간과 동물 간의 관계, 인간과 자연 간의 관계, 인간과 기계와의 관계, 혹은 더 나아가 포스트휴머니즘의 문제 등에서 새로운 어려움에 처하기도 한다. 그러나 하버마스에 따르면 의사소통 능력이 부재한 존재들은 도덕적 주체가 되기 어렵기에 도덕적 문제를 해결하기 위한 당사자가 될 수 없다. 따라서 담론윤리학은 윤리적 문제를 너무 협소하게 이해하고 있기에 일상 실천의 다양함과 복잡함에서 오는 실천적 문제에 답하기 어렵게 된다.

5. 소통의 정치학

일반적으로 사람들은 삶의 많은 시간을 생존을 위한 경제적 활동을 하며 보내고 있지만, 여가나 취미활동뿐만 아니라 의미 있는 시간을 보내며 살려고 한다. 따라서 사람들이 머무는 공간은 대개 가족이거나 직장과 함께 시민사회라 할 수 있을 것이다. 이때 시민사회는 사적인 공간이면서 동시에 공적인 공간이기도 하기에 사람들은 여기에서 공적인 활동을 경험하게 된다. 그리고 이 공적인 활동에서 가장 필요한 것이 바로 소통의 정치다. 사회적 관계를 맺으며 모든 이에게 개방된 영역에서 많은 사람이 관련된 문제를 다루는 공론장에서 소통의 정치는 가능하며 소통의 활발함이 이 공론장의 성패를 좌우하게 된다. 따라서 소통과 공론장은 상호작용하는 관계에 있으면서 동시에 정치적 영역인 민주주의와 밀접한 관련을 가지지 않을 수 없다. 시민이 공론장에서 자유롭고 평등하게 소통하며 토론과 논의를 통해 정치적 결정을 하는 것이 바로 민주주의이기 때문이다. 따라서 서양 고대 아테네 민주주의에서 시민은 광장에서 수많은 토론과 논의를 통해 집단적 의사와 의지를 결정했다. 서양 근대 이후 시민의 공론장이 발전하면서 민주주의는 다시 발전할 수 있었고 소통과 토론의 중요성이 다시 부각되었다. 그러나 오늘날 국가권력의 의사결정 독점화와 시장 자본주의의 효율성은 이런 소통정치를 마비시키고 있다. 왜냐하면 자발성을 근본으로 하는 시민사회 공론장의 소통정치는 국가가 의사결정을 독점할 때 정치에 대한 무관심으로 흐르고 생존에 내몰릴 때 공론장에 대한 참여를 줄이기 때문이다. 또한 자본주의의 상업성이 공론장을 소비자 여론으로 가공함으로써 공론장의 시민은 기업이 마련한 오락거리와 상품의 수동적 소비자에 머무르게 된다.

민주주의가 발전하기 위해서는 공론장이 활발해져야 하며, 이를 위해 소통의 정치가 강조되어야 한다. 그러나 각자의 평등한 권리를 인정하는 민주주의가 발전했을지라도 개인이나 집단이 공론장을 각자의 권리와 이익을 최대한 실현시키기 위한 장으로 여긴다면 공동체를 함께 구성하는 상대방은 나의 동료가 아니라 적이나 경쟁자로 여겨진다. 즉, 상대방은 나의 권익을 방해하는 존재이기에 나의 권익을 위해 싸워 이겨야 할 적이기나 경쟁자다. 이런 상황에서 나와 상대방의 경쟁은 더 치열해지고 갈등은 더 심각해진다. 이런 갈등은 공론장에서 더 첨예해짐으로써 죄수의 딜레마처럼 우리 모두의 이익이 감소하는 결과가 초래되거나 소수자나 약자의 이익을 무시하는 결과가 도출될 수도 있다. 사회는 낯선 사람들의 집단이며 자기의 이익을 실현하기 위한 장소일 뿐이다. 이런 인식하에서 민주주의는 나의 이익을 최대한 가져오기 위한 형식적 제도일 뿐이다.

따라서 갈등이 심화될수록 자유주의는 더 나은 규칙이나 합의원칙을 찾기에 몰두하며 시민들은 공적 영역보다 사적 영역에서의 삶을 향유하는 것에 만족하게 된다. 나뿐만 아니라 많은 사람이 관련되는 공적인 문제는 규칙이나 법을 통해 해결하며 사적인 문제는 관용으로 해결하기를 기대한다. 그러나 규칙에 대한 강조는 법 만능주의와 맞물려 모든 것을 법으로 해결하려 하며 법이 우리 삶을 보장하는 유일한 원칙이라는 생각으로 이어지게 된다. 이런 생각은 크게 두 가지 문제를 유발할 수 있다. 첫째, 공동체의 사회관계와 그것으로 이루어진 네트워크는 인간이 그곳에서 자라나며 인간을 공동체 구성원으로 만드는 공간이다. 또한 우리는 타인과의 관계를 통해 이런 틀 또는 우리 삶의 조건을 만든다. 따라서 타인들은 나와 함께 우리 삶의 틀을 만드는, 같은 공동체의 구성원들이다. 공동체를 함께 구성하는 공동구성원이라는 점에서 타인과 나는 서로를 배려와 존중의 대상으로 여기게 된다. 왜냐하면 공동체가 번영할 때 공동체 구성원들도 번영할 수 있으며, 공동선이 빈약할 때 우리 모두 번성하기는 어렵기 때문이다. 따라서 나와 타인은 서로 경쟁하기도 하지만, 근본적으로 공동선을 형성하는 서로 협력하는 존재다. 그러나 신자유주의와 법 만능주의는 근본적으로 타인을 나와 협력하는 존재라기보다는 서로의 이익을 위해 경쟁하는 존재로 여기게 한다. 이런 경쟁 속에서 서로 충돌하거나 다투게 될 때 우리는 쉽게 법에 의지하게 되고 법으로 모든 것을 해결하고자 하는 것이다.[7]

둘째, 법이나 규칙에 대한 지나친 의존은 법이나 규칙으로 규제되지 않는 모든 행위는 허용될 수 있다는 생각을 유발할 수 있다. 규칙 중심주의 윤리학이 가질 수 있는 단점 중 하나는 우리의 행위를 규제하는 규칙이 모든 다양한 현실의 복잡한 경우를 규제할 수 없으며, 이렇게 규제되지 못하는 행위는 일반적으로 허용된 것으로 여기게 된다

---

7 로버트 퍼트넘에 따르면, "좋은 일에나 나쁜 일에나 우리는 점점 더 공식적 제도에 의존하며, 의존해야 하게끔 강요받고 있다. 전에는 일반적 호혜성에 의해 강화된 비공식적 네트워크, 즉 사회적 자본을 통해 이루어지던 것을 이제는 공식적 제도, 그중에서도 특히 법에 의존해서 달성하고 있다."[로버트 D. 퍼트넘(정승현 옮김), 『나 홀로 볼링』(서울: 페이퍼로드, 2016), 240쪽].

는 것이다. 따라서 윤리의 법률화라는 현상이 발생하게 된다. 즉, 현실의 복잡한 경우와 새로운 사건들을 규제하기 위해 기존의 관습이나 윤리가 점점 법으로 만들어지고 법으로 모든 것을 규제하려는 경향이 증가한다. 결국 윤리가 약해지고 법이 강해지면서 사회관계는 규칙에만 의존하는 삭막한 사회가 된다. 자신의 이해관계를 관철하려는 경쟁이 심화되고 사회관계는 도구화되어 개인주의를 심화시킨다. 개인주의는 자신과 공동체를 분리된 것으로 이해하고, 따라서 자기 삶의 계획을 오로지 자신에게서만 찾으려 애쓴다. 삶의 의미를 자신의 욕구와 관심에서 찾는 한 자신의 육체적 생존이 궁극적 목표가 되며 삶의 의미는 협소해진다. 물론 갈등이 있을 때 모두가 동의할 수 있는 규칙을 통해 해결하는 것도 바람직한 일이기도 하다. 그러나 규칙이 만능은 아니다. 규칙은 이 규칙에 속하는 공동체 구성원들의 동의와 실천 속에서 의미를 가질 수 있다. 따라서 우리는 공동체 구성원인 타인을 법의 대상으로서가 아니라 법 이전에 신뢰와 협력, 연대의 대상으로 보아야 한다.

하버마스는 언어와 의사소통 속에서 합리성의 흔적을 찾음으로써 해방을 위한 새로운 이성적 근거를 상호주관성에서 찾았다. 즉, 자유롭고 평등하게 소통하는 관계 속에서 우리는 의사소통을 위한 보편적 규범을 확인할 수 있고 이로부터 규범의 정당성을 위한 정언명법을 구성했다. 그러나 갈등을 해결하기 위한 규범과 이런 규범중심주의는 이 규범에 따라 살아가려는 공동체 구성원들의 의지가 함께 있어야 성공할 수 있다. 의사소통 속에서 규범을 공유하고 서로의 삶의 목표를 이해하는 가운데 공동체의 의지가 발현될 수 있다. 이런 공동체의 의지가 바로 하버마스의 규범윤리학을 완성하는 길이며 이로부터 공동체적 연대성이 자연스럽게 형성된다. 사회 속에서 타인과 협력하고 부딪히며 살아가는 사회적 존재인 인간은 항상 종속과 지배로부터 자유로운 삶을 꿈꾸게 된다. 자유와 해방은 모든 정치사회철학의 목표라 할 수 있다. 1960년대 이후 하버마스의 저술들은 마르크스에서부터 이어온 비판이론의 목표를 계승하여 언어를 통해 매개된 상호작용을 통해 비판이론의 새로운 규범성을 찾는 노력이라고 할 수 있다. 즉, 의사소통의 주요한 매개인 언어 속에서 보편성을 확보하고 이를 통해 도덕적 주장의 정당성을 확보하려는 것이다. 하버마스의 이러한 노력은 오늘날 포스트모더니즘 시대의 공유된 가치관이 사라지고 전통의 규범이 혼란된 사회에서 우리의 삶이 흔들리지 않는 공동의 울타리를 만들려는 것이다. 그러나 울타리 안에서 우리는 좋은 삶이 무엇인지에 대해 그리고 좋은 사회적 관계가 무엇인지에 대해 고민하지 않을 수 없다. 즉, 울타리로서의 민주주의적 절차와 좋은 삶으로서의 공동체적인 삶을 함께 고민해야 한다. 정의와 연대가 동전의 양면이듯이 자유와 평등의 민주주의와 협력과 연대의 공동체적인 삶은 함께 보장되어야 한다. 이것을 가능하게 하는 조건이 공동체 구성원 간의 의사소통이다. 따라서 의사소통은 연대를 가능하게 할 뿐만 아니라 민주주의가 지켜야 할 규칙을 우리에게 제공해준다. 우리가 갈등을 해결하고 화합하는 길은 결국 소통뿐이다. 소통의 정치학은 이런 소통의 활성화를 위해 심의민주주의의 길을 마련하고 개인과 개인의 우정, 집단과 집단 간의 화해를 위한 길을 마련해야 한다.

참고문헌

김상준, 「헌법과 시민의회」, 『헌법 다시 보기』, 파주: 창비, 2007.

로버트 D. 퍼트넘(정승현 옮김), 『나 홀로 볼링』. 서울: 페이퍼로드, 2016.

마이클 왈쩌(김은희 옮김), 『해석과 사회비판』, 서울: 철학과현실사, 2007.

문태현, 「정책윤리의 논거」, 『한국정치학회보』 4(1), 1995.

박해용, 『담론 철학과 윤리 이성』, 서울: 두리미디어, 2002.

샹탈 무페(이보경 옮김), 『정치적인 것의 귀환』, 서울: 후마니타스, 2007.

선우현, 「의사소통행위이론의 정치이론적 재편 기획(1)」, 『철학』 61, 1999.

안토니오 네그리 · 마이클 하트(정남영 · 윤영광 옮김), 『공통체』, 고양: 사월의책, 2014.

양해림, 「한국 사회에서 공화주의 이념은 부활할 수 있는가?」, 『시대와 철학』 19, 2008.

이효성, 「권력과 소통의 관계에 관한 일고찰」, 『한국언론정보학보』 69, 2015.

위르겐 하버마스(한상진 편), 『현대성의 새로운 지평』, 파주: 나남출판, 1996.

______(박영도 · 한상진 옮김), 『사실성과 타당성』, 파주: 나남출판, 2007.

______(황태연 옮김), 『이질성의 포용』, 파주: 나남출판, 2000.

______(황태연 옮김), 『도덕의식과 소통적 행위』, 파주: 나남출판, 1997.

______(서규환 외 옮김), 『소통행위이론: I. 행위합리성과 사회적 합리화』, 서울: 의암출판, 1995.

______(장춘익 옮김), 『의사소통행위이론: II. 기능주의적 이성 비판을 위하여』, 파주: 나남출판, 2017.

______(이진우 옮김), 『담론윤리의 해명』, 서울: 문예출판사, 1997.

존 듀이(정창호 · 이유선 옮김), 『공공성과 그 문제들』, 서울: 한국문화사, 2014.

찰스 테일러(송영배 옮김), 『불안한 현대사회』, 서울: 이학사, 2019.

한나 아렌트(이진우 옮김), 『인간의 조건』, 파주: 한길사, 2019.

허영식, 『사회윤리 이데올로기 의사소통』, 서울: 평민사, 1997.

홍기수, 『하버마스와 현대철학』, 울산대학교출판부, 1999.

홍영환, 「자유주의에서의 심의민주주의」, 『윤리교육연구』 13, 2007.

홍원식, 「인터넷 공론장 돌아보기: 소통은 무엇을 위한 것인가?」, 『커뮤니케이션 이론』 10(4), 2014.

찾아보기

ㄴ

ㄷ

ㄹ

ㅁ

ㅅ

ㅇ

ㅈ

ABC